SPS Saar-Personenschiffahrt GmbH & Co. KG

WEISSE FLOTTE SCHWERIN

RHEIN-RUHR HAFEN DUISBURG

Schreiber REEDEREI

UNDINE COCHEMER PERSONENSCHIFFAHRT

Essener Verkehrs-Aktiengesellschaft

Dieter Schubert
Deutsche Binnenfahrgastschiffe

Dieter Schubert

Deutsche Binnenfahrgast-schiffe

Illustriertes Schiffsregister

welz

Abbildungen

Einband, Vorderseite:
MS WELTENBURG der Reederei Stadler GmbH & Co. KG
aus Kelheim auf dem Main-Donau-Kanal
Foto: Autor; 6/1997

Einband, Rückseite:
Es wird Frühling – die ELBE der Reederei Kutzker
in Grünheide bei Berlin auf der Löcknitz
Foto: Autor; 4/1996

Seite 2:
MS EURO STAR der Loreley-Linie Weinand
aus Kamp-Bornhofen
Foto: Reederei Weinand; 1999

Die Deutsche Bibliothek – CIP-Einheitsaufnahme

Deutsche Binnenfahrgastschiffe : Illustriertes Schiffsregister / Dieter Schubert. · Berlin : Welz, 2000
ISBN 3-933177-10-3

ISBN 3-933177-10-3

1. Auflage 2000

Copyright © by Uwe Welz Verlag,
Postfach 58 03 07, 10413 Berlin
www.welz.de
Buchgestaltung: Johanna Rennert-Mönch
Reproduktionen: NOTICA, Christoph Anzeneder
Druckagentur: Jettenberger & Scherhaufer, Augsburg

Inhalt

Ein Wort vorweg

Ungezählte Bücher und Schriften gibt es über die Seeschiffahrt. Dabei ist die Binnenschiffahrt leider immer etwas im Hintergrund geblieben. Um so lobenswerter erscheint es nun, daß Dieter Schubert aus Berlin, der sich schon seit seiner Kindheit für die Schiffahrt interessiert und sich seit Anfang der 7oer Jahre in seiner Freizeit intensiv mit der Geschichte der Passagierschifffahrt befaßt, das vorliegende Buch Wirklichkeit werden ließ.

Wer sich ebenso ausdauernd und geduldig der Erforschung der Binnenschiffahrtsgeschichte gewidmet hat, weiß Mühe, Fleiß und die Liebe zu schätzen, die diese Arbeit erforderte.

Wohl lückenlos sind sämtliche Fahrgastschiffe erfaßt worden. die heute auf deutschen Strömen, Seen, Kanälen und an der Küste im Einsatz sind. Besonderen Wert erhält das Werk dadurch, daß gerade nach dem Fall der Grenzen Deutschlands zwischen Ost und West sich die Zahl der Binnenfahrgastschiffe nicht nur sehr stark verändert, sondern auch vergrößert hat. Ältere Schiffseigner nahmen ihre bislang enteigneten Schiffe wieder in eigener Regie in Fahrt, zahlreiche Schiffer aus dem Osten fanden den Mut, sich in der Fahrgastschifffahrt selbständig zu machen, teils durch den Erwerb von Schiffen aus anderen Stromgebieten, aber auch, und das erscheint besonders wichtig, mit neu in Auftrag gegebenen Schiffen. Wohl schon lange nicht mehr sind nach 1990 in wenigen Jahren so zahlreiche Fahrgastschiffe neu erbaut worden. Gerade die Werften in den zurückgekehrten Bundesländern haben dadurch gute Beschäftigung gefunden. Zudem fanden sie Auftraggeber auch in den alten Bundesländern.

Überall in unserem schönen Deutschland laden eine niemals gekannte Zahl von Schiffen Fahrgäste ein, an Bord zu kommen, und alle Unternehmer sind mit Fleiß bemüht, ihnen etwas zu bieten, das nur auf Schiffsplanken möglich ist: Gemütlichkeit, Ruhe, Erholung und Entspannung beim gleichzeitigen Genuß einer herrlichen Landschaft. Der Fahrgast sollte regen Gebrauch davon machen! Statt sich über verstopfte und überlastete Landstraßen und Autobahnen zu quälen, sollte man wieder einmal ein Schiff besteigen, einerlei wohin es fährt. Ein Erlebnis besonderer Art wird es immer sein, ob ein Ausflug auf unseren Strömen, ob auf den zahlreichen Binnen- und Stauseen, ob auf Kanälen oder an der Küste. Auch eine Hafenfahrt in unseren vielen großen und kleineren Hafenstädten kann man nur vom Schiff aus genießen.

Die meisten Reeder stellen ihre Fahrgastschiffe auch zum Chartern zur Verfügung. Hochzeits-, Geburtstags-, Jubiläums-, Betriebs- und Vereinsfeiern, Tagungen und Konferenzen auf Schiffsplanken erfreuen sich wachsender Beliebtheit, zumal man sein Fahrtziel und seine Gastronomiewünsche selber bestimmen kann. Es besteht sogar die Möglichkeit, sich an Bord standesamtlich trauen zu lassen.

Die zahlreichen Schiffsfotos werden es dem Betrachter erleichtern, den nach seinem Geschmack richtigen Schiffsausflug zu wählen. Nicht umsonst hat der Autor auch Bilder der Schiffsinnenausstattung aufgenommen, die deutlich zeigen, wie sich Komfort, Gemütlichkeit und Luxus zum Wohlbefinden der Fahrgäste vervollkommnet haben.

Dem Fahrgast, allen Schiffen, ihren Reedern und Besatzungen und ebenso dem Autor mit seinem vorliegenden Werk allzeit gute und glückliche Fahrt!

Wiedensahl, im Frühjahr 1999   Heinz Trost

Zur Einleitung

Die Binnenfahrgastschiffahrt hat in Deutschland eine lange und wechselvolle Geschichte. Vielfach wurden die Schiffe zunächst als notwendige Fährverbindungen und Liniendienste genutzt. In landschaftlich reizvollen und kulturell interessanten Gegenden veränderten sich jedoch die Angebote sehr schnell. Ausflugsfahrten per Schiff, mit und ohne Programm, wurden zunehmend wichtiger.

Es entstanden regelrechte Zentren, in denen die Fahrgastschiffahrt zu einem bedeutenden Tourismuszweig avancierte – die Seen in Süddeutschland in ihrer faszinierenden Bergwelt, die romantischen Städte am Rhein mit ihren Burgen, die liebliche Mosellandschaft zwischen Cochem und Beilstein, die Drei-Flüsse-Stadt Passau, die Elbe im wilden Elbsandsteingebirge und vor der eindrucksvollen Dresdner Stadtsilhouette, die Seenlandschaft im Berliner Raum, wo Großstadt und Natur ineinandergreifen, auf den Mecklenburger Gewässern mit der oft noch unberührten Flora und Fauna und als Kontrast die Rundfahrten durch die Hafenstädte wie Hamburg, Bremen, Duisburg und Rostock – ohne Fahrgastschiffe nicht mehr denkbar.

Viele Unternehmen können auf eine lange Tradition zurückblicken. Einige existieren nur noch in der Erinnerung. Neue Anbieter sind auf den Plan getreten, mit neuen Schiffen und lukrativen Angeboten. Nicht immer aber sind die neuen Ideen auch die besseren. Auch hier ist „alles in Fluß", und eine gesunde Konkurrenz ist gut.

In diesem Buch möchte ich dem Leser die deutschen Binnenfahrgastschiffe, ihre Anbieter und ihr Einsatzgebiet auf den Binnengewässern Deutschlands im Jahre 1998/99 vorstellen.

Den Flüssen von der Quelle zur Mündung folgen die Nebenflüsse in gleicher Weise, die verbindenden Kanäle und schließlich die natürlichen Seen und die Stauseen von Süddeutschland bis zur Küste im Norden. Besondere Zentren der Binnenfahrgastschiffahrt (Berliner Gewässer und Hamburg) werden im Anschluß vorgestellt. Den Abschluß bilden Binnenschiffahrtsunternehmen in den Küstenbereichen – ohne Anspruch auf Voll-

ständigkeit erheben zu können. Seeschiffe werden nicht aufgeführt.

Ein besonderes Kapitel befaßt sich mit den deutschen Kabinenschiffen.

Die Idee zu diesem Buch kam mir aus meiner langjährigen Sammlung Passagierschiffe mit Fotos, Prospekten und Daten von Fahrgastschiffen.

Danken möchte ich an dieser Stelle all denen, die mich bei der Arbeit an diesem Buch unterstützt haben, die mir wieder Sicherheit gaben, wenn andere einmal kein Verständnis mehr für meine Recherchen hatten.

Die Mitglieder der Berliner Regionalgruppe der Deutschen Gesellschaft für Schiffahrts- und Marinegeschichte e.V. (DGSM), der ich seit vielen Jahren angehöre, halfen mir mit Informationen und Fotos. Nennen möchte ich an dieser Stelle die Herren Wolfgang Albert, Gerhard Bruhn, Rüdiger Dinter, Herbert Jordan, Helmut Lassnig, Uwe Lillinger, Bernd Loose, Manfred Masser, Dr. Günther Meyer, Michael Müller, Bernd Oesterle, Günter Pohlandt, Hans-Georg Rammelt, Marko Richter, Horst und Rainer Röper, Heinz Schapitz, Georg Seyler, Dieter Steemann, Dr. Siegwart Schleiffer, Dietrich Trapp, Joachim Vincenz und Dr. Reinhard Zimmer.

Danken möchte ich vor allem meinen langjährigen Freunden und Briefpartnern Hans Kindt aus Hamburg, Helge B. Rasmussen aus Kalundborg/DK, Dieter Foerster aus Halle, Jürgen Saupe aus Osterode und Horst Buchmann aus Wernigerode.

Mit Informationen und Fotos haben mich Kapt. Otto Steindl aus Linz/A, Axel Bober aus Köln, Kai Ortel aus Schildow, Jürgen Lorenz aus Mainz Kastel, Hans-Peter Gran aus Korschenbroich, Hugo Krämer aus Koblenz, Alexander Bilz aus Dresden, Alexander Jenak aus Buddenhagen und Johannes Schade aus Berlin unterstützt. Ihnen gebührt an dieser Stelle mein Dank.

Bedanken möchte ich mich schließlich bei den Deutschen Binnenwerften, Werft Berlin und bei der Lux-Werft in Mondorf am Rhein, den Reedereien, den Reederfamilien und den Schiffseignern für ihre Unterstützung. Sicher verzeihen sie mir meine buchstäbliche Hartnäckigkeit; sie wollten letztlich alle gern helfen, aber die Zeit spielte oft nicht mit. Aus einfachen Telefonaten und Briefwechsel entwickelten sich längere Gespräche, sogar Besuche und freundschaftliche Kontakte.

Allen weiteren Bildgebern – ihre Namen finden sich unter den Abbildungen – möchte ich hier danken.

Herrn Heinz Trost aus Wiedensahl bin ich zu tiefem Dank verpflichtet für das kritische Lesen des Manuskripts, seine wertvollen Korrekturen und für das Vorwort zu diesem Buch. Die konstruktiven Gedanken von Herrn Arnold Kludas aus Grünendeich haben mir sehr geholfen.

Meiner Frau Helga schulde ich besonderen Dank.

Berlin im Juni 1999   Dieter Schubert

Erläuterungen und Hinweise

Diese Buch stellt 1016 deutsche Binnenfahrgastschiffe vor. Nach dem statistischen Bericht des Bundesvorstandes der Deutschen Binnenschiffahrt e.V. von 1997/98 gab es am 1. 1. 1998 860 Tagesausflugschiffe mit einer Kapazität von 219 947 Personen, 18 Kabinenschiffe mit einer Bettenkapazität von 2342. (Siehe Informationen 1999 im Anhang des Buches.) Ergänzend muß festgestellt werden, daß im Küstenbereich die Einordnung der Tagespassagierschiffe nicht immer eindeutig ist. Eine Reihe von Schiffen ist in der Schiffsliste, dem Verzeichnis der deutschen Reedereien und ihrer Seeschiffe (Eckardt & Messtorff, Hamburg), aufgeführt. Sie werden nach Rücksprache mit den Unternehmen jedoch als Binnenschiff eingesetzt.

Trotz intensiver Bemühungen ist es mir nicht gelungen, von allen Betreibern der Personenschiffahrt Angaben zu ihren im Einsatz befindlichen Schiffen zu erhalten. Um so erfreulicher ist die Tatsache, daß alle anderen, bedeutende Unternehmen mit langer Tradition, Familienbetriebe und auch Neueinsteiger, mich mit Informationen und Fotos unterstützt haben und dieses Buch ermöglichten. Alle Daten wurden durch Informationen von den Eignern und Angaben in den Fahrplänen und Prospekten aktualisiert. Für hier nicht aufgeführte Veränderungen bitte ich um Nachsicht.

Die Daten zu den Eignern sind folgendermaßen gegliedert:

Geographische Angaben
Hier gebe ich Ort und Gewässer an, wo die Unternehmen beheimatet sind bzw. die Schiffe eingesetzt werden.

Reederei
Der Firmenbezeichnung folgen die Anschriften, Telefon, Telefax- und Mobiltelefonverbindungen (Stand 1999).

Programm
An dieser Stelle folgen die Informationen des Unternehmens zum Programm und Einsatz des/der Schiffes laut Fahrplan oder Prospekt.

Die Angaben zu den Schiffen werden im Block wie folgt angegeben:

Antriebsart
Folgende Bezeichnungen (Abkürzungen) werden im Buch verwendet:

MS	= Motorschiff	DES	= Dieselelektroschiff
DS	= Dampfschiff	EMS	= Elektromotorschiff
RD	= Raddampfer	MB	= Motorbarkasse
RS	= Radschiff	EB	= Elektroboot

Name des Schiffes
Die NAMEN der Schiffe erscheinen in Versalien. Im Schiffsregister im Anhang erscheinen der NAME des Schiffes und dahinter die Seitenzahl im Buch.

ex-Namen
Die ex-NAMEN und auch die zeitliche Zuordnung ließen sich nicht immer vollständig ermitteln.

Baujahr
Vor allem bei vielen älteren Schiffen gibt es keine genauen Angaben zum Baujahr.

Bauwerft und -ort
Trotz umfangreicher Nachforschungen ließen sich die Bauwerften nicht immer exakt ermitteln.

Umbaujahr und -ort
Angaben zum Umbaujahr und -ort waren wegen des Eignerwechsels oft nicht mehr zu erfassen.

Länge
Hier wird immer die Länge über alles angegeben.

Breite
Auch bei dieser Angabe handelt es sich um die Breite über alles.

Tiefgang
Die Angaben zum Tiefgang stammen aus den Schiffspapieren bzw. erfolgten durch den Schiffseigner.

PS oder kW
Auf die Antriebsmaschinen, ihr Baujahr und den Erbauer wird nicht näher eingegangen.

Fahrgastkapazität
Änderungen der Fahrgastkapazität können verschiedene Ursachen haben. Die Daten wurden den Prospekten 1998/99 entnommen.

Abbildungen
Nicht alle Schiffe können aus Platzgründen mit einer Abbildung belegt werden.
Die Namen der Fotografen bzw. Bildgeber finden sich unter den Abbildungen.

Weitere Abkürzungen, die im Buch verwendet wurden:

FGS	= Fahrgastschiff
WF	= Weiße Flotte
BinSchUO	= Binnenschiffs-Untersuchungsordnung
BuGa	= Bundesgartenschau
VEB	= Volkseigener Betrieb

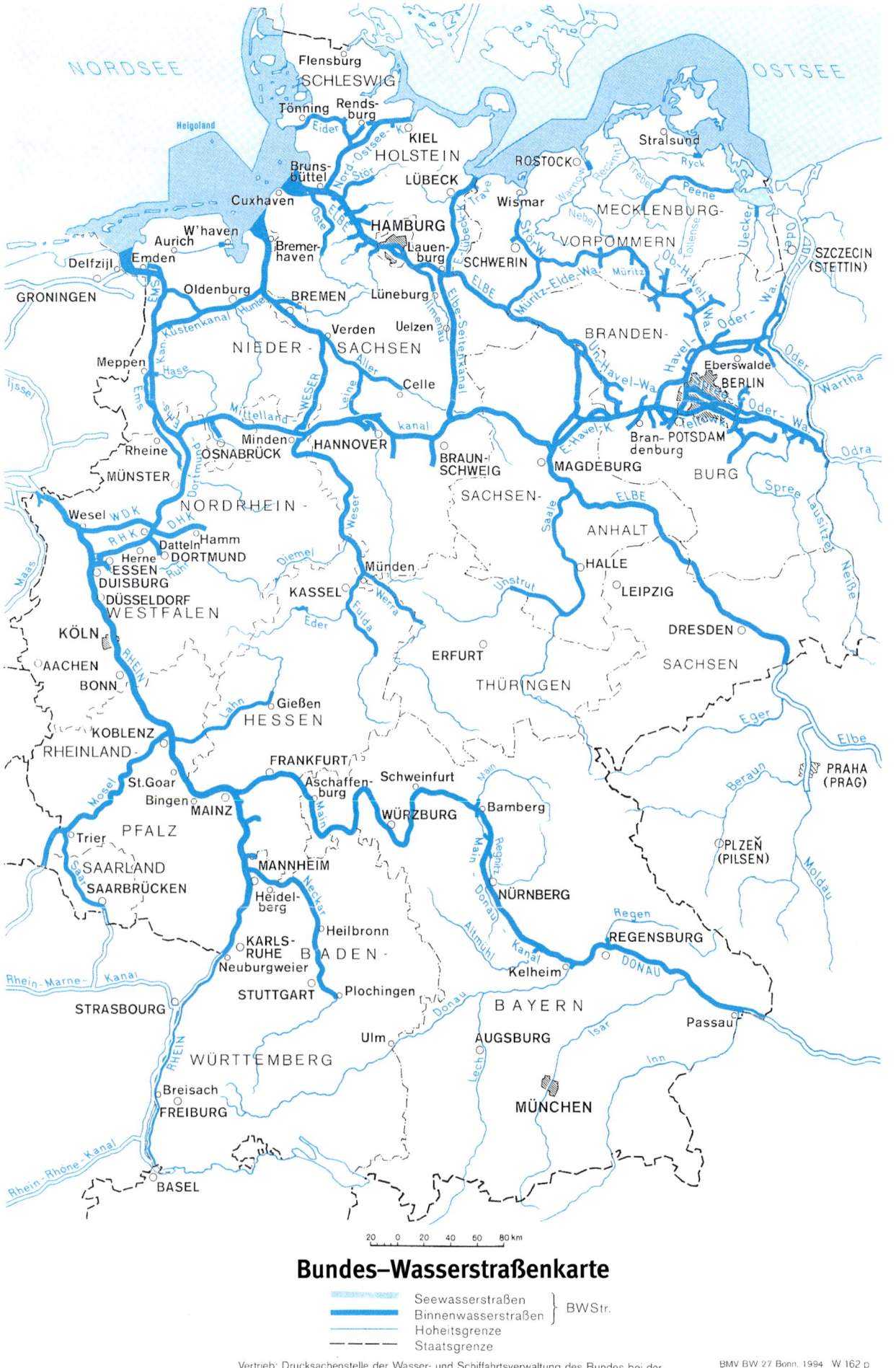

Bundes–Wasserstraßenkarte

Seewasserstraßen	} BWStr.
Binnenwasserstraßen	
Hoheitsgrenze	
Staatsgrenze	

Vertrieb: Drucksachenstelle der Wasser- und Schiffahrtsverwaltung des Bundes bei der Wasser- und Schiffahrtsdirektion Mitte, Postfach 63 07, 30063 Hannover

BMV BW 27 Bonn, 1994 W 162 p

I
Fahrgastschiffe auf Flüssen und Nebenflüssen

Die Nummerierung entspricht der Reihenfolge im Buch.

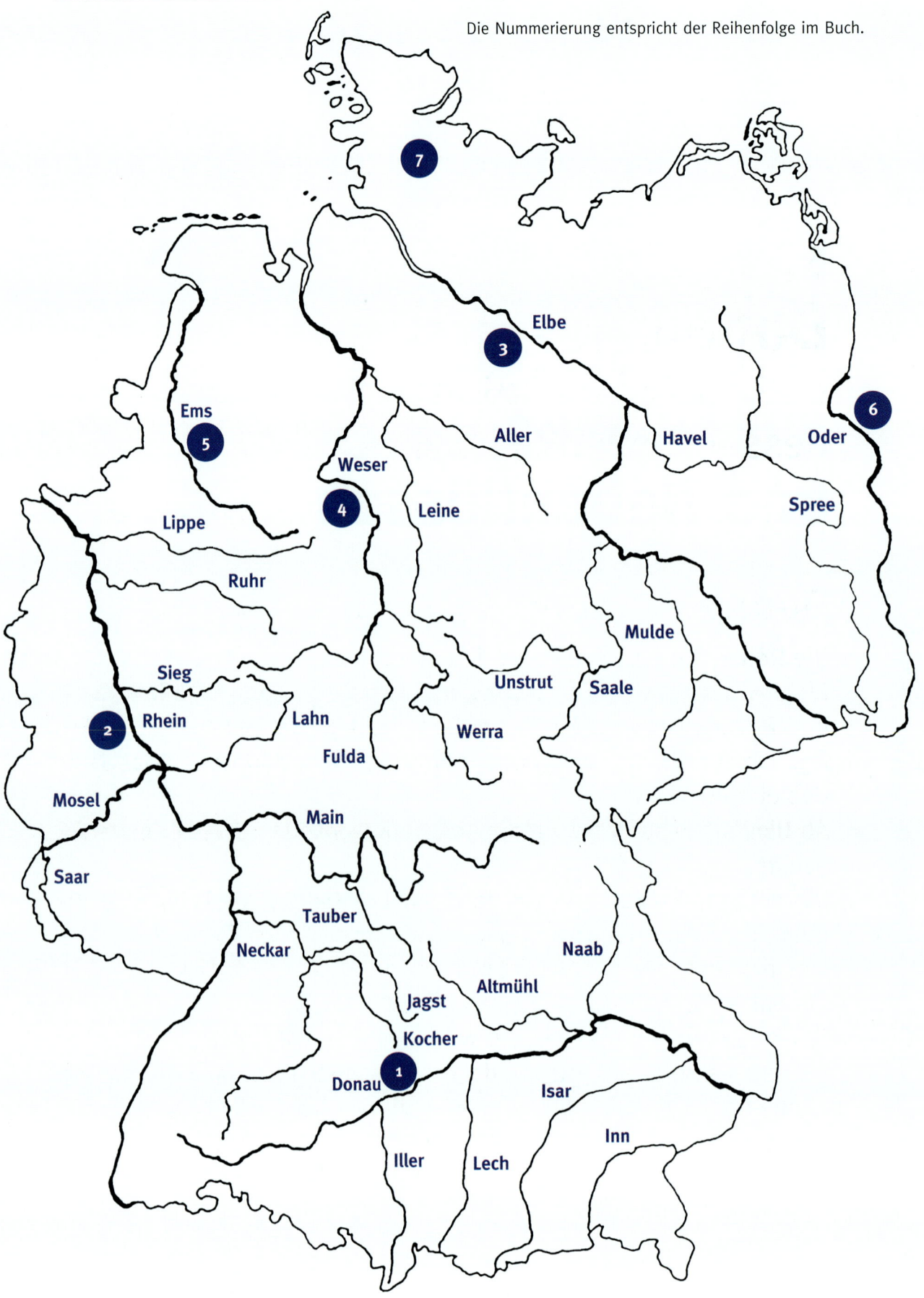

1.
Donau
und ihr Nebenfluß Inn und dessen Nebenfluß Salzach

Donau

Die Donau ist der zweitgrößte Strom Europas.

Sie entspringt im östlichen Schwarzwald. Die beiden Quellflüsse Breg und Brigach vereinigen sich bei Donaueschingen. Insgesamt 674 km legt die Donau bei einer Gesamtlänge von 2 850 km auf deutschem Gebiet zurück.

Ab Ulm ist sie schiffbar, jedoch erst ab Regensburg für tiefer gehende Schiffe.

Die wichtigsten Nebenflüsse der Donau in Deutschland sind die Altmühl, die Naab, der Regen und die Ilz linksseitig in Flußrichtung. Die Iller, der Lech, die Isar und der Inn, der unterhalb von Burghausen noch die Salzach aufnimmt, fließen rechtsseitig zu.

Der Main-Donau-Kanal mündet bei Kelheim in die Donau.

Am 25. September 1992 wurde die Wasserstraße ihrer Bestimmung übergeben. Sie verbindet den Main mit der Donau und dadurch das Schwarze Meer mit der Nordsee.

Ulm

Personenschiffahrt Reinhold Kräß
Henkersgraben 55
89073 Ulm
Tel./Fax: 0731/62751

Von Mai bis Oktober werden Rundfahrten
angeboten, sonn- und feiertags meist mit
Musik vom Schifferklavier;
Gruppenfahrten, Geburtstags-, Hochzeits-
und Betriebsfeiern können außerhalb des
Fahrplans reserviert werden.

MS **ULMER SPATZ** (ab 1953)
ex DEUTSCHLAND
(1953-1953 auf dem Schluchsee)
1935; Stauff, Königswinter
L 13,50 m, B 3,00 m, T 0,90 m
94 PS
56 Fahrgäste

Irlbach/Passau

Gebrüder Wurm & Co.KG, Irlbach
Donauschiffahrt
Gebrüder Wurm GmbH & Co.KG

Donaustraße 69-71
94342 Irlbach
Tel.: 09424/1341 und 519
Fax: 09424/8625 und 704

Höllgasse 26, 94032 Passau (Büro Passau)
Tel.: 0851/929292
Fax: 0851/35518

Die Donauschiffahrt Gebrüder Wurm
GmbH & Co.KG wurde 1995 von Erich Wurm,
Günter Köck und Ludwig Wurm gegründet und
bringt die Schiffe DEGGENDORF und AGNES
BERNAUER in die Flotte der Donauschiffahrt
Wurm + Köck GmbH in Passau in Passau ein.
Die DEGGENDORF verkehrt täglich zwischen
Deggendorf, Passau, Oberzell und zurück.
Die AGNES BERNAUER wird im Lokalverkehr
und für Ausflugsfahrten zwischen Deggendorf,
Metten und Niederalteich eingesetzt (Deggen-
dorfer Donau).

MS **DEGGENDORF**
1995; Lux, Mondorf
L 60,00 m, B 9,50 m, T 1,25 m max.
2x 380 PS
300 Fahrgäste

MS **AGNES BERNAUER**
1964/65; Wallner-Werft, Deggendorf
Umbau 1970 verl., 1983 neue Mot., 1984 verl.
L 45,52 m, B 5,34 m, T 1,20 m max.
420 PS
400 Fahrgäste

(Ludwig Wurm GmbH & Co.KG, Irlbach)
MS DONAU
MS STADT LINZ
(siehe unter Donauschiffahrt Wurm + Köck
GmbH, Passau)

MS **ULMER SPATZ** vor der Kulisse der Stadt; Foto: Personenschiffahrt Kräß, Ulm; 1996

MS **AGNES BERNAUER**; Foto: A. Jenak, Buddenhagen; 1999

Regensburg

Regensburger Personenschiffahrt
Klinger GmbH
Werftstraße 8
93059 Regensburg
Tel.: 0941/55359 oder 52104
Fax: 0941/565668

Die Fahrgastschiffe stehen für Strudelrund-
fahrten, Schleusenfahrten, Ausflugsfahrten nach
Kelheim ins Altmühltal und nach Lohstadt zur
Verfügung; für Sonder- und Charterfahrten
ganzjährig. Abfahrtsstelle ist an der Steinernen
Brücke.

MS **JOHANNES KEPLER**
ex RENATE -1988 für J. Schweiger, Kelheim
1974; Hitzler, Regensburg
1995 Bugstrahlruder, ÖSWAG, Werft Linz
L 38,49 m, B 5,45 m, T 1,10 m
272 kW
400 Fahrgäste

MS **HOHE NAU**
-1986 bei Wurm & Köck, Passau
1927; in Ungarn als Minenleger MAROS gebaut
Ende der 50er Jahre Umbau zum Motorschlepper
(in Deggendorf)
1966/67 Umbau zum Fahrgastschiff
1976 verlängert (Irlbach)
L 36,50 m, B 5,50 m, T 1,10 m.
350 PS
250 Fahrgäste

MS **RATASPONA** (ab 5/9/1998)
ex ENGELHARTSZELL -8/1998 Wurm+Köck,
Passau,
ex INN, 1991
ex WELTENBURG -1991 Stadtler & Co., Kelheim
1976; Lux-Werft, Mondorf
L 37,10m, B 6,22 m, T 0,80 m
2x 182 PS
400 Fahrgäste (180 Salon)

MS RATASPONA (1)
ex JOCHENSTEIN, ex WELTENBURG, ex WILLY
1926; Ertel, Woltersdorf b. Erkner
L 31,55 m, B 5,30 m, T 1,10 m
144 PS
200 Fahrgäste
Das Schiff wurde nach der Saison 1997
nach Holland verkauft.
Neuer Name: KLIFRAK

MS **REGENSBURG**
ex RHEINPFALZ -1944
1927/28; Berlin
L 29,97 m, B 4,68 m, T 1,35 m
131 PS
183 Fahrgäste
Das Schiff wurde nach Übernahme der
ENGELHARTSZELL 1998 verkauft.

Die neue **RATASPONA** (ex ENGELHARTSZELL) auf der Donau in Regensburg
Foto: O. Steindl, Linz/A; 1998

MS **HOHE NAU** am Anleger in Regensburg; Foto: A. Bilz, Dresden; 9/1998

Passau

In Passau befindet sich die größte
deutsche Donau-Fahrgastreederei.

**Donauschiffahrt Wurm + Köck GmbH & Co.,
Passau**
Höllgasse 26
94032 Passau
Tel.: 0851/929292
Fax: 0851/35518

Die Donauschiffahrt Wurm + Köck GmbH & Co.
in Passau ist die größte deutsche Donau-Schiff-
fahrtsgesellschaft. 1999 besteht sie 25 Jahre.
Die 11 Schiffe, die sechs verschiedenen Firmen
gehören, werden von drei Gesellschaften in
Passau, Deggendorf/Irlbach und Linz (A) ein-
gesetzt:
Die Ludwig Wurm GmbH & Co.KG, Irlbach
(MS DONAU, MS STADT LINZ) und die Günter
Köck GmbH, Passau (MS BAVARIA, MS PAS-
SAU, MS SISSI, MS REGINA DANUBIA) sind
Gesellschafter der Donauschiffahrt Wurm +
Köck GmbH & Co., Passau, repräsentiert von
Erich Wurm und Günter Köck.
Das MS ILZ (Günter Köck) ist an die Donau-
schiffahrt Wurm + Köck GmbH, Passau ver-
chartert.

MS **REGINA DANUBIA**
1992; Lux-Werft, Mondorf
L 70,00 m, B 11,24 m, T 1,38 m; 2x 496 kW
600 Fahrgäste (300 Pl. i.)

MS **STADT LINZ**
1989; Hitzler, Regensburg
L 89,25 m, B 10,40 m, T 1,65 m; 2x 600 PS
1250 Fahrgäste (850 Pl. i.)

MS **PASSAU**
1986; Hitzler, Regensburg
L 80,16 m, B 10,40 m, T 1,70 m; 2x 382 kW
1050 Fahrgäste (750 Pl. i.)

MS **DONAU**
1981; Hitzler, Regensburg, 1985 verl.
L 78,35 m, B 9,92 m, T 1,30 m; 2x 365 kW
1050 Fahrgäste (750 Pl. i.)

MS **BAVARIA**
1976; Hitzler, Regensburg, 1982/83 verl./n. mot.,
1986/87 verl., 1994/95 mod.
L 72,27 m, B 8,09 m, T 1,10 m; 2x 226 kW
750 Fahrgäste (500 Pl. i.)

MS **ILZ**
ex BRUNHILD -1983 Kelheim
1971; Lux-Werft, Mondorf,
1985 verl. Hitzler, Regensburg
L 42,90 m, B 6,22 m, T 0,80 m; 2x 177 kW
450 Fahrgäste (200 Pl. i.)

MS **SISSI**
1998; Lux-Werft, Mondorf
L 46,75 m, B 11,26 m, T 1,20 m; 2x 300 kW
250 Fahrgäste

MS **PASSAUER WOLF**
1977; Hitzler, Regensburg
L 35,39 m, B 5,56 m, T 0,90 m; 200 kW
350 Fahrgäste (140 Pl. i.)
Das Schiff wurde 1997 an die Fahrgastschiffahrt
Mittelweser A. Niemeyer verkauft und fährt auf
der Weser als LA VISURGIS (DIE WESER).

MS **REGINA DANUBIA** bei der Einweihung des Main-Donau-Kanals; Foto: Lux-Werft, Mondorf; 9/1992

MS **STADT LINZ** in Engelhartszell, Foto: O. Steindl, Linz/A; 1997

Passau

Donauschiffahrt Wurm + Köck

Höllgasse 26
94032 Passau
Tel.: 0851/929292
Fax: 0851/35518
Untere Donaulände 1
A-4020 Linz, Österreich
Tel.: 0731/783607
Fax: 0732/7836079

MS JOHANNA und MS ANTON BRUCKNER
gehören der Wurm + Köck GmbH, Linz (A),
die 1996 gegründet wurde.
Die Schiffe fahren unter österreichischer Flagge.

MS ENGELHARTSZELL
ex INN -1991, ex WELTENBURG 1992-1998
1975; Lux-Werft, Mondorf
L 37,10 m, B 6,22 m, T 0,86 m
2x 182 PS
400 Fahrgäste (180 Pl. i.)
Das Schiff wurde nach Ablieferung der SISSI
von der Lux-Werft in Zahlung genommen. Im
September 1998 wurde es von der Regenburger
Personenschiffahrt Klinger GmbH übernommen
und als RATASPONA in Fahrt gebracht.

MS JOHANNA
1977; Hitzler, Regensburg; Umbau 1980,
Oberdeck geschl.
L 64,00 m, B 8,80 m, T ... m
552 kW
900 Fahrgäste

MS ANTON BRUCKNER
ex GERMANIA -1996
1977; Hitzler, Regensburg
L 53,65 m, B 8,10 m, T 1,26 m
2x 270 PS
750 Fahrgäste

MS **BAVARIA** in Passau; Foto: Autor, Mai 1998

MS **ILZ** in der Morgensonne am Anleger in Passau; Foto: Autor, Mai 1998

MS **SISSI** das neueste Schiff der Flotte; Foto: O. Steindl, Linz/A; 7/1998

Inn

Der Inn ist der größte rechte Nebenfluß der oberen Donau. Er entspringt aus dem Lunghinosee in den Rätischen Alpen, durchfließt das Ober- und Unterengadin, Nordtirol und das Alpenvorland und mündet nach 510 km bei Passau in die Donau.
Einer seiner Nebenflüsse ist die Salzach rechtsseitig.

Wasserburg

Personenschiffahrt Wasserburg am Inn
Familie Gottfried Held
Bruckgasse 4
83512 Wasserburg am Inn
Tel.: 08075/1316 pr.
Wasserburger Töpferei
Tel.: 08071/4793
Inh. Gottfried Held
Fu: 0161/1826714

Dank der Initiative von Gottfried Held, der das Schifferpatent für den Inn hat, gibt es nach über 100 Jahren wieder eine regelmäßige Personenschiffahrt auf dem Inn. Im Juli 1992 wurde das kleine Fahrgastschiff in Wasserburg getauft und begab sich mit den geladenen Gästen auf Jungfernfahrt.
Neben täglichen Rundfahrten ab „Rote Brücke" werden Sonderfahrten nach Absprache ganzjährig durchgeführt.
Fahrten nach Urfahrn bei Rieden, Teufelsbruch und zurück stehen im Programm der Wasserburger Innschiffahrt.

Im Frühjahr 1998 wurde von der Dahme-Schiffahrt Teupitz ein Fahrgastschiff gekauft:

MS **CHRISTINE**
(ab 21.07.1992 für Gottfried Held)
ex LUDWIGSHAFEN -1991, Bodensee,
ex MB FORELLE -1965 für DB
1953; Deggendorfer Werft und Eisenbau GmbH
(Omnibus-Motorboot)
1982 Umbau, Bodan-Werft in Kressbronn,
völlig neue Aufbauten,
Umbenennung in LUDWIGSHAFEN
L 21,96 m, B 3,95 m, T 1,10 m
220 PS
70 Fahrgäste

MS **EDUARD** (ab Herbst 1998)
ex PARTY -1998 Dahme-Schiffahrt Teupitz
1992; Jacko-Werft, Dolgenbrodt
L 16,50 m, B 3,50 m, T 0,25 m
200 PS
60 Fahrgäste
Das Schiff soll ein festes Glasverdeck erhalten.

MS **CHRISTINE**; Foto: Familie Held, Wasserburg

Salzach

Auf der Salzach finden von Anfang Juni bis Mitte September jeden Samstag öffentliche Plättenfahrten statt. Die Plätten sind Nachbildungen der mittelalterlichen „platten" Salzkähne, mit denen das „weiße Gold" von Hallein und Bad Reichenhall salzachabwärts geschafft wurde. Plättenfahrten werden von der Stadt Burghausen veranstaltet.
Die Abfahrtsstelle ist Tittmoning, 18 km südlich von Burghausen.
Anlegestelle ist Burghausen beim Stadtplatz.

Burghausen

Städtisches Verkehrs- und Kulturamt
Stadtplatz 112/114, Rathaus
84489 Burghausen
Tel.: 08677/2435
        08677/887477

Plätten **BURGHAUSEN** und **HADWIGA**
1990; Anton Witti, Wiesenufer, Freizell
L 14,80 m, B 3,24 m,
53 Fahrgäste

2.
Rhein
und seine Nebenflüsse
Neckar, Main, Lahn, Mosel (Saar), Ruhr

Rhein

Als größter deutscher Strom ist der Rhein auch die verkehrsreichste Wasserstraße Europas. Insgesamt 1320 km lang (863 km in Deutschland) wird der Rhein in mehrere Abschnitte unterteilt:

Bis zum Bodensee heißt er Alpenrhein, vom Bodensee bis Basel spricht man vom Hochrhein, von Basel bis ins Mainzer Becken ist es der Oberrhein. Der berühmteste und bekannteste Abschnitt, vor allem für die Fahrgastschiffahrt, ist der Mittelrhein bis Bonn durch das Rheinische Schiefergebirge. Danach folgt der Niederrhein.

Seine Quelle liegt im Schweizer Kanton Graubünden. Er mündet bei Rotterdam in die Nordsee.

Die wichtigsten Nebenflüsse des Rheins sind Nahe, Mosel, Ahr (von links) und Neckar, Main, Lahn, Ruhr und Lippe (von rechts).

Waldshut-Tiengen   Hochrhein

Rheinschiffahrt Waldshut-Tiengen
Stadtwerke Waldshut-Tiengen
Peter-Thumb-Straße 1
79761 Waldshut-Tiengen
Tel.: 07741/833-600/601
Fax: 07741/833-622
Verkehrsamt Waldshut-Tiengen
Tel.: 07751/833-199 und 198
Fax: 07751/833-126

Rhein-Schiffahrt Waldshut-Tiengen
Tel.: 07751/833-240
Fax: 07751/833-241
Fu: 0171/5593437

Die Rheinfähre WALDSHUT kann auf eine fast
200jährige Geschichte zurückblicken. Mit dem
modernen Fahrgastschiff werden neue Perspek-
tiven eröffnet. Ein umfangreiches Rundfahrten-
Programm lädt neben dem Fährdienst zur
Schiffstour ein. Fahrten vom Kraftwerk Dogern,
hinein in die Aaremündung, unter der Koblenzer Brücke hindurch bis zum Lauffen werden zu
einem eindrucksvollen Erlebnis. Die landschaftlich interessante Rheinstrecke ist ganzjährig
erlebbar. Auch für Charterfahrten steht das
Schiff zur Verfügung.

Bad Säckingen   Hochrhein

Personenschiffahrt Bad Säckingen
G. Michlmayr
Schaffhauser Str. 9
79713 Bad Säckingen
Tel./Fax: 07761/4441 und CH 00497761/4441

Mit zwei Fahrgastschiffen wird die Ferienland-
schaft des Hochrheins erschlossen. Von Bad
Säckingen aus werden Fahrten bis Hauenstein
rheinaufwärts und bis Wallbach rheinabwärts
durchgeführt. Neben Linienfahrten werden auch
Rundfahrten und Sonderfahrten für Betriebe,
Vereine und Familienfeiern angeboten.

MS **WALDSHUT-TIENGEN**
1997; Schiffswerft Oberwinter
Indienststellung 31.01.1998
L 22,60 m, B 5,30 m, T 1,00 m
2x 130 PS
120 Fahrgäste (60 Salonplätze)

Personenschiffahrt Bad Säckingen:
MS **HOCHRHEIN STAR** (ab 1998)
ex KuFra STAR (bis 12/1997 in Lübeck)
1991/92; KuFra-Werft, Lübeck
L 25,50 m, B 5,20 m, T 0,61 m
2x 120 PS
150 Fahrgäste

MS **TROMPETER VON SÄCKINGEN**
1995; Polen (Kasko),
Holland (Maschine u. Innenausbau)
L 31,50 m, B 7,20 m, T 1,00 m
2x 240 PS
250 Fahrgäste

Die ehemaligen Schiffe der Personenschiffahrt
G. Michlmayr, MS HOCHRHEINPIONIER KUNZ und
MS TROMPETER, wurden verkauft: Ab 11/1997
ist die HOCHRHEINPIONIER KUNZ als IRENE für
die Personenschiffahrt Kunze in Sasbach/Rhein
im Einsatz.
Die TROMPETER kam 1996 nach Dömitz/Elbe
(Schröder/Friedrichstadt) fuhr eine Saison als
FESTUNG DÖMITZ. 1997 wurde das Schiff nach
Belgien verkauft.
Die TROMPETER war in den 60er Jahren als
POLLUX bei der Mindener Fahrgastschiffahrt
(Weser) im Einsatz.

MS **WALDSHUT-TIENGEN** mit seiner interessanten Silhouette
Foto: Stadtwerke Waldshut-Tiengen; 1998

Kehl

Kehler Personenschiffahrt

Karl-Heinz Hermann
Hauptstr. 103
77694 Kehl
Tel.: 07851/482811
Fax: 07851/482711

Neben Rundfahrten ab Kehl werden in der Zeit
von April bis Oktober Fahrten nach Strasbourg
mit Schleusenpassagen angeboten. Außerdem
gibt es im Programm Tagesfahrten nach Speyer
und Rüdesheim, nach Heidelberg und Karlsruhe. Abendfahrten, Tanzfahrten, Sonderfahrten
und Charterfahrten runden das Angebot ab.

MS **STADT KEHL** (ab 1994)
ex CIGONIE -1994
ex GLÜCK AUF -1987
1928; Hilgerswerft, Rheinbrohl
1960 Umbau: Neckarstein, verl. u. verbr.
1994 Umbau: Karcher, Freistett, modern.
L 28,00 m, B 5,00 m, T 1,20 m
150 PS
200 Fahrgäste (90 Salonplätze)

Sasbach

Personenschiffahrt Manfred Kunze

Schiffsanlegestelle am Rhein
79361 Sasbach
Tel.: 07642/8828
Fax: 07642/922728

1993 hat Manfred Kunze die Personenschiffahrt
in Sasbach übernommen. Mit einem Motorschiff werden Fahrten auf dem Rhein angeboten. 1998 kam ein weiteres Schiff dazu,
das vor allem auf den französischen Kanälen
eingesetzt werden soll.

Das Unternehmen war 1998 zum Verkauf
angeboten.

MS **NEPOMUK**
ex STRASBOURG -1980, Basler Personenschiff-
fahrts-Gesellschaft
ex VILLE-DE-STRASBOURG ab 1937
ex RHODANIA -1936
Lyon, Rhone 1930; Jos. Boel en Zonen, Belgien
1938 Umbau, Gebr. Sulzer AG, Winterthur
L 38,50 m, B 4,80 m, T 1,50 m
220 PS
250 Fahrgäste

MS **IRENE** (ab 11/1997)
ex HOCHRHEINPIONIER KUNZ -1997
ex MONTROAL -1979 auf der Mosel,
bis 1970 in Karlsruhe
1963; Holland
L 18,60 m, B 4,20 m, T 1,20 m
2x 100 PS
100 Fahrgäste

MS **STADT KEHL;** Foto: Kehler Personenschiffahrt; 1997

Breisach

Breisacher Fahrgastschiffahrt GmbH (BFS)
H. J. Goedert/Ch. Goedert
Werd 16
79206 Breisach/Rhein
Tel.: 07667/942010 u. 8608 pr.
Fax: 07667/80272
Fu: 0161/7223614

Mit zwei Schiffen werden Rundfahrten auf dem
Altrhein und Rheinseitenkanal angeboten.
Tagesfahrten nach Basel, Strasbourg und
Rheinfelden sind ebenso im Programm wie
Tanzfahrten mit Live-Musik.
Im Januar 1998 kam als weiteres Schiff die
KAISERSTUHL dazu, die vor allem für Fahrten
nach Kolmar eingesetzt wird.

MS **WEINLAND BADEN**
1980; Schmidt, Oberwinter
L 33,00 m, B 8,20 m, T 1,10 m
2x 250 PS
250 Fahrgäste (150 im Salon)

MS **SCHLOSS MUNZINGEN**   (ab 4/1993)
ex RHEINFELDEN -1992, Basler Personenschiffahrts-Gesellschaft
1925; Buss AG, Augst/BL
1932 neue Motoren, Basel
Umbau 1947, verl., Boel+Zonen,Tamise, Belgien
Umbau 1954, verl. und verbr., Decksaufbau
Umbau 1993, mod.
L 41 ,60 m, B 5,20 m, T 1,10 m
2x 270 PS
250 Fahrgäste (100 im Salon)

MS **KAISERSTUHL** (ab 1/1998)
ex ANNEMARIE -1997, Schmitz, Königswinter
1960; Schmidt, Oberkassel
L 22,65 m, B 4,75 m, T 0,60 m
180 PS
195 Fahrgäste

Karlsruhe

**Karlsruher Versorgungs-, Verkehrs-
und Hafen GmbH (KVVH GmbH)**
vormals Städtische Rheinhäfen Karlsruhe
Geschäftsbereich Rheinhafen
Postfach 211235
75189 Karlsruhe
Tel.: 0721/5990-0
Fax: 0721/5995754

Das Fahrgastschiff des Karlsruher Hafens ist im
März 25 Jahre alt geworden. In einem Hafenfest
mit breitem Angebot wurde das gefeiert.
Seit 1972 hat das Schiff über 4300 Fahrten mit
rund 650000 Fahrgästen absolviert. Rheinfahrten und Hafenrundfahrten stehen neben Sonderfahrten auch weiter im Programm.

MS **KARLSRUHE**
1972; Schiffswerft Oberwinter GmbH
L 38,50 m, B 5,50 m, T 0,90 m
2x 230 PS
250 Fahrgäste

MS **SCHLOSS MUNZINGEN** bei der Schleusenausfahrt; Foto: BFS GmbH

Speyer

Fahrgastschiff PFÄLZERLAND
Werner Streib
Bahnhofstr. 39
67346 Speyer
Tel.: 06232/71366
Fax: 06232/621866

Seit 1983 fährt Werner Streib mit seinem Fahrgastschiff auf dem Rhein und dem Altrhein.
Von April bis Oktober gibt es auch Möglichkeiten für Charterfahrten, Vereins- und Betriebsausflüge, Familienfeiern, Schulausflugsfahrten
und Geburtstagsfeiern und Hochzeitsfeiern
nach Vereinbarung.

MS **PFÄLZERLAND**
(ab 1962; ab 1983 für Werner Streib)
1932; Druten/Holland
Umbau 1991; Eigenbau J. Demmerle, Speyer
L 29,72 m, B 4,82 m, T 0,96 m
260 PS
200 Fahrgäste

Ludwigshafen

Kurpfalz Personenschiffahrt
Elsa Göttert und Robert Schneider GbR
Rheinuferstr. 20
67061 Ludwigshafen
Tel.: 0621/799254-0/1
Fax: 0621/799264-2

Neben Hafenrundfahrten (Mannheim und
Ludwigshafen) werden Rhein- und Altrhein-
fahrten angeboten, außerdem Fahrten nach
Nierstein und Rüdesheim. Beliebt sind Fahrten
ins Neckartal bis nach Neckargemünd, Neckarsteinach und Hirschhorn. Sonderfahrten und
Charterfahrten sind auf Vorbestellung jederzeit
möglich.

MS **KURPFALZ** (ab 3/1997)
ex REGIA-WIMPINA -1996, Stumpf oHG
ex SEEADLER -1965
1929; Clausen, Oberwinter; für Münz u. Söhne,
Rolandswerth
Umbau 1965, Ebert, Neckarsteinach
L 29,85 m, B 5,40 m, T 1,60 m
230 PS
220 Fahrgäste

MS **PFÄLZERLAND** am Anleger; Foto: J. Lorenz, Mainz Kastel; 1998

Guntersblum

Fahrgastbetrieb König Gunther
V. u. A. Hussmann
Rheindamm 9
67583 Guntersblum
Tel.: 06249/8731
Fax: 06249/2521

Mit zwei Schiffen werden Fahrten auf Rhein,
Main und Neckar angeboten. Charterfahrten
führen bis Worms und St. Goar auf dem Neckar
bis Heidelberg.
Von April bis Oktober gibt es sonn- und feiertags eine Fährverbindung zum Naturschutzgebiet Kühkopf (Guntersblum-Erfelden);
Fahrzeit: 45 Minuten.
Gruppenfahrten zu besonderen Anlässen
können gebucht werden.

MS **KÖNIG GUNTHER** (ab 4/1998)
ex MAINPERLE -4/1998 Wertheimer Personen-
Schiffahrt A. Mahl
ex SCHLOSS ARENFELS -1996 Personenschiffahrt
Mürl, Bad Breisig
1951; Schmidt, Oberkassel
L 30,50 m, B 4,60 m, T 0,90 m
280 PS
176 Fahrgäste

MS **KÖNIG GUNTHER II** (Fahrgastschiff/Fährschiff
ab 1981)
ex KARL JARRES -1981 Gästeboot der Duisburger
Häfen AG
1949; Rheinwerft Walsum
L 23,20 m, B 5,20 m, T 1,10 m
120 PS
100 Fahrgäste

Das Schiff steht 1999 zum Verkauf.

Nierstein

Fahrgastschiffsbetrieb Klaus Itzstein
Dammgasse 13
55283 Nierstein/Rhein
Tel.: 06133/58719
Fax: 06133/59471
Fu: 0171/8005332

Ab Nierstein werden täglich Rundfahrten
angeboten. Tagesfahrten führen nach Bingen,
Rüdesheim, Aßmannshausen, Worms. Sonderfahrten zum Rhein in Flammen, Weinprobe-
fahrten, Klassen- und Jahrgangsfahrten,
Vereinsfahrten sind möglich. Ganztagsver-
mietungen als Gruppenfahrt sind nach
Vereinbarung selbstverständlich.

MS **RITTER HUNDT** (ab 1992)
ex TRAIANUS -1992, Rundfahrtschiff in Holland
ex MARKSBURG -1973
1928; Schottelwerft Spay
1960 Umbau, Lux, Mondorf; Neuaufbau
1992 renov. u. modern.
L 23,50 m, B 5,25 m, T 1,40 m
250 PS (1994), SRP 100
157 Fahrgäste

Herr Itzstein betreibt ab 5/98 nur noch Fracht-
schiffahrt. Das Fahrgastschiff wurde inzwischen
verkauft.
(Siehe Anhang An- und Verkäufe 1999.)

MS **KÖNIG GUNTHER II** wartet auf Fahrgäste zum Naturschutzgebiet Kühkopf auf der anderen Rheinseite; Foto: J. Lorenz, Mainz Kastel; 1998

MS **RITTER HUNDT**; Foto: J. Lorenz, Mainz Kastel; 1998

Budenheim

Personenschiffahrt Nikolay
Fährhaus am Rhein
55257 Budenheim
Tel.: 06139/378 oder 2415
Fax: 06139/2339

Bereits in der 5. Generation betreibt die Familie
Nikolay Fähr- und Fahrgastschiffahrt auf dem
Rhein. Für Tagungen, Familienfeiern, Betriebs-
und Vereinsausflüge stehen die beiden gepfleg-
ten Fahrgastschiffe zur Verfügung.
Während der Sommerferien gibt es donnerstags eine Tagesfahrt nach Bacharach. An Bord
der MÖVE gibt es eine Bordrestauration, auf
der LIBELLE, dem Partyschiff, ist Selbstver-
sorgung.

MS **MÖVE**
1955; Schmidt, Oberkassel
1967 Umbau
L 30,00 m, B 5,10 m, T 1,30 m
2x 200 PS
120 Fahrgäste
(72 Unterdecksalon, 48 Oberdecksalon)

MS **LIBELLE** (seit 1993)
ex GEORG BARBARA, Personenschiffahrt
Joseph Karp, Wiesbaden-Bieberich 1952;
1996 Umbau (eigene Werkstatt)
L 25,00 m, B 4,50 m, T 1,30 m
145 PS
50 Fahrgäste (Fahrradmitnahme möglich)

Mainz

Mainz-Wiesbadener-Personenschiffahrt
Luisenstraße 1
55246 Mainz-Kostheim
Tel.: 06131/231658
Fax: 06131/64293

Zwei Fahrgastschiffe stehen für Rhein- und
Mainfahrten zur Verfügung. Tanzfahrten,
Panoramarundfahrten, Fahrten zum Rhein
in Flammen werden durchgeführt.

MS **KARLSBERG**
1975; Schmidt, Oberkassel
Umbau 1988; Aufbauten achtern, Schornstein,
Brücke, verl., Schottel
L 40,00 m, B 7,53 m, L 1,60 m
2x 408 PS
500 Fahrgäste (300 Salonplätze)
(Verkauf vorgesehen)

MS **TAMARA**
ex JOHANNA -1977
1936; Ruthof, Mainz
Umbau und Verl., 1980; Schmidt, Oberkassel
L 23,20 m, B 4,45 m, T 1,10 m
100 PS
92 Fahrgäste (35 Salonplätze)

(Siehe Anhang An- und Verkäufe 1999)

MS **LIBELLE** am Anleger in Budenheim; Foto: J. Lorenz, Mainz Kastel; 1999

MS **KARLSBERG** am Anleger in Mainz; Foto: Autor; 1998

Oestrich-Winkel

Fahrgastschiffahrt van de Lücht
Hauptstr. 138
65357 Oestrich-Winkel
Tel.: 06723/ 5339
Fax: 06723/4437
Fu: 0161/1614949

Die Reederei bietet mit zwei Schiffen Sonderfahrten auf dem Rhein und seinen Nebenflüssen privat und geschäftlich nach Vereinbarung an.

MS **ROBERT STOLZ**
1982; Lux, Mondorf
Jungfernfahrt 27.3.1982
L 36,00 m, B 7,20 m, T 1,00 m
550 PS
250 Fahrgäste

MS **WILLY SCHNEIDER**
1987; Lux, Mondorf
Jungfernfahrt 14. 3. 1987
L 29,00 m, B 6,40 m, T 1,00 m
2x 240 PS
200 Fahrgäste

Bingen/Rüdesheim

Bingen-Rüdesheimer Fahrgastschiffahrt
Fähr- und Schiffahrtsgesellschaft e. G.
Rheinkai 10
55411 Bingen am Rhein
Tel.: Bingen 06721/14140
Tel.: Rüdesheim 06722/2972
Fax: 06721/17398

Das Unternehmen gehört mit 6 Fahrgastschiffen
und 4 Fähren zu den großen Personenschiff-
fahrtsgesellschaften auf dem Rhein. Fahrten
rund um das „Binger Loch", vorbei an Mäuse-
turm, Ruine Ehrenfels, Burg Rheinstein und
Reichenstein, nach St. Goarshausen, nach Kaub
und Bacharach sind im Fahrplan enthalten.
Abendtanzfahrten, Familienfeiern an Bord,
Charterfahrten – alle Fahrten können auch in
den Wintermonaten durchgeführt werden.

MS **VATER RHEIN**
1995; Lux-Werft, Mondorf
L 54,00 m, B 10,20 m, T 1,20 m
880 PS
600 Fahrgäste

MS **EHRENFELS**
1990; Lux-Werft, Mondorf
L 48,00 m, B 9,20 m, T 1,15 m
770 PS
600 Fahrgäste

MS **GERMANIA**
1978; Schmidt, Oberwinter, 1989 verl.
L 62,50 m, B 9,50 m, T 1,10 m
876 PS
900 Fahrgäste

MS **BINGEN**
1985; Lux-Werft, Mondorf
L 42,45 m, B 7,75 m, T 1,10 m
620 PS
500 Fahrgäste

MS **ROBERT STOLZ**
unterwegs
Foto: J. Lorenz,
Mainz Kastel; 1998

Das neuste Schiff
der Flotte:
MS **VATER RHEIN**
am Anleger in Bingen
Foto: Autor; Juli 1998

MS **EHRENFELS**
am Anleger
in Rüdesheim
Foto: Autor; 1998

Bingen/Rüdesheim

**Bingen-Rüdesheimer Fahrgastschiffahrt
Fähr- und Schiffahrtsgesellschaft e. G.**
(Fortsetzung)

MS **REX RHENUS**
1954; Schmidt, Oberkassel,
1969 Umbau, Lux-Werft, Mondorf
L 31 ,75 m, B 5,50 m, T 1,30 m
430 PS
250 Fahrgäste

MS **REG.-RAT MILATZ**
1933; Ruthof, Mainz,
1965 Umbau, Rheinwerft, Mainz
L 32,80 m, B 5,49 m, T 1,30 m
300 PS
200 Fahrgäste

Assmannshausen

Fahrgastschiffahrt Klaus Peter Rössler
Lorcher Str. 34
55385 Rüdesheim am Rhein
Tel.: 06722/2353
Fax: 06722/4519
Fu: 0161/2625224

Die Fahrgastschiffe des Unternehmens stehen
das ganze Jahr über zur Verfügung. Sie fahren
alle Stationen zwischen Mainz/Wiesbaden und
Koblenz an.
Rundfahrten gibt es von Ostern bis Ende
Oktober ab Assmannshausen, Rüdesheim und
Bingen. Die Schiffe können gechartert werden.

MS **RHEINGAU**
1985; Lux, Mondorf
L 36,00 m, B 7,20 m, T 1,10 m
1x 241 PS, 1x 242 PS
250 Fahrgäste

MS **SANKT NIKOLAUS** (ab 1.11.1992)
ex PRINCESSE MARIE-ASTRID,
Nav. Touristique, Grevenmacher, L
1984; Lux, Mondorf (Taufe 24.4.1985)
L 40,50 m, B 7,20 m, T 1,10 m
2x 241 PS
350 Fahrgäste

MS **ST. NIKOLAUS I**
1952; Schmidt, Oberkassel
L 24,50 m, B 4,20 m, T 1,20 m
220 PS
190 Fahrgäste

MS **REX RHENUS** legt in Bingen ab; Foto: Autor; Juli 1998

MS **SANKT NIKOLAUS**; Foto: Fahrgastschiffahrt Rössler

Niederheimbach

Fähr- und Fahrgastschiffahrt Michael Schnaas
Rheinstr. 57
55413 Niederheimhach
Tel.: 06743/6032
Fax: 06743/6598

Der Familienbetrieb besteht seit 1893. Neben
dem Fährbetrieb Niederheimbach-Lorch werden
mit einem kleinen Fahrgastschiff Ausflugsfahrten auf dem Rhein angeboten.
Das Schiff sollte nach der Saison 1997 verkauft
werden.

MS **HOL-ÜBER**
ex MOUSEL, Kieffer, Remich, L
1954; Ruthof, Regensburg
Umbau 1995, neuer Mot.
L 25,20 m, B 4,50 m, T 0,85 m
175 kW
200 Fahrgäste in 2 Salons
(100 Sonnendeckplätze)

St. Goarshausen

Personenschiffahrt Felix F. Menges & Sohn
Bahnhofstr. 15
55346 St. Goarshausen
Tel.: 06771/2620
Fax: 06771/2404

Mit dem kleinen Fahrgastschiff werden
ganzjährig Ausflugsfahrten zu allen Rhein-
stationen um die Lorelei und auch auf der
Mosel angeboten.

MS **FELIX**
ex RHEINNIXE -1980 (Bonner Personenfähre)
1969; Schmitz, Beuel; Umbau 1980
L 24,00 m, B 6,10 m, T 0,85 m
2x 150 PS
100 Fahrgäste

MS FELIX (1926) wurde 1980 nach Holland
verkauft.

MS **HOL-ÜBER** mit Gästen unterwegs; Foto: J. Lorenz, Mainz Kastel; 1998

MS **FELIX** vor Oberwesel; Foto: P. Gran, Korschenbroich; 1998

Kamp-Bornhofen

**Loreley-Linie Weinand
Personenschiffahrt GmbH**
Rheinuferstr. 55-56
56341 Kamp-Bornhofen
Tel.: 06773/341
Fax: 06773/7110

Seit 3 Generationen steht das Unternehmen im
Dienste des Tourismus. Mit vier Schiffen gibt
es täglich Ausflugsfahrten im Tal der Lorelei.
Von März bis September werden täglich
Abfahrten von Boppard nach Bad Salzig
angeboten. Freitags (Juni bis September)
finden die Rhein-Mosel-Fahrten nach Winnigen
statt.

MS **PEGASUS**
1990; De Hoop Int., Lobith/NL
L 36,00 m, B 8,00 m, T 1,05 m; 600 PS
380 Fahrgäste

MS **LIEBENSTEIN**
1985; Schmidt, Oberwinter
L 37,80 m, B 8,20 m, T 1,20 m; 544 PS
420 Fahrgäste

MS **SANCTA MARIA I**
1979; Schmidt, Oberwinter
L 35,00 m, B 7,50 m, T 1,25 m; 2x 272 PS
400 Fahrgäste

MS **IRENE**
ex GLÜCK AUF -1972, Reinharz, Königswinter
1961; Lux-Werft, Mondorf
L 23,70 m, B 5,30 m, T 1,10 m; 160 PS
200 Fahrgäste
(Siehe Anhang Schiffsneubauten 1999.)

MS **PEGASUS** auf Ausflugsfahrt; Foto: H. Kindt; Hamburg

MS **LIEBENSTEIN**; Foto: P. Gran, Korschenbroich

MS **SANCTA MARIA I** am Anleger; Foto: P. Gran, Korschenbroich

Boppard

Hebel-Linie Boppard
Philipp Hebel GmbH + Co. KG
(Familie Ruth, Heino und Joachim Noll)
Rheinallee 35
56154 Boppard am Rhein
Tel.: 06742/2420 und 4100
Fax: 06742/4727

Eines der ältesten Personenschiffahrtsunternehmen am Rhein stellt sich hier vor. Seit über 100 Jahren (seit 1891 in Familienbesitz) fahren die Schiffe der Hebel-Linie vom Heimathafen Boppard aus.
Das Angebot ist reichhaltig: Tagesfahrten von Boppard nach Rüdesheim, Burgenfahrt Lorelei-Oberwesel-Bacharach, Rhein-Mosel-Rundfahrten nach Winningen und Koblenz, Rhein-Lahn-Fahrten nach Bad Ems, Tanzfahrten, Lampionfahrten und Sonderfahrten zu Hochzeiten, Geburtstagen, Wallfahrten.
Für Sonderfahrten stehen die Schiffe ganzjährig zur Verfügung.

MS **RHEINKRONE**
1981; Schmidt, Oberwinter
L 40,00 m, B 8,40 m, T 1,18 m; 2x 450 kW
250 Fahrgäste

MS **RHEINLAND**
1970; Schmidt, Oberwinter, 1976 verl.,
Rheinwerft, Mainz-Momb.
L 40,00 m, B 6,80 m, T 1,10 m; 350 PS
240 Fahrgäste

MS **RHEINFELS**
1981; Schmidt, Oberwinter
L 39,50 m, B 7,50 m, T 1,20 m; 2x 330 PS
450 Fahrgäste

MS **SONNENSCHEIN**
1997; P. H. Tinnemans en Zoon, Maasbracht/NL
L 26,70 m, B 5,10 m, T 1,05 m; 374 PS
100 Fahrgäste

Die beiden ehemaligen Schiffe MS SONNENSCHEIN (Baujahr 1965) und MS JUDITH (Baujahr 1959) sind seit 4/1997 nicht mehr in der Flotte der Hebel-Linie.

MS **RHEINKRONE**; Foto: J. Lorenz, Mainz Kastel; 3/1997

MS **RHEINFELS** einmal anders; Foto: A. Bober; Köln

MS **SONNENSCHEIN** – der Neuzugang 1997 bei der Hebel-Linie; Foto: Sammlung Autor; 1998

Spay am Rhein

Marksburgschiffahrt Vomfell
Wolfgang Vomfell
Koblenzer Str. 64
56322 Spay am Rhein
Tel.: 02628/2431
Fax: 02628/3764
Fu: 0161/7219364

Mit zwei modernen Schiffen werden Rundfahrten auf dem Rhein von Koblenz nach
Stolzenfels angeboten. Außerdem wird täglich
die Route Koblenz bis Braubach und zurück
gefahren. Spezialarrangements für Festlichkeiten aller Art sind ganzjährig möglich.

MS **LA PALOMA**
1992; Lux, Mondorf
L 40,60 m, B 9,60 m, T 1,30 m
2x 303 PS, 2x SRP 100
400 Fahrgäste

MS **MARKSBURG** (ab 1972)
ex UNDINE (1967-1972, Botsch, Cochem)
1967; Lux, Mondorf
Umbau 1980, verl. um 7 m
Umbau 1984, n. Mot.
Umbau 1988, Dach auf dem Oberdeck
L 32,30 m, B 5,90 m, T 1,30 m
2x 260 PS
160 Fahrgäste im Salon (180 Freideck)

Koblenz   Mosel/Rhein

Personenschiffahrt Merkelbach GmbH & Co.KG
Emser Straße 93
56076 Koblenz
Tel.: 0261/76810
Fax: 0261/71028
Fu: 0161/7205162

Mit dem neuen Fahrgastschiff DEUTSCHES ECK
werden Burgenfahrten, Sonderfahrten und
Abendfahrten auf Rhein und Mosel durchgeführt. Charterfahrten für alle Anlässe sind
ganzjährig möglich.

MS **DEUTSCHES ECK**
(Taufe am 18.4.1998 in Koblenz-Pfaffendorf)
1998; Lux-Werft, Mondorf
(Stapellauf 26.2.1998)
L 41,60 m, B 9,20 m, T 1,20 m
2x 306 PS
250 Fahrgäste

MS **LA PALOMA** in Koblenz am Deutschen Eck; Foto: W. Vomfell, Spay

MS **DEUTSCHES ECK** am Anleger in Koblenz; Foto: H. Krämer, Koblenz; 6/1998

Koblenz

Rhein-Mosel-Future
Personenschiffahrt Schüller oHG
Löhrstr. 143
56068 Koblenz
Tel.: 0261/9141730
Fax: 0261/9141733
Fu: 0171/8049354

Mit dem einzigartigen Projekt des Erlebnis-
schiffes RPR EINS ENTERPRISE machte die
Personenschiffahrt Schüller oHG im Mai 1997
auf sich aufmerksam. RPR steht dabei für den
Hauptsponsor und Paten Rheinland-Pfalz-Radio
Eins.
Das Schiff wird im Charter- und auch im
Linienverkehr auf Rhein und Mosel eingesetzt.
Ihr anderes Fahrgastschiff, vornehmlich
zwischen Koblenz und Cochem eingesetzt,
wurde an die KD verchartert.

23. Dezember 1997: Die Rhein-Mosel-Future
oHG hat die Eröffnung des Konkursverfahrens
beantragt.
Die MS RPR EINS ENTERPRISE wurde auf die
Bauwerft zurückgeholt.
Das Fahrgastschiff RPR EINS ENTERPRISE
wurde am 1.5.1998 von der KD (Köln-Düsseldorfer) übernommen.
Das Fahrgastschiff MS WAPPEN VON KOBLENZ
wurde nach Holland verkauft (siehe Anhang).

MS **RPR EINS ENTERPRISE**
1997; Werft Schiffs-Service Oberwinter (SSO)
L 60,00 m, B 11,40 m, T 1,25 m
2x 800 kW
600 Fahrgäste (Salon), 300 Freideckplätze

MS **WAPPEN VON KOBLENZ** (ab 1996)
ex WAPPEN VON KÖNIGSWINTER -1995,
Bungarz GmbH
1979; Holland
Umbau 1995/96, verl. und modern.
L 55,00 m, B 7,60 m, T 1,35 m
680 PS
470 Fahrgäste

MS **RPR EINS ENTERPRISE**; Foto: Schüler oHG; Koblenz, 1997

Koblenz   Mosel/Rhein

Personenschiffahrt Alexander Hölzenbein
Rheinzollstr. 6
56068 Koblenz
Tel.: 0261/37744
Fax: 0261/16640

Seit 75 Jahren ist die Reederei Hölzenbein
in Koblenz in der Personenschiffahrt tätig.
Mit 4 Schiffen werden neben Linienfahrten auf
der Strecke Koblenz-Rüdesheim und zurück
angeboten (Rüdesheim-Linie, Oberwesel-Linie,
Loreley-Linie). Außerdem stehen Sonderfahrten,
Abendfahrten und Charterfahrten auf dem
Programm.

MS **RHEINGDLD**
1989; Schmidt, Oberwinter
L 55,00 m, B 11,40 m, T 1,00 m
806 PS, SRP 100
900 Fahrgäste

MS **STADT COCHEM**
1964; Schmidt, Oberwinter
L 33,00 m, B 5,30 m, T 1,20 m
300 PS
250 Fahrgäste

Das Schiff wurde 1928 auf der Schmitting-Werft
in Beuel für die Gebr. Fischer und Zahnleitner,
Heidelberg gebaut und als VON HINDENBURG in
Dienst gestellt (L 29,82 m, B 5,34 m, 350 Fahrg.,
2x 90 PS). Im Krieg gesunken, nach dem Krieg
gehoben und an die Personenschiffahrt Collée in
Koblenz verkauft, wurde es 1964 neu aufgebaut.

MS **POSEIDON**
1960; Niederlahnstein,
Umbau 1972, verl., 1974 verl. 6,50 m
L 40,50 m, B 6,48 m, T 1,40 m
300 PS
240 Fahrgäste

MS **STADT KOBLENZ**
1958; Hassmersheim, Neckar,
Umbau 1968 verl., 1978 verl.
L 42,00 m, B 7,00 m, T 0,90 m
450 PS
600 Fahrgäste

MS **RHEINGOLD** am Anleger in Koblenz; Foto: Autor; 1993

MS **POSEIDON** auf dem Rhein; Foto: H. Krämer, Koblenz; 1991

Vallendar

Gilles Personenschiffahrt GmbH
Heerstr. 59
56179 Vallendar
Tel.: 0261/63127
Fax: 0261/679535

Mit vier Schiffen ist die Gilles Personenschiffahrt heute von Vallendar aus auf dem
Rhein und der Mosel unterwegs.
1920 begann das Unternehmen mit zwei kleinen Schiffen, der FORTUNA und der GRETULA,
den Linienverkehr Vallendar-Koblenz. Mit dem
neuen Schiff wird die Familientradition der
Personenschiffahrt erfolgreich fortgesetzt.

MS **KÖNIGSBACHER**
1994; Lux-Werft, Mondorf
L 42,00 m, B 10,50 m, T 1,40 m
340 PS
400 Fahrgäste

MS **STADT VALLENDAR**
1979/80; Schmidt, Oberwinter
L 36,00 m, B 8,20 m, T 1,20 m
2x 240 PS
400 Fahrgäste

MS **FORTUNA**
1969; Schmidt, Oberwinter
L 30,00 m, B 6,50 m, T 1,30 m
2x 218 PS
250 Fahrgäste

MS **CÄCILIA** (1950-1955 in Kassel,
ab 1995 in Vallendar)
1931; Gebr. Stumm, Koblenz-Lützel
1950 Neuaufbau
L 25,00 m, B 4,80 m, T 1,20 m
116 PS
150 Fahrgäste

MS FORTUNA (1962) wurde mit Indienststellung
der neuen FORTUNA 1969 an den Hallwilersee/
Schweiz verkauft.
MS RHEINPERLE (1927) wurde nach Einsatz des
MS KÖNIGSBACHER 1994 auf den Hohenwarte
Stausee verkauft und fährt dort als MS SAALE-
TAL.

MS **KÖNIGSBACHER**; Foto: Gilles, Valendar; 1996

MS **CÄCILIA** – der Oldtimer und das kleinste Schiff der Flotte; Foto: P. Gran, Korschenbroich; 5/1996

Neuwied

Personenschiffahrt Collée GmbH & Co. KG
Seminarstr. 24
56500 Neuwied
Tel.: 02631/31010 o. 76458
Fax: 02631/77228
Fu: 0161/7219446

Mit drei Schiffen bietet das Unternehmen
Fahrten auf Rhein, Mosel und Lahn an.
Die Schiffe können für alle Gelegenheiten
gechartert werden.

Reederei Lukullus Maritim

Mit dem neuen Schiff werden Fahrten auf dem
Rhein und seinen Nebenflüssen angeboten.
Vorgesehen sind vor allem Fahrten auf der
Lahn.

Schiffstouristik Collée
Rheinstr. 68
56500 Neuwied
Tel.: 02631/23327
Fax: 02631/26295

Die Gästeyacht kann gechartert werden und
steht auch für Tagesfahrten zur Verfügung.

MS **CARMEN SYLVA**
1968; Schmidt, Oberwinter
L 42,30 m, B 7,85 m, T 1,20 m
2x 340 PS
500 Fahrgäste

MS **STADT ANDERNACH**
ex SIEGFRIED
1949; Stauf, Königswinter
Umbau 1990
L 25,00 m, B 4,40m, T 1,10 m
160 PS
80 Fahrgäste

MS **SCHLOSS ENGERS**
1997; Lux, Mondorf
L 33,30 m, B 5,20 m, T 1,20 m
500 PS
220 Fahrgäste (100 Sonnendeckplätze)

MS **SIRONA**
1980; Schmidt, Oberwinter
L 43,50 m, B 7,50 m, T 1,10 m
80 Fahrgäste max. für Tagesfahrten

Das Schiff wurde 1998 nach Dronten in Holland
verkauft.

MS **STADT ANDERNACH** 1998 auf der Lux-Werft; Foto: A. Bober, Köln

MS **SCHLOSS ENGERS** auf dem Rhein; Foto: Lux-Werft, Mondorf; 1997

Bad Breisig

Personenschiffahrt Mürl
Helmut Mürl
Gartenstr. 15
53498 Bad Breisig
Tel.: 02633/9153 und 95141
Fax: 02633/96712
Fu: 0171/4477588

Sonn- und feiertags und nach Vereinbarung
werden Kaffeefahrten angeboten. Außerdem
steht das Schiff für Ausflüge, Gesellschaftsfahrten und Festlichkeiten zur Verfügung.

MS **SCHLOSS ARENFELS** (ab 1997)
ex MAINPERLE -1997, Wertheim,
ex MOSELPERLE -1992
ex STADT HITZACKER -1983/84, Wellert, Hitzacker
1968; Lux, Mondorf
Umbau, verl. als MOSELPERLE
Umbau 1993, Werft Erlebach, Main,
verbr. von 6,10 m auf 10,10 m
Umbau 1996, SSO, Oberwinter, neuer Bug
L 35,00 m, B 10,10 m, T 0,80 m
175 PS
400 Fahrgäste

Bad Honnef

Fahrgastschiffahrt Helmut Krahe
Bahnhofstr. 27b
53604 Bad Honnef
Tel.: 02224/6323 und 72522

Das Schiff ist im Fährdienst zwischen
Grafenwerth und Nonnenwerth eingesetzt.
Für Charterfahrten und Ausflüge auf dem Rhein
steht es außerhalb dieser Zeit zur Verfügung.

MS **GRAFENWERTH**
1928; Stauf, Königswinter
Umbau 1957, verbr. Lux, Mondorf
Umbau 1977, Heck 3 m verl., Schmidt,
Oberwinter
L 24,30 m, B 5,10 m, T 1,00 m
220 PS
150 Fahrgäste

Königswinter

Helmut Hoitz Charter-Linie
Rheinstr. 23
53639 Königswinter
Tel.: 02223/23150
Fax: 02223/3996

Das moderne Charterschiff steht für Festlich-
keiten aller Art zur Verfügung: Geburtstage,
Taufen, Hochzeiten, Betriebsfeste, Jubiläen,
Geschäftsessen, Tagungen, Konferenzen,
Seminare, Ausstellungen, Vereinsausflüge.
Beliebte Ausflugsziele sind Köln, Bonn, Unkel,
Linz, Koblenz. Das Schiff ist ganzjährig im
Einsatz.

MS **SIEBENGEBIRGE**
1990; Lux, Mondorf
Jungfernfahrt 29.12.1990
L 46,50 m, B 11,20 m, T 1,30 m
2x 340 PS
600 Fahrgäste

MS **SCHLOSS ARENFELS**; Foto: A. Bober, Köln; 1995

MS **SIEBENGEBIRGE**; Foto: A. Bober, Köln; 1998

Königswinter

Personenschiffahrt Schmitz
Hauptstr. 52
53639 Königswinter
Tel.: 02223/22578 und 4497
Fax: 02223/21200
Fu: 01617/210235

Seit April dieses Jahres fährt das neue Schiff
des Eigners Franz Schmitz im Chartereinsatz
durch das Siebengebirge.
Außerdem steht ein kleineres Schiff ganzjährig
für Tages- und Abendfahrten zur Verfügung.

Personenschiffahrt A. Bungarz GmbH
Postfach 1156
53621 Königswinter
Tel.: 02223/1583 oder 22369
      02223/1583 pr.
Fax: 0223/27238
Fu: 0161/7217999

Angeboten werden Charterfahrten für jeden
Anlaß, Rundfahrten, Tagesfahrten und Abendfahrten. Das Schiff ist ganzjährig im Einsatz.

Bonn–Bad Godesberg

Personenschiffahrt Siebengebirge e.G.
Rheinallee 59
53173 Bonn-Bad Godesberg
Tel.: 0228/363737
Fax: 0228/364994

Die Flotte der Siebengebirgs-Linie besteht 1998
aus vier Fahrgastschiffen. Neben dem täglichen
Linienverkehr zwischen Bonn-Bad Godesberg
und Linz werden Ausflugsfahrten nach Winni-
gen/Mosel, Burgenfahrten nach Braubach,
Loreleifahrten und Abendfahrten mit Tanz
angeboten. Die Schiffe können auch für
Festlichkeiten gechartert werden.

MS **THERESIA**
1997; Lux, Mondorf (Taufe am 26.4.1997)
L 36,80 m, B 8,20 m, T 1,25 m
2 x 242 PS, SRP 100
150 Fahrgäste (bei Charterfahrten)

MS **RHEINFELS**
1953; Schmidt, Oberkassel
L 24,90 m, B 4,68 m, T 0,90 m
(nach letztem Umbau; mehrf. umgeb.)
250 PS
226 Fahrgäste

MS **NEPTUN** (ab 1/1996)
ex RHEINPERLE -1995, Kölntourist
ex VRENELI -1971 BuGa Köln
1970; Lux, Mondorf
L 27,42 m, B 6,32 m, T 1,00 m
129 PS, SRP 100
250 Fahrgäste (95 Salonplätze)

Verkauft wurden die Fahrgastschiffe MS WAPPEN
VON KÖNIGSWINTER, Baujahr 1979, an Thomas
Schüller, Koblenz, und MS DRACHENBURG,
Baujahr 1971/75, an Steffen Zeuner, Riesa.
Die WAPPEN VON KÖNIGSWINTER fuhr 1997
als WAPPEN VON KOBLENZ für die KD.
Die ehemalige DRACHENBURG ist auf der Elbe
als STADT RIESA im Einsatz.

MS **BONNA**
1989; Lux-Werft, Mondorf
L 41,50 m, B 10,50 m, T 1,20 m
2x 303 PS
400 Fahrgäste (200 Salon)

Eigner: Peter Münz
Mehlemer Str. 9, 53179 Bonn
Das Schiff steht 1999 zum Verkauf.

MS **THERESIA** am Anleger in Bad Godesberg; Foto: P. Gran, Korschenbroich; September 1998

MS **NEPTUN** am Anleger in Linz am Rhein; Foto: A. Bober; Köln, 1995

Bonn–Bad Godesberg

Personenschiffahrt Siebengebirge e.G.
(Fortsetzung)

Bonn

**Bonntourist-Personenschiffahrt
am Alten Zoll GmbH**
Rheinaustr. 241, 53225 Bonn
Tel.: 0228/264726 und 466657
Fax: 0228/464208

MS **PETERSBERG**
1987; Lux-Werft, Mondorf
L 39,50 m, B 8,60 m, T 1,20 m; 2x 330 PS
500 Fahrgäste (350 Salon)
Eigner: Bernd Münz
Antoniterstr. 59, 53179 Bonn

MS **GODESIA**
1986; Lux-Werft, Mondorf
L 38,60 m, B 8,60 m, T 1,20 m; 2x 354 PS
500 Fahrgäste (350 Salon)
Eigner: Pilger-Hoitz
Tel.: 0228/362277 und 348683

MS **BERLIN**
1959; Schmidt, Oberkassel
L 35,50 m, B 6,40 m, T 1,35 m; 360 PS
450 Fahrgäste
Eigner: Pilger
53173 Bad Godesberg, Tel.: 0228/348683

MS **POSEIDON** (Party-Yacht)
1996; Lux-Werft, Mondorf
L 45,00 m, B 10,50 m, T 1,20 m; 2x 380 PS
600 Fahrgäste (180 Salon)
Eigner: Bonn-Tourist
Tel.: 0171/4425800 Fax: 0228/464208

MS **PETERSBERG** am Anleger; Foto: A. Bober, Köln; 1995

MS **BERLIN** auf dem Rhein; Foto: P. Gran, Korschenbroich; 9/1998

MS **POSEIDON**; Foto: A. Bober, Köln; 1996

Bonn

**Bonntourist-Personenschiffahrt
am Alten Zoll GmbH**
(Fortsetzung)

Bonner Personenschiffahrt BPS
Brassertufer Am Alten Zoll, 53111 Bonn
Tel.: 0228/636363
Fax: 0228/695212

Die BPS besteht als Genossenschaft schon
über 70 Jahre. Schiffe und Gastronomiebetriebe
werden heute schon in der 4. Generation von
den Eignern selbst betrieben.
Die Flotte besteht zur Zeit aus fünf modernen
Schiffen.
Von Mai bis Oktober werden Siebengebirgs-
fahrten angeboten, außer den Tagesfahrten
zur Mosel nach Winningen, Burgenfahrten
nach Braubach, Tagesfahrten zur Lorelei.
Umfangreich sind auch die Sonderfahrten
der BPS.

MS **WAPPEN VON BONN**
1989; Lux-Werft, Mondorf
L 46,00 m, B 10,50 m, T 1,20 m; 2x 385 PS
600 Fahrgäste (350 Salon)
Eigner: Bernhard Vogel, Bonn, Tel.: 0228/463892

MS **BEETHOVEN**
1990; Lux-Werft, Mondorf
L 40,00 m, B 9,60 m, T 1,30 m ; 2x 364 PS
460 Fahrgäste (260 Salon)
Eigner: Heinz Meyer, Königswinter
Tel.: 02223/911333

MS **FILIA RHENI** (Katamaran)
1989; Lux-Werft, Mondorf
L 42,50 m, B 11,20 m, T 1,10 m; 2x 303 PS
385 Fahrgäste (185 Salon)
Eigner: Schmitz GmbH, Bonn, Tel.: 0228/670505

MS **MOBY DICK**
1976; Schmidt, Oberwinter
L 45,00 m, B 10,50 m, T 1,08 m; 3x 200 PS
400 Fahrgäste (200 Salon)
Eigner: Gebr. Schmitz, Tel.: 0228/466657

MS **REGINA** wurde 1996 an Kölntourist, Köln
verkauft.

MS **BEETHOVEN**; Foto: A. Bober, Köln; 5/1998

MS **FILIA RHENI**; Foto: A. Bober, Köln; 6/1998

MS **MOBY DICK**; Foto: A. Bober, Köln; 1996

Wesseling

Weisbarth Fahrgastschiff GmbH
Reiner Weisbarth
Rheinstr. 299, 50389 Wesseling
Tel.: 02236/5185 u.2259
Fax: 02236/5185

Mit dem neuen Fahrgastschiff werden Ausflugs-
fahrten und auch Sonderfahrten angeboten.
Fahrten zum Feuerwerk in Andernach, zum
Schokoladenmuseum in Köln, Fahrten zum
Rhein in Flammen gehören zum Programm.
Anleger: Widdig, St. Georg-Straße

MS **ANJA** (Taufe am 14.2.1998)
1998; Lux-Werft, Mondorf
L 36,36 m, B 7,60 m, T 1,20 m
2x 300 PS
250 Fahrgäste
Die ANJA (I), Baujahr 1965, Schmidt, Oberwinter,
wurde nach Ablieferung des neuen Schiffes nach
Duisburg verkauft.

Köln

**Köln-Düsseldorfer Deutsche Rheinschiffahrt AG
(KD)**
Frankenwerft 15, 50667 Köln
Tel.: 0221/2088-318
Fax: 0221/2088-229/-345

Die Köln-Düsseldorfer (KD) ist die erfahrenste
Fluß-Schiffahrtslinie der Welt und das größte
Unternehmen der Personenschiffahrt
in Deutschland.
27 Schiffe fahren unter der KD-Flagge: 9 Fluß-
kreuzfahrtschiffe mit komfortablen Kabinen für
mehrtägige Reisen und 18 Ausflugsschiffe für
Tagesfahrten auf dem Rhein, der Mosel, dem
Main, der Saar und dem Neckar.
Der historische Schaufelraddampfer GOETHE
verkehrt wieder regelmäßig. 1999 wird er täglich auf der Nostalgie-Route Koblenz-Rüdesheim eingesetzt.
1997 kam auch noch die KRIPPEN, ein Schaufelraddampfer von der Elbe hinzu und fährt
auch 1999 in Charter der KD.
Auf dem umfangreichen Programm der KD
stehen Linienfahrten von Köln bis Mainz,
von Koblenz bis Cochem.
Kölner Panoramafahrten, Kaffeefahrten, Abendfahrten, Charterfahrten für alle Anlässe gehören
ebenfalls zum Angebot.

MS **WAPPEN VON KÖLN**
ex RHEIN -1985
1967; Ruthof, Mainz Kastel
L 92,50 m, B 15,80 m, T 1,47 m
1400 PS
2000 Fahrgäste

MS **WAPPEN VON MAINZ**
ex DRACHENFELS -1985,
ex DEUTSCHLAND -1971
1961; E. Berninghaus, Köln-Deutz
L 90,60 m, B 15,80 m, T 1,25 m
1400 PS
2000 Fahrgäste

MS **BERLIN**
1959; E. Berninghaus, Köln-Deutz
L 88,55 m, B 15,50 m, T 1,39 m
1300 PS
2000 Fahrgäste

MS **RÜDESHEIM** (III)
1987; Meidericher Schiffswerft, Duisburg
L 69,00 m, B 8,85 m, T 1,25 m
760 PS
750 Fahrgäste

MS **ANJA** (II) am Anleger
Foto:
Sammlung Autor, 1998

MS **WAPPEN VON KÖLN** –
Großmotorschiff der KD
Foto: Autor, 1995

MS **BERLIN** – Großmotorschiff der KD
Foto: H. Krämer, Koblenz,
6/1997

**Köln-Düsseldorfer Deutsche Rheinschiffahrt AG
(KD)** (Fortsetzung)

MS **DRACHENFELS** (III)
1985; Meidericher Schiffswerft, Duisburg
L 64,60 m, B 8,60 m, T 1,25 m; 650 PS
750 Fahrgäste

MS **STOLZENFELS** (III)
1979; Hilgers AG, Rheinbroh; 1983 verl.
L 79,84m, B 9,60 m, T 1,40 m; 900 PS
1000 Fahrgäste

MS **MARKSBURG**
1996; De Hoop, Lobith/NL
L 68,00 m, B 11,40 m, T 1,15 m; 2x 470 PS
435 Fahrgäste

MS **LORELEY** (IV)
1996; De Hoop, Lobith/NL
L 68,00 m, B 11,40 m, T 1,l5 m; 2x 470 PS
435 Fahrgäste

MS **GODESBURG**
1994; De Hoop, Lobith/NL
L 66,00 m, B 11,40 m, T 1,20 m;2x 450 PS
600 Fahrgäste

MS **DOMSPATZ**
ex SCHOUWEN DUIVELAND -1981
1969; Peters, Kampen/NL
L 36,00 m, B 6,50 m, T 1,70 m; 460 PS
250 Fahrgäste

MS **JAN VON WERTH**
ex GRAF VAN BYLANT -1993
1992; De Hoop, Lobith/NL
L 40,00 m, B 7,80 m, T 1,60 m; 640 PS
240 Fahrgäste

MS **WARSTEINER** (gechartert v. d. KD bis 2005)
1994; St. Barbara, Maastricht/NL
L 52,00 m, B 11,40 m, T 1,15 m; 2x 450 PS
250Fahrgäste

Eigner: Personenschiffahrt Dörbaum GbR,
Hameln (ab 1997)
Rudolf Luise und Heinz Dörbaum
Spittastr. 31, 31787 Hameln
Tel./Fax: 05151/63228
Bordtel.: 0171/3147973 u. 0172/5183506
Bordfax: 0171/3147974

RD **GOETHE**
1913; Gebr. Sachsenberg, Köln-Deutz,
1951/52 Wiederaufbau, Ruthof, Mainz Kastel,
verl. 6 m; 1989 stillgelegt
1996; De Biesbosch, Dordrecht/NL
L 83,40 m, B 15,60 m, T 1,20 m; 700 PS
900 Fahrgäste
28.8.1997 wieder in Fahrt

MS **DRACHENFELS** — eine Schönheit unter den Schiffen – hier am Deutschen Eck in Koblenz
Foto: H. Krämer, Koblenz, 1998

MS **LORELEY** – der Neubau der KD auf dem Rhein bei Kaub; Foto: KD, Köln; 1997

MS **GODESBURG** am Abend am Anleger in Köln; Foto: Autor; 1995

Köln-Düsseldorfer Deutsche Rheinschiffahrt AG (KD) (Fortsetzung)

MS **RHEINJET**
1997; Gomel, Weißrußland
Ausbau und Ausrüstung de Hoop, Lobith/NL
L 21,25 m, B 5,00 m, T 1,10 m (in Fahrt
0,30/0,40 m; 1100 PS
54 Fahrgäste

MS **RPR EINS ENTERPRISE** (gechartert bis 2003)
1997; Schiffsservice, Oberwinter
L 60,00 m, B 11,40 m, T 1,25 m; 2x 1116 PS
600 Fahrgäste
Seit 1.5.1998 fährt das Schiff für die KD.
Eigner: Nautic-Center, Klaus Willems
Bonner Str. 2-6, 53424 Remagen
Tel.: 02228/910320
Fax: 02228/910325

Charterschiff:
DS **KRIPPEN**
1892; Dresden-Blasewitz
1983 außer Dienst
1993 Neuaufbau, Brandwerft, Oldenburg
L 54,60 m, B 9,90 m, T 0,85 m; 110 PS
250 Fahrgäste
Ab 7.5.1994 wieder in Fahrt (Reederei Junghans, Meißen/Elbe). Für 5 Jahre an die KD verchartert.

(Siehe Anhang An- und Verkäufe 1999)

Die Sonnenstrahlen
locken auf das
Freideck —
MS **JAN VON WERTH**
Foto: D. Foerster,
Halle; 7/1993

MS **WARSTEINER**
zur Abfahrt bereit
Foto: Autor 1995

Dampfschiff **GOETHE**
wieder in Fahrt —
28. August 1996;
Foto: KD, Köln
Colorfoto: Anleger Porz,
A. Bober, Köln

Köln-Düsseldorfer Deutsche Rheinschiffahrt AG (KD) (Fortsetzung)

Verbleib ehemaliger Fahrgastschiffe der KD:

MS **TRIER** (Bj. 1936; in Fahrt 1965-1991)
ex RÜDESHEIM -1965
ex BADEN -1959
ex RÜDESHEIM -1958
ex ALBERT LEO SCHLAGETER -1945, 1991 a.D.,
verkauft nach Papendrecht/NL,
n.N. DELTA QUEEN

MS **BONN** (Bj. 1938: in Fahrt 1954-1984)
ex PRINS BERNHARD -1953,
1987 verkauft nach Schweden

MS **WIESBADEN** (Bj. 1938; in Fahrt 1954-1985)
ex KÖNIGIN EMMA -1953
1985 a.D., STÖRTEBEKER
(Asylschiff in Duisburg),
Ausbau zum schwimmenden Café vorgesehen

MS **KÖLN** (Bj. 1938, ab 1985 RHEIN -1992)
ex GENERAL MANGIN (1945-1952)
1993 Asylschiff in Ludwigshafen
1996 zum Verkauf

MS **MAINZ** (Bj. 1929)
1981 a.D., seit 1986 Museumsschiff MANNHEIM
(Landesmuseum für Technik und Arbeit, Mannheim, Kurpfalzbrücke)

MS **KOBLENZ** (Bj. 1940; in Fahrt 1954-1995)
ex NASSAU -1953
1995 verkauft nach Tolkamer/NL,
n.N. GRAAF VAN BYLANT

MS **RÜDESHEIM** (Bj. 1924/25; in Fahrt 1965-1982)
ex RHEINLAND -1965,
1994 verkauft nach Rotterdam/NL,
n.N. DE MAJESTEIT
ex PRINS DER NEDERLANDEN

MS **FRANKFURT** (Bj. 1957; in Fahrt 1965-1994)
ex HESSEN -1965
1995 nach Maarssen/NL, n.N. CLASSIC LADY

MS **WAPPEN VON KOBLENZ** (Bj. 1979)
ex WAPPEN VON KÖNIGSWINTER -1995
ex KEIJZERSTAD
1998 verkauft nach Rotterdam/NL,
n.N. SMARAGD II

MS **RHEINPFEIL** (Bj. 1972; im Einsatz 1972-1997)
1998 nach Holland verkauft

Köln

Kölntourist Personenschiffahrt am Dom GmbH
Konrad-Adenauer-Ufer
50668 Köln
Tel.: 0221/121600
Fax: 0221/125958

Das Unternehmen stellt 3 Schiffe für alle Gelegenheiten und Anlässe zu Verfügung. Für Char-
terungen sind die Schiffe ganzjährig im Einsatz.
Von April bis Oktober werden täglich Rundfahrten, Samstag Abendfahrten und in den Sommerferien Tagesfahrten angeboten.

MS **RHEINLAND**
1981; Lux, Mondorf
L 35,00 m, B 7,20 m, T 1,50 m; 2x 230 PS
380 Fahrgäste (180 Salonplätze)

MS **RHEINTREUE**
ex MADELEINE (BuGa Köln)
1970; Lux, Mondorf
L 27,20 m, B 6,35 m, T 1,30 m, 179 PS
200 Fahrgäste (80 Salonplätze)

MS **RHEINPERLE** (ab 1997)
ex REGINA -1996, BPS
1967; Lux, Mondorf
1998; Lux, Mondorf, umgebaut und verlängert
(2,10 m)
L 31,15 m, B 6,95 m, T 1,10 m; 2x 180 PS
250 Fahrgäste (150 Salonplätze)

MS **RHEINJET** in voller Fahrt; Foto P. Gran, Korschenbroich; 8/1999

MS **RHEINTREUE** auf dem Rhein zu Berg; Foto: Autor; 1995

Köln

Dampfschiffahrt „Colonia" Geschw. Weber
Lintgasse 18-20
50667 Köln
Tel.: 0221/2574225 u. 381664 pr.

Das Unternehmen bietet Rundfahrten ab Köln,
Hohenzollernbrücke, an.
Die Schiffe können gemietet werden; Tages-
und Abendfahrten sind nach Vereinbarung
möglich.

MS **WILLI OSTERMANN**
1965; Lux, Mondorf
L 39,60 m, B 6,20 m, T 1,04 m
280 PS
400 Fahrgäste

MS **COLONIA 5**
ex MAREIKE (BuGa Köln)
1971; Lux, Mondorf
L 27,17m, B 6,35 m, T 1,50 m
180 PS
250 Fahrgäste

MS **COLONIA 6**
ex URSULA (BuGa Köln)
1971; Lux, Mondorf
Umbau 1982, Lux, Mondorf; verl. um 7 m
L 34,00 m, B 6,35 m, T 1,50 m
180 PS
300 Fahrgäste

Zons

Personenschiffahrt der Stadt Zons
Familie Rommerskirchen
Herrenweg 39
41541 Dormagen-Zons
Tel.: 02133/42149 u. 42349

Anfragen auch über den Heimat- und Verkehrsverein der Stadt Zons e.V.
Familie Scholten, Stürzelberger Str. 18
41541 Dormagen-Zons
Tel.: 02133/3772 Fax: 02133/3765

Wahrend der Saison gibt es ständig Schiffsfahrten von Zons nach Düsseldorf/Benrath
(Dienstag bis Sonntag, in den Sommerferien
auch Montag). Auf Wunsch sind Spazierfahrten
auf dem Rhein zu jeder Zeit möglich, Voranmeldungen werden erbeten.

MS **MARIE**
1963; Schmidt, Oberwinter
L 19,95 m, B 5,30 m, T 1,10 m
170 PS
120 Fahrgäste (60 Salonplätze)

Das Schiff steht nach der Saison 1999
zum Verkauf.

MS **WILLI OSTERMANN**
am Anleger in Köln, im
Hintergrund die kleine
Rheinfähre STROLCH
Foto: P. Gran,
Korschenbroich; 6/1994

MS **COLONIA 5** wurde
als MAREIKE für die
BuGa 1971 in Fahrt
gebracht − hier liegt
das Schiff am Anleger
in Köln
Foto: Autor; 1995

MS **MARIE** legt ab
Foto: P. Gran,
Korschenbroich; 1991

Zons

Fähr- und Fahrgastschiffahrt
Auto- und Personenfähre nach
Düsseldorf-Urdenbach Hans Hahn
Rheingau 1
41541 Dormagen-Zons
Tel.: 02133/42149

Neben der Auto- und Personenfähre steht ein
Fahrgastschiff für Rundfahrten auf dem Rhein
zur Verfügung. Voranmeldungen sind nötig.

Düsseldorf

Weiße Flotte Düsseldorf
DFSG Düsseldorfer Fahrgastschiffahrts-
gesellschaft mbH
Postfach 110344
40503 Düsseldorf
Tel.: 0211/326124 und 308672
Fax: 0211/3230270 und 3983774
Außerhalb der Saison:
Fringsstr. 11 a
40221 Düsseldorf
Tel.: 0211/308672
Fax: 0211/3983774

Neben der Ausflugslinie Düsseldorf-Kaiserwerth
(täglich) werden Ausflugsfahrten nach Zons,
nach Duisburg und nach Köln angeboten.
Außerdem gibt es Sonderfahrten zu den unterschiedlichsten Anlässen auf dem Rhein.

MS **SCHLOSS FRIEDESTROM**
1962; Lux, Mondorf, gebaut für Familie Seul in
Bad Niederbreisig als HELENE-SOPHIA
1993 Umbau Lux, Mondorf, mittschiffs um 3 m
verlängert, komplett neues Vorschiff und total
modernisiert
L 27,00 m, B 5,50 m, T 1,10 m; 230 PS
160 Fahrgäste (70 Salonplätze)

Das Fahrgastschiff SCHLOSS FRIEDESTROM steht
1999 zum Verkauf.

MS **STADT DÜSSELDORF**
1970; Krupp
L 41,00 m, B 7,60 m, T 1,30 m
512 PS
400 Fahrgäste

MS **DÜSSEL**
1962; E. Berninghaus, Köln-Deutz
L 34,50 m, B 6,13 m, T 1,15 m
348 PS
250 Fahrgäste

MS **ERFT**
1962; E. Berninghaus, Köln-Deutz
L 34,50 m, B 6,13 m, T 1,15 m
348 PS
250 Fahrgäste

MS **NOSTALGIE** (ab 1996 in Charter)
ex KAISERSWERTH -1995
1959; Bausch, Köln
L 41,00 m, B 6,80 m, T 1,20 m
330 PS
266 Fahrgäste

Das Schiff fährt voraussichtlich ab Ende 1999
wieder für die Weiße Flotte Düsseldorf
als KAISERSWERTH.

MS **STADT DÜSSELDORF**; Foto: P. Gran, Korschenbroich; 1999

Düsseldorf

ISD (Immobilien-Schiffe-Dienstleistungen GmbH
Party-Schiffe Düsseldorf

Bureick
Kaiser-Friedrich-Ring 44
44545 Düsseldorf
Tel.: 0211/552429
Fax: 0211/572023
http://www.partyschiffe.com

Die Gesellschaft bietet für die unterschiedlich-
sten Veranstaltungen Partyschiffe an. Auf den
Schiffen gibt es Räumlichkeiten für Hochzeiten,
Geburtstage; Messeveranstaltungen, Betriebs-
feste, Weihnachtsfeiern und Präsentationen,
Die Schiffe sind an den Landungsbrücken
Königswinter, Bonn, Köln, Leverkusen, Dor-
magen, Zons, Neuss, Düsseldorf, Kaiserwerth,
Krefeld, Duisburg, Xanten und Emmerich ver-
fügbar.
Die Gesellschaft übernimmt die Plaung und
Gestaltung der Veranstaltunge.

Duisburg

Duisburger Hafenrundfahrt Gesellschaft DHG
Postfach 101354
47013 Duisburg
Tel.: 0203/6044445 u. 6044448
Fax: 0203/6044439

Von März bis Oktober gibt es täglich Linienfahrten von Schwanentor, Duisburg Stadtmitte
zu den verschiedenen Anlegern. Hier beginnen
auch die einstündigen Hafenrundfahrten. Auch
außerhalb der Planzeiten sind Hafenrundfahrten nach Vereinbarung möglich. Charterfahrten
werden für jeden Anlaß durchgeführt.

MS **ODIN** (Kutter-Yacht)
1966; Böhme-Werft, Cuxhafen
L 18,00m, B 5,00 m
30 Gäste in 2 Salons

MS **ALLEGRA** (Partyschiff)
1886; Gebr. Otto, Krimpen/Holland
als Frachtensegler
1986 Umbau zum Partyschiff
L 45,00 m, B 6,00 m; 230 PS (1965)
20 bis 100 Gäste in 2 Salons
(Freideck für 50 Gäste)

MS **RIVERSTAR** (Partyschiff)
1994; aus einem Rheinfrachter entstanden
L 55,00 m, B 7,00 m, T 1,40 m; 640 PS
220 Gäste (im Salon 180 Gäste)

MS **TREIBGUT** (fahrendes Discoschiff)
entstanden aus der ehemaligen Rheinfähre
KÖNIGSWINTER 3
L 40,00 m, B 15,00 m; 4x 150 PS
100 bis 800 Gäste (300 m² große und 5 m hohe
Multifunktions-Halle, Freideck über 100 m²)

MS **RHEINKÖNIGIN**
siehe dazu H. Hell jun. Schiffahrts GmbH,
Emmerich/Rhein

MS **WILHELM LEHMBRUCK**
1992; Meidericher Schiffswerft,
Duisburg-Meiderich; Stapellauf: 24.11.1992
L 37,00 m, B 7,20 m, T 1,29 m
2x 185 kW, 2x SRP
250 Fahrgäste

MS **GERHARD MERCATOR**
1988; Meidericher Schiffswerft,
Duisburg-Meiderich
Ablieferung: 18. 3. 1988
L 44,60 m, B 8,20 m, T 1,20 m
2x 200 kW; 2 SRP 150
250 Fahrgäste

MS **STADT DUISBURG**
1963; Mainz-Gustavsburg GmbH
L 35,00 m, B 7,00 m, T 1,40 m; 450 PS
250 Fahrgäste

MS **WILHELM LEHMBRUCK**; Foto: DHG mbH, Duisburg; 1993

Duisburg

Duisburg-Ruhrorter Häfen AG
Alte Ruhrorter Str. 42-52
47119 Duisburg
Tel.: 0203/8031
Fax: 0203/803232

Das Konferenzschiff präsentiert sich als Träger
neuer Ideen. Im größten Binnenhafen der Welt,
Seehafen und Freihafen zugleich, können die
Fahrgäste die Fahrtroute selbst bestimmen.
Auch Fahrten auf Rhein und Ruhr sind möglich.

MS **KARL JARRES**
Konferenzschiff/Ausflugsschiff/Bereisungsschiff
1992; Schmidt, Oberwinter
L 33,85 m, B 5,20 m, T 1,15 m
326 PS
36 Fahrgäste

Atlas-Schiffahrt & Verlag GmbH
Am Hochheider Busch 16
47198 Duisburg (Hornberg)
Alte Duisburger Str.12
47119 Duisburg
Tel.: 0203/873054
Fax: 0203/81610

Das 1997 entstandene Unternehmen bietet
mit zwei Schiffen Fahrten auf der Ruhr nach
Mülheim, auf dem Rhein-Herne-Kanal nach
Gelsenkirchen zur BuGa, durch die Duisburger
Häfen, zum Thyssen-Hafen Schwelgern und
nach Krefeld und Düsseldorf an.
Charterfahrten sind möglich.

MS **SALVATOR** (ab 1997)
ex ELBAUE -1996, Bleckede
ex SANCTA MARIA -1995, Weinand, Loreley-Linie
ex AEGIR -1966, Bad Godesberg
1950; Clausen, Oberwinter
L 25,00 m, B 5,08m, T 0,90 m
270 PS
240 Fahrgäste

MS **RHEINFELS** (ab 1998)
ex ANJA (1) -1998 Weisbarth Fahrgastschiff
GmbH, Wesseling
ex JOCOMINAPLAAT -1994, Biesbosch Tours,
Fam. Pollak, Holland
1965; Schmidt, Oberwinter
Umbau 1986, n. Motor
Umbau 1991, n. Inneneinrichtung
Umbau 1994, n. Generator
Umbau 1997, Bugstr., Motor
Umbau 1998; Reparatur nach Havarie
L 25,65 m, B 5,18 m, T 1,15 m
213 PS
175 Fahrgäste

Konferenzschiff **KARL JARRES**; Foto: Duisburg-Ruhrorter Häfen AG 1993

MS **SALVATOR** in Duisburg; Foto: Atlas Schiffahrt, Duisburg; 7/1997

Wesel

Manfred Hell Personenschiffahrt GmbH
Bislicher Str. 19
46487 Wesel
Tel.: 0281/7799
Fax: 0281/70233

Das originelle Schiff unternimmt nach Verein-
barung Sonderfahrten.
Rundfahrten ab Wesel von März bis Oktober,
Tagesfahrten nach Duisburg, nach Xanten und
auch Tagesfahrten nach Holland (Arnheim und
Nimwegen) stehen auf dem Programm.

MS **RIVER LADY** (ab 1989)
-1989 für BPS im Einsatz
1970; Schmidt, Oberwinter
in Fahrt gebracht als VERONA
Umbau 1979 zur RIVER LADY, Schmidt,
Oberwinter
L 38,60 m, B 9,23 m, T 1,01 m
2x 265 PS
500 Fahrgäste (275 Salon, 225 Freideck)

Emmerich

H. Hell jun. Schifffahrts GmbH
Mittelstr. 13
46446 Emmerich
Tel.: 02822/6616 und 68306
Fax: 02822/6252
Fu: 0172/2697889

Die Schiffahrts GmbH bietet Fahrten von
Emmerich nach Rotterdam, einschließlich
Hafenrundfahrten, ebenso Fahrten nach
Antwerpen über Rhein, Waal, Merwede und
Schelde zum Seehafen.
Die Schiffe liegen in Emmerich, Rheinprome-
nadenmitte (RHEINKÖNIGIN) und in Rees,
Rheinpromenade (RHENUS).

MS **RHEINKÖNIGIN**
1995; DBW GmbH, Werft Tangermünde
L 57,00 m, B 10,63 m, T 1,35 m
2x 330 kW
600 Fahrgäste.(430 im Salon)

MS **RHENUS**
ex STADT EMMERICH -1997,
ex WESERBERGLAND -1985, OWD, Hameln
1967/68; Arminius, Bodenwerder
Umbau 1985 modern., verl.
Umbau 1989 n. Mot.
L 46,14 m, B 7,63 m, T 0,83 m
2x 275 PS
395 Fahrgäste (210 ob. Salon, 90 unt. Salon)

(Siehe Anhang An- und Verkäufe 1999)

MS **RIVER LADY** auf dem Rhein bei Wesel; Foto: Hell GmbH, Wesel; 1997

MS **RHEINKÖNIGIN** nach erfolgtem Stapellauf am 25.03.1995 auf der Werft Tangermünde der DBW
Foto: Autor; 1995

Neckar

Der Neckar mündet nach 367 km und einem windungsreichen Verlauf bei Mannheim in den Rhein. Er entspringt bei Schwenningen, durchfließt Stuttgart und schlängelt sich zwischen Eberbach und Heidelberg in einem malerischen Tal durch den Odenwald.
Bis Plochingen ist der Neckar schiffbar, das sind 203 km mit 26 Staustufen. Haupthäfen sind Stuttgart und Heilbronn.

Stuttgart

Neckar-Personen-Schiffahrt
Berta Epple GmbH & Co. KG (NPS)
Postfach 500824
70338 Stuttgart (Bad Cannstatt)
Anlegestelle Wilhelma
Tel.: 0711/54997060
Fax: 0711/54997080
Fu: 0171 /3381598

Neben Linienfahrten von Bad Cannstatt bis Lauffen werden vom Unternehmen Hafenrundfahrten, Aldingen-Rundfahrten, Kurzrundfahrten und Sonderfahrten ganzjährig angeboten.
Ein von der NPS herausgegebener Wanderführer beschreibt zusätzlich Wanderungen, die sich mit Schiffsfahrten kombinieren lassen.

Im Sommer 1997 übernahm Kapitän Wolfgang Thie das Stuttgarter Traditionsunternehmen. Damit endete nach 40 Jahren die Ära der Familie Epple. Der neue NECKAR-KÄPT'N – so das Firmenlogo – will die Tradition fortsetzen, modernisieren und das Angebot erweitern.

MS **LICHTENSTEIN**
1961; Hupp, Eibelstadt
1979 mod.; 1981 n. mot.
L 35,00 m, B 7,00 m, T 1,20 m; 320 PS
450 Fahrgäste

MS **WILHELMA**
1962; Schmidt, Oberkassel
1979 mod.
1981 n. mot.
L 37,40 m, B 7,40 m, T 1,20 m; 320 PS
500 Fahrgäste

MS **BERTA EPPLE**
1958; Schmidt, Oberkassel
1979 mod.
1981 n. mot.
L 36,00 m, B 6,00 m, T 1,20 m; 320 PS
450 Fahrgäste

MS **STUTTGART**
1957; Schmidt, Oberkassel
1979 mod.
1981 n. mot., Oberdeck
L 29,27 m, B 4,88 m, T 1,20 m; 170 PS
250 Fahrgäste Oberdeck überd.

MS **BAD CANNSTATT**
1923 als Frachtschiff (Lahn)
1983; Schmidt, Oberwinter,
Umbau zum Büroschiff

Die Flotte des Neckar-Käpt´n in Stuttgart/Wilhelma; Foto: NPS, Stuttgart; 1998

MS **LICHTENSTEIN**; Foto: J. Lorenz, Mainz Kastel; 1999

Heilbronn

Personenschiffahrt Stumpf oHG
Heilbronn/Bad Wimpfen
Torweg 50
69250 Schönau bei Heidelberg (Nov.-Ostern)
Tel.: 06228/8286
Anleger: Friedrich-Ebert-Brücke
74072 Heilbronn (Ostern-31. Okt.)
Tel.: 07131/85430
Fax: 07131/620187

Regelmäßige Linienfahrten Neckar aufwärts
und abwärts von Ostern bis Ende Oktober
werden ab Heilbronn angeboten. Daneben
gibt es Mehrtagesfahrten bis zur Lorelei, zum
Deutschen Eck in Koblenz, Fahrten nach
Heidelberg. Auf Anfrage werden Sonderfahrten
und Gruppenfahrten ermöglicht.
Motto: Bummeln auf dem Neckar.

Eberbach

Eberbacher Personenschiffahrt Adolf Kappes (EPS)
Binetzgasse 1
69412 Eberbach am Neckar
Tel.: 06271/3768
Fax: 06271/3061

Im Fahrplan stehen Linienfahrten von Mai bis
September ab Eberbach nach Neckargerach,
Hirschhorn und Heidelberg. Sonntags gibt es
Neckartalrundfahrten. Außerdem sind Sonder-
fahrten von verschiedenen Orten am Neckar
nach vorheriger Absprache möglich.

MS **BARBAROSSA** (ab 1979)
ex BRUNHILDE -1978, Datteln-Hamm-Kanal
1965; Hamm
Umbau 1978, dann an Stumpf oHG
L 26,60 m, B 5,90 m, T 1,20 m; 240 PS
300 Fahrgäste

MS **NECKARBUMMLER**
1974/75; Neckarsulm
Umbau 1990, verl.
L 33,37 m, B 6,00 m, T 1,20 m; 2x 275 PS
300 Fahrgäste

MS **NECKARPERLE** (ab 1994)
ex FEUERKOGEL -1993 Fa. Eder,
Traunsee/Österreich
1938/41; Traunsee/Ebensee, 1994/95
Umbau: geschlossene Aufbauten
L 18,75 m, B 3,50 m, T 0,80 m; 68 PS
80 Fahrgäste
Einsatz als Taxiboot auf dem Neckar.

MS **REGIA WIMPINA** wurde an Fa. Göttert,
Ludwigshafen verkauft und ist ab 1997 als
KURPFALZ für Kurpfalz Personenschiffahrt
E. Göttert u. R. Schneider GbR im Einsatz.

MS **BURG EBERBACH** (ab 1965)
ex ROLANDSBOGEN
1955; Schmidt, Oberkassel
L 26,55 m B 5,00 m, T 0,90 m; 225 PS
230 Fahrgäste

MS **OTTO KAPPES** (ab 1971)
ex LUDWIG OESTREICHER
ex LISELOTTE VON DER PFALZ
1953; Schmidt, Oberkassel
L 26,35 m B 4,85 m, T 1,05 m; 155 PS
250 Fahrgäste

MS STOLZENFELS (von 1957- etwa 1969 als
erstes FGS bei Fa. Kappes, anschließend nach
Kassel verkauft, Verbl. unbek.)

MS **NECKARBUMMLER**; Foto: K. Kirsch, Berlin; 5/1998

MS **NECKARPERLE**; Foto: K. Kirsch, Berlin; 5/1998

MS **OTTO KAPPES** auf dem Neckar; Foto: EPS, Ebersbach; 1998

Heidelberg

Rhein-Neckar-Fahrgastschiffahrt GmbH (RNF)
Untere Neckarstr. 17, 69117 Heidelberg
(Stadthalle, Kongreßhaus)
Tel.: 06221/20181 und 06229/526
Fax: 06221/20211

Am Neckarlauer, 69239 Neckarsteinach
Tel.: 06229/526

Kurpfalzbrücke, 68159 Mannheim
Tel.: 0621/23448 (Juni-September)

1997 besteht die Rhein-Neckar-Fahrgastschiff-
fahrt (RNF) 25 Jahre. In den Jahren 1972-1975
hatten sich die Personenschiffahrtsunternehmen Fischer, Bossler, Oestereicher, Weimann
und Hermann & Simon zur Rhein-Neckar-Fahrgastschiffahrt GmbH, Heidelberg zusammenge-
schlossen. Mit 7 Schiffen wird ein umfangreiches Programm angeboten. Täglich werden
Linienfahrten zwischen Heidelberg und Neckarsteinach durchgeführt. Eine Neckarfahrt in Richtung Eberbach gehört unbestritten zu den
schönsten Erlebnissen.
Rheinfahrten bis Worms und zurück, auch
Rheinrundfahrten ab Worms sind möglich.
Sonderfahrten zur Weinstadt Nierstein/Rhein,
nach Rüdesheim, Drei-Flüsse-Fahrten nach
Frankfurt, Fahrten nach Bad Wimpfen durch
das burgenreiche Neckartal und zur Groß-
veranstaltung „Rhein in Flammen" werden im
Fahrplan ausgewiesen.
Schiffe können gechartert werden, Sonderfahrten für Gruppen sind rechtzeitig anzumelden. Hier gibt es Gruppenrabatte.

MS **EUROPA**
1969; Schmidt, Oberkassel
L 40,00 m, B 8,20 m, T 1,10 m; 2x 155 PS
600 Fahrgäste

MS **ALT-HEIDELBERG**
1968; Ebert, Neckarsteinach; 1979 verl.
L 36,20 m, B 6,50 m, T 1,60 m; 280 PS
600 Fahrgäste

MS **SCHLOSS HEIDELBERG** (ab 1971)
ex BRUNHILDE, Bonner Personenschiffahrt
1928; Clausen, Oberwinter
1983/84 Schmidt, Oberwinter, verl. u. verbr.
L 34,20 m, B 8,20 m, T 1,60 m; 700 PS
600 Fahrgäste

MS **HEIDELBERG**
1964; Ebert, Neckarsteinach; Umbau 1981
L 38,00 m, B 7,10 m, T 1,25 m; 2x 250 PS
600 Fahrgäste

MS **GERMANIA**
1958; Schmidt, Oberkassel
L 26,00 m, B 4,85 m, T 1,10 m; 220 PS
250 Fahrgäste

MS **GEORG FISCHER**
1957; Schmidt, Oberkassel
L 28,00 m, B 4,85 m, T 1,10 m; 220 PS
250 Fahrgäste

MS **PATRIA**
1939; Mainz-Gustavsburg
L 25,00 m, B 4,85 m T 1,10 m; 150 PS
160 Fahrgäste

MS **EUROPA**, das Flaggschiff der RNF; Foto: R. Schubert, Zerbst; 7/1999

MS **SCHLOSS HEIDELBERG** ist zurück von der Fahrt; Foto: J. Lorenz, Mainz Kastel; 1996

Die **GERMANIA** fährt, gut besetzt, den Neckar aufwärts; Foto: J. Lorenz, Mainz Kastel; 1996

Die **PATRIA** ist das kleinste Schiff der Flotte; Foto: R. Schubert, Zerbst; 7/1999

Main

Der Main ist mit einer Länge von 524 km, von denen 396 km bis Bamberg schiffbar sind, der bedeutendste rechte Nebenfluß des Rheins. Die beiden Quellflüsse Weißer und Roter Main vereinigen sich bei Kulmbach. Bei Mainz mündet der Main in den Rhein. Durch den Rhein-Main-Donau-Großschifffahrtsweg ist die Verbindung zwischen Nordsee und Schwarzem Meer hergestellt.

Bamberg   Main/Regnitz

Personenschiffahrt Kropf
Kapuzinerstraße 5
96047 Bamberg
Tel.: 0951/26679
Fax: 0951/201259

Die Personenschiffahrt Kropf fährt mit zwei Schiffen auf der Regnitz, dem Main und dem Main-Donau-Kanal.
Rundfahrten und Hafenfahrten finden in der Saison von März bis November täglich statt.

MS **STADT BAMBERG**
1987; Schmidt, Oberwinter
L 29,25 m, B 4,70 m, T 0,90 m
152 PS
238 Fahrgäste

MS **CHRISTL**
1983; Hupp, Eibelstadt
Umbau 1992, verl.
L 26,40 m, B 4,70 m, T 0,80 m
152 PS
200 Fahrgäste

Schweinfurt   Main

Schweinfurter Personenschiffahrt
Dieter Feldmann
Raiffeisenstr. 4
97505 Geldersheim
Tel.: 09721/299209 o. 803180 pr.
Fax: 09721/804380

Von der Gutermannpromenade in Schweinfurt werden Rundfahrten nach Schonungen und Linienfahrten nach Volkach angeboten.
Schleusenfahrten, Weinbummelfahrten, Kaffeefahrten und auch Charterfahrten zu jedem Anlaß können vereinbart werden.
Das Fahrgastschiff ist ganzjährig einsetzbar.

MS **FRANKEN**
ex WAPPEN VON BERCHING -1996,
Berchinger Personenschiffahrt,
ex MORITZ -1992, Fränkische Personenschiffahrt/FPS
ex ERFT -1964
1925; Friedrichswerft, Einswarden/NL
Umbau 1997/98, neue Maschine, neue Innenausstattung (Das Schiff war im Januar 1997 im Hafen von Schweinfurt gesunken – Ventil durch Frosteinwirkung geborsten – und vierzehn Tage später gehoben worden.)
L 30,00 m, B 6,00 m, T 1,30 m
180 PS
200 Fahrgäste (180 im Salon)

(Siehe Anhang Informationen)

MS **CHRISTL** und MS **STADT BAMBERG** begegnen sich am Anleger in der historischen Innenstadt von Bamberg (Klein Venedig); Foto: Sammlung Autor; 1996

MS **FRANKEN** wird zur neuen Saison vorbereitet. Hier liegt das Schiff an seiner Abfahrtsstelle in Schweinfurt; Foto: Autor; 1997

Kitzingen

Fränkische Personen-Schiffahrt (FPS)
Postfach 408
97301 Kitzingen am Main
Tel.: 09321/91810
Fax: 09321/21549

Zwei Schiffe werden von der FSP eingesetzt.
Die Fahrgebiete der FRANCONIA sind der Main-Donau-Kanal (Kelheim-Bamberg), der Main (Bamberg-Mainz), der Rhein (Basel-Amsterdam/Rotterdam), der Neckar (Mannheim-Esslingen), die Mosel (Koblenz-Trier/Konz) und die Saar (Konz-Dillingen).
Für Jubiläen und Hochzeitsfeiern bietet das Schiff zwei repräsentative Festsäle; Tagungen und Seminare, Ausstellungen an Bord sind möglich.
Die UNDINE fährt auf dem Main zwischen Bamberg und Volkach. Fahrten rund um die Volkacher Mainschleife sind besonders beliebt.

MS **FRANCONIA**
1972; Sürken, Papenburg/Ems
Umbau 1987, Bayerische Schiffbaugesellschaft Erlenbach, verl. um 13 m
L 65,00 m, B 8,80 m T 1,20 m
2x 235 kW, 2x SRP 150, SPJ 88 kW
600 Fahrgäste
Das Schiff hat eine Sonderzulassung für Mehrtagesfahrten mit Übernachtung an Bord bei Aufstellung von Kabinentrennwänden.
Es ist rollstuhlgerecht ausgestattet.

MS **UNDINE**
1959; Neckermann & Hoffmann, Würzburg
L 36,00 m, B 7,25 m, T 1,40 m; 2x 172 PS
370 Fahrgäste (250 Innenplätze)

Würzburg

Schiffstouristik Würzburg Kurth & Schiebe
St. Norbert-Str. 9
97299 Zell am Main
Tel.: 0931/58573
Fax: 0931/51313
Steffen Kurth pr.:   0931/462982
Georg Schiebe pr.: 0931/462988

Täglich von April bis Oktober fahren die Schiffe des Unternehmens ab Anleger Würzburg, Alter Kranen, nach Veitshöchheim und zurück. Alle Fahrten können als Rundfahrt gebucht werden. Sonderfahrten sind nach Voranmeldung ganzjährig möglich.

MS **ALTE LIEBE**
1960; Hupp, Eibelstadt
1. Umbau 1976 verl., Werft Erlenbach
2. Umbau 1987/88 verl. u. verbr., 3. Deck, Mainz/Kostheim
3. Umbau 1991/92 verl. um 9 m
Werft Germersheim
L 45,95 m, B 7,10 m, T 1,00 m; 280 PS
850 Fahrgäste
(350 Sonnendeck, 500 in 2 Salons)

MS **STADT WÜRZBURG**
ex SIEBENGEBIRGE -1954
1929; Schmidt, Oberwinter
1. Umbau 1954, verl.
2. Umbau 1962, neues Heck
3. Umbau 1985, Oberdeck geschl.,
    Werft Erlenbach
4. Umbau 1991, Werft Germersheim
5. Umbau 1995, Anfleischung des Gangbords
L 32,00 m, B 6,35 m, T 1,00 m; 175 PS
260 Fahrgäste
(200 in 2 Salons, 60 Sonnendeck)

MS **FRANCONIA**
in Mainz
Foto: J. Lorenz,
Mainz Kastel; 1998

MS **ALTE LIEBE**
in Würzburg
Foto: Autor; 1997

MS **STADT WÜRZBURG**
in Würzburg
Foto: Autor; 1997

Würzburg

Schiffstouristik Würzburg Kurth & Schiebe
(Fortsetzung)

Veitshöchheim

Veitshöchheimer Personenschiffahrt GmbH
W. u. E. Herbert
Obere Maingasse 8
97209 Veitshöchheim
Tel.: 0931/55633 und 91553
Fax: 0931/63299

Angeboten werden Fahrten ab Würzburg, Alter
Kranen, ins Maindreieck nach Schweinfurt,
Volkach, Ochsenfurt, Lohr, Gemünden. Neben
den Linienfahrten gibt es Sonderfahrten zu ver-
schiedenen Anlässen, Tanz- und Abendfahrten,
Discofahrten und Kaffeefahrten.

MS **FRANKENLAND** (ab 1980)
ex WAPPEN VON FRANKEN -1980
ex J. F. KENNEDY -1965
ex ROSENSTEIN -1965, Epple Stuttgart
Ende 30er Jahre geb.; Bauwerft unbek.
(MB der sog. Sedan-Klasse)
1. Umbau 1959, Schmidt, Oberkassel
2. Umbau 1970, verl.
L 30,00 m, B 5,26 m, T 1,20 m
360 PS
230 Fahrgäste
(150 in 2 Salons, 80 Sonnendeck)

MS **BARBAROSSA**
ex ROSELINDE -1993
1970; Hupp, Eibelstadt
L 40,00 m, B 8,10 m, T 1,30 m
2x 300 PS
400 Fahrgäste

MS **MOZART II**
ex BIGGE (I) -1982
1967; Lux, Mondorf
L 34,00 m, B 6,40 m, T 1,30 m
320 PS
400 Fahrgäste

MS **FORTUNA**
1960; Hupp, Eibelstadt
L 26,00 m, B 5,40 m, T 1,10 m
300 PS
200 Fahrgäste

MS **FRANKENLAND**
am Anleger
in Würzburg
Foto: Autor; 1997

MS **BARBAROSSA**
in Würzburg
Foto: Autor; 1997

MS **MOZART II** (links)
und MS **FORTUNA**
in Würzburg
Foto: Autor; 1997

Gemünden am Main

Main-Spessart-Schiffahrt
Arthur Ammersbach
Artfeldstr. 11
97737 Gemünden am Main
Tel.: 09351/1170
Andrea Ammersbach-Walk
Fu: 0172/9701756

Der Familienbetrieb besteht 1999 seit zehn
Jahren. Von Gemünden am Main werden
Linienfahrten nach Lohr, nach Karlstadt,
nach Marktheidenfeld und nach Würzburg
angeboten. Außerdem steht das Fahrgastschiff
für Rundfahrten in Gemünden und auch für
Charterfahrten (Schulausflüge, Kaffeefahrten,
Discofahrten, Familienfeiern) zur Verfügung.

MS **MAIN-SPESSART**
(ab 1988/89 für A. Ammersbach)
ex TEGEL -1988 für Günter Taube, Berlin,
1985 für Alfred Turczer, Berlin
ex FALKE 3 1980-1985/86 für Günter Taube,
Berlin
ex RHEINLAND -1977, Rhein-Mosel-Personen-
schiffahrt, Urmetzer & Zimmermann, Köln
1927; Jean Stauf, Königswinter
L 22,00 m, B 4,70 m, T 1,60/1,70 m
119 PS
120 Fahrgäste

Lohr am Main

Lohrer Schiffstouristik
Detlef Faßnacht
Ostlandstr. 34
97816 Lohr am Main
Tel.: 09352/807212
Fax: 09352/807213
Fu: 0171/8151059

Das Hauptfahrgebiet des Schiffes liegt
zwischen Karlstadt und Wertheim. Montags,
mittwochs und freitags werden Rundfahrten
angeboten, sonntags gibt es mehrere Rundfahrten ab Lohr. Jeden Dienstag fährt das
Schiff nach Marktheidenfeld.
An Donnerstagen und Samstagen steht das
Schiff für Betriebsfeste und Familienfeiern zur
Verfügung. Auch Charterfahrten sind möglich.

MS **MAINTALBUMMLER** (ab 15.1.1998;
Einweihung in Lohr am 4.4.1998)
ex DEUTSCHES ECK -1998 Merkelbach, Koblenz
ex MOSELPERLE -1988, Allard, Kobern-Gondorf,
ex LÜNEBURGER HEIDE, E. Wilke, Artlenburg
1976; Lux-Werft, Mondorf
L 34,00 m, B 6,20 m, T 0,95 m
260 PS, 1 Schottel SRP-100
250 Fahrgäste

MS **MAIN-SPESSART** am Anleger in Lohr; im Hintergrund MS **MAINTAL-BUMMLER**
Foto: J. Lorenz, Mainz Kastel; 1999

Inzwischen fährt das MS DEUTSCHES ECK als **MAINTAL BUMMLER** für die Schiffstouristik Faßnacht in
Lohr am Main; Foto: P. Gran, Korschenbroich; 8/1997

Wertheim

Wertheimer Personenschiffahrt A. Mahl
Mainplatz 20
97862 Wertheim
Tel.: 09342/1414
Fax: 09342/22826
Fu: 0161/1227257

Von Mai bis Oktober werden Linienfahrten von
Wertheim nach Miltenberg, Stadtprozelten und
Lohr angeboten. Rundfahrten, Schleusen-
fahrten, Gruppenfahrten, Kaffeefahrten,
Tanzfahrten, und Charterfahrten sind möglich.

MS **TAUBERPERLE** (ab 1996/97)
ex SONNENSCHEIN -1996, Hebel-Linie,
Boppard
1965; Schmidt, Oberkassel
L 24,00 m, B 5,50 m, T 1,00 m
185 PS
200 Fahrgäste

MS **MOENUS** (ab 4/1998)
ex CLOWN -1998 Berliner Wassersport- und
Service GmbH
1980; Yachtwerft Berlin
Umbau: Werft Berlin GmbH
L 14,55 m, B 3,97 m, T 1,08 m
140 PS
12 Fahrgäste

MS **MAINPERLE** (1951, Schmidt) wurde 4/1998
verkauft.

Miltenberg

Personenschiffsreederei Hans Henneberger
Mainanlage
63897 Miltenberg
Inh. Veitshöchheimer Personenschiffahrt GmbH
(W. u. E. Herbert)
Tel.: 0937/3330 und 09378/232
Fax: 09378/1406

Neben stündlichen Rundfahrten in Miltenberg
werden Tagesfahrten auf Main und. Rhein
angeboten. Schleusenfahrten, Burgenfahrten,
Weinfahrten und Tanzfahrten ergänzen das
Programm.
Fahrten Wertheim-Miltenberg und umgekehrt
werden nach Absprache als Gruppen-Sonder-
fahrt durchgeführt.

MS **BACCHUS**
ex SCHORSCH -1993
1981; Hupp, Eibelstadt
L 65,00 m, B 10,90 m, T 1,10 m; 2x 480 PS
1000 Fahrgäste

MS **ASTORIA**
1988; Schmidt, Oberwinter
L 52,00 m, B 9,00 m, T 0,90 m; 2x 500 PS
850 Fahrgäste (550 in 2 Salons)

MS **MOZART**
1973; Schmidt, Oberkassel
L 41,00 m, B 8,20 m, T 1,00 m; 2x 250 PS
600 Fahrgäste

MS **GERMANIA** (ab 1964)
ex DOROTHEA EPPLE -1964
1958; Schmidt, Oberkassel
Umbau 1957 nach Brand, Bauwerft
L 27,74 m, B 4,86 m, T 1,20 m
210 PS
200 Fahrgäste

Regenwetter —
MS **BACCHUS** liegt am
Anleger in Miltenberg
Foto: J. Lorenz,
Mainz Kastel; 1998

MS **ASTORIA**
Foto: Sammlung Autor;
1997

MS **GERMANIA**
am Anleger
Foto: Sammlung Autor;
1997

Aschaffenburg

Aschaffenburger Personenschiffahrt
Friedrich Raab
Ruhlandstr. 5
63741 Aschaffenburg
Tel.: 06021/87288
Fax: 06021/89099
Fu: 0171/8951844

Rundfahrten und Hafenfahrten ab Aschaffenburg werden angeboten. Das neue Schiff ist behindertengerecht ausgestattet.

Frankfurt am Main

Frankfurter Personenschiffahrt (ab Juni 1998)
Anton Nauheimer GmbH (069/133837-0)

PRIMUS-LINIE
Mainkai 36
60311 Frankfurt am Main
Tel.: 069/133837-10
Fax: 069/284798

WIKINGER LINIE
Mainkai 36
60311 Frankfurt am Main
Tel.: 069/133837-20

Nach der Zusammenlegung der beiden Unternehmen besteht die Flotte der Frankfurter Personenschiffahrt aus fünf modernen Schiffen. Neben den beliebten Main-Panorama-Rundfahrten werden Linienfahrten nach Rüdesheim, zur Lorelei, nach Seligenstadt, nach Aschaffenburg angeboten. Sonderfahrten zum „Rhein in Flammen", Musikfahrten, Faschingsfahrten, Silvesterfahrten und Fahrten zum Weihnachtsmarkt gehören zum umfangreichen Programm. Die Schiffe können auch gechartert werden.

MS **SANKT MARTIN**
1997; De Jong, Sneek/Holland
L 26,50 m, B 5,75 m, T 0,90 m
270 PS
200 Fahrgäste

MS **NAUTILUS**
1991; Lux, Mondorf.
L 50,00 m, B 10,50 m, T 1,25 m
2x 300 PS
570 Fahrgäste (370 Innenplätze)

MS **PRIMUS**
1974; Schmidt, Oberwinter
L 38,00 m, B 7,00 m, T 1,15 m
2x 210 PS
410 Fahrgäste (270 Innenplätze)

MS **JOHANN WOLFGANG VON GOETHE**
1983; Schmidt, Oberwinter
L 41,00 m, B 7,50 m, T 1,20 m
2x 200 PS
300 Fahrgäste (170 Innenplätze)

MS **SANKT MARTIN** am
Anleger in Aschaffenburg
Foto: J. Lorenz,
Mainz Kastel; 1999

MS **NAUTILUS**
liegt in Mainz
Foto: J. Lorenz,
Mainz Kastel; 4/1997

MS **PRIMUS** auf
Rundfahrtkurs
Foto: Autor; 7/1998

Frankfurt am Main

WIKINGER Linie
vormals Adolf-Ulfrid Nauheimer

Bad Kissingen   Fränkische Saale

Saale-Schiffahrt GmbH
Familie Fischer
Breslauer Str. 2
97688 Bad Kissingen
Tel.: 0971/2875
Mit zwei kleinen Fahrgastschiffen werden auf
der fränkischen Saale Ausflugsfahrten zwischen
Bad Kissingen Rosengarten und Saline angebo-
ten. Abendfahrten, Sonderfahrten für Gruppen
und Spezialarrangements sind nach vorheriger
Absprache möglich.

MS **WAPPEN VON FRANKFURT**
1995; Lux, Mondorf
L 44,80 m, B 10,50 m, T 1,30 m
2x 300 PS
500 Fahrgäste (350 in Salons)

MS **WIKINGER I**
1988; Lux, Mondorf (1995/96 Modernisierung,
neuer Innenausbau)
L 35,00 m, B 7,20 m, T 1,00 m
2x 240 PS, 2 SRP
300 Fahrgäste (170 in Salons)

MS **WIKINGER II** (1976-1995)
1996 nach Berching verkauft, n. N.
KÖNIG LUDWIG

MS **KISSINGEN**
1924; Stauf, Königswinter
L 10,00 m, B 3,00 m, T...
45 PS
72 Fahrgäste

MS **SALINE**
1961; Hupp, Eibelstadt
L 11,00 m, B 3,00 m, T...
45 PS
92 Fahrgäste

MS **JOHANN WOLFGANG VON GOETHE** am Eisernen Steg in Frankfurt: Foto: Autor; 7/1998

MS **WAPPEN VON FRANKFURT**
am Eisernen Steg in Frankfurt
Foto: Autor; 7/1998

Das Fahrgastschiff **KISSINGEN**
wird von zwei Autokränen in
sein nasses Element gesetzt
Foto: Fischer, Bad Kissingen;
5/1998

Lahn

Die Lahn entspringt im Rothaargebirge und fließt nach einem windungsreichen Verlauf (243 km) bei Lahnstein in den Rhein. 20 Schleusen und
zahlreiche ehrwürdige Burgen und Schlösser auf den bewaldeten Bergen
zu beiden Seiten des Flusses gestalten die Fahrt mit dem Schiff sehr
abwechslungsreich.

Weilburg

Personenschiffahrt Heimann
Thomas Heimann
Hotel Garni, „Zum Weilburger Löwen"
Frankfurter Str. 27, 35781 Weilburg
Tel.: 06471/7822 u.7038
Fax: 06471/38222

Mit einem kleinen Schiff werden von Ostern bis
Mitte Oktober samstags, sonn- und feiertags
ab Anleger Ahäuser Weg Fahrten auf der Lahn
zwischen Weilburg und Selters angeboten. Als
besonderes Erlebnis gilt die Fahrt durch den
einzigen Schiffstunnel Deutschlands in Weilburg. Die Aufbauten des Schiffes mußten dazu
nach oben verjüngt werden. Gruppenfahrten
nach telefonischer Vereinbarung.

MS **WAPPEN VON WEILBURG** (seit 7/1997)
1926; Bauwerft unbekannt
Umbau 1997 zum Fahrgastschiff in Weilburg
(Schiffstunnelpassagen)
L 20,90 m, B 4,70 m, T 0,70 m max.
130 PS
60 Fahrgäste

Limburg/Lahn

Fahrgastschiffahrt Hans Rudolf Heldmann
Schleusenweg 2, 65549 Limburg/Lahn
Tel.: 06431/3984
Fax: 06431/26323
Fu : 0161/3629105

Von April bis Oktober Rundfahrten auf der
Lahn zwischen Limburg und Balduinstein.
Mondscheinfahrten mit Buffet, Schleusendurch-
fahrten und Gesellschaftsfahrten nach Voran-
meldung. Donnerstags gibt es ein spezielles
Programm für Schul- und Gruppenfahrten. Das
Schiff kann für Feierlichkeiten mit und ohne
Fahrt gechartert werden. Im Winter ist das
Schiff Gaststätte an der Limburger Schleuse.

MS **WAPPEN VON LIMBURG**
1987; Schmidt, Oberwinter
L 32,36 m, B 5,05 m T 1,20 m
2x 130 PS
250 Fahrgäste (140 Salonplätze)

1998 wurde ein weiteres Schiff in Dienst gestellt:
MS **KLEINER HELD** (ab 4/1998)
ex EMSPÖTTKEN -1997 Hanekenfähr Fahrgastschiffahrt, Lingen
Bauwerft und Baujahr unbekannt
L 14,00 m, B 4,00 m, T 0,57 m
165 PS
40 Fahrgäste

MS **WAPPEN
VON WEILBURG**
Foto: Th. Heimann,
Weilburg; 5/1998

MS **WAPPEN
VON LIMBURG**
Foto: Autor; 7/1998

MS **KLEINER HELD**
(ex EMSPÖTTKEN)
am Anleger in Limburg
Foto: Autor; 7/1998

Bad Ems

Personenschiffahrt „Lahnstolz"
Inh. Wolfgang Schmitt
Anlegestelle Römerquelle
56130 Bad Ems
Tel.: 02603/4376
pr. Riesberg 4
65558 Balduinstein
Tel.: 06432/82135
Fu: 0171/4137800

Ab Bad Ems bietet die Personenschiffahrt
„Lahnstolz" Fahrten auf Lahn, Rhein und Mosel
in der Hauptsaison von Mai bis September.
Neben der Drei-Flüsse-Fahrt, der Rheinburgen-
fahrt bis nach Boppard, Schiffsrundfahrten in
Bad Ems, gibt es Sonderfahrten für Reisebüros,
Vereine, Schulen, Tagungen auf Anfrage.

MS **STADT NASSAU**
1997; Lux, Mondorf
L 33,30 m, B 4,98 m, T 1,05 m
2x 125PS
220 Fahrgäste

MS **STADT BAD EMS**
1991; Lux, Mondorf
L 33,33 m, B 5,16 m, T 1,10 m
2x 105 PS
240 Fahrgäste

MS **LAHNSTOLZ I**
1959; Oberkassel
L 25,22 m, B 4,60 m, T 0,97 m
150 PS
200 Fahrgäste

MS **LAHNSTOLZ II**
1928; Jean Stauf, Königswinter
L 17,00 m, B 3,64 m, T 0,72 m
96 PS
76 Fahrgäste

Das Schiff wurde 1997 verkauft und soll
zur Privatyacht umgebaut werden.

Nassau/Lahn

Touristik Nassauer Land
Schloßstr. 6
56377 Nassau/Lahn
Tel.: 02604/970230
Fax: 02604/970224

Als besondere Attraktion auf dem touristischen
Markt wird ab Nassau „Deutschlands einziger
schwimmender Biergarten" angeboten. Die
Fahrten führen von Nassau zum Wasserschloß
Langenau und flußabwärts bis nach Dausenau
mit dem alten „Wirtshaus an der Lahn". Die
Fahrten enden in Nassau.

Schwimmender Biergarten **TINI MINOV**
Baujahr unbekannt; Rotterdam
1992 Umbau in Nassau
L 25,00 m, B 5,00 m, T 0,80 m
... PS
120 Fahrgäste

MS **STADT BAD EMS**; Foto: Lux-Werft, Mondorf; 1991

Der Schwimmende Biergarten **TINI MINOV** in Nassau an der Lahn
Foto: G. Gran, Korschenbroich; 8/1998

Mosel

Die Mosel entspringt am Col de Bussang in den Südvogesen. Sie mündet bei Koblenz am Deutschen Eck nach 545 km in den Rhein. Sie bildet streckenweise die deutsch-luxemburgische Grenze und fließt ab Trier durch ein tiefeingeschnittenes Tal zwischen Eifel und Hunsrück.
Sie ist in Deutschland über die gesamte Länge schiffbar und bildet mit der Saar, ihrem rechten Nebenfluß, eines der interessantesten und schönsten Fahrgebiete für die Personenschiffahrt.

Mehring

Charter-Party-Schiff MOSELHERZ
Joachim Zimmermann
Postfach 1003
54346 Mehring
Tel./Fax: 06507/8226
Fu: 0172/7488488

Ein ehemaliges Postpassagierschiff, zuletzt als Frachter im Einsatz, wurde vom Kapitän und Eigner, Joachim Zimmermann, zum Passagierschiff umgebaut.
Als Partyschiff für private Feste und Firmenveranstaltungen ist es auf Mosel und Saar unterwegs.
Mit seinem Freideck dem Salon mit Kaminfeuer, dem Partyraum mit Tanzfläche und der Bar bietet das Schiff einen stimmungsvollen Rahmen für jeden Anlaß.
Heimathafen des Schiffes ist Pölich bei Trier.

MS **MOSELHERZ**
ex TELEGRAF IV -1968
ex JOHANNA -...
ex WALRUS -1993
1928; Holland
(als Postschiff Rotterdam-Antwerpen)
1993, in Eigenregie zum Passagierschiff umgebaut (in Pölich)
L 44,00 m, B 6,60 m, T 1,60 m
300 PS
200 Fahrgäste

MS **MOSELHERZ**; Foto: J. Zimmermann, Mehring; 1998

MS **BERNKASTEL-KUES** – Sonnendecksplätze sind gefragt; Foto: D. Foerster, Halle; 7/1993

Bernkastel-Kues

Bernkastel-Kueser Moselpersonenschiffahrt
Hans Michels
Goldbachstr. 52
54470 Bernkastel-Kues
Tel.: 06531/6897 und 8222
Fax: 06531/7603

Täglich fahren die Fahrgastschiffe der Reederei
Hans Michels von Bernkastel-Kues nach
Traben-Trarbach und umgekehrt. Moselrundfahrten (1 Std.) mit halbstündiger Abfahrt in
Bernkastel-Kues und Schleusenrundfahrten
sind im Fahrplan.
Von Mai bis Oktober findet jeden Samstag die
Abendfahrt mit Tanz statt. Außerdem gibt es
verbilligte Gruppenfahrpreise und die Möglichkeit, Schiffe nach allen Moselstationen
zwischen Trier und Koblenz zu mieten.

MS **MOSELPERLE**
1983; Lux-Werft, Mondorf
L 46,20 m, B 7,25 m, T 1,20 m; 540 PS
520 Fahrgäste

MS **BERNKASTEL-KUES**
1976/77; Clausen, Oberwinter
L 44,00 m, B 6,46 m, T 1,20 m; 540 PS
400 Fahrgäste

MS **KRÖVER REICH**
1978; Lux-Werft, Mondorf
L 36,00 m, B 7,40 m, T 1,20 m; 540 PS
350 Fahrgäste

MS **BERNKASTEL**
1969; Lux-Werft, Mondorf
L 28,00 m, B 6,10 m, T 1,20 m; 240 PS
250 Fahrgäste

MS **EUROPA** (ab 1997, vorm. B. Winkler, Berlin)
1987; Lux-Werft, Mondorf
L 45,50 m, B 8,20 m, T 1,00 m; 2x 240 PS
400 Fahrgäste

MS **STADT TRIER**
1960; Schmidt, Oberkassel
L 25,00 m, B 5,00 m, T 1,20 m; 240 PS
200 Fahrgäste

MS **BERNKASTEL** auf Fahrt; Foto: D. Foerster, Halle; 7/1993

MS **EUROPA**, der Neuzugang in der Flotte, in Berlin am Anleger in Tegel. Auch auf der Mosel fährt das Schiff unter seinem alten Namen. Foto: Autor; 1996

Das kleinste Schiff der Flotte, die **STADT TRIER**, kurz vor dem Anlegen
Foto: D. Foerster, Halle; 7/1993

Alf, Mosel

Personenschiffahrt Zeller Land
O. Salker/D. Schwaab
Kegelwiese 9
56859 Alf, Mosel
Tel.: 06542/22257
Fax: 06542/1526
Fu: 0161/7219446

Von April bis Ende Oktober werden Linienfahrten auf der Mosel zwischen Alf-Bullay
und Enkirch angeboten. Auf Anfrage werden
Sonderfahrten, Tagesfahrten, Abendfahrten
und Charterfahrten durchgeführt.

MS **MARIENBURG** (ab 1990)
ex HEINZ (Colleé, Neuwied)
1955; Schmidt, Oberkassel
Umbau 1959, verl. und teilw. neuer Boden
L 30,32 m, B 5,05 m, T 1,30 m
305 PS (ab 1993)
250 Fahrgäste

MS **BURG ARRAS** (ab 1989/90)
ex WAPPEN VON EMMERTHAL -1989, Warnecke
ex SCHLESIEN
1929; Stauf, Königswinter
Umbau 1959; Bodenwerder
L 20,00 m, B 4,19 m, T 0,70 m
90 PS
100 Fahrgäste

MS **MARIENBURG**; Foto: Sammlung Autor; 4/1991

MS **BURG ARRAS**; Foto: D. Foerster, Halle; 7/1993

MS **WAPPEN VON COCHEM**; Foto: P. Gran, Korschenbroich

Briedern/Mosel

Personenschiffahrt Gebr. Kolb oHG
56820 Briedern/Mosel
Tel.: 02673/1515
Fax: 02673/1510

1996 konnte das Unternehmen der Familie Kolb auf 75 erfolgreiche Jahre zurückblicken. Die Flotte hat sich ständig vergrößert und ist heute die bedeutendste Fahrgastreederei auf der Mosel. Agenturen befinden sich in Alf, Zell, Traben-Trarbach, Kröv, Bernkastel, Trier, Cochem und Beilstein.
Im Fahrplan sind Moselrundfahrten, Tagesfahrten nach Traben-Trarbach, Schleusenfahrten nach Beilstein, Tagesfahrten nach Cochem, Rundfahrten in Trier, Rundfahrten in Bernkastel-Kues, Sonderfahrten für Schulen, Betriebe und Gesellschaften, Abendfahrten ab Cochem. 1998 sind 14 Fahrgastschiffe der Personenschiffahrt Gebr. Kolb oHG im Einsatz.

MS **WAPPEN VON COCHEM** (Abb. S. 113)
1986, Schmidt, Oberwinter
L 60,00 m, B 10,70 m, T 1,03 m; 2x 350 PS
500 Fahrgäste

MS **THEODOR HEUSS** (-1995 in Bingen)
1960; Weserwerft, Minden
L 54,00 m, B 8,04 m, T 1,10 m; 570 PS
500 Fahrgäste

MS **STADT ZELL**
ex FILIA RHENI -1975, BPS
1930; Schmidt, Oberwinter;
1954; Clausen, Oberwinter, verl.
1982; Schmidt, Oberwinter, verl./verbr.
L 45,00 m, B 7,75 m, T 0,90 m; 2x 265 PS
250 Fahrgäste

MS **MOSELLA** (ab 1990)
ex VATER RHEIN -1989 in Bingen
1927; Gebr. Sachsenberg, Köln-Deutz
Umbau 1962, Werft Gustavsburg GmbH
Umbau 1969, Werft Gustavsburg GmbH
Umbau 1974, Werftunion GmbH & Co.
         Werft Gustavsburg GmbH
L 45,00 m, B 6,11 m, T 1,10 m; 2x 265 PS
490 Fahrgäste

MS **STADT BONN**
ex STADT MANNHEIM -1988 in Bonn
1969; Schmidt, Oberwinter
L 43,56 m, B 9,25 m, T 1,20 m; 2x 400 PS
350 Fahrgäste

MS **GRÄFIN LORETTA** (ab 1994)
ex BOPPARD -1994
ex LISELOTTE -1960, Hebel, Boppard
ex MANNHEIMIA -1935, Lersch, Mannheim
1930; Oberrheinische Schiffswerft Gebr. Spatz, Germersheim
1935 verkauft an Hebel, Boppard
1936; Umbau Ruthof, Mainz Kastel als MANNHEIMIA von J.A. Lersch; 4 m verl., n.N. LISELOTTE; 1945 versenkt, 1946 gehoben, 1949 a.D.
1960; Umbau Rheinwerft, Mainz-Mombach, n.N. BOPPARD (19.5.1960)
L 41,80 m, B 6,46 m, T 1,10 m; 2x 232 PS
250 Fahrgäste

MS **STADT ZELL**
Foto: D. Foerster, Halle;
7/1993

MS **STADT BONN**
in Cochem
Foto: D. Foerster, Halle;
1993

MS **ST. MICHAEL**
Foto: H. Kindt, Hamburg;
9/1990

Personenschiffahrt Gebr. Kolb oHG
(Fortsetzung)

MS **ST. MICHAEL** (Abb. S. 115)
(seit 1981 bei Kolb oHG)
1962; van Ravesteyn, Leidschendam/NL
L 38,00 m, B 9,40 m, T 1,28 m; 2x 265 PS
390 Fahrgäste

MS **ROMANTICA** (-1991 Käufer, Königswinter)
1977; Schmidt, Oberkassel
L 36,00 m, B 7,72 m, T 1,00 m, 357 kW
400 Fahrgäste

MS **LUXEMBURG**
ex WILHELMINE -1988, Münz, Bonn
1955; Schmidt, Oberkassel
L 32,50 m, B 5,75 m, T 1,30 m; 425 PS
250 Fahrgäste

MS **MARIA VON BEILSTEIN**
1976; Bausch, Köln-Deutz
L 32,50 m, B 6,65 m, T 1,15 m; 2x 200 PS
250 Fahrgäste

MS **WAPPEN VON BERNKASTEL** (ab 1987)
ex DRACHENFELS -1986, Königswinter
ex VATERLAND -1977, Bossler, Heidelberg
1960; Schmidt, Oberwinter
L 33,00 m, B 6,50 m, T 1,05 m; 410 PS
500 Fahrgäste

MS **TRABEN-TRARBACH**
1966; Bausch, Köln-Deutz
L 29,65 m, B 6,35 m, T 1,00 m; 2x 200 PS
250 Fahrgäste

MS **WAPPEN VON TRIER**
ex STADT KEHL II -1990,
ex STADT BEUEL, Schmitz, Bonn
1964; Lux-Werft, Mondorf
L 29,50 m, B 5,40 m, T 1,20 m; 2x 180 PS
250 Fahrgäste

MS **MOSELLAND** (ab 1975)
ex NECKARPERLE -1974, Fischer, Heidelberg
1957; Schmidt, Oberkassel
L 26,10 m, B 4,65 m, T 1,10 m; 268 PS
200 Fahrgäste

MS **MARIA VON BEILSTEIN** am Anleger in Cochem; Foto: D. Foerster, Halle; 7/1993

MS **WAPPEN VON BERNKASTEL** läuft in Cochem ein
Foto: D. Foerster, Halle; 7/1993

MS **TRABEN-TRARBACH** am Anleger
Foto: Gebr. Kolb oHG, Briedern; 1996

MS **MOSELLAND**
Foto: Gebr. Kolb oHG

Cochem

UNDINE Cochemer Personenschiffahrt
Rudolf Botsch GmbH
56812 Cochem/Mosel
Tel.: 02671/7431
Fax: 02671/3487

Das Unternehmen bietet Rundfahrten auf
der Mosel an (1 Std. bzw. 2 Std.), romantische
Abendfahrten und Fahrten zur Schleuse Müden
und zurück nach Cochem.

MS **UNDINE**
1973; Lux, Mondorf
L 31,50 m, B 7,20 m, T 1,30 m
324 PS
360 Fahrgäste

MS **UNDINE II**
1988; Lux, Mondorf
L 40,00 m, B 7,20 m, T 1,20 m
2x 220 PS, 2 SRP 100
300 Fahrgäste

Seit Beginn der Saison 1999 gehören beide
Schiffe der Personenschiffahrt Gebr. Kolb oHG,
Briedern.

Alken

Harm Nordmann Personenschiffahrt
Am Löhberg 9
56299 Ochtendung
Tel.: 02625/6753
Fax: 02625/7681
Fu: 0161/2229844

Mit dem Motorschiff GOLDSTÜCK werden
Fahrten von Oberfell, Brodenbach und Alken
auf der Mosel bis Cochem angeboten.
Das Schiff steht ganzjährig für Sonderfahrten
auf Mosel und Rhein zur Verfügung.

MS **GOLDSTÜCK**
1989; Hoop International Lobith B.V./Holland
Umbau Oberdeck; 1991 Lobith/Holland
L 35,00 m, B 7,50 m, T 1,00 m
2x 220 PS
250 Innenplätze (100 Sonnendeck)

Winningen

Personenschiffahrt Griesenbach
Bachstrasse 50, 56333 Winningen/Mosel
Tel.: 02606/1603
Fax: 02606/2451
Fu: 0171/2165320

Mit dem mehrfach umgebauten Fahrgastschiff
WINDIGA werden von April bis November
Rundfahrten auf Mosel und Rhein angeboten.
Sonderfahrten für Betriebe, Vereine, Abendfahr-
ten, Hochzeits- und Geburtstagsfahrten sind
ebenfalls im Programm enthalten.

Personenschiffahrt Griesenbach:
MS **WINDIGA** (ab 1982/83 Personenschiffahrt
Griesenbach)
ex SANCTA FLORA, 1979-1982 Bonner
Personen-Schiffahrt, BPS
ex LORELEY 4 (Fähre St. Goar, Willy Menges)
1903; Ruthof, Mainz (als Fähre)
Umbau 1978/79, Oberwinter, zum FGS
für BuGa in Bonn
Umbau 1983, Abweiser an den Seiten
Umbau 1986/87, Winningen, Steuerhaus
vom Heck zum Bug, Vergrößerung des
unteren Salons und des Freidecks, mod.
Umbau 1993/94, Oberwinter, Freideck
geschlossen und neues Freideck aufgesetzt,
Umbau 1997, Winningen, Heckschaufelrad
L 38,65 m, B 9,50 m, T 0,90 m; 2x 184 PS
300 Fahrgäste

MS **UNDINE II**
Foto: D. Foerster, Halle;
7/1993

MS **GOLDSTÜCK** nach
dem letzten Umbau
Foto: J. Lorenz,
Mainz Kastel

MS **WINDIGA**
auf der Mosel
Foto: Sammlung Autor;
7/1996

Saar

Die Saar, rechter Nebenfluß der Mosel, mündet bei Konz. Die Quellen der Roten und Weißen Saar befinden sich in den Vogesen. Schiffbar ist die Saar ab Saargemünd. Ihre Gesamtlänge beträgt 246 km, davon 120 km in Deutschland.

Saarbrücken

Saarbrücker Personenschiffahrt
Cornelius Hauck GmbH
Berliner Promenade 21, Schiff „Stolpsee"
66111 Saarbrücken
Tel.: 0681/34084
Fax: 0681/374577
Fu: 0171/3350377

Das Unternehmen bietet Rundfahrten, Schleusenfahrten und Tagesfahrten in den Saar-Kohle-Kanal nach Wittring/F und zur Saarschleife an. Sonderfahrten sind ganzjährig möglich.

MS **STADT SAARBRÜCKEN**
1989; Oberwinter
L 34,10 m, B 5,05 m, T 1,00 m
2x 120 PS
130 Fahrgäste im Salon, 100 Sonnendeckplätze

MS **STOLPSEE**
1907; Zehdenick (als Frachtschiff)
Umbau 1991, Hanweiler
L 34,64 m, B 4,62 m, T 1,00 m
330 PS
40 Innenplätze, 60 Sonnendeckplätze

MS **URSULA**
ex LOTTE -1965
ex URSULA -1983
ex URSULA (Hallwiler See, CH)
L 23,20 m, B 4,65 m, T 0,90 m
2x 75 PS
50 Fahrgäste im Salon, 50 Sonnendeckplätze

Das Schiff wurde 1994 nach Frankreich verkauft.

Mettlach

Mettlacher Personenschiffahrt GmbH
Helmut Reiter
Am Ziegelberg 2, 66693 Mettlach
Tel.: 06864/80220
Fax: 06864/80171

Die Panoramarundfahrt um die Saarschleife wird mehrmals täglich gefahren. Daneben gibt es Sonderfahrten auf der gesamten Saar, Abendfahrten mit kaltem Buffet und warmen Dinner. Schiffscharter ist ganzjährig möglich.

MS **METTLACH** (ab 1989)
ex KURPFALZ -1975, Simon, Heidelberg; -1989
RNF, Heidelberg
1928; Gute Hoffnungshütte
L 22,45 m, B 4,55 m, T 1,20 m
120 PS
180 Fahrgäste ·

Das Schiff steht zum Verkauf. Es soll durch ein größeres Schiff ersetzt werden.

MS **STADT SAARBRÜCKEN**; Foto Hauck GmbH, Saarbrücken; 1997

MS **METTLACH** auf der Saar; Foto: Sammlung Autor; 1998

Mettlach

Personenschiffahrt Maria Croon GmbH
M. Frankenfeld
Kleestraße 1, 66693 Mettlach-Nohn
Tel.: 06868/1237
Fax: 06868/1544
Fu: 0171/2186218

Neben den beliebten Saar-Schleifen-Rundfahr-
ten gibt es Tagesfahrten ab Besseringen, Mettlach und Saarburg. Gesellschaftsfahrten und
Sonderfahrten sind ganzjährig möglich.

MS **MARIA CROON** (ab 3/1996)
ex LORRAINE II -1996
ex STADT BONN -1972, Bonner Personenschifffahrt
1927; Schmidt, Oberkassel
1959/60; Schiffswerft Oberwinter, n. Aufbauten,
n. mot., Schottel
L 32,75 m, B 5,30 m, T 1,64 m; 2x 180 PS
250 Fahrgäste

Saarburg

SPS Saar-Personenschiffahrt GmbH + Co. KG
Hauck
Laurentiusberg 5, 54439 Saarburg
Tel.: 06581/99188
Fax: 06581/99189

Das Familienunternehmen bietet ab Saarburg
Rundfahrten, Fahrten zur Saarschleife nach
Mettlach, Tagesfahrten nach Luxemburg und
Sonderfahrten für die verschiedensten Anlässe,
wie Vereinsfahrten, Betriebsausflüge, Geburts-
tage und Hochzeiten an.

MS **STADT SAARBURG**
(ab 1996 für Hauck, Saarburg)
ex STADT SAARBURG -1996 für Frankenfeld
ex OLYMPIA -1987, in Miltenberg
1936; Ruthof, Mainz/Kastel
Umbau 1960, Hupp, Eibelstadt, verl. u. verbr.
L 38,50 m, B 6,19 m, T 1,10 m; 2x 180 PS
300 Fahrgäste

MS **STADT MERZIG** (ab 1992)
ex MARIENBURG -1992, Mosel,
ex STADT LIMBURG -1987, Heldmann,
ex WANNSEE -1981, Stern und Kreis Schiffahrt,
Berlin, ex PIONIER -1952, Mosel, Weichsel 1929;
Köln (für Remola/Rhein-Mosel-Lahn-Schifffahrt)
Umbau 1952, Berlin, verl. um 7 m u. n. mot.
Umbau 1997, neue Maschine
L 29,91 m, B 4,28 m, T 1,18 m; 2x 102 PS
190 Fahrgäste

Dillingen

Personenschiffahrt Dillingen
Dohr
66763 Dillingen
Tel.: 06831/702703
Fu: 0172/6840871

Mit dem Fahrgastschiff werden ab Dillingen
(Anleger Konrad-Adenauer-Allee) Fahrten auf
der Saar angeboten. Tagesfahrten nach Trier,
Ausflugsfahrten und Charterfahrten zu besonderen Anlässen stehen ebenfalls im Programm.

Personenschiffahrt Dillingen:
MS **HANNELORE** (ab 1992/93 in Dillingen)
ex STADT BEVERGERN -1992
1928; Amsterdam/NL
L 23,75 m, B 5,28 m, T 1,10 m; 240 PS
180 Fahrgäste
1998 liegt das Schiff in Dillingen/Saar und
kommt voraussichtlich nicht mehr in Fahrt.

MS **MARIA CROON** in Mettlach; Foto: J. Lorenz, Mainz Kastel; 6/1999

MS **STADT MERZIG**; Foto: J. Lorenz; Mainz Kastel; 1999

Ruhr

Die Ruhr mündet bei Ruhrort in den Rhein. Sie hat eine Gesamtlänge von 214 km, davon sind jedoch nur rund 40 km schiffbar. Interessant für die Fahrgastschiffahrt ist die Strecke von Mülheim an der Ruhr und dem Weberstädtchen Kettwig. Von hier aus kann man weiter bis zum Baldeney-See fahren.

Mülheim an der Ruhr

Betriebe der Stadt Mülheim an der Ruhr
Weiße Flotte
Duisburger Str. 78
45479 Mülheim an der Ruhr
Tel.: 0208/4439128 oder 4439229
Fax: 0208/4439111

Seit 1927 bietet Mülheim von Frühjahr bis Herbst Ausflüge mit Schiffen der Weißen Flotte auf der Ruhr. Die Schiffe starten vom Wasserbahnhof. Sieben Anlegestellen rechts und links der Ruhr insgesamt sind Ausgangspunkte für erholsame Erlebnisfahrten.

MS **OBERHAUSEN**
ex MÜLHEIM AN DER RUHR -1959
1954; Clausen, Oberwinter
L 26,00 m, B 5,20 m, T 1,03 m; 165 PS
220 Fahrgäste

MS **FRIEDRICH FREYE**
1955; Clausen, Oberwinter
L 26,00 m, B 5,20 m, T 1,03 m
170 PS
218 Fahrgäste

MS **MÜLHEIM AN DER RUHR**
ex OBERHAUSEN -1959
1960; Clausen, Oberwinter, 1975 mod.,
Bootswerft, Trier
L 26,00 m, B 5,20 m, T 1,08 m
165 PS
213 Fahrgäste

MS **HEINRICH THÖNE**
(Konferenzschiff)
1971; Bootswerft, Trier
L 27,58 m, B 5,20 m, T 1,15 m
220 PS
536 Fahrgäste

MS STADT KETTWIG (1957; Clausen) wurde 1996 verkauft an das Unternehmen Adolf Haak, Bleckede/Elbe. Das Schiff ist unter dem neuen Namen BLECKEDER LÖWE im Einsatz.

MS **MÜLHEIM A.D. RUHR** und MS **HEINRICH THÖNE** begegnen sich
Foto: Betriebe der Stadt Mülheim an der Ruhr

Witten

Stadtwerke Witten GmbH
(Personenschiffahrt)
Postfach 2260
58412 Witten
Tel.: 02302/9173701
Fax: 02302/9173777

Das Schiff befährt den Wittener Ruhrabschnitt in einer Länge von 7,4 km zwischen dem Freizeitbad Heveney und der Uferstraße in Bommern. Bei Gesellschaftsfahrten auch den Kemnader Stausee.
1998 wurde beschlossen, das Schiff zu verlängern und zu modernisieren. Das geschah in der Winterpause 1998/99.
Am 2. April 1999 wurde der Fahrbetrieb wieder aufgenommen.
Zu dem breiten Angebot an Kinder- und Gesellschaftsfahrten bietet das Unternehmen auch Trauungen auf dem Schiff an.
Für besondere Anlässe kann das Schiff gemietet werden. Attraktive Charterzeiten empfiehlt der Prospekt am Freitag und Samstagabend.

MS **SCHWALBE** (II)
1987; Lux-Werft, Mondorf (Taufe am 6. 6. 1987)
Umbau 1998/99; Neue Rurorter Schiffswerft, Duisburg; verl. (Mittelsegment 3,30 m) und kompl. mod. auf dem Land an der Anlegestelle „Schleuse Herdecke"
L 25,33 m, B 5,12 m, T 1,20 m
120 kW
150 Fahrgäste (vor Verl. 111 Fahrgäste)

MS **SCHWALBE** nach der Verlängerung; Foto: Stadtwerke Witten GmbH; 1999

3.
Elbe
und ihre Nebenflüsse
Mulde, Saale, Havel, Ilmenau, Alster, Este, Oste, Medem

Elbe

Die Elbe entspringt im Riesengebirge und legt auf deutschem Gebiet eine Strecke von über 700 km zurück (Gesamtlänge 1165 km). Niedrigwasser und Hochwasser gestalten die Schiffahrt jedoch recht wechselhaft. Die Elbe ist keine Standardwasserstraße. Ihre wichtigsten Nebenflüsse sind die Moldau und die Eger in Tschechien; in Deutschland sind es die Schwarze Elster, die Mulde, die Saale (Mündung bei Barby), die Havel, die Elde, die Ilmenau, die Alster, die Stör, die Oste und die Medem.

Verbindungen zur Elbe bestehen über den Elbe-Havel-Kanal, den Oder-Spree-Kanal von der Oder, über den Elbe-Lübeck-Kanal und den Nord-Ostsee-Kanal zur Ostsee.

Bad Schandau

**Oberelbische Verkehrsgesellschaft
Pirna-Sebnitz mbH**
Betrieb Bad Schandau
Kirnitzschtalstr., 01814 Bad Schandau
Tel.: 035022/42370
Fax: 035022/42333

**Oberelbische Verkehrsgesellschaft
Pirna-Sebnitz mbH**
Clara-Zetkin-Str. 9, 01796 Pirna
Tel.: 03501/7920
Fax: 03501/792204

Der liebevoll restaurierte Fährdampfer WEHLEN-BASTEI ist zu Charterfahrten für kleine Gruppen und Familienfeiern jeder Art bestens geeignet. Voranmeldungen sind rechtzeitig zu tätigen.

DS **WEHLEN-BASTEI**
1925; Dresden-Übigau
1995 letzte Generalüberholung durch die DBW GmbH, Werft Dresden-Laubegast
L 15,50 m, B 3,80 m, T …
Dampfmaschine 45 PS
40 Fahrgäste

Es ist der letzte noch erhaltene und funktionstüchtige Fährdampfer auf der Oberelbe.

Dresden

**Sächsische Dampfschiffahrts GmbH & Co.
Conti Elbschiffahrts KG**
Hertha-Lindner-Str. 10, 01067 Dresden
Tel.: 0351/866090
Fax: 0351/4969350
Fahrplanauskunft: 0181/86609-40

Am 24. August 1996 beging die sächsische Dampfschiffahrt ihr 160jähriges Bestehen mit einer Parade aller Schiffe.
Von einst mehr als 30 Seitenraddampfern sind zwar nur noch acht verblieben, trotzdem ist Dresdens Weiße Flotte die größte Schaufelradarmada der Welt. Dazu kommen noch die beiden neuerbauten Salonschiffe und zwei Schiffe vom Typ III aus der Yachtwerft in Berlin.
Von März bis November, so es der Wasserstand ermöglicht, sind diese Schiffe auf der Elbe aufwärts bis Decin und abwärts bis Seußlitz im Einsatz.
Dazu kommen noch Sonderfahrten –
Jazz- & Dixielandfahrten, Sommernachtsfahrten mit Tanz, Ausflugsfahrten nach Böhmen mit Duty Free Shop an Bord.

MS **AUGUST DER STARKE**
1994; DBW, Tangermünde
L 75,03 m, B 10,60 m, T 0,95 m; 2x 340 kW
547 Fahrgäste (326 Salon)

MS **GRÄFIN COSEL**
1994; DBW, Tangermünde
L 75,03 m, B 10,60 m, T 0,95 m; 2x 340 kW
547 Fahrgäste (326 Salon)

RD **DRESDEN**
1926; Laubegast
L 68,70 m, B 12,72 m, T 0,77 m; 300 PS
400 Fahrgäste (158 Salon)

RD **LEIPZIG**
1929; Laubegast
L 69,60 m, B 12,80 m, T 0,77 m; 350 PS
429 Fahrgäste (172 Salon)

RD **PILLNITZ**
ex KÖNIGIN CAROLA -1919
ex DIESBAR -1927
ex PILLNITZ -1952
ex WELTFRIEDEN -1993
1886; Blasewitz
L 60,53 m, B 11,22 m, T 0,79 m; 120 PS
277 Fahrgäste (131 Salon)

MS **GRÄFIN COSEL**
auf der Elbe bei Pirna
Foto: Autor; 4/1998

Raddampfer **DRESDEN**
auf der Elbe
Foto: Sammlung Autor;
1998

Raddampfer **PILLNITZ**
am Anleger in Dresden
Foto: Autor; 4/1998

Sächsische Dampfschiffahrts GmbH & Co.
Conti Elbschiffahrts KG (Fortsetzung)

RD **MEISSEN**
ex KÖNIG ALBERT -1898
ex SACHSEN -1928
1885; Blasewitz
L 60,70 m, B 11,34 m, T 0,77 m; 120 PS
277 Fahrgäste (131 Salon)

RD **STADT WEHLEN**
ex DRESDEN -1926
ex MÜHLBERG -1962
1879; Blasewitz
L 56,40 m, B 10,44 m, T 0,74 m; 120 PS
300 Fahrgäste (115 Salon)

RD **DIESBAR**
ex PILLNITZ -1927
1884; Blasewitz
L 52,72m, B 10,28 m, T 0,69 m; 110 PS
170 Fahrgäste (84 Salon)

RD **KURORT RATHEN**
ex BASTEI -1956
1896; Blasewitz
L 55,52 m, B 10,50 m, T 0,67 m; 140 PS
290 Fahrgäste (107 Salon)

RD **PIRNA**
ex KÖNIG ALBERT -1919
1898; Blasewitz
L 56,08 m, B 10,40 m, T 0,66 m; 140 PS
290 Fahrgäste (107 Salon)

MS **BAD SCHANDAU**
1987; Yachtwerft, Berlin-Köpenick, Typ III,
verl. Var.
L 32,10 m, B 5,10 m, T 0,90 m; 122 PS
76 Fahrgäste (52 Salon)

MS **LILIENSTEIN**
1982; Yachtwerft, Berlin-Köpenick, Typ III
L 28,50 m, B 5,10 m, T 0,90 m; 122 PS
104 Fahrgäste (80 Salon)
Linienfahrten Schmilka-Bad Schandau

Raddampfer **MEISSEN** auf der Elbe zu Berg bei Pirna; Foto: Autor; 1998

Begegnung auf der
Elbe – Raddampfer
STADT WEHLEN
Foto: Autor; 1998

Raddampfer **DIESBAR**
auf einer Charterfahrt
für den Studentenclub
„Club Mensa", Dresden
im September 1997
Foto: M. Schubert,
Berlin

Raddampfer **KURORT RATHEN** an der Brühlschen Terrasse in Dresden; Foto: Autor; 1998

Historischer Kalender

1836: Am 8. Juli wird die Elbdampfschiff-fahrts-Gesellschaft gegründet.

1837: Am 11. August finden die ersten öffent-lichen Fahrten von Dresden nach Rathen mit dem Personenraddampfer Königin Maria statt.

1867: Umfirmierung in Sächsisch Böhmische Dampfschiffahrts-Gesellschaft

1898: Bau der Traditionswerft Laubegast

1901: Die beeindruckende Zahl von 3.460.151 Fahrgäste ist erreicht.

1911: Die Sächsisch-Böhmische Dampfschiff-fahrts-Gesellschaft besitzt 33 Dampf-schiffe und beschäftigt 535 Mitarbeiter

1928: Die Schiffe erhalten den weißen An-strich und den Namen „Weiße Flotte".

1936: Am 8. Juli wird das 100jährige Jubiläum mit großer Flottenparade gefeiert.

1945: Schwere Kriegsschäden und Reparati-onsabgaben an die Sowjetunion lassen den Dampferbestand auf acht einsatz-fähige Raddampfer schrumpfen.

1948: Die Weiße Flotte geht als Elbschiffahrt Sachsen in Volkseigentum über.

1980: Der Dampfer Diesbar wird als Tech-nisches Denkmal unter Schutz gestellt.

Ende 1992: Das Unternehmen wird von der Treu-hand an die Conti Reederei übergeben und firmiert jetzt unter Sächsische Dampfschiffahrts-GmbH & Co. Conti Elbschiffahrts KG; der Freistaat Sachsen ist mit 51 % beteiligt ist.

Mitte 1994: Mit den acht, für rund vier Millionen Mark pro Schiff historisch rekonstruier ten Seitenraddampfern sowie zwei modernen Neubauten, den Schwester-Salonschiffen "Gräfin Cosel" und "August der Starke", ist die älteste und größte Raddampferflotte der Welt wieder komplett.

24. August 1996: Mit einem großen Volksfest und Gästen aus ganz Europa feiert die Sächsische Dampfschiffahrt ihr 160jähriges Jubiläum.

(Auszug aus dem DAMPFSCHIFF-ECHO Ausgabe 2. März 1996)

Die beiden Raddampfer DS **SCHMILKA** (1897, ex SACHSEN, ex MEISSEN, ex HOHENZOLLERN) und DS **JUNGER PIONIER** (1898, ex SACHSEN, ex KARLSBAD) liegen z.Z. noch im Albert-Hafen Dresden und sollen ebenfalls wieder in Fahrt kommen.

Die 4 Motorschiffe mit dieselelektrischem Antrieb haben ein anderes Schicksal:
MS **KARL MARX** (1963; 1990 **D. PÖPPELMANN**) und MS **FRIEDRICH ENGELS** (1964; 1990 **J.F. BÖTTGER**) werden im Albert-Hafen Dresden umgebaut und sollen als Jugendherberge in Dresden-Pieschen und als „Sozio-Kulturelles Zentrum für Europa" in Meißen ihren Dienst tun.
MS **AUGUST DER STARKE** (1963, ex ERNST THÄLMANN) und MS **GRÄFIN COSEL** (1964, ex WILHELM PIECK) wurden 1997/98 in Laubegast verschrottet.
(Siehe Anhang Info)

Die in Dresden ebenfalls beheimateten Typ III-Motorschiffe MS **PILLNITZ** (1977), MS **BASTEI** (1979) und MS **BELLEVUE** (1986) sind verkauft worden und bis auf die BELLEVUE unter neuen Namen (KASPER OHM und WARSTEINER) im Einsatz.

Raddampfer **PIRNA**
wartet auf den Start
in den neuen Tag
Foto: Autor; 1998

MS **BAD SCHANDAU**
Foto: Sammlung Autor;
7/1998

Sie blieben erhalten,
die ehemaligen diesel-
elektrischen Motor-
schiffe **KARL MARX**,
rechts, und
FRIEDRICH ENGELS
Foto: A. Bilz, Dresden;
9/1997

Pirna

Personenschiffahrt Oberelbe Familie Frenzel
Am Hausberg 12
01796 Pirna
Tel./Fax: 03501/528467
Fu: 0172/2883864

Mit zwei Fahrgastschiffen bietet die Familie
Frenzel Panoramafahrten in die Sächsische
Schweiz an, ebenfalls Fahrten in die Böhmische
Schweiz, Tagesausflüge von Bad Schandau bis
Usti bzw. bis Decin und zurück.
Neben den fahrplanmäßigen Fahrten stehen die
Schiffe auch für Sonderfahrten zur Verfügung.

MS **BASTEI**
ex EUROPA -1993 Rurtalsperre Schwammenauel
1965; Schmidt, Oberkassel
L 26,50 m, B 5,60 m, T 0,90 m
145 PS
240 Fahrgäste (120 Salon)

MS **CASTRA REGINA**
ex VATERLAND -1994 Klinger GmbH, Regensburg
1960; Lux, Mondorf
L 21,50 m, B 4,60 m, T 0,90 m
175 PS
115 Fahrgäste (45 Salon)

DS **SACHSENWALD** (z. Zt. in Potsdam im Einsatz)
Dampfschlepper / Techn. Denkmal
1914; Gebr. Wiemann, Brandenburg
L 25,00 m, B 5,50 m, T 1,10 m
220 PS, Dampfmaschine
43 Innenplätze

Meissen

Historische Dampfschiffsreederei Meißen
Junghans & Steuer GmbH
Siebeneichener Str. 29a
01662 Meißen

Der Historische Raddampfer **KRIPPEN** ist 1997
von der Köln-Düsseldorfer Deutsche Rheinschiff-
fahrts AG (KD) angemietet worden und wird von
ihr im Tagesausflugsdienst ab Frankfurt auf dem
Main und dem Rhein eingesetzt (5-Jahres-
Charter).
Ab 7. Mai 1994 wieder in Fahrt.
(Siehe An- und Verkäufe 1999)

Riesa

„Stadt Riesa"-Elbefahrten GmbH Steffen Zeuner
Tel.: 03525/737661
Fu: 0172/3529737

Im Sommer 1996 begann die Elbefahrten GmbH
von Riesa aus mit Ausflugsfahrten auf der Elbe.
Außerdem werden Linienfahrten zwischen Diesbar-Seußlitz und Strehla, in deren Mitte etwa
Riesa liegt, angeboten.

MS **STADT RIESA** (ab 4/1996)
ex DRACHENBURG -1996, Bungarz, Königswinter
ex GOLDSTÜCK (I), Nordmann,
Ochtendung/Mosel
1971; Werft nicht feststellbar
Umbau 1975, Neuaufbau auf vorh. Kasko
Umbau 1996, Placke-Werft, Aken und Schiffs-
betriebstechnik, Riesa
L 23,50 m, B 4,85 m, T 1,00 m
165 PS
180 Fahrgäste

Dampfer **SACHSENWALD**
in Potsdam/Lange Brücke
Foto: Autor; 1997

Raddampfer **KRIPPEN**
in Koblenz am Deutschen
Eck
Foto: H. Krämer, Koblenz;
31.03.1997

MS **STADT RIESA** auf
der Elbe bei Diesbar
Foto: P. Bilz, Dresden;
5/1998

Mühlberg

Mühlberger Personenschiffahrt
Herbert Winkler
Neustädter Markt 2
04931 Mühlberg
Tel.: 0172/5366712

Glashütter Str.54
01277 Dresden
Tel.: s.o.

Mit dem bis März 2000 auf die Elbe geholten
Schiff bietet Familie Winkler Tagesfahrten nach
Torgau und auch Diesbar-Seußlitz an. Außerdem werden Rundfahrten, Kaffeefahrten und
Abendfahrten durchgeführt. Charterfahrten sind
ebenfalls möglich. Seit 4/1997 ist der Heimathafen des Schiffes Mühlberg.

MS **MAINTAL**
ab 1997 von H. Winkler gechartert,
ab 1.1.1994 D. Feldmann, Schweinfurter
Personenschiffahrt,
ab 1.4.1968 Personenschiffahrt Hellfried Kreß,
Schweinfurt;
ex UNDINE -1968, R. Botsch, Cochem/Mosel
ex KATZENBUCKEL, 1961-1964 A. Kappes,
Eberbach am Neckar
ex WINNINGEN -1961, Moselboot GmbH,
Winningen
1953; Schottelwerft Oberspay
L 17,30 m, B 4,24 m, T 0,70 m
2x 68 PS
100 Fahrgäste

(Siehe Informationen im Anhang des Buches)

Coswig

Fahrgastschiffahrt MS „Cordula" Coswig/Anhalt
Carola Schmidt
Zerbster Str.25
6869 Coswig/Anhalt
Tel.: 034903/64669
Fax: 034903/64257
Fu: 0172/3702436

Der Fahrtbereich des Fahrgastschiffes liegt zwischen Wittenberg und Aken im Landschafts-
schutzgebiet Mittelelbe. Ausflugsfahrten ab
Coswig oder auf Wunsch auch ab Dessau,
Abendfahrten mit Unterhaltungsprogramm und
auch Charterfahrten sind möglich. Außerhalb
des Fahrplans und bei nicht genügender Aus-
lastung (mind. 25 P.) liegt das Schiff direkt an
der B 107 in der Nähe der Elbfähre Coswig als
„Schwimmendes Restaurant".

MS **CORDULA**
ex BAD SCHANDAU I (Fähre in Bad Schandau)
1969/70;
Umbau 1994; Decin
L 28,77 m, B 7,15 m, T 1,00 m
2x 150 PS
75 Fahrgäste (60 Sonnendeck)

(Siehe Informationen im Anhang des Buches)

MS **CORDULA** am Anleger in Coswig; Foto: Autor; 1997

Aken

Akener Fahrgastschiffahrt
Uwe Wierschke
Straße des Friedens 11b
06385 Aken/Elbe
Tel./Fax: 034909/82780
Fu: 0161/3327539

Mit zwei Fahrgastschiffen werden vom Anleger in Aken Elbrundfahrten durchgeführt. Ein beliebtes Ausflugsziel ist die Elbeterasse zu Brambach, und mit dem Schiff kommt man bequem dorthin. Das Fahrtgebiet der Fahrgastschiffahrt reicht von Lutherstadt Wittenberg im Süden bis Magdeburg im Norden. Neu ist der Anleger in Barby.

MS **KLABAUTERMANN** (ab 1993)
ex TOURIST -1993
ex THÄLMANNPIONIER -1989
ex LOTTE -1958 (Motorschute)
Baujahr, Bauwerft unbekannt
Umbau 1989 zum MS TOURIST
Umbau 1992/93, Placke-Werft, Aken/Elbe (KLABAUTERMANN)
L 23,50 m, B 5,12 m, T 0,80 m
209 PS
100 Fahrgäste (50 Salon, 16 Bar, 34 Sonnendeck)

MS **FÜRST LEOPOLD** (ab 6/1998)
1998; Georg-Placke-Werft, Aken/Elbe
L 26,95 m, B 6,20 m, T 0,80 m
235 PS
150 Fahrgäste

MS **KLABAUTERMANN** verlässt den Hafen Aken; Foto: Autor; 1997

MS **FÜRST LEOPOLD** im Heimathafen Aken/Elbe; Foto: R. Schubert, Zerbst

Magdeburg

Magdeburger Weiße Flotte GmbH
Am Petriförder
39104 Magdeburg
Tel.: 0391/5433926 Fax: 0391/5133927

Von den Schiffen der Weißen Flotte Magde-
burgs, deren Großteil verkauft wurde und
inzwischen für andere Gesellschaften und
unter anderen Namen fahren, sind nur noch
zwei Schiffe in Magdeburg.
Sie bieten Fahrten zum Schiffshebewerk
Rothensee, nach Hohenwarthe und Rundfahrten auf der Elbe an.
Die Schiffe können für interessante Angebote
gechartert werden, auch für Familienfeiern
und Vereinsfahrten.

MS **STADT WOLFSBURG**
1991; Yachtwerft Berlin-Köpenick, Typ IV
(verl. Var.)
L 32,10 m, B 5,10 m, T 0,90 m
90 kW
122 Fahrgäste (56 Sonnendeck)

MS **STADT MAGDEBURG**
1987, Yachtwerft, Berlin-Köpenick, Typ III
(verl. Var.)
L 32,10 m, B 5,10 m, T 0,90 m
90 kW
141 Fahrgäste (50 Sonnendeck)

Verbleib der ehemaligen Schiffe
der WF Magdeburg:

MS **ERICH WEINERT** (1971),
nach Prag verkauft, n. N. EUROPE (1994)

MS **OTTO VON GUERICKE** (1964),
nach Prag verkauft, n. N. ORCA

MS **FREUNDSCHAFT** (1976),
nach Tangermünde, Personenschiffahrt Kaiser

MS **SONNENSCHEIN** (1927),
an Müritz-Tours Röbel (1992)

MS **STADT SCHÖNEBECK** (1947),
an Spreefahrt Duggen, Berlin, n. N. KRISTIN,
1997 a.D.

MS **BUCKAU** (1938), verkauft nach Neuruppin,
n. N. KARL FRIEDRICH SCHINKEL (1982)

MS **SACHSEN-ANHALT** (1928/64),
pr. Eigner in Magdeburg
5/1998 nach Amsterdam verkauft

MS **FROHSINN** (1927),
pr. Eigner in Berlin

(Siehe Anhang Neubauten 1999)

MS **STADT MAGDEBURG** vor dem Saisonstrart; Foto: Autor; 1999

Tangermünde

Fahrgastschiffahrt Tangermünde
Reederei Kaiser
Goethestr. 21
39590 Tangermünde
Tel.: 039322/3654
Fax: 039322/44104
Fu: 0171/4218162

Von Tangermünde aus fährt die Reederei
Roland Kaiser mit zwei Schiffen nach Magdeburg, Brandenburg, Arneburg, Havelberg und
Genthin. Nach Absprache werden Kurzfahrten
für Schulklassen angeboten. Es gibt Kaffeefahrten zum Schloß Storkau, eine 3-Schleusen-
fahrt Parey-Zerben-Niegripp. Außerdem können
die Schiffe für Feierlichkeiten jeder Art
gechartert werden.

Wittenberge

Personenschiffahrt Dieter Ketzler
Auguststr. 14
19322 Wittenberge
Tel./Fax: 03877/2440
Fu: 0171/8373431

Mit dem Fahrgastschiff "Delphin" bietet das
Unternehmen Elbrundfahrten an, abwärts in
Richtung Hamburg nach Schnackenburg und
nach Dömitz, aufwärts in Richtung Magdeburg
nach Rühstedt und Havelberg. Zusätzliche Fahrten führen nach Hitzacker und nach Tangermünde. Gruppenfahrten und auch Nachtfahrten
sind im Angebot. Fahrradmitnahme wird
ermöglicht. Das Schiff fährt vom 1. April bis
zum 30. Oktober.

MS **PRÄSIDENT** (ab 1996)
(1965-1978 Reederei Schmolke, Berlin,
1978-1995 für Reederei Bruno Winkler, Berlin)
1965; DIW, Berlin
L 49,51 m, B 8,08 m, T 1,22 m
2x 240 PS
400 Fahrgäste (318 Innenplätze)

MS **FREUNDSCHAFT** (ab 1994 in Tangermünde)
(1976-1993 Weiße Flotte Magdeburg)
1976; Genthin
L 26,64 m, B 4,04 m, T 1,00 m
160 PS
32 Personen

MS **ELBKAISER** (ab 5/1998)
ex G. F. HÄNDEL -1998 Berliner Wassersport-
und Service GmbH
1996/97 Brandenburg-Preußische
Oderschiffahrt GmbH;
1992 Charter WF Saale GmbH/Halle
ex STORKOW -1992 WF Potsdam
1991; Werft Berlin GmbH
L 32,10 m, B 5,10 m, T 0,90 m (Typ IV)
90 kW
140 Fahrgäste

MS **DELPHIN**
-10/1991 für Este-Reederei Horneburg,
Verkauf nach Wittenberge
1989; Neuaufbau auf altem Kasko, Werft Stade
L 21,66 m, B 4,00 m, T 0,85 m
300 PS
64 Fahrgäste (54 Salon)

MS **FREUNDSCHAFT** am Anleger in Tangermünde; Foto: Autor; 3/1999

MS **DELPHIN**; Foto: D. Ketzler, Wittenberge; 1993

Lenzen

A. Gysel van Lyr Tours GmbH
Parkstr.11, 19322 Wittenberge
Tel: 03877/92520
Hotel am Rudower See, Lenzen
Tel: 038792/9910

Ab Sportboothafen Lenzen (Saisonbeginn 1999)
unternimmt die Barkasse Charterfahrten auf der
Elbe. Als neuer Name ist mit Saisonbeginn
1999 A. GAYSEL VAN LYR vorgesehen.

Hitzacker

Elb-Rundfahrten Christine Paulin
Bahnhofstr.3, 29456 Hitzacker
Tel.: 05862/7791

Mit einem modernen Salonschiff werden auf
der Elbe Rundfahrten nach Tießau und Kaffeefahrten zu den Dömitzer Elbbrücken angeboten. Außerdem stehen Gesellschaftsfahrten,
Ausflüge für Betriebe und Schulklassen und
auch Abendfahrten auf dem Programm. Am
7. 12. 1989 wurde mit dem Schiff die Fähr-
bindung zwischen Dannenberg-Kaltenhof und
Dömitz eröffnet.

Elbfähre und Elbrundfahrten
Peter Schaar
Am Elbufer 16, 29456 Hitzacker
Tel.: 05862/302
Fu: 0171/5231875

Neben Fährfahrten im Auftrag der Stadt
Hitzacker bietet Peter Schaar auch Rundfahrten
auf der Elbe ab Hitzacker an. Donnerstags oder
an anderen Tagen nach 18.00 Uhr werden auch
etwas längere Fahrten bis nach Dömitz, elbabwärts bis Bleckede durchgeführt. Seit 1995 ist
er auf seinem kleinen Schiff mit interessanter
Geschichte unterwegs.

Barkasse **GEESTEKIEKER** (ab 1995 BBU -7/1998)
ex GEESTEKIEKER -1994, W. Rauch, 1995 Wittek,
Rönner Bootswerft, Bremerhaven
ex FGS GISELA -1979, K. Söllner, Kassel
1959; Hans Boost, Trier
Umbau 1994/95 BBU, Bremerhaven, Neuaufbau
L 18,62 m, B 3,34 m, T 0,82 m
100 PS
33 Fahrgäste

MS **ELBE-STAR**
1984; Lux, Mondorf
L 33,50 m, B 7,30 m, T 0,62 m
2x 240 PS
300 Fahrgäste (180 Salon)

Elbfähre und Elbrundfahrten:
MS **DEUTSCHLAND** (ab 1995 für Peter Schaar)
Die Barkasse lief 1926 unter dem Namen
URSULA vom Stapel. 1935 wurde sie von der
Hamburger Hochbahn AG übernommen und lief
bis 1949 unter dem Namen ENTSCHLOSSENHEIT.
Von 1949 bis 1951 lief sie unter neuem Namen
EILBEK und bekam nach Indienststellung eines
Neubaus den Namen MÜHLENAU. Den trug sie
bis 1957.
1957 wurde die Barkasse an Frieda Visser,
Norderney, verkauft.
1969 ließ sie Johann Jenssen aus Norderney zum
Seeschiff umbauen und nannte sie METEOR.
Ab 1983 lag die METEOR in Aurich auf.
1984 kam sie nach Schnackenburg;
1992 als DEUTSCHLAND nach Hitzacker.

1926; Oelkers, Neuhof
1950 neuer Motor
1969 Umbau zum Seeschiff
1994 neuer Motor, neues Getriebe
L 16,40 m, B 4,00 m, T 1,45 m; 120 PS
30 Fahrgäste (Fährbetrieb)
39 Fahrgäste (Rundfahrten)

MS **DEUTSCHLAND** auf der Elbe bei Hitzacker; Foto: P. Schaar, Hitzacker; 1995

Hitzacker

Förderverein Zollboot „Hitzacker" e.V.
Vorsitzende Ursula Togotzes
Vordorfsfeld I/Nr.14
29473 Göhrde/Sarenseck
Tel.: 05862/1404
Fax: 05862/6789
Kurverwaltung 29456 Hitzacker
Tel.: 05862/8022

Mit dem ehemaligen Zollboot werden ab
Hitzacker Demonstrationsfahrten auf der Elbe
durchgeführt. Auf Wunsch werden Erklärungen
zur Landschaft, Natur, Geschichte und der
ehemaligen Zonengrenze gegeben. Fahrtziel
und -dauer können vereinbart werden.
Bis auf witterungsbedingte Ausnahmen
ist der Fahrbetrieb ganzjährig möglich.
Liegeplatz: Hitzacker, Jeetzelmündung

Zollboot **HITZACKER** (ab 1991 beim Förderverein
„Hitzacker" e.V.)
ex Zollboot LIPPE (1956-1990)
1956; Schless, Wesel
L 17,15 m, B 3,60 m, T 1,00 m
2x 150 PS
20 Fahrgäste max. (bei schönem Wetter)

Dömitz

Elbtal-Schiffahrt
Manfred Petersen
(Siehe Anhang An- und Verkäufe 1999)

Bleckede

Fahrgastschiffahrt Hans-Jürgen Haak
Postfach 150
21352 Bleckede
Tel.: 05852/2110
Fax: 05852/2126

Ab Anleger Bleckeder Hafen unternimmt das
Schiff Elbrundfahrten. Elbabwärts gehen die
Fahrten bis Brackende, Boizenburg oder
Lauenburg. Elbaufwärts gehen die Fahrten
bis Hitzacker.
Das Schiff kann gechartert werden.

MS **BLECKEDER LÖWE** (ab 1996)
ex STADT KETTWIG -1996, Mühlheim an der Ruhr
1957; Clausen, Oberwinter
L 26,00 m, B 5,20 m, T 0,84 m
170 PS
269 Fahrgäste (200 Sitzplätze)

(Siehe Anhang Informationen)

Zollboot **HITZACKER** mit Fahrgästen auf der Elbe; Foto: U. Togotzes, Förderverein; 10/1998

MS **BLECKEDER LÖWE** am Anleger; Foto: A. Haak, Bleckede; 1997

Boizenburg/Elbe

Boizenburger Fahrgastschiffahrt
Elbe-Eldefahrten-Fährbetrieb Günther Schröder
Hafenplatz 5
19258 Boizenburg
Tel./Fax: 038847/59368
Fu: 0171/4823152

Friedrichstädter Grachten- und Treeneschiffahrt
Günther Schröder
Treeneufer 1
25840 Friedrichstadt
Tel.: 04881/7365
Fax: 04881/7287

Der Fahrtbereich der Boizenburger Fahrgast-
schiffahrt ist das 3-Länder-Eck: Mecklenburg,
Niedersachsen und Schleswig-Holstein ab
Boizenburg.
Fahrten nach Lauenburg, über Artlenburg zum
Schiffshebewerk Scharnebeck, Lauenburg mit
Schleusung in den Elbe-Lübeck-Kanal stehen
im Programm.
Ab Dömitz werden Elbe- und Eldefahrten bis in
den Elde-Müritz-Kanal geboten.

MS **BLECKEDE** (ab 1996)
ex EILENAU -1996, ATG, Hamburg
1958; Neerlandia, Hillegom/NL
Umbau 1996, Oberdeck
L 19,80 m, B 4,80 m, T 1,30 m
135 kW
115 Fahrgäste

MS **BOIZENBURG** (1993)
Fähre und Rundfahrten
ex NIEDERBURG
1965; Konstanz, Bodensee
L 10,50 m, B 3,30 m, T 0,60 m
27 PS
30 Fahrgäste

MS **BRACKEDE** (Zubringer zum Raddampfer
KAISER WILHELM)
1993; Schröder, Friedrichstadt
Umbau und Verl. aus Versorgungsboot,
B+B, Rostock
L 18,00 m, B 3,00 m, T 0,80 m
125 PS
29 Fahrgäste, 20 Fahrräder

MS **FLEETENKIEKER**
1976; van der Vlis, Harlingen/NL
-1997 ATG, Hamburg
1998; Warnke, Friedrichstadt, Oberdecksaufbau
L 21,54 m, B 4,98 m, T 1,31 m
150 PS
140 Fahrgäste

MS **FESTUNG DÖMITZ**
ex TROMPETER
1960; Michelmayer, Minden
L 25,00 m, B 5,25 m, T 0,80 m
150 PS
218 Fahrgäste

Das Schiff wurde 1997 nach Belgien verkauft.
1999 kommt ein Neubau in Fahrt.
(Siehe Anhang Neubauten 1999)

Winterruhe in Boizenburg, vorn MS **BLECKEDE**, dahinter MS **FESTUNG DÖMITZ**, das inzwischen nach Belgien verkauft wurde. Foto: H. Kindt, Hamburg; 1997

MS **FLEETENKIEKER** nach dem Aufsetzen des Oberdecks; Foto: Autor; 1999

Lauenburg/Elbe

Weiße Elbeflotte Fredy Eschke
Sägemühlenweg 35
21481 Lauenburg/Elbe
Tel.: 04153/2536
Fax: 04153/54431
Fu: 0171/4114576

Von Mai bis September wird täglich die Strecke
Lauenburg-Scharnebeck befahren. In den Sommermonaten steht die Drei-Länder-Fahrt im
Fahrplan. Für festliche Anlässe, Tanzveranstal-
tungen, Tagungen und Kaffeefahrten können
die Schiffe gechartert werden.
1998 beging die Weiße Elbeflotte ihr 35jähriges
Firmenjubiläum.

**Verein zur Förderung des Lauenburger
Elbschiffahrtsmuseums e.V.**
Postfach 1310
21472 Lauenburg
Informationen zu Schiff und Fahrplan:
RD „Kaiser Wilhelm"
Eichenweg 6
22927 Großhansdorf
Tel.: 04102/61735

Von Mai bis Oktober werden Fahrten auf der
Elbe zwischen Lauenburg, Boizenburg,
Bleckede, Hitzacker und Hoopte angeboten.
1995 beging man den 95.Geburtstag des Rad-
dampfers, gleichzeitig konnte man auf 25 Jahre
erste deutsche Museumsdampferlinie zurückblicken.

MS **LA PALOMA**
1984; Schmidt, Oberwinter
L 33,50 m, B 7,50 m, T 1,00 m
456 PS
300 Fahrgäste (220 im Salon)

MS **STADT LAUENBURG**
ex STADT RENDSBURG -1981
1951; Germersheim/Rhein
L 25,00 m, B 5,50 m, T 1,10 m
177 PS
254 Fahrgäste (100 im Salon)

RD **KAISER WILHELM** (Museumsschiff)
1900; Dresdener Maschinenfabrik & Schiffswerft
AG, Dresden-Neustadt
Umbau 1910, verl. um 2x5 m auf der Bauwerft
L 57,20 m, B 4,48 m/8,38 m, T 0,92 m max.
168 PS (Zweifachexpansionsdampfmaschine,
1900)
350 Fahrgäste

MS **STADT LAUENBURG**; Foto: J. Lorenz, Mainz Kastel; 1997

Raddampfer **KAISER WILHELM** beginnt seine 100. Gesamtsaison; Foto: Sammlung Autor

Artlenburg

Personenschiffahrt Jürgen Wilcke
Deichstr.23
21380 Artlenburg
Tel.: 04139/6285
Fu: 0161/1415913

Das Schiff steht mit seiner Restauration für
besondere Anlässe, wie Betriebsfeste, Familien-
und Weihnachtsfeiern, Vereins- und Schulausflüge, Konferenzen und Präsentationen zur Verfügung. Angelaufen werden der Hamburger
Hafen, Ziele auf der Oberelbe und den Neben-
gewässern.

MS **LÜNEBURGER HEIDE** (4/1988)
1988; Lux, Mondorf
L 45,90 m, B 8,20 m, T 0,90 m
2x 162 kW
300 Fahrgäste (208 Salonplätze)

Hamburg

siehe dazu Abschnitt Teil VI, Hamburg,
außerdem Alsterschiffahrt

Jork

Barkasse „Plummslucker"
Hein Mehrkens
Obstmarschenweg 13
21635 Jork
Tel.: 04162/911721
Fax: 04162/911722

Mit seiner Barkasse fährt Hein Mehrkens auf
der Elbe zwischen Hamburg und Glückstadt.
Hafenrundfahrten durch Seehäfen und Spei-
cherstadt, romantische Fahrten auf der Bille,
Fahrten von Blankenese und Neuenfelde auf
der Este werden nach vorheriger verbindlicher
Anmeldung bis jeweils eine Woche vor der
Fahrt durchgeführt.

Barkasse **PLUMMSLUCKER** (ab 1. 4. 1983)
ex CREMON V -1983
ex JOLLENFÜHRER 5 -1976 (HADAG)
ex SCHNEIDER BÖCK 1966 (HADAG)
1966; Garbers, Hamburg
Umbau 1986 und 1990 (Aufbauten)
L 16,23 m, B 4,45 m, T 1,50 m
90 PS
50 Fahrgäste (40 Sitzplätze)

MS **LÜNEBURGER HEIDE**; Foto: H.-J. Reinecke, Hamburg; 1990

Die Barkasse **PLUMMSLUCKER** von Hein Mehrkens; Foto: Sammlung Autor; 1997

Hollern-Twielenfleth

Lühe-Schulau-Fähre GmbH
Am Deich 45
21723 Hollern-Twielenfleth
Tel.: 04141/76841

Mit zwei Schiffen fährt die Gesellschaft nach Glückstadt, zur Elbinsel Krautsand, nach Hamburg und nach Lauenburg an der Oberelbe. Außerdem wird der Fährverkehr zwischen Lühe und Schulau und umgekehrt durchgeführt. Beide Schiffe können ebenfalls für Sonderfahrten gechartert werden.

MS **SCHULAU**
1992; Menzerwerft, Geesthacht
L 29,70 m, B 6,30 m, T 1,60 m
420 PS
128 Fahrgäste

MS **DAT OLE LAND**
1989; Menzerwerft, Geesthacht
L 26,10 m, B 6,30 m, T 1,60 m
420 PS
211 Fahrgäste (100 Sitzplätze)

Krautsand

Gartenlokal Buhrfeind
F. W. Buhrfeind
Elbinsel Krautsand 32
21706 Drochtersen
Tel.: 04143/7165
Fax: 04143/1467

Auf der Elbe werden Fahrten nach Itzehoe (Stör), nach Elmshorn (Krückau) und nach Hamburg angeboten. Rundfahrten ab Krautsand mit zusätzlichen Planwagenfahrten sind eine besondere Attraktion.

MS **GESA** (ab 1988)
ex SEUTE DEERN -1988, Bernsteinsee Stüde (Erholungszentrum)
1952; Braun KG, Speyer/Rhein
L 24,78 m, B 5,00 m, T 1,00 m
Voith-Schneider-Propeller
100 Fahrgäste (40 Freideck)

Glückstadt

Pekeler Fahrgastschiffahrt GmbH
Postfach 1129
Reichenstr. 5
25348 Glückstadt
Tel.: 04124/91220
Fax: 04124/912210

Fahrten auf der Elbe, den Nebenflüssen Stör, Krückau und Pinnau, Fahrten auf dem Nord-Ostsee-Kanal werden angeboten.
Außerdem können Vereinsausflüge, Bordpartys, Fischmarktfahrten und Betriebsausflüge ausgerichtet werden.

Pekeler Fahrgastschiffahrt GmbH:
MS **LADY GLÜCKSIADT** (ab 25.2.1989)
ex WAPPEN VON BÜSUM -1988, Rahder+Mordhorst;
ex FLIPPER -1977, Cassen Eils
1966/67; Mützelfeldwerft, Cuxhaven
Umbau 1970, verl.
Umbau 1988, n. Innenausbau
L 29,33 m, B 6,21m, T 1,10 m
221 kW
190 Fahrgäste (70 Salonplätze)

Barkasse **PEMA** (ab 21. 8. 1979)
ex MORITZ -1979 (HADAG)
ex JOLLENFÜHRER 2 -1976 (HADAG)
1957; J. C. u. H. C. Kiehn, Hamburg
L 17,55 m, B 4,50 m, T 1,55 m
80 PS
60 Fahrgäste

DAT OLE LAND
vor Stade
Foto: Autor; 1997

MS **GESA** auf der Elbe
Foto: Autor; 1997

MS **LADY GLÜCKSTADT**
auf der Elbe
Foto: Sammlung Autor;
6/1995

Brunsbüttel

Personenschiffahrt Brunsbüttel
Thorge Brandt
Bürgermeister-Zülch-Weg 3
25554 Wilster
Tel.: 04823/92610
Fax: 04823/92611
Fu: 0171/2863454

Charter- und Ausflugsfahrten werden 1997 auf
dem Nord-Ostsee-Kanal und auf der Unterelbe
und ihren Nebenflüssen angeboten. Rundfahrten ab Brunsbüttel durch die Kanalschleusen,
Fahrten nach Rendsburg und Sonderfahrten zu
den unterschiedlichsten Anlässen können
gebucht werden.

MS **GERMANIA**
(ab 10/1987, in Brunsbüttel seit 1997)
ex NORDLAND -1987, Schreiber-Reederei,
Bremen
(1987-1996 Germania Schiffahrtsgesellschaft,
Leer, Ostfriesland)
1960; Schichau, Bremerhaven
L 34,50 m, B 6,51 m, T 1,51 m
410 PS
300 Fahrgäste (140 Salonplätze)

MB **AUKIEKER** (ab 5/1998)
1998 (Indienststellung, aufgebaut auf Kasko
aus Polyester, Cabrio für Wilsterau-Fahrten)
L 11,15 m, B 3,75 m, T 0,40 m
50 PS
51 Fahrgäste

(Siehe Anhang Neubauten 1999)

MS **GERMANIA** unter neuer Flagge 1997; Foto: T. Brandt, Wilster

Mulde

Die Mulde ist ein linker Nebenfluß der Elbe. Sie hat eine Länge von 124 km und entsteht aus der Freiberger Mulde und der Zwickauer Mulde. Sie ist zweimal in ihrem Verlauf aufgestaut (Muldestausee mit Fahrgastschiffahrt) und mündet bei Dessau in die Elbe.

Grimma/Sachsen

Muldenschiffahrt GbR
Colditzer Weg
04668 Grimma/Sachsen
Tel./Fax: 03437/915158

Zwei kleine Fahrgastschiffe mit äußerst interessanter Geschichte gehören zur Flotte der Muldenschiffahrt.
Von der Hängebrücke in Grimma fahren die Schiffe zu Ausflugsfahrten auf der Mulde.
Im Mai 1985 wurde die Schiffslinie eröffnet.

MS **KATHARINA VON BORA**
1994; Placke-Werft, Aken/Elbe
L 15,00 m, B 3,20 m, T 0,45 m
62 PS
60 Fahrgäste (mit Stellplatz für Rollstühle)

MS **GATTERSBURG** (Stapellauf 23.6.1984)
ex FALKE (Fährboot auf der Talsperre Kriebstein, kam als Wrack nach Grimma)
1930; Werft Zehren/Elbe (als Motorfähre)
Umbau 1984; Abnahmefahrt 4.10.1984)
L 14,10 m, B 3,20 m, T 0,90 m
48 PS (ab 1991)
54 Sitzplätze

Das flachgehende Fahrgastschiff **KATHARINA VON BORA** auf der Mulde
Foto: Muldenschiffahrt GbR; 5/1994

Saale

Im oberen Tal durchfließt die Saale, die im Fichtelgebirge entspringt, eine Kette von Stauseen (Hohenwarte-Stausee, Bleilochtalsperre), bevor sie dann im mittleren Abschnitt an zahlreichen Burgen und Burgruinen vorbei Naumburg erreicht. Im unteren Saaletal liegen die Industriestädte Merseburg, Halle und Bernburg. Bei Barby mündet sie dann nach 427 km (124 km schiffbar) linksseitig in die Elbe.

Bad Kösen

Bad Kösener Personenschiffahrt
S. Lindner
Parkstr. 7
06628 Bad Kösen
Tel./Fax: 034463/27266

Außer im Linienverkehr zwischen Bad Kösen-Rudelsburg und umgekehrt werden die Schiffe auch zu Sonderfahrten eingesetzt.
Von Mai bis Oktober wird auch die Strecke Weißenfels-Naumburg auf Vorbestellung gefahren.

MS **BAD KÖSEN**
1989; Placke-Werft, Aken/Elbe
L 17,06 m, B 3,67m, T 0,60 m; 43 PS
99 Fahrgäste (20 Stehplätze incl.)

MS **RUDELSBURG**
1991; Placke-Werft, Aken/Elbe
L 17,20 m, B 3,76 m, T 0,65 m; 43 PS
61 Fahrgäste

Ab 1997 kommt für die Fa. Lindner noch die SCHWIMMENDE WEINLAUBE zum Einsatz.
Sie fährt auf der Unstrut als schwimmender Weingarten für Reisegruppen.
SCHWIMMENDE WEINLAUBE
1984/1986; Werft Reus, Budenheim
Neuaufbau auf altem Kasko zum FGS
(Biergarten, Wiesbaden)
L 19,90 m, B 5,15m, T 0,55 m; 52 kW
80 Fahrgäste

MS **SILVIA** (bis 1997 für Lindner)
ex LODIGA QUEEN -1989, Lodiga, Hannover
ex WAPPEN VON CELLE 1988, Bornemann, Celle
                                          -1987, Drewa, Celle
ex CHRISTEL -1973, Grundmann, Hannover
ex STADT RATZEBURG 1962, Grundmann, Ratzeburg -1972, 1954-1960, Rhein-Herne-Kanal
ex WESTERLEY -1953, Sylt, 1949-1952 Liniendienst Wismar-Kirchdorf/Wendorf
ex BADE II -1934
ex SPRING -1928 für Karl Bade, Werbellinsee
1928; Lahe, Berlin-Saatwinkel
L 18,80 m, B 3,76 m, T 0,95 m; 105 PS
58 Fahrgäste (30 Sonnendeck)

Das Schiff ist 1997 nach Freyburg/Unstrut verkauft worden. Der Wiedereinsatz ist geplant.

MS **RUDELSBURG** auf der Saale; Foto: H. Kindt, Hamburg; 1997

Naumburg

Saale-Unstrut-Schiffahrtsgesellschaft mbH (SUS)
Manfred T. Schmidt
Blütengrund 8
06618 Naumburg
Tel./Fax: 03445/202809

In der Saison von März bis Oktober fährt das historische Schiff auf der Unstrut von Naumburg bis Freyburg und noch weiter flußaufwärts bis nach Kirchscheidungen. Das Schiff kann gechartert werden, auch Sonderfahrten zu jedem Anlaß sind möglich.

Halle/Saale

Reederei Riedel GmbH
Kröllwitzer Brücke
06120 Halle
Tel.: 0345/2832070

Neben Kurzrundfahrten bietet das Unternehmen Saalefahrten nach Kloschwitz und Wettin, nach Röpzig, Brachwitz, Rothenburg und nach Georgsburg an.
Kaffeefahrten, Tanzfahrten und Abendfahrten ergänzen das Programm.
Die drei Schiffe können auch gemietet werden.

Der Hauptsitz der Reederei Riedel GmbH befindet sich in Berlin (siehe dazu in diesem Buch Teil V.1, Berliner Gewässer).

MS **FRÖHLICHE DÖRTE** (ab 1994)
ex PFEIL -1992, davon bis 1961 als Dampfschiff, Elbfähre
1888; Dresden-Neustadt (als Dampfschiff)
Umbau 1961, mot.
L 13,00 m, B 3,20 m, T 0,85 m
25 PS
35 Fahrgäste

(Siehe Anhang Fahrgastschiff-Neubauten 1999)

Reederei Riedel GmbH:
MS **STADT HALLE**
ex KREUZBERG 1984-96, Berlin
ex COOKIE -1977
ex SANTA FLORA -1965
ex BALDUR 1954
ex HELGOLAND
1928; Beck/Ertel, Woltersdorf, 1966 verl. u. verbr.
1984 DIW, Spandau, verl.
L 39,82 m, B 5,78 m, T 1,20 m
180 PS
290 Fahrgäste

MS **PEISSNITZ**
1979; Yachtwerft, Berlin-Köpenick, Typ III
L 28,60 m, B 5,10 m, T 0,90 m
122 PS
124 Fahrgäste

MS **SAALETAL**
ex KOSMOS -1990
1964; Yachtwerft, Berlin-Köpenick
L 35,78 m, B 5,90 m, T 1,11 m
2x 122 PS
282 Fahrgäste

MS **SPREE-LADY**
(siehe unter V/Berlin)
1965; Lux-Werft, Mondorf

Das Schiff fährt seit der Saison 1998 wieder in Berlin.

Die **FRÖHLICHE DÖRTE** legt ab; Foto: Sammlung Autor; 9/1995

MS **STADT HALLE** auf der Saale; Foto: D. Foerster, Halle; 1999

Reederei Riedel GmbH (Fortsetzung)

MS **GIEBICHENSTEIN**
ex FRITZ WEINECK -1990
ex GIEBICHENSTEIN -1980
1961; Placke-Werft, Aken/Elbe
L 17,32 m, B 3,52 m, T 1,00 m,
67 PS
51 Fahrgäste
Das Schiff ist seit 1997 nicht eingesetzt,
es steht zum Verkauf.

MS SAALETAL (1937) wurde abgebrochen.
Im Dezember 1997 wurde der Fahrgastschiff-
fahrtsbetrieb mit den Fahrgastschiffen (ohne
SPREE-LADY) zum Verkauf ausgeschrieben.

Wettin

Fahrgastschiffahrt Wettin
Reinhard Zametschnik
Ernst-Thälmann-Str. 39
06198 Wettin
Tel.: 034607/20583 o. 20366

Das Familienunternehmen bietet mit seinem
Fahrgastschiff Fahrten durch das Saaletal ab
Wettin an.
Das Schiff steht auch für Geburtstagsfeiern,
Jubiläen, Hochzeiten, Betriebsausflüge, Grup-
penfahrten und zu Tagungen zur Verfügung.

MS **WAPPEN VON WETTIN** (ab 1992)
ex RABENINSEL -1990, Halle (1985-1990
aufgelegt)
1980; Elbewerften, Werft Roßlau
Umbau 1992, K.-Grieseler-Werft GmbH, Mukrena,
Totalumbau zum FGS
Umbau 1994, Werft GmbH, Mukrena, Heck verl.
Umbau 1995, Werft GmbH, Mukrena, Schottel-
Elektroniksteuer.
L 18,36 m, B 3,63 m, T 0,62 m
48,6 kW
75 Fahrgäste

Bernburg

Fahrgastschiffahrt Bernburg
Stadtinformation
Lindenplatz 9
06406 Bernburg
Tel.: 03471/26096
Fax: 03471/26098

Das Fahrgastschiff ist in der Saison von Juni
bis August täglich im Einsatz. Fahrten ins Saaletal, Schleusenfahrten nach Alsleben, Kaffeefahrten und Sonderfahrten werden angeboten.

MS **SAALEFEE**
1988; Yachtwerft, Berlin-Köpenick
L 32,50 m, B 5,10 m, T 0,90 m (Typ III)
122 PS
145 Fahrgäste

MS **WAPPEN VON WETTIN** in Wettin; Foto: R. Zametschnik, Wettin; 1997

Havel

Die Havel entspringt auf der Mecklenburger Seenplatte. Sie fließt in einem großen Bogen zunächst südlich bis Berlin, durchfließt den Wannsee, nachdem sie die Spree aufgenommen hat. In westlicher Richtung bewegt sie sich durch die Potsdamer Gewässer bis Brandenburg mit dem Beetzsee. Sie verläßt den Plauer See in nördlicher Richtung und mündet nach 343 km (davon 143 km schiffbar) unterhalb von Havelberg in die Elbe. Kanäle verbinden sie mit der Elbe und der Oder.

Fürstenberg/Havel

Fürstenberg-Wesenberger Personenschiffahrt
Reederei Bethke
Kulturamt
16795 Fürstenberg/Havel
Tel.: 033093/32467
Schloßstr. 25
13507 Berlin
Tel.: 030/4351797
Fax: 030/4349973

Ab Fürstenberg werden Fahrten nach Priepert, nach Lychen durch die Woblitz, nach Neustrelitz und Wesenberg angeboten.

MS **HAVELLAND**
1993; Haren/Ems
L 24,80 m, B 4,90 m, T 0,60 m
135 PS
110 Fahrgäste

MS **HAVELSTROMER**
1993; Haren/Ems
L 24,80 m, B 4,90 m, T 0,60 m
107 PS
120 Fahrgäste (60 Innenplätze)

Zehdenick

Marina Zehdenick
A-Z Oberflächenveredlung
Schleusenstr. 13
16792 Zehdenick
Tel.: 03307/2354
Fax: 03307/2355
Hafenmeister Tel.: 03307/310357

Die Marina in Zehdenick entstand 1993. Die Betreiberfamilie Waffler ist besonders stolz auf ihr kleines Fahrgastschiff. Ausflugsfahrten nach Mildenberg, Burgwall oder in Richtung Kannenburg sind im Programm, das Schiff kann aber auch für private Feiern gechartert werden.

MS **ZEHDENIXE** (ab 1995)
ex FALKE 1995, Taube, Berlin
ex FLAKENSEE -1992 WF, Berlin und Stern und Kreis Schiffahrt, Berlin, -1994 aufgelegt
ex BRUNO -1970
1925; Ertel, Woltersdorf
Umbau 1995/96, Schiffswerft Zehdenick, Generalüberholung
L 19,90 m, B 3,45 m, T 0,96 m
104 PS
75 Fahrgäste (20 Freideck)

MS **HAVELSTROMER** am Anleger in Fürstenberg an der Havel; Foto: A. Jenak, Buddenhagen; 1998

MS **ZEHDENIXE** auf der Havel 1997; Foto: Sammlung Autor

Potsdam

Weiße Flotte Potsdam GmbH
An der Langen Brücke
14467 Potsdam
Tel.: 0331/27592-10 oder -20
Fax: 0331/291090

Mit insgesamt 8 Schiffen bietet die Weiße
Flotte Potsdam ein interessantes und
umfangreiches Programm.
Neben Tagesfahrten nach Brandenburg, durch
Berlin und nach Spandau, werden Seenrundfahrten (Schlösserrundfahrten, Wannseerund-
fahrten und Inselrundfahrten) durchgeführt.
Tägliche Ausflugsfahrten führen zur Pfaueninsel, nach Sacrow, nach Caputh, nach Ferch,
nach Petzow und nach Werder.
Außerdem gibt es Sonderfahrten zur Baum-
blüte in Werder, Senioren-Kaffeefahrten, Pick-
nickfahrten und Fahrten zur Flottenparade und
eine Korsofahrt zum Saisonausklang Wannsee
in Flammen.

(Siehe Anhang Informationen Seite 611)

MS **CECILIENHOF**
1962; E. André, Magdeburg; 1994 rekon.
L 53,00 m, B 8,08 m, T 1,30 m
2x 225 PS
550 Fahrgäste (270 Salon)

MS **CHARLOTTENHOF**
ex POTSDAM -1990
1966; Yachtwerft, Berlin-Köpenick; 1990 Umbau,
verl.
L 45,73 m, B 6,16 m, T 1,41 m
2x 140 PS;
300 Fahrgäste (180 Salon)

MS **STRANDBAD FERCH**
1895; Danzig, 1970; Werft Genthin, Umbau,
rekon.
L 40,55 m, B 6, 11m, T 1,57 m
2x 130 PS
300 Fahrgäste (135 Salon)

MS **BERLIN**
1971; Werft Genthin
L 34,02 m, B 6,02 m, T 1,10 m
130 PS
280 Fahrgäste (135 Salon)

MS **PARETZ**
ex LUNIK -1990 in Wittenberg/Elbe
1964; Yachtwerft, Berlin-Köpenick, 1990
(f. 50 Fahrr.), 1994 rek.
L 35,78 m, B 5,90 m, T 1,10 m
2130 PS
240 Fahrgäste (140 Salon)

MS **STADT POTSDAM**
1991; Yachtwerft, Berlin-Köpenick, Typ III, verl.
Var.
L 32,18 m, B 5,10 m, T 0,90 m
130 PS
160 Fahrgäste (96 Salon)

MS **CHARLOTTENHOF** (ex POTSDAM) im Hafen Potsdam; Foto: Autor; 1997

MS **BERLIN** vor dem Ablegen; Foto: Autor; 6/1999

Weiße Flotte Potsdam GmbH (Fortsetzung)

MS **BELVEDERE**
1986; Yachtwerft, Berlin-Köpenick, Typ III,
verl. Var.
L 32,10 m, B 5,10 m, T 0,90 m
128 PS
125 Fahrgäste (64 Salon)

MS **NEDLITZ**
1978; Yachtwerft, Berlin-Köpenick, Typ III
L 28,50 m, B 5,10 m, T 0,90 m
128 PS
124 Fahrgäste (84 Salon)
Das Schiff lief 1996 in Charter auf der Weser,
1998 auf der Oder.
Es steht 1999 zum Verkauf.

MS **HERMANNSWERDER**
1969; Werft Genthin; 1992 DIW, verl.,
1997 DBW, Berlin mod.
L 21,93 m, B 4,08 m, T 0,90 m
70 Fahrgäste (48 Salon)
Das Schiff steht zum Verkauf.

Folgende Schiffe wurden verkauft:

MS **CAPUTH** (ab 1960), (Abb. auf S. 175)
ex DS ANNA II -1960,
ex DS GERHARD -1941
1886/87; Grabow/Polen ; 1960 rek.; 1966 mot.
L 31,08 m, B 5,15 m, T 1,96 m
2x 108 PS
285 Fahrgäste

1986 wurde das Schiff unter Denkmalschutz
gestellt. 1993 wurde es für die Müritzschiffahrt
gechartert. In Potsdam wurde es 1995 aufgelegt.
1997 wurde es an die Fa. Kaufmann in Köln
verkauft. Dort wurde es umgebaut und ist jetzt
im Senegal im Einsatz!

MS **KIEWITT** (1977, Genthin) wurde 9/1996 an
Rolf Fußwinkel, Kablow Ziegelei verkauft; n. N.
PANNONIA.

MS **SEEBAD TEMPLIN**
ex RUDOLF VON VIRCHOW, DS
1904; Oderwerke, Stettin; 1960 Placke-Werft,
Aken, verl.
L 36,72 m, B 5,75 m, T 1,83 m
370 Fahrgäste

Das Schiff wurde 1993 verkauft an die Personenschiffahrt Harms. Es fährt jetzt als MS NICOLE B.
ab Hannover auf dem Mittellandkanal.

(Siehe Anhang Informationen Seite 611)

MS **PARETZ** (ex LUNIK) am Anleger in Potsdam; Foto: Autor; 1997

MS **BELVEDERE** am Anleger im Hafen Potsdam (Lange Brücke); Foto: Autor; 1997

Potsdam

Havel Dampfschiffahrt GmbH
Heinrich-Mann-Allee 1
14473 Potsdam
Tel./Fax: 0331/2706229
Fu: 0171/5446140

Mit dem Dampfschiff SACHSENWALD
(Eigner: Familie Frenzel, Pirna) werden in der
Saison täglich außer montags Schlösserrundfahrten, Stadtrundfahrten und auch Fahrten
zu besonderen Anlässen auf Bestellung durchgeführt.

Yacht Charter & Service (Y.C.S.)
Günther Winkler
Berliner Str. 26/27
14467 Potsdam (Humboldtbrücke)
Fu: 0171/5213089
Stubenrauchstr. 58
12161 Berlin
Tel.: 030/8214658
Fax: 2030/8216694

Die exklusive Yacht CARPE DIEM steht für
individuelle Rundfahrten, Familienfeiern,
Mondscheinfahrten, Seminare und auch für
Wellness, Skippertraining und Navigations-
und Manöverschulung zur Verfügung.

DS **SACHSENWALD**
(siehe unter Personenschiffahrt Oberelbe,
Familie Frenzel, Pirna, Elbe Teil I, 3)

Abfahrtstelle: Lange Brücke, Potsdam

Zum Saisonbeginn 1999 wird ein weiteres
Schiff im Angebot sein. Hier handelt es sich
um die **FRIDERICUS REX**, die bis 1998 als
REGENSBURG für die Regensburger Personen-
schiffahrt,
Fa. Klinger, auf der Donau im Einsatz war
und nach Umbau in Potsdam fährt.
(Siehe Anhang An- und Verkäufe 1999)

MY CARPE DIEM
1995; Werft Hollandia/NL
L 13,50 m, B 4,00 m, 1,30 m
110 kW
20 Fahrgäste max.

MS **CAPUTH,** inzwischen über 100 Jahre alt und doch jung geblieben. Das Schiff nach dem letzten Umbau auf der Überführung, hier in Rotterdam auf der Maas 1997. Foto: Sammlung Autor

Töplitz

Yachthafen Töplitz / An der Autobahnbrücke
Frank Ringel
Dorfstraße 38
14476 Töplitz
Tel./Fax: 033202/60217
Fu: 0172/3811234

Mit dem Fahrgastschiff werden ab Töplitz
Rundfahrten auf den Märkischen Gewässern
angeboten. Individuelle Absprachen über
Beginn, Ende, Fahrtroute und Bordservice sind
möglich.

MS **WERDER** (ab 1998 für F. Ringel, Töplitz)
ex CÖPENICK -1919
ex ALFRED -1952 Wilh. Kläne, Alt-Buchhorst
ex HAVELLAND II -1959 Willi Ebert, Zehdenick;
ab 12/1959 Verkehrsbetr. Potsdam; 1992 Pacht
Reederei Kaubisch, Teupitz, vor Verkauf nach
Töplitz bei Brandenburg-Preußischer Schiffahrtsgesellschaft
1914; Anker-Werft, Berlin-Rummelsburg
L 22,15 m, B 3,76 m, T 1,38 m
104 PS
74 Fahrgäste (48 Salon)

Das kleine Fahrgastschiff MÖWE
(ex FÄHRBOOT IV, Potsdam) wurde 1998 nach
Nienburg/Saale verpachtet. Verkauf vorgesehen.

Ketzin

Reederei Wilfried Herzog
An der Havel 14
14669 Ketzin

Das Unternehmen W. Herzog ist Mitglied im
Reederverband der Berliner Personenschiffahrt.
Die Informationen zu den Schiffen und Angeboten werden im Teil V, Berliner Gewässer,
dargelegt.

Brandenburg

Dampfschiffahrtsbetrieb Lothar Bischoff
Florastr. 25
14641 Nauen
Tel./Fax: 03321/454019
Fu: 0172/3117868

Vom Salzhof in Brandenburg starten der
Dampfschlepper NORDSTERN und das
Motorschiff zu historischen Linien- und
Charterfahrten auf der Havel.

DS **NORDSTERN** (ab 1991 Fahrgastschiff)
1902; Gebr. Wiemann, Brandenburg/Havel
L 26,37 m, B 5,25 m, T 1,60 m
303 PS (Dreizyl.-Expansionsdampfmaschine,
Baujahr 1902, Zweiflammrohrkessel, 1939)
50 Fahrgäste

MS **PEGASUS** (ab Juni 1998)
ex GELTOW -1998 Berliner Wassersport-
und Service GmbH
1992; Werft Berlin GmbH
L 32,10 m, B 5,10 m, T 0,90 m (Typ IV)
90 kW
80 Fahrgäste

Dampfer **NORDSTERN** auf der Havel; Foto: V. Lebert, Schweiz; 6/1997

MS **PEGASUS** beim Brandenburg-Tag 1998; Foto: Autor; 1998

Brandenburg

Weiße Flotte Brandenburg
Frank Mothes
Göttiner Landstr. 37
14776 Brandenburg
Tel./Fax: 03381 /661900
Fu: 0171/6734896

Vom Salzhof in Brandenburg startet das Schiff
zu Havel- und Seenrundfahrten. Außerdem stehen im Programm Seniorenfahrten, Tanzfahrten
und Einkaufsfahrten nach Spandau.
Kinderrundfahrten auf Voranmeldung und Charterfahrten zu den verschiedensten Anlässen
sind möglich.

Fahrgastschiffahrt Alfons Röding
Neuendorfer Str. 46
14770 Brandenburg
Tel.: 03381/522331
Fu: 0177/2156742

Mit ihrem Schiff bietet Familie Röding Fahrten
auf der Havel und den Havelseen ab Brandenburg an. Charterfahrten sind nach Vereinbarung
möglich.

Pritzerbe

Bootshaus & Motel Pritzerbe
Hellmut Konieczny
Havelstraße 24
14798 Pritzerbe
Tel.: 033834/50479
Fax: 033834/51737
Fu: 0172/7107174

Das Schiff steht in der Saison für Fahrten auf
der Havel und den Havelseen zur Verfügung.
Für besondere Anlässe kann es auch gechartert
werden; vorherige Absprachen über das Bootshaus & Motel Pritzerbe sind empfehlenswert.

MS **BRANDENBURG**
1971/72; Schiffswerft Genthin
L 34,06 m, B 6,08 m, T 1,00 m
2x 108 PS
200 Fahrgäste (180 im Salon)

MS **FRITZE BOLLMANN**
ex AKTIVIST -9/90; 19961/62, E.André, Magde-
burg) wurde im Juli 1998 an die Insel- und
Halligreederei Sven
Paulsen verkauft. Einsatz auf der Oder als
ADLER STEAMER.

MS **HAVELFEE** (ab 12/1996)
ex WESENBERG -1990, Haveltourist Wesenberg,
1991 Reederei Bethke, Berlin
ex DAHME -1970, WF Berlin, -1982 Kraftverkehr
Schwedt/Oder
ex FRIEDEL -1957, Paulick, Senzig
1940; Wildau
Umbau 1974, neue Maschine
L 26,80 m, o 4,10 m, T 0,86 m
102 PS
80 Fahrgäste

MS **WIKING** (seit 1991 in Pritzerbe)
-1990 Rat der Gemeinde Hiddensee,
Kontrollboot(Hafen Vitte)
-1982 WF Stralsund, überwiegend „Postschiff"
zwischen Schaprode und den Häfen der Insel
Hiddensee,
-1957 als Fahrgastschiff (3-244) für Frietz Wallis
in Ribnitz in den Boddengewässern im Einsatz
(das Schiff wurde am 1. Januar 1957 von der
DSU übernommen.)
1950; Stralsund, Dänholmwerk
1957/58 Umbau, Werft Stralsund: Fahrgast-
Aufbaudeck
L 13,20 m, B 3,72 m, T 1,34 m; 51 PS
12 Fahrgäste (ab 1991; ursprünglich 58,
davon 40 geschützt)

MS **BRANDENBURG**
auf der Havel
Foto: Autor; 1998

MS **HAVELFEE**
auf der Havel
in Brandenburg
Foto: Autor; 1998

MS **WIKING** beim
Brandenburg-Tag
1998
Foto: Autor; 1998

Rathenow

Reederei Bolz
Semliner Str. 6e
14715 Stechow
Tel: 033874/60321 und 03385/512336
Fu: 0171/5262272

Mit dem Fahrgastschiff SONNENSCHEIN werden
Stadtrundfahrten mit Schleusenpassagen
durchgeführt. Außerdem gibt es Seenrundfahrten über den Hohenauer See (3 Std.),
Mondscheinfahrten und auch Charterfahrten.

MS **SONNENSCHEIN**
ex LA PALOMA
1928; Ziethmann, Fürstenberg/Havel
L 25,24 m, B 4,64 m, T 1,00 m
104 PS
128 Fahrgäste

Havelberg

Fahrgastschiffahrt Havelberg
Erhard Hünemörder
Schulstr. 14
39524 Warnau
Tel: 039382/7389

Mit dem kleinen Fahrgastschiff CARINA werden
Havelfahrten in Richtung Vehlgast (Havel
aufwärts) und in Richtung Quitzöbel (Havel
abwärts) angeboten.
Sonderfahrten können vereinbart werden.

MS **CARINA**
ex VILLMAR
1930; Stauf, Königswinter/Rhein
Umbau 1981, neuer Motor
L 18,02 m, B 3,46 m, T 0,50 m
44 kW
56 Fahrgäste

Das Schiff steht 1999 zum Verkauf, Familie
Hünemörder hat das Geschäft aufgegeben.

MS **SONNENSCHEIN** auf der Havel; Foto: M. Ramm, Brandenburg; 1997

MS **CARINA** vor der Silhouette von Havelberg 1996; Foto: Sammlung Autor

Ilmenau

Die Ilmenau ist ein linker Nebenfluß der Elbe, entspringt in der Lüneburger Heide und mündet nach 107 km nördlich von Winsen, nachdem zunächst Lüneburg und dann Bardowick passiert wurden.

Lüneburg

Lüneburger Fahrgastschiffahrt
Anker-Reederei
Im Wendischen Dorfe 3
21335 Lüneburg
Anker-Reisebüro
Tel.: 04131/31016
Fax: 04131/390104
Fu: 0161/1421457

Mit zwei Motorbarkassen befährt das Unternehmen im Linienverkehr die Ilmenau zwischen Lüneburg und Bardowick.
Im Charterverkehr führen die Ausflüge auch bis Hoopte und auf die Elbe, sowie zum Hebewerk Scharnebeck.

Barkasse **STINT**
1939; Stettin
L 14,00 m, B 3,60 m, T 0,60 m
126 PS
40 Fahrgäste

Barkasse **FORELLE**
1940; Schmidt, Oberwinter
Umbau 1995
L 16,30 m, B 3,80 m, T 1,20 m
178 PS
55 Fahrgäste

(Siehe Anhang An- und Verkäufe 1999)

Barkasse **FORELLE** der Anker-Reederei; Foto: Autor; 1997

Este

Die Este ist ein linker Nebenfluß der Unterelbe, durchfließt das Alte Land und mündet bei Cranz.

Buxtehude

Este Reederei GmbH
Ahornweg 3
21614 Buxtehude
Tel.: 040/3172864 Hamburg
Tel.: 04161/85093 Buxtehude
Tel.: 0461/182364 Flensburg
Fax: 04161/86319 Buxtehude

Von den St.Pauli Landungsbrücken fährt MS SEEWOLF auf der Oberelbe nach Lauenburg, auf der Unterelbe bis Glückstadt. Auch Fahrten nach Stade stehen im Programm.
Das Ausflugsschiff MS FORELLE fährt seit August 1996 nach zehnjährigem Einsatz im Unterelberaum wieder in Flensburg auf der Förde
Das dritte Schiff MS DELPHIN (ex ALTEFÄHR) befindet sich noch im Umbau und soll 1999 fertiggestellt sein.

MS **SEEWOLF**
(ab 1991, bis dahin WF Stralsund)
1963; Yachtwerft, Berlin-Köpenick
L 25,00 m, B 5,50 m, T 1,40 m
180 PS
110 Fahrgäste

MS **FORELLE**
(ab 1996 wieder auf der Flensburger Förde)
1934; Flensburger Schiffbau Gesellschaft
L 20,91, B 4,83 m, T 1,60 m
120 PS
80 Fahrgäste

MS **DELPHIN**
ex ALTEFÄHR -1991 WF Stralsund
ex KÖRLING, Paap, Rostock-1956
1923; Neuhof, Hamburg
Umbau 1957/58, danach weitere Umbauten
1999 soll das Schiff wieder einsatzfähig sein.

(Siehe Anhang Infornmationen 1999)

MS **SEEWOLF** auf der Este; Foto: Este-Reederei

Die Flotte der Este-Reederei GmbH am Liegeplatz; Foto: Este-Reederei GmbH; 1998

Oste

Die Oste ist ein linker Nebenfluß der unteren Elbe. Sie hat eine Gesamtlänge von 145 km und entspringt in den Mooren westlich von Tostedt in der Lüneburger Heide.
Sie mündet oberhalb von Otterndorf.

Osten

Oste-Schiffahrtsbetrieb

Familie Bernd Landsmann
Sethlerhemmer Str. 10
21745 Hemmoor
Tel./Fax: 04771/3843
Fu: 0170/4579871

Mit dem Fahrgastschiff werden Kaffee- und Gesellschaftsfahrten auf der Ost nach Grüpel und bis zur Elbe veranstaltet. Die Saison geht von April (Ostern) bis Mitte November.

MS **MOCAMBO** (ab 1978 für Familie Landsmann)
ex TARZAN 1977/78, Schiffs-Schillow, Berlin
ex NEUKÖLLN -1977, Stern und Kreis Schiffahrt, Berlin
ex OBERMAAT -1954, Wilhelm Zolchow, Berlin
ex VORWERK (DS) 1941, Lübecker Stadtwerke, ab 1945 Trave-Transport-Gesellschaft Ahrens & Co. -1952
ex BARMBEK (DS) -1941, Hamberger Hochbahn AG
ex LATONA (DS) -1936, Vereinigte Alsterschiffer
ex HAMBURG (DS) -1908, Vereinigte Alsterschiffer
1872; Reiherstiegwerft, Steinwerder als DS (45 PS, 150 Pers.)
Umbau 1908 zum Glattdecker (ohne tiefliegende Kajüte), 65 PS, 200 Pers.,
Umbau 1946, Böbs-Werft, Travemünde; mot.
Umbau 1948; neuer Motor (Deutsche Werke)
Umbau 1954 Teltow-Werft, vollst. umgebaut und n.N., 75 PS, 206 Pers.
L 23,50 m, B 5,14 m, T 1,20 m
75 PS
80 Fahrgäste

Die MOCAMBO zählt mit ihren inzwischen über 125 Jahren zu den ältesten noch in Fahrt befindlichen Fahrgastschiffen, und das sieht man diesem Schiff auf keinen Fall an.

Die MOCAMBO wurde 1998 verkauft, der Oste-Schiffahrtsbetrieb der Familie Landsmann eingestellt.

Weitere Hinweise unter An- und Verkäufe 1999 im Anhang des Buches.

MS **MOCAMBO** 1999 im Bodden vor Ribnitz; Foto: A. Jenak, Buddenhagen; 8/1999

Medem

Die Medem ist ein kleiner Nebenfluß der Unterelbe. Sie durchfließt das Siedland zwischen Ihlienworth und Otterndorf, wo sie kurz darauf mündet.

Ihlienworth

Peter Wilhelm Rüsch's Sommergarten
21775 Ihlienworth
Tel.: 04755/230

Von Ostern bis Oktober werden täglich Fahrten nach Vereinbarung zwischen Ihlienworth und Otterndorf angeboten. Auch Familienfeiern werden auf dem kleinen Fahrgastschiff ausgerichtet.

MS **ONKEL HEINZ**
1987; Warnke, Friedrichstadt
L 17,50 m, B 4,20 m, T 0,75 m
80 PS
76 Fahrgäste

Neuenkirchen

Medemtouristik Müller GmbH
Pedingworth 9
21763 Neuenkirchen
Tel.: 04751/3078 u.6131
Fu: 0171/3525356

Mit dem Motorboot werden Fahrten auf der Medem ab Otterndorf durchgeführt.

MS **JENS**
1926; Hamburg
L 16,00 m, B 3,80 m, T 0,70 m
100 PS
60 Fahrgäste

MS **ONKEL HEINZ**; Foto: H. Kindt, Hamburg; 1995

Die Barkasse **JENS** startet zu einer Sonderfahrt; Foto: Müller GmbH, Neuenkirchen; 1995

4.
Weser

ihr Quellfluß Fulda, ihr Nebenfluß Aller

Fulda

Die Fulda ist der linke Quellfluß der Weser. Sie hat eine Länge von 218 km und entspringt in der Röhn (Wasserkuppe).
In Hannoversch Münden vereinigt sie sich mit der Werra und bildet die Weser.

Kassel

Personenschiffahrt K&K Söllner GmbH
Die Schlagd/Rondell
34125 Kassel
Tel.: 0561/774670
Fax: 0561/777776

Von der Anlegestelle Altmarkt gibt es Linienfahrten Kassel-Graue Katze/Spiekershausen-
Stausee Wahnhausen-Kassel und von Kassel
nach Hannoversch Münden und zurück.
Außerdem gibt es Sonderfahrten zum Zissel-
Wasserfest auf der Fulda, Frühschoppentouren
und Frühlingsschnupper-Touren.
Die Schiffe können für Familienfeste, Vereins-
und Betriebsfahrten, Präsentationen und
andere Anlässe gemietet werden.

MS **HESSEN** (Flaggschiff der Söllner-Flotte)
1975; Lux, Mondorf
Überholung 1995
L 35,00 m, B 6,50 m, T 0,70 m
226 PS
400 Fahrgäste

MS STADT **KASSEL** (ab 1968)
ex KEHRWIEDER -1970, Fröhlich, Berlin
1928; Ertel, Woltersdorf
Umbau 1955; Wiese, Spandau verl. auf 25,27 m
Umbau 1980; Bodenwerder und 1987, Lux,
Mondorf
L 27,00 m, B 5,50 m, T 1,00 m
120 PS
220 Fahrgäste (100 Salonplätze)
Das Schiff war zwischenzeitlich auf dem
Elbe-Seitenkanal im Einsatz (1982-86).

MS **HESSEN** am Anleger in Kassel; Foto: H-J Reinecke, Hamburg; 1998

MS **STADT KASSEL** unterwegs; Foto: Söller GmbH, Kassel; 1994

Kassel

Rehbein-Linie Kassel
Kasseler Personenschiffahrt Rehbein
Die Schlagd und Weserstr. 5
34125 Kassel
Tel.: 0561/18505 und 15870 pr.
Fax: 0561/102839

Mit zwei Schiffen, der Passagierjacht EUROPA
und dem Salonschiff DEUTSCHLAND mit
Bundeskegelbahn, bietet das Unternehmen
Rehbein Halbtagsfahrten zum Fuldastausee an,
Tagesfahrten nach Hann. Münden, Zwei-Flüsse-
Kreuzfahrten ins Weserbergland nach Bad
Karlshafen und Sonderfahrten zu den unter-
schiedlichsten Anlässen, von der Tanzfahrt bis
zum Hochzeitsschiff werden durchgeführt.
1996 konnte das Unternehmen sein 25jähriges
Betriebsjubiläum begehen.

MS **EUROPA**
1995; Placke Werft, Aken/Elbe
L 30,38 m, B 6,32 m, T 0,65 m
2x 165 PS
300 Fahrgäste

MS **DEUTSCHLAND** (ab 1988 für R. Rehbein)
Das Schiff wurde 1988 auf der Werft Mainz,
Gustavsburg vollständig neu aufgebaut. Es ist
das größte Fuldaschiff und verfügt über eine
Kegelbahn.
Ursprünglich in Holland (Amsterdam, 1938)
gebaut und zunächst dort im Einsatz, fuhr es in
Deutschland bis zu seinem Neuaufbau 1988 für
die Personenschiffahrt A. Schrepfer & Sohn in
Mainz-Ginzheim als GROSS MAINZ 1, dann als
RHEINPERLE.
L 36,00 m, B 6,60 m, T 1,20 m max.
250 kW
400 Fahrgäste

Der Oldtimer-Raddampfer BRÜDER GRIMM
(ex COLONIA 4) wurde 1995 nach Belgien
verkauft.
Die WAPPEN VON KASSEL (1952) wurde 1988
verkauft und wird z.Zt. für private Zwecke
umgebaut (Sportboot).

MS **EUROPA** bei der Erprobungsfahrt; Foto: Placke-Werft, Aken; 1995

Weser

Die Weser ist auf ihrer Gesamtlänge von 440 km schiffbar. Am Zusammen-
fluß von Werra (298 km, davon 89 km schiffbar) und Fulda (218 km, davon
109 km schiffbar) liegt Hannoversch Münden. Weser abwärts bei Minden
besteht der Übergang durch den Mittellandkanal zur Ems und zur Elbe über
das Schiffshebewerk Rothensee bei Magdeburg (Hubhöhe 18,7 m).
Als schiffbarer Nebenfluß mündet bei Verden die Aller in die Weser, in die
bei Schwarmstedt noch die Leine fließt. Bremen und Bremerhaven sind
die großen Hafenstädte vor der Mündung der Weser in die Nordsee.

Bad Karlshafen

Linie 2000
Personenschiffahrt im Hessischen
Weserbergland
Stadtwerke Bad Karlshafen
Postfach 1265, 34381 Bad Karlshafen
Tel.: 05672/9999-23
Fax: 05672/9999-25
Fu: 0161/3508464

Das Schiff mit einem extrem geringen Tiefgang
wird im Linienverkehr zwischen Bad Karlshafen
und Hannoversch Münden eingesetzt.
Daneben gibt es Frühschoppenfahrten, Abendfahrten mit Musik, Rundfahrten, Hochzeitsfahrten und Charterfahrten für Feiern, Tagungen,
Präsentationen und Konferenzen.

MS **HESSEN**
1993; Schiffswerft Oberwinter GmbH
L 33,27 m, B 8,20 m, T 0,50 m
2x 230 PS
250 Fahrgäste
Das Schiff besitzt eine hydraul. Landungsanlage.

Bodenwerder

Personenschiffahrt Mahr/Bodenwerder
Dieter Mahr
Ostlandstr.15, 37619 Bodenwerder
Tel.: 05533/1619
Fax: 05533/6358

Mit dem kleinen Fahrgastschiff werden Fahrten
auf der Weser angeboten. Neben Rundfahrten
ab Bodenwerder werden Fahrten nach Rühle
und Polle durchgeführt. Sonderfahrten sind
möglich.

MS **BARON VON MÜNCHHAUSEN** (ab 5/1995)
ex ZURLAUBEN -1995, Gebr. Kolb, Mosel,
-1980, H. Mendgen, Trier
1966; Schmidt, Oberwinter
L 22,00 m, B 5,20 m, T 0,80 m
180 PS
200 Fahrgäste

Die Personenschiffahrt Mahr stellte mit Ende der
Saison 1997 ihre Tätigkeit ein. Das Schiff wurde
nach Holland verkauft

MS **HESSEN** am Anleger in Bad Karlshafen; Foto: Autor; 1998

Hameln

**Weser-Personenschiffahrt GmbH
(Schiffsvermietung Warnecke)**
Riepenstraße 11
31789 Hameln
Tel.: 05151/65381 u./3980
Fax: 05151/65300
Fu: 0171/5026983

Die Schiffvermietung Warnecke bietet mit ihrem
Schiff Rundfahrten auf der Weser an, Fahrten
auf der Oberweser nach Hessisch-Oldendorf,
nach Rinteln, nach Vlotho, nach Bad Oeyn-
hausen, nach Minden und auf dem Mittellandkanal bis Hannover.
Auch Betriebs-, Tagesausflugs- und Abendfahrten stehen im Programm. Tagesausflüge
zum Steinhuder Meer (Schiff/Bus) werden
durchgeführt.

Oberweser-Dampfschiffahrt GmbH
Inselstr. 3
31787 Hameln
Tel.; 05151/22016
Fax: 05151/23040
Internet Http://www weserschiffahrt.de

Das Unternehmen verfügt über die größte
Flotte auf der Weser. Neben Linienfahrten
zwischen Bad Karlshafen und Hameln,
abwärts und aufwärts, werden Rundfahrten
in Hannoversch Münden, in Bodenwerder
und in Hameln angeboten.
Bei Charterung eines Schiffes wird an jedem
Tag gefahren.

MS **BRISSAGO** (ab 1991)
ex DRAWEHN -1989, HND Personenschiffahrt,
Hitzacker
ex WAPPEN VON BODENWERDER -1987,
WF Warnecke, Hameln
ex STADT BLECKEDE -1980, Wellert, Hitzacker
1970; Lux, Mondorf
Umbau 1993, modern. Innenausbau
L 28,50 m, B 6,35 m, T 0,75 m
180 PS
298 Fahrgäste

Oberweser-Dampfschiffahrt GmbH
Die drei großen Fahrgastschiffe wurden 1998/99
mit einem Kostenaufwand von mehr als vier
Millionen DM modernisiert.

MS **KARLSHAFEN**
1970; Rasche, Uffeln, 1997/98 Bodenwerder,
Neuaufbau n. Brand
L 51,20 m, B 8,84 m, T 0,90 m
2x 250 PS
500 Fahrgäste (280 Salon)

MS **HÖXTER** (Flaggschiff, Abb. S. 201)
1980; Arminius-Werft, Bodenwerder; 1998/99
Umbau und Verläng. Schiffswerft Bodenwerder
L 54,05 m, B 9,35 m, T 0,70 m
2x 272 PS
400 Fahrgäste (für 550 nach Umbau vorgesehen)

MS **HOLZMINDEN**
1978; Arminius-Werft, Bodenwerder; 1999
verl.(Bug vorgesetzt) Schiffswerft Bodenwerder
L 46,77 m, B 9,35 m, T 0,61 m
2x 272 PS
400 Fahrgäste

MS **WAPPEN VON NIEDERSACHSEN**
(-1992 für WF Warnecke)
1980; Büsching & Rosemeyer, Vlotho
L 30,30 m, B 5,63 m, T 0,85 m
2x 186 PS
300 Fahrgäste (120 Salon)

MS **BRISSAGO**; Foto: Warnecke, Hameln; 1996

MS **KARLSHAFEN** am Anleger in Polle; Foto: Autor; 7/1998

Oberweser-Dampfschiffahrt GmbH
(Fortsetzung)

Rinteln

Personenschiffahrt Peter Schulze
Peter Schulze
Hasselberg 52
31840 Hess. Oldendorf
Tel.: 05158/1394
Reisebüro Rinteln
Tel.: 05751/3223

Mit dem kleinen Fahrgastschiff werden auf der Weser ab Rinteln (Anleger Brückentor Rinteln) samstags und sonntags stündlich ab 10.30 Uhr Rundfahrten angeboten. Die letzte Fahrt ist um 17.30 Uhr. Montags bis freitags fährt das Schiff nach Vereinbarung. Für besondere Anlässe kann das Schiff auch gechartert werden (Gruppen max. 45 Personen).

MS **DORNRÖSCHEN**
ex MENELAOS, 1986 Minden
1979; Büsching & Rosemeyer, Vlotho
L 24,00 m, B 5,25 m, T 0,80 m
2x 115 PS
300 Fahrgäste (120 Salon)

MS **BODENWERDER**
ex WERDEN -1987, Baldeneysee
1974; Lux-Werft, Mondorf
L 22,00 m, B 4,70 m, T 1,00 m
170 PS
150 Fahrgäste (60 Salon)

MS **STADT HAMELN**
ex WAPPEN VON BAD KARLSHAFEN
-1992 für WF Warnecke
1928 (als Schlepper); 1987/88 Rottmann & Dorowski, Bodenwerder, verl.10 m; 1998 innen mod.
L 33,99 m B 5,30 m, T 0,90 m
2x 300 PS
130 Fahrgäste (70 Salon)

MS **WAPPEN VON EMMERTHAL**
ex WAPPEN VON HAMELN 1976-92 f. Warnecke
1925; Amsterdam/NL; 1976 Büsching & Rosemeyer, Vlotho, Umbau
L 25,00 m, B 4,60 m, T 1,00 m
157 PS
150 Fahrgäste (60 Salon)
Das Schiff ist seit 1998 nicht mehr im Einsatz, wurde im Hafen von Hameln aufgelegt und Ende 1998 nach Norddeutschland verkauft.

(Siehe Anhang An- und Verkäufe 1999)

Personenschiffahrt Peter Schulze:
MS **FREIHERR VOM STEIN**
(ab 1. 5. 1988 bei P. Schulze)
-1988 für Weiße Flotte, Warnecke, Hameln
1930; Arminiuswerft Bodenwerder
Umbau 1988 im Innenbereich, Eigenregie
L 18,78 m, B 3,45 m, T 0,67 m
62,5 kW
45 Fahrgäste max. (Zulassung für 99 Personen)

MS **HÖXTER** nach
erfolgtem Umbau
Foto: B. Laufmann;
1999

MS **STADT HAMELN**
legt ab
Foto: Autor; 7/1998

MS **FREIHERR
VOM STEIN**
auf der Weser
Foto: P. Schulze,
Hess. Oldendorf;
1998

Minden

Mindener Fahrgastschiffahrt GmbH
An der Schachtschleuse, 32425 Minden
Tel.: 0571/648080-0
Fax: 0571/648080-2
Info-Tel.: 0571/19711

Das Programm: Kanalkreuzfahrten mit Schleusung, Weser- unf Porta-Kreuzfahrten, Ausflüge nach Stolzenau, Sonntagsausfläge nach Petershagen, Fahrten nach Vlotho, Bad Essen, Bad Hiddenserborn und Bückeburg. Störtebeker-Fahrten, Charter- und Abendfahrten ergänzen das umfangreiche Programm, das mit drei modernen Fahrgastschiffen durchgeführt wird. Die Schiffahrtsgesellschaft kann auf über 40 Jahre erfolgreiche Tätigkeit zurückblicken.

Nienburg

Fahrgastschiffahrt Mittelweser (FSM)
Annegret Niemeyer
Heidhausen 42, 31628 Landesbergen
Tel.: 05025/98020
Fax: 05025/980233
Fu: 0161/2536196

Das Programm: Linienfahrten auf der Weser von Nienburg nach Drakenburg, nach Stolzenau, nach Hoay, nach Bremen, Schleusenfahrten (Landesbergen), Mondscheinfahrten, tanzfahrten und Sonderfahrten, ferner mehrtägige Weserkreuzfahrten von Minden bis Bremen.

Nienburger Personenschiffahrt (NPS)
Joachim Galky
Rheinstr. 43a, 50389 Wesseling-Urfeld
Tel.: 02236/59064
Fax: 02236/59064
Fu: 0172/2564473

Ab Hafen Nienburg Fahrten auf der Weser: Frühlingsfahrten (April-Mai), Schulfahrten, Ferienfahrten, Abendfahrten, Sonderfahrten und Charterfahrten.

MS **POSEIDON**
1986; Lux-Werft, Mondorf
L 43,27 m, B 7,64 m, T 0,80 m; 2x 240 PS
400 Fahrgäste

MS **EUROPA**
1988; Lux-Werft, Mondorf
L 39,00 m, B 7,64 m T 0,60 m; 2x 242 PS
350 Fahrgäste

MS **HELENA**
1996; Lux-Werft, Mondorf
L 40,80 m, B 8,20 m, T 0,80 m; 2x 242 PS
350 Fahrgäste

MS **ZEUS** wurde 1995 an den Starnberger See verkauft und ist dort seit Mai 1996 als MS BERNRIED im Einsatz.

MS **LA VISURGIS** (ab 1997)
ex PASSAUER WOLF -1996, Wurm+Köck, Passau, -1979 Bayer. Lloyd
1977; Hitzer, Regensburg
L 35,39 m, B 5,56 m, T 0,90 m
270 PS
400 Fahrgäste

MS **NEDLITZ** (Saison 1996, Charter WF Potsdam)
1978; Yachtwerft, Berlin-Köpenick
L 28,47 m, B 5,10 m, T 0,90 m
104 PS
124 Fahrgäste

Das vorher eingesetzte MS WAPPEN VON NIENBURG verlor im Okt. 1995 das Klasse-Attest. Das MS NEDLITZ wurde 1996 nach Potsdam zurückgegeben. Die NPS stellte damit ihre Tätigkeit 1996 ein.

MS **EUROPA** am Anleger; Foto: D. Foerster, Halle; 9/1993

MS **LA VISURGIS** auf der Weser bei Nienburg; Foto: Niemeyer, Landbergen; 10/1997

Dreye

Dörgeloh Lines
Anita Dörgeloh
Dreyer Hafen, 28844 Weyhe
Tel.: 04203/9447 u. 04203/789777
Fax u. Fu: 0161/3411177

Der Heimathafen des Schiffes ist im Wieltsee
an der Weser, sein Liegeplatz ist der Dreyer
Hafen.
Von hier aus werden Ausflugsfahrten durchgeführt. An Bord können aber auch Konferenzen,
Seminare und andere Veranstaltungen organi-
siert werden.

MS **DEICHGRAF** (ab 11/1994)
ex GRAAF VAN BYLANT -1994, Holland, Niederrhein
1966; Duisburg (Ruhrort)
L 42,05 m, B 8,88 m, T 2,07 m max.
2x 275 PS
300 Fahrgäste

Elsfleth

Ruth Haferkamp Personenschiffahrt
Theodor-Storm-Str. 5, 26931 Elsfleth
Tel.: 04404/3514
Fax: 04404/841
Fu: 0161/1420238

Die Fahrten beginnen am Fähranleger in Bremen Vegesack. Nach der Schleuse Ritterhude
wird das Lesum-Sperrwerk passiert. In der
Nähe von Worpswede ist der Anleger Neu
Helgoland.
Diese Fahrten werden von Mai bis September
jeden Sonntag angeboten. Charterfahrten werden auch auf der Weser, auf Lesum, Hamme,
Wümme und Hunte durchgeführt (ganzjährig).

MS **HANSEAT** (ab 1991)
ex GOETHE -1990, Eßmann
ex Schlepper GOETHE
ex Schlepper KETTWIG
1928; Gutehoffnungshütte, Walsum,
als Schlepper KETTWIG
Umbau 1994, Haren/Ems
L 25,35 m, B 4,54 m, T 0,80 m
155 PS
104 Fahrgäste

Brake

FÄHRE BRAKE-HARRIERSAND (Strandbad)
Karl Groß, Abt. Maklerei
Dochdeich 6, 26919 Brake
Tel.: 04401/1231
Fax: 04401/3272

Neben dem Fährverkehr zwischen Brake und
Harriersand werden mit dem kleinen Schiff
auch Hafenrundfahrten und Sonderfahrten auf
Bestellung durchgeführt.

MS **GUNTSIET**
1963; C. Lühring
L.20,20 m, B 5,41 m, T 1,10 m
82 kW
120 Fahrgäste

MS **DEICHGRAF** auf der
Unterweser
Foto: Hedda Siemer
Fotostudio; 1996

MS **HANSEAT** am Anleger
Foto: R. Haferkamp,
Elsfleth; 1995

Aller

Die Aller mündet bei Verden in die Weser. Sie hat eine Gesamtlänge von 262 km und entspringt westlich von Magdeburg. Ab Celle ist sie schiffbar.

Celle

Fahrgastschiffahrt „Wappen von Celle"

Alexander Kosch (ab 1.3.1999)
Neustadt 35, 29221 Celle
Tel.: 05141/941212

Von Mai bis September werden Fahrten auf der Aller von Celle bis Winsen und zur Schleuse Bannetze angeboten. Außerhalb der festgelegten Linienfahrten kann das Schiff für Ausflüge, Feiern und andere Anlässe gechartert werden.

MS **WAPPEN VON CELLE** (ab 1989, Bornemann)
ex KuFra I -1989, Lübeck
1984; KuFra-Werft, Lübeck
Umbau 1989, Haarmann, Papenburg,
Oberdeck aufgesetzt
L 22,00 m, B 4,80 m, T 0,70 m
2x 55 PS
170 Fahrgäste

Celler Fahrgastschiffahrt (Kapt. Krüger & Söhne)

Hafenstr. 11c, 29223 Celle
Tel.: 05141/29435 und 05146/2066 pr.

Das Familienunternehmen bietet mit zwei Schiffen Fahrten auf der Aller und auf der Weser an. Sonderfahrten und Charterfahrten sind möglich.

MS **NIEDERSACHSEN**
1981; Schutenburg, Hannover
L 24,99 m, B 4,80 m, T 0,70 m
150 PS
170 Fahrgäste

MS **ALLERNIXE**
1975; Dortrecht, Holland
L 15,00 m, B 4,60 m, T 0,60 m
120 PS
140 Fahrgäste

Verden

Verdener Personenschiffahrt

Monika Rosewig
Schwanenweg 8, 27283 Verden
Tel.: 04231/5454
Fax: 04231/2330
Fu: 0171/845189

Von Mai bis September gibt es ab Verden Fahrten zur Schleuse Dörverden, zum Fährhaus Rieda, zur Uesener Brücke und Fahrten nach Bremen. Für Sonderfahrten werden Voranmeldungen erbeten. Fahrradmitnahme ist möglich. An jedem 2.Sonntag im Monat gibt es eine Frühschoppen- und eine Kaffeefahrt.

Verdener Personenschiffahrt:
MS **STADT VERDEN** (ab 1996)
ex MÖHNESEE -1996, Möhnesee, Reederei Riedel
1980; Lux, Mondorf
Umbau 1997: Oberdecksaufbau (Eigenregie)
L 28,50 m, B 6,14 m, T 0,80 m
160 PS
250 Fahrgäste (ab 1997)

MS **ALLERLAND** ab 1995
ex ELEKTRA -1993, Minden
ex ALLERNIXE -1972 wurde 1998 verkauft.
Unter dem neuen Namen STEVER QUEEN ist sie auf dem Dortmund-Ems-Kanal im Einsatz.

MS **WAPPEN VON CELLE** im Hafen von Celle; Foto: Autor; 1995

Die **ALLERNIXE** 1995 im Celler Hafen; Foto: Autor; 1995

5.
Ems
und ihr Nebenfluß Soeste

Ems

Die Ems hat eine Gesamtlänge von 371 km. Sie entspringt im östlichen Teutoburger Wald und mündet bei Emden in den Dollart. Im Unterlauf fließt die Ems parallel mit dem Dortmund-Ems-Kanal und ist durch den Mittellandkanal mit der Elbe, durch den Hunte-Ems-Kanal (Küstenkanal) mit der Hunte und der unteren Weser, durch den Ems-Jade-Kanal mit dem Jadebusen verbunden.

Der größte Nebenfluß der Ems ist die Hase, sie mündet bei Meppen. Die Leda mündet bei Leer.

238 km der Ems sind schiffbar, ab Papenburg (Meyer-Werft) auch für Hochseeschiffe.

Rheine

Verkehrsverein Rheine 1912 e.V.
Bahnhofsstr. 14
48431 Rheine
Postfach 2144
48411 Rheine
Tel.: 05971/54055
Fax: 05971/52988
Anleger Timmermannufer: Tel.: 05791/6927

Die Fahrtstrecke führt emsaufwärts bis oberhalb der Orte Mesum und Elte. An allen Anlegern sind Ausflugslokale zu Fuß erreichbar. Vom 1. Mai bis 30. September werden jeden Mittwoch und Sonntag Linienfahrten angeboten. Jeden Samstag in der Saison gibt es Sonderfahrten. Außerdem kann das Schiff für Betriebe, Clubs, Vereine, Familien- und Freundeskreise gechartert werden.

MS **EMSKÖPPKEN** (ab 1988 in Rheine)
ex MARION -1988 Griesenbach Winningen/Mosel,
5/1969-12.5.1973 A. Kappes, Eberbach
ex ALT-HEIDELBERG -1968 Gebr. Bossler,
Heidelberg
ex MARTHA -1962 Fa. Maier, Niederdohlendorf
1948; Schmidt, Oberkassel (lt. Schiffspapieren)
Umbau 1974/75 Schmidt, Oberkassel,
verl. u. verbr.,
Umbau 1985/86, n. mot.
L 23,23 m, B 4,15 m, T 0,85 m
2x 75 PS, 2 Schottel Ruderpropeller
110 Fahrgäste (60 gr. Salon, 10 kl. Salon,
40 Sonnendeck)

Emsbüren

Personenschiffahrt Bösker & Pfeiffer
48488 Emsbüren/Elbergen 1
Tel.: 0591/2449
Fax: 0591/49622

Die Fahrstrecke des Schiffes bietet eine Vielzahl an interessanten Möglichkeiten für Rund- und Sonderfahrten (April bis Oktober). Individuell gestaltete Fahrten mit Begleitprogramm sind eine Spezialität des Unternehmens.

MS **LA PALOMA**
ab 1996 Bösker & Pfeiffer,
ab 2/2000 Clemens Bösker, Gaststätte und Café
ex HUDSON -1996, Rederij Hulst/NL
1956; Molenaar, Zaandam/NL
1975 verl.; 1996, mod.
L 22,45 m, B 4,24 m, T 1,60 m
125 PS
100 Fahrgäste

MS **EMSKÖPPKEN**; Foto: Verkehrsverein 1912 Rheine e.V.

Lingen

Hanekenfähr Fahrgastschiffahrt
Hotelrestaurant „Am Wasserfall"
Heinrich Schepergerdes
49808 Lingen-Hanekenfähr
Tel.: 0591/809-0
Fax: 0591/2278

Mit drei Schiffen bietet das Unternehmen
Linienfahrten auf dem Dortmund-Ems-Kanal,
Rundfahrten (Emspartien) ab März bis September,
Charterfahrten und auch Sonderfahrten ab
und bis Hanekenfähr – nach Salzbergen, nach
Altenrheine, nach Nordhorn und zum Beton-
werk Essmann.

MS **STADT LINGEN**
1989/90; Scheepswerf B. V. Molenaars,
Zaandam/NL
L 23,05 m, B 4,55 m, T 0,98 m
125 kW
144 Fahrgäste

MS **SANTA MARIA**
1983; Scheepswerf B. V. Molenaars, Zaandam/NL
L 18,00 m, B 4,16 m, T 1,00 m
110 PS
84 Fahrgäste (50 innen)

MS **HANEKEN**
1954; Teltow-Werft, Berlin
L 10,25 m, B 2,64 m, T 0,85 m
30 kW
17 Fahrgäste

MS **EMSPÖTTKEN** ist 1996 nach Limburg/Lahn
verkauft worden und fährt dort als
MS KLEINER HELD.

Haren/Ems

Fahrgastschiffahrt „Amisia" Gmbh & Co.KG
Neuer Markt 1
49733 Haren/Ems
Tel.: 05932/8225
Fax: 05932/8282

Mit dem verlängerten Fahrgastschiff werden
Rund- und Ausflugsfahrten auf der Ems und
den Emsaltarmen durchgeführt.

MS **AMISIA** (ab 19...)
ex DE LIEVE JONG, Seif, Voerde -19...
ex NIENSTEDTEN, HADAG -1965
1949; Renck, Hamburg
Umbau 1993; Kötter, Haren/Ems, verl.
L 29,00 m, B 5,70 m, T 0,95 m
240 PS
236 Fahrgäste

Die **SANTA MARIA** in voller Fahrt; Foto: Hanekenfähr

MS **AMISIA** nach der Verlängerung; Foto: Reederei; 1995

Papenburg

Papenburger Hafenrundfahrten
Franz Bruns
Falkenstiege 1, 26871 Papenburg
Tel.: 04961/4800
Fax: 04961/67821
Fu: 0171/5204923

Herr Bruns führt mit seinem Schiff Hafenrundfahrten durch. Besonders attraktiv ist dabei
das Gelände der Meyer-Werft, wenn ein neues
Schiff die Werfthalle verläßt.

Leer

„Germania" Schiffahrtsgesellschaft mbH
Rathausstr. 4a, 26789 Leer
Tel.: 0491/5982
Fax: 0491/5966

Neben einem Neubau setzt die Schiffahrts-
gesellschaft einen Oldtimer auf den Flüssen
Ostfrieslands ein. Empfohlen wird das neue
Schiff für repräsentative Veranstaltungen wie
Hochzeiten, Betriebsfeiern, Kongresse für
Gruppen bis zu 300 Personen in den Salons
und natürlich auch für die Tagesfahrten nach
Delfzijl/Holland.

MS **PAPENBURG** (ab 1993)
ex MÖHNE -1992, Möhnestausee
1950, Clausen, Oberwinter
Umbau 1993, modern., Eigenbau
L 21,50 m, B 3,65 m, T 0,85 m
52 PS
100 Fahrgäste

„Germania" Schiffahrtsgesellschaft mbH:
MS **WARSTEINER ADMIRAL**
1995; DBW GmbH, Werft Tangermünde
29. 6. 1995 Taufe und Indienststellung in Leer
L 49,98 m, B 10,63 m, T 1,35 m;
2x 294 kW
500 Fahrgäste (292 Innenplätze)

MS **HAFENMUSIK**
ex WESERTAL -4/1987, Schreiber, Bremen
1954; Lühring, Brake
L 24,26 m, B 4,52 m, T 1,53 m
172 PS
93 Fahrgäste

(Siehe Anhang An- und Verkäufe 1999)

MS **PAPENBURG** auf der Hafenrundfahrt; Foto: Bruns, Papenburg; 1994

Winterstimmung in der Leer – MS **WARSTEINER ADMIRAL**; Foto: Reederei

MS **HAFENMUSIK** auf Hafenrundfahrt in Emden; Foto: D. Foerster, Halle; 1992

Leda und Soeste

Die Soeste (75 km) fließt durch Oldenburg und bildet mit der Aue bei Barßel die Leda.
Die Leda mündet oberhalb von Leer rechtsseitig in die Ems.

Barßel /Soeste

**Fremdenverkehrsverein
Erholungsgebiet Barßel e.V.**
Postfach 1246
Lange Straße 25
26672 Barßel
Tel.: 04499/8140
Fax: 04499/8159

Mit dem kleinen Fahrgastschiff werden einstündige Fahrten vom Hafen Barßel über Soeste, Barßeler lief bis zur Flußinsel „Spitzhörn" und zurück durchgeführt. Längere Fahrten führen bis nach Barge an der Jümme. Sonderfahrten für Familien-, Betriebs- oder Vereinsausflüge können vereinbart werden.

MS **SPITZHÖRN** (ab 1.4.1990)
1989/90; Lübbe-Voß-Werft, Ihlow (Aurich)
L 20,00 m, B 4,50 m, T 0,90 m
2x 83 kW
130 Fahrgäste (55 Salonplätze)

MS **SPITZHÖRN** auf Rundfahrt; Foto: Verkehrsverein Barßel e.V.

6.
Oder
und Peene

Oder

Die Oder ist Deutschlands östlicher Grenzfluß. Die Gesamtlänge beträgt 912 km, 756 km sind davon schiffbar. Die Fahrgastschiffahrt hat sich in den letzten Jahren im Küstenbereich verstärkt.

Durch den Oder-Spree-Kanal ist die Oder mit der Spree und durch den Finowkanal mit der Havel verbunden.

Über eine Gesamtlänge von etwa 84 km führt er von Eisenhüttenstadt an der Oder bis zum Seddinsee südlich von Berlin. Über Dahme, Spree und Havel ist dann die Verbindung zur Elbe gegeben.

Eisenhüttenstadt

Oderschiffahrt (Pächter Wolfgang Herzog)
Trockendock 1, 15890 Eisenhüttenstadt
Tel.: 03364/417427

Ab Eisenhüttenstadt und Frankfurt/Oder werden
Fahrten auf der Oder, dem Oder-Spree-Kanal
und der Warthe angeboten. Auch für Charter-
fahrten steht das Schiff zur Verfügung.
Für Tagesfahrten nach Polen ist der Reisepaß
oder Personalausweis nötig.
Buchungen für alle Fahrten in Eisenhüttenstadt,
Trockendock 1.

Schwedt

Fahrgastbetrieb Berlin-Brandenburg
Dieter Wunsch
Am Bollwerk 2b, 16303 Schwedt
Tel./Fax: 030/5662465
Tel.: 03332/523387
Fu: 0161/1312197

Seit 1993 ist Herr Wunsch Eigner des Schiffes
und bietet Fahrten nach Stettin, kürzere Fahrten nach Gartz, Teerofenbrück, Stolpe und Grei-
fenhagen an. Das Schiff kann auch gechartert
werden für Familien- und Vereinsausflüge.

Oderberg   Alte Oder

Personenschiffahrt GbR
H. Müller / M. Peters
Freienwalder Str.14, 16248 Oderberg
Tel./Fax: 033369/461
Tel./Fax: 033369/75268
Tel.:   03369/75269

Neben Hebewerkskurzfahrten in Niederfinow,
werden Linienfahrten ab Oderberg und Hohensaaten dorthin angeboten. Außerdem Kaffeefahrten, Schulfahrten und Fahrten in den Nationalpark „Unteres Odertal". Ein- und Mehrtagesfahrten nach Stettin und Fahrten nach Berlin
mit Stadtrundfahrten stehen im Programm.

MS **FÜRSTENBERG/O.**
ex FRIEDENSGRENZE -1990
1980; Yachtwerft, Berlin-Köpenick (Typ III)
L 28,50 m, B 5,10 m, T 0,90 m
126 PS
124 Fahrgäste (84 Salonplätze, 40 Sonnendeck)

Fahrgastbetrieb Berlin-Brandenburg:
MS **UCKERMARK**
1982; Yachtwerft, Berlin-Köpenick (Stapellauf
als DARSS) Übergabe an WF Fürstenwalde
1993 Generalüberholung
4/1994 zweite Jungfernfahrt
L 28,50 m, B 5,10 m, T 0,90 m
90 kW
124 Fahrgäste

Personenschiffahrt GbR:
MS **FÜRSTENBERG** (ab 4/1994)
ex GLÜCK AUF -1993, Senftenberger See
1977; Yachtwerft, Berlin-Köpenick (Typ III)
3/1994 Landtransport Senftenberg-Wittenberg,
nach Malz (DBW) zur Überholung auf dem
Wasserweg
L 28,50 m, B 5,10 m, T 0,90 m
126 PS
124 Fahrgäste

MS **ODERTAL** (seit 1991)
ex ODERTAL, -1996 für A. Röding, Brandenburg
(4/94 bis 10/96)
ex WAKENITZ -1990, Maiworm, Lübeck
ex HEISINGEN -1978 Baldeneysee, Essen
1956; Schlesswerft, Wesel
L 23,20 m, B 4,40 m, T 0,90 m
150 PS
116 Fahrgäste
Die ODERTAL war 1997 nicht eingesetzt und
steht zum Verkauf.

MS **UCKERMARK** am Anleger in Schwedt; Foto: Autor; 1997

MS **FÜRSTENBERG** im Schiffshebewerk Niederfinow; Foto: H. Hirsch; 5/1995

Gartz   Westoder

Insel- und Halligreederei
Gartenstraße 11
16307 Gartz/Oder
Tel.: 033332/86869
Fax: 033332/86848

Täglich fahren die beiden Schiffe von Gartz
nach Gryfino/Polen: Donnerstag, Freitag,
Samstag und Sonntag zu jeder vollen Stunde
von 10.00 Uhr bis 18.00 Uhr; Montag, Dienstag
und Mittwoch gibt es Abfahrten alle zwei
Stunden von 10.00 Uhr bis 18.00 Uhr. Jeden
Montag, Dienstag und Mittwoch werden
Fahrten nach Stettin angeboten.
Zum zollfreien Einkauf gibt es zusätzlich noch
Feierabendtouren.

MS **ADLER RIVER** (ab 3/1998)
ex SACHSEN-ANHALT -1998, Stern und Kreis
Schiffahrt GmbH, Berlin
ex BERTOLT BRECHT -1990, Weiße Flotte Berlin
1962; E. André, Magdeburg
L 53,00 m, B 8,08 m, T 1,26 m
2x 225 PS
500 Fahrgäste

MS **ADLER STEAMER** (ab 7/1998)
ex FRITZE BOLLMANN -1998, Bollmann-Flotte,
Mothes, Brandenburg
ex AKTIVIST -9/1990, Weiße Flotte
Brandenburg/Havel
1961/62; E. André. Magdeburg
1997 mod., neue Innenausstattung
L 53,00 m, B 8,08 m, T 1,15 m
330 kW
300 Fahrgäste (240 Salon)

(Siehe Anhang An- und Verkäufe 1999)

Mescherin   Westoder

Oder-Haff Seetours Reederei Peters GmbH
Altes Bollwerk 1a
17373 Ueckermünde
Tel.: 039771/22426
Fu: 0172/9767001

Mit Saisonbeginn 1997 bedient das Unternehmen mit einem Fahrgastschiff die Linie
von Mescherin nach Stettin, Anfang 1999
kommt ein weiteres Schiff zum Einsatz.
Abfahrten sind täglich ab Mescherin.
Außerdem werden Kaffeefahrten ins Naturschutzgebiet unteres Odertal angeboten.

MS **MECKLENBURG**
(ab 1997 für Oder-Haff Seetours)
ex MECKLENBURG -1997 Stern und Kreis
Schiffahrt GmbH, Berlin
ex JOHANNES R. BECHER -1990, WF Berlin
1961; E. André, Magdeburg
L 52,95 m, B 8,08 m, T 1,26 m
2x 225 PS
500 Fahrgäste (max.)

Neuzugang April 1999

MS **THÜRINGEN**
(ab 4/1999 für Oder-Haff Seetours)
ex THÜRINGEN -1999 Stern und Kreis
Schiffahrt GmbH, Berlin
ex FRIEDRICH WOLF -1990, WF Berlin
1961; E. André, Magdeburg
L 52,87 m, B 8,08 m, T 1,26 m
2x 225 PS
500 Fahrgäste (max.)

Ein Bild aus alten Tagen – MS **SACHSEN-ANHALT** unter der Flagge der Stern und Kreis auf der Spree
in Berlin; Foto: Autor; 1998

MS **THÜRINGEN** noch unter der Flagge der Stern- und Kreis-Schiffahrt GmbH auf der Spree
am Berliner Dom; Foto: Autor; 1998

Peene

Die Peene führt vom Peenestrom bis zum Kummerower See. Sie durchfließt den See bei Malchin. Durch zahlreiche Begradigungen verkürzte sich die Strecke von 97,6 km auf etwa 91 km. Sie ist über die gesamte Länge schiffbar und mündet bei Anklam ins Stettiner Haff.

Demmin

Hanse-Reederei GmbH
Uwe Melzer
Am Hafen, 17109 Demmin
Tel./Fax: 03998/201092
Boltenhagen bei Grimmen
Tel: 038326/83049
Fu: 0171/7568735

Von Demmin aus werden Ausflugsfahrten auf der Peene nach Anklam und Fahrten zum Naturpark Kummerower See durchgeführt. Sonderfahrten und auch Charterfahrten sind mit den Schiffen der Hanse-Reederei möglich.

MS **PEENE** (ab 8. 8. 1994)
ex SEEFALKE -1993, WF Stralsund
1963; Yachtwerft, Berlin-Köpenick
Umbau
L 23,94 m, B 5,19 m, T 1,45 m
180 PS
75 Fahrgäste

Für die gleiche Reederei sind noch zwei Schiffe im Einsatz:
MS **STADT BARTH** (ab Barth Boddenrundfahrten, Angaben unter Barth)
MS **PHÖNIX**: Das Schiff ist ab 1998 für die Hanse-Reederei auf der neuen Route ab Wittower Fähre im Einsatz.

Personenschiffahrt Kapitän Ingo Müller KG
Ingo Müller
Holstenstr. 25, 17109 Demmin
Tel.: 03998/432400
Fu: 0170/5413145

Mit der ehemaligen Hamburger Senatsbarkasse werden Rundfahrten auf der Peene und dem Kummerower See angeboten.
Sie steht auch für Abend- und Tanzfahrten, für Party- und Ausflugsfahrten, für Empfänge und andere Anlässe zur Verfügung.

MB **HAMBURG** (ab 30.4.1998 I. Müller, bis dahin für E. Jahnhofen Schiffsvermietung, Hamburg)
1950; Pahl, Finkenwerder
1971 neue Brücke
L 23,50 m, B 5,00 m, T 1,55 m
2x167 PS
60 Fahrgäste

Ückeritz /a. Usedom
Peenestrom/Achterwasser
Ückeritzer Personenschiffahrt
neu ab 1.5.1999
(Siehe Anhang An- und Verkäufe 1999)

MS **PEENE** in Demmin; Foto: Hanse-Reederei; 1997

Die Barkasse **HAMBURG** am neuen Liegeplatz in Demmin; Foto: A. Jenak, Buddenhagen; 1998

Wolgast   Peenestrom

Fahrgastschiffahrt Knackstedt
H.-J. Knackstedt
Breite Str.12, 17438 Wolgast
Tel.: 03836/200779
Fu: 0161/3810121
        0172/3103331

Von April bis Oktober werden Achterwasser-
rundfahrten (2 Std.) angeboten. Außerdem im
Programm: Gesellschaftsfahrten, Kaffee- und
Geburtstagsfahrten. Nach Vereinbarung kann
das Schiff gechartert werden.
Die Fahrten beginnen in Zinnowitz-Seglerhafen
am Achterwasser oder nach Absprache.

Nord-Ost-Reederei
Knut Kernbach
Diesterwegstr.50, 17438 Wolgast
Tel.: 03836/601731
Fax: 03836/203220
Fu : 0172/3217050

Mit dem kleinen Motorschiff werden Hafenrundfahrten, Fahrten auf der Peene und den Gewässern in Mecklenburg-Vorpommern angeboten.
Das Schiff kann für besondere Anlässe gechartert werden. Ausgangspunkt der Fahrten ist der
Hafen Wolgast.

Peenemünde   Peenestrom

Fahrgastschiffahrt Peenemünde
Zum Hafen 01, 17449 Peenemünde
Tel./Fax.: 038371/20829

Im Programm: Schiffsfahrten zu den Inseln Usedom, Rügen und Ruden. Neben Hochseeangel-
fahrten mit MS, PROF. O. KRÜMMEL werden
Rundfahrten zur Nordspitze der Insel Usedom,
zum Besuch des Historisch-Technischen Infor-
mationszentrums und des U-Bootes in Peenemünde auf der Insel Usedom als Sonderange-
bot im Programm vermerkt.
Schiffscharter für Vereinsfahrten, Familienfeiern,
Tagungen und Firmenausflüge sind möglich.

MS **FLICKA** (ab 1994 für H.-J.Knackstedt)
ex SEESCHWALBE -1993, WF Stralsund
1963; Yachtwerft Berlin-Köpenick (Seebrückenfahrgastschiff, Typ, „Rostock")
Umbau 1979/80, Barth, n. Brücke
Umbau 1986, Barth, n. Maschine
L 23,94 m, B 5,19 m, T 1,45 m; 110 kW
104 Fahrgäste (45 Salonplätze)

Die SEESCHWALBE war das letzte Schiff der aus
fünf Schiffen bestehenden Serie von See-
brückenfahrgastschiffen Typ „Rostock" von der
Yachtwerft Berlin-Köpenick für die Weiße Flotte
Stralsund.

MB **KLAUS STÖRTEBEKER**
(ab 1994 bei Familie Kernbach)
ex WWD 14 -1988
1988 als Binnenschiff registriert
1992 Peenemünder Ausflugsreederei
GmbH -1994
1960; Bootsbau- und Reparaturwerft Barth
 als Kontrollboot
L 16,14 m, B 4,30 m, T 1,76 m
110 kW
50 Fahrgäste

MS **WOLGAST** (ab 1992)
ex SEEADLER -1991 WF Stralsund
1961; Yachtwerft Berlin-Köpenick
L 23,94 m, B 5,00 m, T 1,40 m
160 PS (1981)
97 Fahrgäste

MS **FLICKA** der Fahrgstschiffahrt Knackstedt; Foto: A. Jenak, Buddenhagen; 1998

MS **WOLGAST** im Hafen von Peenemünde; Foto: H. Buchmann, Wernigerode; 1999

7.

Trave
Wakenitz, Schlei, Eider, Treene, Schwentine

Trave

Die Trave hat eine Länge von 118 km, davon sind 53 km schiffbar, ab Lübeck für Seeschiffe.

Sie entspringt südwestlich von Eutin und mündet bei Travemünde in die Ostsee.

Im Stadtgebiet von Lübeck nimmt sie die Wakenitz vom Ratzeburger See und den Elbe-Lübeck-Kanal, der sie mit der Elbe bei Lauenburg verbindet, auf.

Lübeck

KuFra Schiffslinien GmbH – Die Blaue Flotte
Neuer Eigner:
Paul-Dirk Könemann (ab 1.5.1998)
Teerhofinsel 14a, 23554 Lübeck
Tel.: 0451/2801635
Fax: 0451/2909188
Fu.: 0170/5238341

Die Schiffe der KuFra Werft GmbH fahren täglich ab Lübeck, Drehbrücke, nach Travemünde, Vorderreihe. Außerdem gibt es täglich eine große Hafenrundfahrt in Travemünde. Sonderfahrten sind auf Anfrage möglich (Hochzeiten, Parties, Empfänge, Versammlungen und auch Fahrten auf dem historischen Elbe-Lübeck-Kanal nach Mölln).

Maak-Linie, Binnenreederei/Personenschiffahrt
Familie Maak
Zur Teerhofinsel 14a, 23554 Lübeck
Tel.: 0451/7063859
Fax: 0451/74139

Die „Blauen Schiffe" der Maak-Linie stehen bereit zu Stadt-, Kanal- und Hafenrundfahrten. Zur Flotte gehören vier Panoramaschiffe, die auch gechartert werden können.

Quandt-Linie Lübeck
Weiße Lübecker Fahrgastschiffahrt
(M. u. R. Quandt)
Willy-Brandt-Allee 13, 23554 Lübeck
Tel.: 0451/77799
Fax: 0451/78439
Schiffsanleger Obertrave
Tel.: 0451/73884
Fax: 0451/78439

Die neun Schiffe des langjährigen Familienunternehmens gehören zum Stadtbild von Lübeck. Sie fahren von Lübeck nach Travemünde, nach Dassow, durch das Naturschutzgebiet Dassower See, stehen für Gruppen-, Vereins- und Konferenzfahrten und auch für kurze Rundfahrten durch Lübeck zur Verfügung.

MS **KuFra JET**
1993; KuFra Werft, Lübeck
L 24,26 m, B 5,20 m, T 0,61 m; 2x 98 kW
170 Fahrgäste

MS **KuFra STAR** (1991; KuFra Werft) wurde Ende 1997 verkauft. Neuer Eigner ist die Personenschiffahrt in Bad Säckingen am Rhein. Ein Neubau soll zu Ostern 1999 in Fahrt kommen.
(Siehe im Anhang Neubauten 1999)

MS **TRAVE SUN** (Cabrio) ex KuFra SUN -1994
1992; KuFra-Werft, Lübeck
L 18,00 m, B 4,50 m, T 0,50 m; 130 PS
108 Fahrgäste

MS **TRAVE STROM** (Cabrio)
ex KuFra III -1988
1988; KuFra-Werft, Lübeck
L 18,50 m, B 4,00 m, T 0,50 m; 35 PS
75 Fahrgäste

MS **TRAVE QUEEN** 1994; KuFra-Werft, Lübeck
L 24,00 m, B 5,50 m, T 0,70 m; 2x 110 PS
100 Fahrgäste

MS **TRAVE LADY**
ex KuFra II -1994
1991; KuFra-Werft, Lübeck
L 18,80 m, B 4,50 m, T 0,60 m, 100 PS
80 Fahrgäste

Quandt-Linie Lübeck:
MS **HOLSTENTOR**
1992; DBW GmbH, Genthin
L 24,00 m, B 4,40 m, T 0,80 m; 286 PS
120 Fahrgäste

MS **KuFra Jet** im Hafengelände; Foto: I. Ohrt, Lübeck

MS **TRAVE LADY** auf Rundfahrt; Foto: G. Dame, Wismar; 1997

Quandt-Linie Lübeck (Fortsetzung)

MS **RENO QUANDT**
ex TRAVETULPE -1988
ex BURGEMEESTER D'AILLY -1980
1948; Foxhol/Fikkers, Holland
L 18,48 m, B 3,95 m, T 0,70 m
80 PS
75 Fahrgäste

MS **LÜBECK**
1982; KuFra, Lübeck
L 22,00 m, B 4,30 m, T 0,80 m
2x 75 PS
120 Fahrgäste

MS **HERTHA QUANDT**
1991; Schmidt, Hoopte
Umbau 1992; Schmidt, Hoopte, neue Aufbauten
L 21,85 m, B 4,25 m, T 0,90 m
175 PS
120 Fahrgäste

MS **HOLSTINCHEN** (Cabrio) Seit 1978
ex PADDAN I
1946; Sjötorp
L 16,00 m, B 4,20 m, T 0,80 m
135 PS
82 Fahrgäste

MS **ASTRID QUANDT** (ab 1991)
ex TRAVENELKE -1991
ex TILL ULENSPEGEL -1980
1938; Amsterdam
1991 Umbau
L 16,70 m, B 3,93 m, T 0,94 m
80 PS
60 Fahrgäste

MS **DOLORES QUANDT** (ab 1969)
ex DOLORES -1963-69
1960; Hatecke, Freiburg/Elbe
1962; Rotzsch, neue Aufbauten
L 16,00 m, B 4,00 m, T 0,60 m
40 PS
100 Fahrgäste

MS **NADINE QUANDT**
1987; Quandt, Lübeck
L 17,00 m, B 3,45 m, T 0,70 m
40 PS
63 Fahrgäste

MS **BARBAROSSA** (Cabrio)
1995; Schmidt, Hoopte
L 22,60 m, B 4,10 m, T 0,80 m
170 PS
120 Fahrgäste

MS **KARIN QUANDT**
ex STEINHÖFT -1975
1921; Jastram, Hamburg
L 18,68 m, B 3,95 m, T 1,60 m
150 PS
90 Fahrgäste

MS **MARCO**
1995; Quandt, Lübeck
16,00 m, B 3,45 m, T 0,70 m
2x 75 PS
18 Fahrgäste
Das kleine Schiff wird für exklusive Anlässe genutzt.

MS **KARIN QUANDT** ex STEINHÖFT wurde 1998 verkauft (Siehe Anhang An- und Verkäufe 1999).

MS **RENO QUANDT** auf Rundfahrt auf der Trave; Foto: Quandt-Linie; Lübeck; 1997

MS **LÜBECK** (vorn) am Anleger der Quandt-Linie; Foto: Quandt-Linie

Wakenitz

Die Wakenitz kommt aus dem Ratzeburger See und mündet nach etwa 14 km in Lübeck in die Trave. Windungsreich und schmal, gesäumt von Naturschutzgebieten, zieht sich die Wakenitz durch das Lauenburger Land.

Lübeck

Personenschiffahrt Reinhold Maiworm
Roeckstr. 50
23568 Lübeck
Tel.: 0451/35455
Fax: 0451/32034
Fu: 0161/1421964

Ab Schiffsanleger Moltkebrücke in Lübeck starten die Schiffe zur romantischen Wakenitz-Fahrt und wenden wieder am Fährhaus Rothenhusen am Ratzeburger See.
Neben den täglichen Fahrten gibt es Sonderfahrten, Lampionfahrten und auch Charter fahrten.
Die Saison dauert von Ostern bis zum Oktober.

MS **WAKENITZ** (Flaggschiff)
1991; KuFra-Werft, Lübeck
L 25,00 m, B 5,20 m, T 0,70 m
80 PS
177 Sitzplätze

MS **LÜBSCHER ADLER**
(ab 1984 für Personenschiffahrt Maiworm)
ex DIEKSEE -1984
1938; Scheel & Jöhnk, Hamburg
L 23,00 m, B 4,20 m, T 0,85 m
94 PS
170 Sitzplätze

MS **SEEROSE**
1998; KuFra-Werft, Lübeck
L 24,30 m, B 5,22 m, T 0,74 m
97 kW
126 Sitzplätze

Das MS **ADOLF BOGASKE** (1926)
ex WAKENITZ (I) -1930 wurde 1998 nach Hamburg verkauft.
Dort soll aus ihm ein maritimes Freizeitzentrum werden, auf dem Behinderte sinnvolle Arbeit und Drogensüchtige Hilfe zur Selbsthilfe finden.

MS **SEEROSE**, das neue Schiff der Maiworm-Flotte; Foto: Reederei Maiworm, Lübeck; 1998

Schlei

Am Südwestende der Schlei, einer Ostseebucht in Schleswig-Holstein (38 km lang), liegt die Stadt Schleswig.
Kappeln und Maasholm, ebenfalls Ausgangsorte der Fahrgastschiffahrt, liegen am nördlichen Ufer kurz vor der Schleimündung in die Ostsee.

Schleswig

Schleischiffahrt
A. Bischoff GmbH
Gottorfdamm 1
24837 Schleswig
Tel.: 04621/23319, 04621/51684 pr.
          04621/5838
Fax: 04621/24758

Von Juni bis September werden Schleifahrten von Schleswig nach Ulsnis und zurück angeboten, außerdem Fahrten von Schleswig nach Schleimünde über Kappeln und Maasholm. Schleirundfahrten gibt es von Mai bis Juni und im September.
Auf Bestellung werden auch Abend- und Sonderfahrten durchgeführt.

MS **WAPPEN VON SCHLESWIG**
(6.6.1972 an Bischoff)
ex BRANDENBURGER TOR 1961, Becker, Berlin
ex BALTINN 1960, DS, für DB im Einsatz
Harle-Wangerooge
ex ALTSTADT, DS, Königsberg
1927; Union-Gießerei, Königsberg
als DS ALTSTADT
Umbau 1968, DIW, Spandau, mot.
in den Folgejahren mehrfach modernisiert
L 31,40 m, B 6,50 m, T 2,00 m
240 PS
240 Fahrgäste

MS **HERTA**
1983; Eberhardt, Arnis/Schlei
L 14,67 m; B 3,26 m, T 0,74 m
26 kW
60 Fahrgäste (oder 62 Kinder bis 14 Jahre und 10 Erwachsene)

Das MS **SCHLEISTADT SCHLESWIG** wurde 1974 nach Argentinien verkauft.

MS **WAPPEN VON SCHLESWIG** auf der Schlei; Foto: Reederei Bischoff GmbH

Schleswig

Schleswiger Stadtwerke Bootsfahrten
Poststr. 8
24837 Schleswig
Tel.: 04621/801-0
Fax: 04621/801-66
Hafenmeister
Tel: 04621/80168
 04621/35405 pr. ab 20 Uhr

Täglich werden Linienfahrten vom Stadthafen zum Wikingermuseum Haithabu und zurück angeboten (Mai-September).
Gruppenfahrten auf der Schlei nach Borgswedel, Missunde und Ulsnis werden nach Vereinbarung ermöglicht.
Witterungsbedingte Fahrzeitverschiebungen sind zu bedenken.

Schleswiger Hafenrundfahrten
Wolfgang Mehl
Am Taterkrug 5
24837 Schleswig
Tel: 04621/27530
Fu: 0172/4542648

Unter fachkundiger Führung werden vom Stadthafen in Schleswig (Dom) Hafenrundfahrten angeboten.

MB **ASFRID**
1990; Finkenwerder
L 16,02 m, B 3,13 m, T 0,70 m; 66 kW
68 Fahrgäste

Kutter **JOHANNES**
Ende 20er Jahre; Bauwerft nicht bekannt
L 11,98 m, B 2,62 m, T 0,86 m; 31 KW
35 Fahrgäste

Schleswiger Hafenrundfahrten:
MS **ATLAS** (ab 1982)
ex MUS 2 (Ausbildungsschiff der Marine, Plöner See, 1959-1982)
1959; Vertenswerft, Schlei
1982 Umbau zum Fahrgastschiff
L 11,52 m, B 3,10 m, T 0,86 m; 45 PS
30 Fahrgäste

Das Fahrgastschiff ATLAS steht nach Ende der Saison 1998 zum Verkauf.

Eine ehemalige Hafenbarkasse, zuletzt für die Quandt-Linie in Lübeck im Einsatz, wurde im Oktober 1998 gekauft. Nach Umbau im Achterschiff werden Charterfahrten auf der Schlei beis Schleimünde und Rundfahrten ab Schleswig durchgeführt.

MS **KARIN QUANDT** (für W. Mehl ab 10/1998; 12611 BSR Hbg.; als neuer Name ist wieder ATLAS vorgesehen.)
ex KARIN QUANDT, ab 8.7.1975 für M. Quandt, Lübeck, Einsatz 1976-1988 in Lübeck
ex STEINHÖFT, ab 5.2.1936 für Max Jens, Hbg.; 15.9.1939-1975 für die Witwe Henriette Jens, Hbg.
ex BERNHARD, ab 18.1.1936-4.2.1936, Fa. Rischer & von der Heide, Namensänderung im BSR nicht vermerkt
ex MINNA, -Januar 1936 für J.A.H. Meyer & Co., Hbg.
1921; Menzer, Bergedorf
Umbau 1982, n. Mot.
L 18,68 m, B 3,95 m, T 1,21 m; 125 PS
89 Fahrgäste (max. ab 10/98)

Barkasse **ASFRID** am Anleger; Foto: Foerster, Halle; 1994

Eider und Treene

Die Eider ist der längste Fluß in Schleswig-Holstein (188 km) und entspringt südlich von Kiel. Sie mündet, nachdem sie bei Friedrichstadt noch die Treene (90 km) aufgenommen hat, bei Tönning in die Nordsee.
Hier wurde 1973 das Eider-Sperrwerk fertiggestellt.

Friedrichstadt   Treene

Friedrichstädter Grachten- und Treeneschiffahrt
Günther Schröder
Treeneufer 1
25840 Friedrichstadt
Tel.: 04881/7365
Fax: 04881/7287

Seit über 25 Jahren ist das Unternehmen in Friedrichstadt tätig. Ein zweites Standbein gibt es inzwischen in Boizenburg an der Elbe. Grachtenfahrten und Hafenrundfahrten durch Friedrichstadt, Fahrten auf der Treene zur Seerosenblüte sowie Gruppenfahrten außerhalb des Fahrplans sind nach Vereinbarung möglich. Zur Flotte gehören 1998 vierzehn Schiffe, ein Neubau kommt 1999 zum Einsatz.

Berlin MS **JUPITER**
ex JUPITER, Stern + Kreis, -1979
Umbauten 1957, Teltow, Berlin und
1979, Buhne, Berlin
L 24,00 m, B5,25 m T 0,80 m; 115 PS
200 Fahrgäste

MS **KARL FOTH**
1989 Feltz, Finkenwerder
L 16,00 m, B 3,0 m, T 0,70 m; 95 PS
75 Fahrgäste

MS **KLEIN AMSTERDAM**
1988 Feltz, Finkenwerder
L 15,00 m, B 3,00 m, T 0,70 m; 95 PS
91 Fahrgäste

MS **SEEROSE**
ex TOURIST -1972, Ratzeburg und 15 Jahre
privat in Lübeck
ex SEEBÄR -1963, Ratzeburg
ex ZANDER -1955, Hude, Kaufmann Zander priv.
ex DONAU - ca. 1945, Königsberg und Memel
1925, Anker-Werft, Berlin-Rummelsburg
1962/63, Umbau, gering. Tiefgang
1987, Umbau, n. Aufbauten
1999, Umbau (Abweiser achtern)
L 13,00 m (1999: 14,32 m), B 3,09 m, T 0,70 m
65 PS
60 Fahrgäste
(Siehe Anhang An- und Verkäufe 1999)

MS **KLEIN VENEDIG**
1993 Feltz, Finkenwerder
L 16,00 m, B 3,00 m, T 0,60 m; 90 PS
85 Fahrgäste

MS **JUPITER** am Anleger in Friedrichstadt; Foto: H. Buchmann, Wernigerode; 1998

Friedrichstädter Grachten- und Treeneschiffahrt
(Fortsetzung)

MS **TREENESCHIPPER**
ex ALSTERSCHIPPER -1996 (ATG)
1976 Van der Vlis, Harlingen, NL
L 21,54 m, B 4,98 m, T 1,31 m
150 PS
145 Fahrgäste

MS **STAPELHOLM**
ex APOLLO II -1998
1989 Feltz, Finkenwerder
L 16,00 m, B 3,20 m, T 0,60 m
85 PS
85 Fahrgäste

MS **FRIEDRICHSTADT** (Cabrio)
1980 Warncke, Friedrichstadt
L 13,00 m, B 3,35 m, T 0,80 m
95 PS
90 Fahrgäste

MS **APOLLO** (Cabrio)
1976 Warncke, Friedrichstadt
L 16,00 m, B 3,20 m, T 0,60 m
95 PS
110 Fahrgäste

MS **SCHWABSTEDT**
1964 Bayr. Schiffbau GmbH, Erlenbach/Main
L 16,00 m
37 PS
50 Fahrgäste

MS **NORDFRIESLAND**
1991; Feltz, Finkenwerder
L 21,00 m, B 5,40 m, T 0,90 m
257 PS
220 Fahrgäste (120 Salon, 100 Freideck)
Ab 1998 ist das Schiff auf dem Nord-Ostsee-
Kanal und auf der Eider eingesetzt. 1999 sind
Fahrten ab Kiel (Tour 1) und ab Rendsburg
(Tour 2) von Mai bis Oktober vorgesehen.

MS **BLECKEDE**

MS **BOIZENBURG**

MS **BRACKEDE**

Angaben zu diesen Schiffen unter Boizenburger
Fahrgastschiffahrt

Neubau **WAPPEN VON BOIZENBURG**
(Siehe Anhang Neubauten 1999)

Die Barkasse **STAPELHOLM** im Morgendunst; Foto: Autor; 1999

Friedrichstadt   Treene

Friedrichstädter Grachtenschiffahrt Prinz
M.-E. Prinz
Prinzenstraße 33
25840 Friedrichstadt
Tel.: 04881/1572 u.7241
Fax: 04881/1572

Mit den sechs Schiffen der Prinzen-Linie werden Rundfahrten um Friedrichstadt angeboten. Hafen, Treene, Grachten und zur entsprechenden Jahreszeit die Seerosenblüte sind Ziele der Fahrten. Die Schiffe fahren mit umweltfreundlichen, ökologisch abbaubaren Brennstoffen auf Rapsölbasis.
Anlegestelle: Fürstenburggraben

MB **TREENEPRINZESSIN**
1996/97; Stozcnia Ustka S. A., Polen
L 13,10 m, B 3,00 m, T 0,80 m
54 PS, Bugstralruder 10 PS
64 Fahrgäste (52 überdacht, 12 Freideck)

MB **GRACHTENPRINZESSIN**
Schwesterschiff der TREENEPRINZESSIN,
Daten sind gleich.

MB **VINETA**
1992; Husumer Schiffswerft, Husum
L 12,50 m, B 3,45 m, T 0,60 m; 72 PS
80 Fahrgäste

MB **DOESBORG**
1985; Husumer Schiffswerft, Husum
L 11,00 m, B 3,20 m, T 0,40 m; 54 PS
72 Fahrgäste

MB **DANNEBROG**
1983; Buschmann, Hamburg
L 11,00 m, B 3,00 m, T 0,40 m; 54 PS
65 Fahrgäste

MB **HERZOG FRIEDRICH** (Reserveschiff)
nicht mehr in Fahrt.

Die **GRACHTENPRINZESSIN** im Fürstenburggraben in Friedrichstadt Foto: Autor; 1999

Schwentine

Die Schwentine entspringt in den Plöner Seen und mündet in die Kieler Förde.

Kiel

Kieler Förde / Schwentine

SCHWENTINETALFAHRT

Hendrik Kühl
Steckenberg 4
24232 Schönkirchen
Tel.: 04348/7852 pr.
An der Holsatiamühle
24149 Kiel
Tel.: 0431/722

Die Flußfahrt führt durch die unberührte Natur des Schwentinetals von Kiel-Wellingdorf bis zur Oppendorfer Mühle.
Für Busgesellschaften, Clubs, Schul- und Betriebsausflüge werden telefonische Voranmeldungen erbeten.
In den Sommerferien gibt es zusätzliche Angebote. Die Abfahrt der Motorboote erfolgt an der „Alten Schwentinebrücke".

MB **WELLINGDORF**

1973; Fr. Fassmer & Co., Motzen/Weser
L 14,00 m, B 3,50 m, T 0,50 m
40 PS
100 Sitzplätze

MB **SCHWENTINETAL**

1976; Fr. Fassmer & Co., Motzen/Weser
L 14,00 m, B 3,50 m, T 0,50 m
40 PS
100 Sitzplätze

MB **KLAUSDORF**

1978; Fr. Fassmer & Co., Motzen/Weser
L 10,00 m, B 3,50 m, T 0,40 m
30 PS
60 Sitzplätze

Die Nummerierung
entspricht der Reihenfolge im Buch.

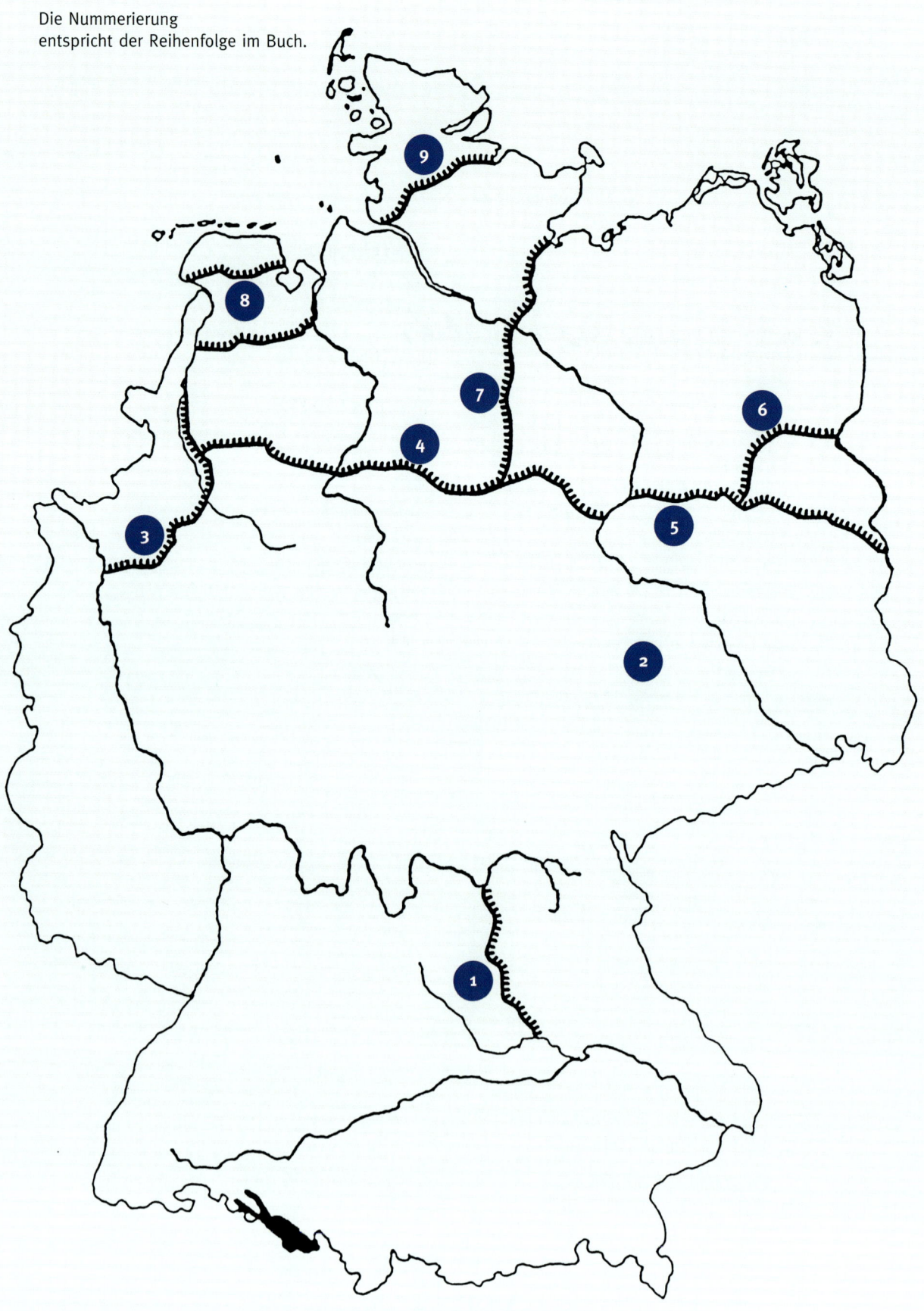

II
Fahrgastschiffe auf Kanälen

1. Main-Donau-Kanal

Der Kanal hat von Bamberg bis Kelheim eine Länge von 171 km mit 15 Schleusen. Mit Hilfe dieser Schleusen wird ein Höhenunterschied von etwa 250 m überwunden. Die Schleusen haben Hubhöhen zwischen 6 und 24 m. Die Länge der Schleusenkammern beträgt 200 m, die Breite 12 m. Bei Hiltpoltstein ist die Scheitelhaltung des Kanals auf einer Höhe von 406 m über dem Meeresspiegel.
Zwischen Berching und Kelheim ersetzt der 55 m breite und vier m tiefe Kanal das Bett der Altmühl.

Mit der Freigabe des MAIN-DONAU-KANALS entwickelte sich die Personenschiffahrt zu einer neuen Attraktion im Naturpark Altmühltal. Inzwischen verkehren fünf Schiffslinien von Ostern bis Oktober regelmäßig auf dem MAIN-DONAU-KANAL (MDK).
In den Wintermonaten gibt es zusätzliche Angebote, wie Silvesterparties auf dem Schiff oder Sonntagsbrunchfahrten durch verschneite Winterlandschaften. Anleger befinden sich in Kelheim, Essing, Riedenburg, Dietfurt, Beilngries und Berching.

Kelheim

Personenschiffahrt Altmühltal
Renate Schweiger
Niederdörfl 1
93309 Kelheim
Tel.: 09441/2180l
Fax: 09441/21802

Linienfahrten von Kelheim nach Berching und zurück werden von April bis Oktober planmäßig angeboten. Mittwochs, freitags und sonntags gibt es Schleusenfahrten für Gruppen; freitags und samstags stehen Mondscheinfahrten mit Musik und Tanz auf dem Programm. Die Renate II ist das erste speziell für den Einsatz auf dem MDK im Altmühltal gebaute Schiff.

MS **RENATE II**
1993/94; Hitzler, Regensburg
Umbau 1995/96 (Oberdeckaufbau verl.)
ÖSWAG Werft Linz
L 45,80 m, B 9,30 m, T 0,80 m
2x 300 PS
700 Fahrgäste (400 in 2 Salons)

MS **RENATE II** im Altmühltal; Foto: H. Haseneder, Regensburg; 10/1997

Kelheim

Altmühltal Personenschiffahrt GmbH
Postfach 1111
93301 Kelheim
Tel.: 09441/2487
Fax: 09441/21699

Ganzjähriger Linienverkehr und Charterfahrten zwischen Kelheim-Riedenburg-Beilngries stehen im Programm, außerdem Tanzfahrten, Schlemmerfahrten, Tagungen, Präsentationen und Feiern für alle Anlässe an Bord des Panoramaschiffes.

MS **ALTMÜHLPERLE**
1994; Lux, Mondorf
L 50,00 m, B 10,50 m, T 1,10 m max.
2x 340 PS
560 Fahrgäste (380 in 2 Salons)

Personenschiffahrt Stadler GmbH & Co. KG
Postfach 1613
933055 Kelheim
Tel.: 09441/72991 und 4354
Fax: 09441/28271 .

Von März bis November wird im Linienverkehr die Strecke Kelheim-Donaudurchbruch-Kloster Weltenburg befahren. Außerdem stehen die beiden Schiffe für Schleusenfahrten im Altmühltal und für Sonderfahrten auf' dem MDK zur Verfügung. Voranmeldungen erforderlich.

MS **WELTENBURG** (Abb. siehe Einband)
1991; Lux, Mondorf
L 46,65 m, B 8,40 m, T 0,85 m
2x 300 PS.
500 Fahrgäste

MS **KELHEIM**
1978; Lux, Mondorf
L 40,50 m, B 6,22 m, T 0,80 m
2x 220 PS
540 Fahrgäste

Personenschiffahrt Steibl GmbH
Fischergasse 10
93309 Kelheim
Tel.: 09441/3201
Fax: 09441/10030

Die „Hausstrecke" ist die Schiffahrt zwischen Kelheim und Kloster Weltenburg (Donaudurchbruch). Außerdem werden Fahrten zwischen Kelheim und Berching auf dem MDK und Charterfahrten angeboten, auch auf der Donau bis Bad Abbach, Regensburg, Walhalla und Donaustauf.

MS **MAXIMILIAN II.**
1989; Lux, Mondorf
L 45,70 m, B 8,40 m, T 0,85 m
2x 223 kW
600 Fahrgäste

MS **LUDWIG DER KELHEIMER**
1983; Lux, Mondorf
L 44,00 m, B 7,20 m, 10,80 m
2x 307 PS
597 Fahrgäste

MS **MAXIMILIAN II** in Regensburg; Foto: Autor; 1998

MS **LUDWIG DER KELHEIMER** in Kelheim; Foto: Autor; 1997

Kelheim

Personenschiffsverkehr Josef Schweiger
Rennweg 32
93309 Kelheim
Tel.: 09441/3402
Fax: 09441/4980

Das MS RENATE steht ganzjährig zur Verfügung. Neben dem Linienverkehr Kelheim-Donaudurchbruch-Kloster Weltenburg wird das Schiff auch auf dem MDK und auf der Donau im Raum Regensburg eingesetzt.

Vereinigte Schiffahrtsunternehmen Kelheim (VSK)
MDK-Schiffahrt Altmühltal
Schloßweg 3
 93309 Kelheim
Tel.: 09441/207-125
Fax: 09441 /207-261 oder 207-213
Fischergasse 10, 93309 Kelheim
Tel.: 09441/3201
Fax: 09441/10030

Für Sonderfahrten und Charterfahrten steht den Vereinigten Schiffahrtsunternehmen Kelheim das Fahrgastschiff WALHALLA zur Verfügung.

MS **RENATE**
1988; Schmidt, Oberwinter
L 48,00 m, B 9,00 m, T 0,80 m,
2x510 PS,
600 Fahrgäste

MS **WALHALLA** (ab 1967)
ex BAD CANNSTADT -1967, Neckar-Personenschiffahrt Berta Epple, Stuttgart
ex INGRID -1958, Bonner Personenschiffahrt
1953; Clausen, Oberwinter
L 24,85 m, B 5,16 m, T 1,20 m
220 PS
250 Fahrgäste

MS **RENATE** in Regensburg; Foto: Autor; 5/1998

Berching

Berchinger Personenschiffahrt Richard Strik
Uferpromenade 1
92334 Berching
Tel.: 08462/27179
Fax: 08462/27285
Fu: 0161/1804759
Tel.: 08462/27185 pr.

Neben dem Linienverkehr im Altmühltal werden
Charterfahrten, Abendfahrten, Tanzfahrten und
Hochzeitsfahrten angeboten. Auch Rundfahrten
von und nach Hilpoltstein werden durchgeführt.

Nürnberg

Neptun Personenschiffahrt
Helen Popp
Hügelstraße
90449 Nürnberg
Tel.: 0911/674775 u. 6002055
Fax: 0911/6002054

Nach Vereinbarung werden Gesellschafts-,
Sonder-, Betriebs- und Abendfahrten angeboten. Das Schiff steht auch für Hafenrundfahrten zur Verfügung.

KÖNIG LUDWIG
ex WIKINGER II -1995 (A.-U. Nauheimer,
Frankfurt)
1976; Ludwig Karcher, Freistett/Baden
Umbau 1992 (Neuausbau)
L 38,70 m, B 7,50 m, T 1,10 m
2x 240 PS, BSR
400 Fahrgäste (270 Innenplätze)

Das MS WAPPEN VON BERCHING wurde 1997
nach Schweinfurt verkauft, und das kleine Fahrgastschiff MS ALTMÜHL (Bj. 1927) wurde 1996
als Hausboot nach Holland gebracht.
(Siehe Anhang Informationen)

MS **NEPTUN** (ab 1992 bei Helen Popp)
ex NEPTUN (Fränkische Personenschiffahrt, FPS)
1972; Hupp, Eibelstadt
L 42,00 m, B 7,80 m, T 1,20 m
172 PS
500 Fahrgäste

MS **KÖNIG LUDWIG** in Berching; Foto: O. Steindl, Linz/A; 1998

2. Karl-Heine-Kanal

Der Leipziger Rechtsanwalt Dr. Karl Heine (1819-1888), ein fortschrittlicher Mann seiner Zeit, wollte einen Verbindungskanal zwischen Weißer Elster und Saale schaffen. 1856 wurde mit dem Bau begonnen. Insgesamt 14 Brücken für Straßen und Eisenbahn mußten gebaut werden. Stockend ging der Kanalbau bis 1893 weiter, 1942 waren 70 % der ersten Ausbaustufe fertig, dann verhinderte der Krieg die Fertigstellung.

Der wesentliche Teil der Fahrstrecke liegt in Plagwitz, dem ehemaligen Industrieschwerpunkt der Stadt Leipzig.

Leipzig

**Leipziger Schiffahrtsgesellschaft
Schulte und Liebisch GbR**
Erich Liebisch (Geschäftsführer)
Heinickenstraße 19
04129 Leipzig
Geschäftsführer
Tel./Fax: 0341/9111628

Seit Pfingsten 1998 gibt es wieder eine bescheidene Personenschiffahrt in Leipzig. Das kleine Fahrgastschiff, vormals auf dem Leipziger Auensee im Einsatz, nahm nach einer grundlegenden Überholung in der Werft Dresden-Laubegast seine Fahrten auf dem Karl-Heine-Kanal im Leipziger Stadtteil Plagwitz auf.

MS **WELTFRIEDEN** (ab 1958-1990 auf dem Auensee in Leipzig)
ex WIKING (1945-1958)
1990 wurde das Schiff aus Sicherheitsgründen stillgelegt.
1945; Parchim
1997/98 Umbau und Vorbereitung zum 2. Stapellauf Werft Dresden-Laubegast und Gewerbehof Plagwitz (ABM)
L 10,80 m, B 2,62 m, T 0,53 m
12,5 PS
25 Fahrgäste

MS **WELTFRIEDEN** auf dem Leipziger Karl-Heine-Kanal; Foto: Autor; 6/1999

3. Datteln-Hamm-Kanal

Er wurde 1915 eröffnet und hat eine Länge von 47 km. 2 Schleusen sind zu durchfahren.

Dortmund-Ems-Kanal

Er wurde 1899 der Nutzung übergeben, verbindet das östliche Ruhrgebiet mit Emden. 15 Schleusen und ein Schiffshebewerk befinden sich auf seiner Gesamtlänge von 282 km.

Rhein-Herne-Kanal

Er verbindet Duisburg-Ruhrort mit dem Schiffshebewerk Henrichenburg (5 Schleusen) und hat eine Länge von 46 km.

Wesel-Datteln-Kanal

1929 gebaut, verbindet er Wesel mit Datteln. Auf seiner Länge von 60 km befinden sich 6 Schleusen.

Hamm   Datteln-Hamm-Kanal

Hammer Schiffswerft, Abt. Fahrgastschiffahrt
Lüner Str. 201
59077 Hamm
Tel.: 02381/460444 o. 02381/57228 pr.
Bocksheideweg 27
59077 Hamm
Tel.: 02381/469592 o. 0251/311900 (Anleger)
Fu: 0171/3409702

Mit drei Schiffen gibt es Ausflugsfahrten auf dem Datteln-Hamm-Kanal, dem Rhein-Herne-Kanal, dem Dortmund-Ems-Kanal, außerdem Charterfahrten. Fahrten zum Schiffshebewerk Henrichenburg, ab Oberhausen bis zum Duisburger Hafen, Fahrten zum Dattelner Meer, Fahrten zum Ruhrzoo in Gelsenkirchen sind interessante Ziele im Ruhrgebiet.

MS **SANTA MONIKA I** (Theodor Fuest, Hamm)
1967; Maschinenamt Minden/Monopol SLB
L 24,00 m, B 5,85 m, T 1,20 m
180 PS
150 Fahrgäste

MS **SANTA MONIKA II** (Theodor Fuest, Hamm)
1887; Hammer Schiffswerft
1968; Umbau aus Schlepper
L 42,00 m, B 6,59 m, T 0,60 m
350 PS
290 Fahrgäste

MS **SANTA MONIKA III** (Monika Smit-Fuest, Hamm)
1975; Hammer Schiffswerft
L 41,01 m, B 6,40 m, T 0,60 m
350 PS
300 Fahrgäste

MS **SANTA MONIKA I** am Anleger; Foto: Reederei; 1997

MS **SANTA MONIKA III** im Kanal; Foto: Reederei; 1997

Datteln   Datteln-Hamm-Kanal

Fahrgastschiffahrt Becker
Alfred Becker
Hafenstr. 123
45711 Datteln/Westfalen
Postfach 1119
Tel.: 02363/8476
Fax: 02363/8484
Fu: 0171/7780040

Das Familienunternehmen kann auf eine lange
Schiffertradition zurückblicken. Mit zwei Schif-
fen werden Fahrten auf dem Dortmund-Ems-
Kanal (Dortmund-Lüdinghausen), auf dem
Rhein-Herne-Kanal (Datteln-Oberhausen), auf
dem Datteln-Hamm-Kanal (Datteln-Hamm) und
dem Wesel-Datteln-Kanal (Datteln-Dorsten)
angeboten.
Die Saison dauert von März bis Oktober.
Sonntags und feiertags gibt es Kaffeefahrten
ab Schiffshebewerk Henrichenburg. In den
Sommerferien werden zusätzliche Fahrten
durchgeführt. Charterfahrten zu besonderen
Anlässen sind auf Vorbestellung möglich.

EMS **ASTOR (I)** (ab 1989 für A. Becker)
ex EMS WANDSBEK -1989 HADAG
1956; Norderwerft, Hamburg
1978 Umbau; Pohl & Jozwiak, für Kanalfahrt
bis Lüneburg
L 21,20 m, B 5,80 m, T 1,41 m
300 PS (ab 1996)
178 Fahrgäste

Das Schiff wurde Anfang 1999 verkauft
(Siehe Anhang An- und Verkäufe 1999)

EMS **ASTOR (III)** (ab 1994 für A. Becker)
ex EMS FARMSEN -1980 HADAG,
1980 an MBB, Hamburg
1956; OEW, Hamburg
1995 Umbau, Malz, verl. 4,50 m
L 25,00 m, B 5,80 m, T 1,41 m
230 PS
188 Fahrgäste

MS **ASTOR (II)**
ex KOLLAU (ATG)
ex COLLAU -1959
ex GOLDBEK I -1951
ex KAMERADSCHAFT -1949
ex CLEMENTINE -1935
1930; Oelkers, Hamburg
1959, Umbau Neerlandica-Werft, Hillegom, NL
L 16,08 m, B 4,14m, T 1,37m
75 PS
100 Fahrgäste

MS **ASTOR (IV)**
ex Hafenbarkasse X 10

Beide Schiffe wurden nach Holland verkauft.

MS **ASTOR III** Kaffeefahrt ab Schiffshebewerk Henrichenburg
Foto: Fahrgastschiffahrt A. Becker, Datteln

Lüdinghausen Dortmund-Ems-Kanal

Lüdinghausener Personenschiffahrt
Olfener Mariteam, R. Rindke
Funnenkampstr. 13
59399 Olfen
Geschenkboutique & Personenschiffahrt
Tel.: 02595/7880
Fu: 0161/4203476
Fax: 02595/971907

Mit dem Fahrgastschiff im eigenwilligen Farbanstrich werden Fahrten vom Liegehafen Datteln
angeboten. Bis zum Schiffshebewerk Henrichenburg und zurück dauern sie eine Stunde.
In Richtung Münster mit Überquerung von
Lippe und Stever bis Olfen und zurück ist das
Schiff ca. 2 Stunden unterwegs. 3 Stunden
dauern die Fahrten bis Lüdinghausen und
zurück.
Für Schleusenfahrten und Sonderfahrten
werden Anmeldungen erbeten.

MS **STEVER QUEEN** (ab 5/1998)
ex ALLERLAND -1998, Verden
ex ELEKTRA -1993, Minden
ex ALLERNIXE -1972
1969; de Groot, Holland
Umbau 1996, verl.
L 27,00 m, B 4,86 m, T 0,64 m
132 PS
220 Fahrgäste

Hörstel Dortmund-Ems-Kanal

Fahrgastbetrieb Michael Wittke
Lortzingstr. 8
48477 Hörstel
Tel.: 05454/1309
Fax: 05454/1314
Fu: 0171/3162210
oder ev. Binnenschiffergemeinde
Tel.: 05459/1888
Fax: 05454/4970

Mit dem Fahrgastschiff werden neben Linienfahrten ab Hörstel zum Flughafen Münster-
Osnabrück auch Ausflugsfahrten auf dem Dortmund-Ems-Kanal und auf dem Mittellandkanal
durchgeführt. Fahrten führen auch zum Platz
der Varus-Schlacht im Teutoburger Wald.
Zu besonderen Anlässen kann das Schiff
gechartert werden.

MS **NICOLA** (ab 1991 für Familie Wittke)
ex MAINZ -1991, Mainz-Ginsheim,
Personenschiffahrt Schrepfer & Sohn
1931; Werft Untereuerheim
Umbau 1991/92, Haren/Ems, vollständige
Renovierung
Umbau 1994, Reparaturen
Umbau 1997, neue Motoren
L 32,00 m, B 5,75 m, T 1,50 m
2x 220 PS
250 Fahrgäste

MS **NICOLA**; Foto: M. Wittke, Hörstel; 1998

4. Mittellandkanal

Er heißt auch Ems-Weser-Elbe-Kanal, denn er verbindet diese drei Flüsse miteinander. Baubeginn war 1906.

Er führt vom Dortmund-Ems-Kanal bei Bergeshövede über Hannover (1916) bis nach Rothensee bei Magdeburg. Hier ist der Kanalabstieg über das Schiffshebewerk (Einweihung 30. Oktober 1938) zur Elbe, bei Minden ein Abstieg zur Weser.

Stichkanäle führen nach Osnabrück, nach Hildesheim und nach Salzgitter, ebenfalls nach Hannover und Lingen.

Seine Gesamtlänge beträgt 321 km, mit den Stichkanälen 383 km.

Braunschweig   Mittellandkanal

Braunschweiger Personenschiffahrt
M. E. Plog
Fasanenkamp 9
38108 Braunschweig
Tel.: 0531/314363 o. 0531/350182
Fax: 0531/355207

In der Saison von Mai bis September werden mittwochs und sonntags Ausflugsfahrten von Braunschweig zum Tankumsee am Elbe-Seiten-kanal angeboten. Außerdem gibt es Rundfahr-ten zum Sperrtor Osloss. Zusätzlich werden für Vereine, Betriebe und Schulen Charterfahrten durchgeführt, auch zur Waldgaststätte Sophien-ruh in Wendeburg-Sophiental.

MS **BRUNSWIK** (ab 1989)
ex STADT ESSEN (Essener Verkehrs AG)
1955; Bausch, Köln
Umbau 1976, Lux, Mondorf, neue Aufbauten
L 27,43 m, B 5,33 m, T 0,90 m
150 PS
190 Fahrgäste (120 Salonplätze, 80 in beheiz-baren Salons)

MS **BRUNSWIK** an seinem Liegeplatz im Braunschweiger Hafen; Foto: Autor; 1996

Bückeburg Mittellandkanal/Weser

Nautic Tours Bückeburg
Christine Krügermann
Florianstr. 22
31675 Bückeburg
Tel.: 05722/916291
Fax: 05722/916292
Fu: 0171/7869595

Das Fahrgebiet des Unternehmens im Schaum-
burger Land erstreckt sich auf den Mittellandkanal von Hannover bis Bramsche bei Osnabrück, auf der Weser von Vlotho bis Nienburg.
Das Schiff kann für Familienfeiern, Vereinsfahrten, Produktpräsentationen, Schulausflüge,
Kaffeefahrten, Brunchfahrten, Weihnachtsfeiern
und für Mondscheinfahrten mit Tanz gechartert
werden.

MS **PEGASUS** (11/1997 für Ch. Krügermann)
ex OFFENDORF -1997, Gambsheim/Frankreich
ex FRANKEN -1994, Veitshochheimer Personenschiffahrt, Herbert
ex FRANKEN -1982/83, Herz, Kreuzwertheim
ex VERONA -1969/70, Bonn
1928; Bonn
Während des 2. Weltkrieges wurde das Schiff
am 18.10.1944 beim Großangriff auf Bonn
versenkt.
1948/49 wurde nach der Hebung und Instand-
setzung des Schiffes der Fahrbetrieb wieder
aufgenommen.
1960 wurde das Schiff umgebaut und
modernisiert. Bis Ende der 60er Jahre war es
als VERONA in Fahrt.
L 25,20 m, B 5,10 m, T 1,00 m
320 PS
200 Fahrgäste

MS **PEGASUS** in Minden; Foto: S. Guddat, Berlin; 1999

Hannover   Ihme/Leine/Mittellandkanal

Ihme/Leine Personenschiffahrt
BS LINES
Bernd Schierjott
Postfach 5463
30054 Hannover
Tel.: 0511/14064, 0511/8442738
Fax: 0511/8442739

Ab Anleger Schwarzer Bär/Ihmebrücke werden fahrplanmäßig Ausflugsfahrten angeboten. Außerdem gibt es Sonderfahrten bei ausreichender Personenzahl zu verschiedenen Zielen und unterschiedlichen Anlässen. Charterfahrten für Familienfeiern, Betriebsfeiern, Vereinsfeiern, Seminare, Präsentationen, Schulausflüge usw. sind möglich.

MS **BELLA VISTA** (ab 1994 für BS Lines)
ex SIEGFRIED II, Hohmann, Hannover
1926; Holland
Umbau 1994; Berwing, Hamburg, Totalumbau, verl. 5 m, neuer Innenausbau, Bugstrahlr.
L 29,00 m, B 5,50 m, T 0,80 m
110 kW
250 Fahrgäste (168 Salonplätze)

MS **ROMANTICA** (ab 1994 für BS Lines)
ex BRUNHILDE, Hohmann, Hannover
1950; Schmidt, Oberwinter
Umbau 1994; Berwing, Hamburg
L 25,00 m, B 5,00 m, T 0,80 m
120 PS
139 Fahrgäste (90 Salonplätze)

Das gesamte Unternehmen ist 1998 zum Verkauf ausgeschrieben worden.

Arno Harms Personenschiffahrt „Nicole B."
Städtische Häfen/Nordhafen
Hansastr. 25
30419 Hannover/Nordhafen
Tel./Fax: 0l61/4209578
Fu: 0172/2736315

Das ganze Jahr über steht das Fahrgastschiff zu Ausflügen auf Hannovers großer Wasserstraße zur Verfügung. Jeden Sonntag gibt es Kaffeefahrten. Das Schiff kann zu Marketingveranstaltungen, Präsentationen, Geburtstagsparties, Betriebsfeiern, Vereinsfahrten, Schulausflügen und zu Hochzeiten gechartert werden.

MS **NICOLE B.** (ab 1993)
ex SEEBAD TEMPLIN -1993, Weiße Flotte, Potsdam
ex DS PROFESSOR RUD. VIRCHOW -1960, Stern und Kreis, Weiße Flotte Berlin, Weiße Flotte Potsdam
1904; Oderwerke Stettin
Ablieferung als DS
Umbau 1945/47, Lanke-Werft, Berlin
Umbau 1959/60, Placke-Werft, Aken/Elbe, verl. 5 m und mot.
L 35,72 m, B 5,75 m, T 1,83 m max.
2x 150 PS
222 Fahrgäste (60 Salon, 52 Promenadendeck, 100 Oberdeck)

(Siehe Anhang Informationen)

MS **BELLA VISTA** auf der Helling der Rasche-Werft; Foto: H. Trost, Wiedensahl; 1998

MS **NICOLE B**. im Hafen von Hannover; Foto: Harms Personenschiffahrt; 1997

5. Elbe-Havel-Kanal

Dieser Kanal verbindet die Elbe bei Niegripp mit der Havel bei Plaue. Bei einer Gesamtlänge von 56 km liegt die Stadt Genthin mit ihrer Werft etwa auf halber Distanz.

Genthin

Qualifizierungs- und Strukturförderungs-gesellschaft mbH
QSG
Ziegeleistr. 56
39307 Genthin
Tel.: 03933/879100
Fax: 03933/879151
Fremdenverkehrsverein Genthin e.V.
Touristinformation
Bahnhofstr. 8
39307 Genthin
Tel./Fax: 03933/802225

Neben Kanal- und Mondscheinfahrten gehören zum Programm auch Seenrundfahrten, Erlebnis-fahrten und thematische Veranstaltungen.
Für Betriebsfeste, Vereinsfeiern, Familien- und Jugendveranstaltungen ist das Schiff mit und ohne Fahrbetrieb geeignet.
Auch Fahrten auf der Elbe, Saale, Havel und dem Mittellandkanal sind nach Fertigstellung der Schiffsanleger vorgesehen.

MS **JERICHOWER LAND** (ab 3/1997)
ex LIKEDEELER -1995, Reederei Poschke, Born
ex WAPPEN VON BLECKEDE -1990, Bleckede, Elbe
ex BRUNSWIK -1989, Meyer, Braunschweig
ex REGINA ELISABETH -1984, H. Bungarz, Königs-winter; -1971, Nikolay, Budenheim
1953; Schmidt, Oberkassel
Umbau 1995/97, Neuaufbau als ABM-Maßnahme, verl. und neue Innenausstattung
L 35,05 m, B 5,00 m, T 1,00 m
147 kW
89 Fahrgäste

MS **JERICHOWER LAND** in Brandenburg; Foto: M. Ramm, Brandenburg; 1998

6. Finowkanal

Der Bau dauerte von 1605 bis 1620. Auf einer Gesamtlänge von 39,4 km befanden sich 11 Schleusen. Der zweite Finowkanal (der erste war im Dreißigjährigen Krieg zerstört worden) hatte 1745 zehn Schleusen. 1767 waren es 17 Schleusen. 1914 mit Inbetriebnahme des Oder-Havel-Kanals verlor er verkehrstechnisch an Bedeutung. Heute geht es um den Erhalt des Kanals.

Oder-Havel-Kanal (Hohenzollernkanal)

Der Kanal zweigt bei Liebenwalde von der Havel ab. Er führt über Eberswalde, das Schiffshebewerk Niederfinow (Hubhöhe 36 m), Oderberg bis nach Hohensaaten. Von dort geht es nach Stettin über die Stromoder bzw. die Hohensaaten-Friedrichstaler-Wasserstraße.

1914 wurde der Kanal als Großschiffahrtsweg Berlin-Stettin eröffnet.

Niederfinow   Finowkanal

Oder-Havel-Schiffahrt
Roland Meike
Hebewerkstr. 51
16248 Niederfinow
Tel.: 033352/250
Fu: 0171/5518085

Mit dem Schiff werden Hebewerksfahrten und Fahrten auf dem Finowkanal und dem Oder-Havel-Kanal durchgeführt. Auch Familien- und Vereinsfahrten können ermöglicht werden.

MS **EDERGOLD** (ab 1993)
ex EDERGOLD II, -1992 auf dem Edersee
im Einsatz
1932; Stauf, Königswinter
L 19,80 m, B 4,20 m, T 0,60 m
100 PS
75 Fahrgäste

Die Barkasse KÄPP'N BRASS wurde im Herbst 1998 verkauft und wird als Sportboot verwendet.

MS **EDERGOLD** auf der Hebewerksfahrt; Foto: I. Ohrt, Lübeck; 1997

Eberswalde

Fahrgastschiffahrt Neumann
Birkenweg 18
15225 Eberswalde
Tel./Fax: 03334/24405
Fu: 0172/3583324 u. 0171/5212365
Pavillon am Markt,
Tel.: 03334/23168

Neben Kurzfahrten durch das Schiffshebewerk
Niederfinow werden vom Eberswalder Bollwerk
Fahrten auf dem Finowkanal, Fahrten nach
Oderberg, nach Hohensaaten und vom Schiffs-
hebewerk nach Stolpe durchgeführt.
Auch Abend- und Charterfahrten sind möglich.

MS **BRUMMEL** (ab 1990 bei G. Neumann)
-1990 in Frankfurt/Oder, -1971 WF Berlin
1962/653; Yachtwerft Berlin-Köpenick
L 20,54 m, B 4,46 m, T 1,07 m max.
105 PS
70 Fahrgäste

MS **FREIHERR VON MÜNCHHAUSEN II**
(seit 1994 G. Neumann)
-1993 WF Warnecke, Weser
1953; Winter, mehrfach umgebaut
L 20, 03 m, B 4,25 m, T 0,65 m
150 PS
140 Fahrgäste

MS **FINE**
ex WALDECK
seit 1994 in Eberswalde,
noch im Umbau, Einsatz noch offen
-1993 am Edersee

(Siehe Anhang An- und Verkäufe 1999)

MS **FREIHERR VON MÜNCHHAUSEN II**; Foto: I. Ohrt, Lübeck; 1997

7. Elbe-Seitenkanal

Der Kanal, auch Nord-Süd-Kanal genannt, wurde im Jahre 1976 nach mehrjähriger Bauzeit eröffnet.

Er verbindet die Elbe bei Artlenburg mit dem Mittellandkanal und hat eine Länge von 115 km mit einem Gefälle von 61 m.

Er mündet bei Edelsbüttel in den Mittellandkanal.

Neben der Schleuse bei Uelzen befindet sich in Scharnebeck das größte Senkrechtschiffshebewerk der Welt.

Scharnebeck

Hebewerksbesichtigungsfahrt
Peter Helle
Amselweg 5
21379 Scharnebeck
Tel.: 04136/403
Fax: 04136/7230

Mit drei Barkassen ist das Unternehmen in Scharnebeck tätig. Fahrten durch das größte Doppel-Senkrecht-Schiffshebewerk der Welt in Scharnebeck bei Lüneburg am Elbe-Seitenkanal werden von Mai bis Oktober angeboten. Außerdem gibt es Fahrten nach Lauenburg. Sonderfahrten sind nach Vereinbarung möglich.

MB **ELVKIEKER** (ab 10/1996)
ex FRANZ -1992
ex VETTER FRANZ -1962, HADAG 1967; Garbers, Hamburg
L 16,23 m, B 4,45 m, T 1,50 m
90 PS
71 Fahrgäste

MB **UHU II** (ab 14.2.1994)
ex NORDSEE -1980, Prüsse, Hbg.
ex CARMEN -1949
ex HEINRICH LIPPMANN 1924
1924; Schüler, Uetersen
Umbau 1960, verl. u. verbr.
Umbau 1992, n. Mot.
L 15,65 m, B 4,03 m, T 1,85 m
100 PS
105 Fahrgäste

MB **UHU I** (ab 3/1969)
ex ELKE
1920; Schüler, Uetersen
L 14,21 m, B 2,99 m, T 1,69 m
105 PS
58 Fahrgäste

Die Barkasse steht 1997 zum Verkauf.

Barkasse **ELVKIEKER** in Scharnebeck; Foto: Autor; 9/1997

Bad Bevensen

Personenschiffahrt Niemeyer
Anlegestelle Waagekai/Röbbeler Str.
29549 Bad Bevensen
Tel.: 05821/41860
Kurverwaltung
Tel.: 05821/570

Von Mai bis Oktober werden Fahrten auf dem
Elbe-Seitenkanal zum Schiffshebewerk Scharnebeck, zur Schleuse Esterholz mit und ohne
Schleusung angeboten. Das Schiff kann auch
für Sonderfahrten gechartert werden, außerdem
gibt es einen Zubringerdienst zur Kurbahn
(Zusteigemöglichkeiten).

MS **BAD BEVENSEN**
(ab 1. 1. 1987 für Personenschiffahrt Niemeyer)
ex STADT HANNOMER -Dez.1986
ex HERKULES -Nov. 1981, K. Söllner, Kassel
ex EDELTRAUD, -1966, K. Klahr
ex WINTERMÄRCHEN -1944, F. Schröder,
Eberswalde
1928; G. Schröder, Marienwerder
1944 im Finowkanal versenkt
1947 gehoben und neu aufgebaut
1954 verl.
1959 verl.
L 35,00 m, B 4,98 m, T 0,80 m
126 PS
150 Fahrgäste

MS **BAD BEVENSEN** – Saisonausklang im Elbe-Seitenkanal, Anleger Bad Bevensen; Foto: Autor; 1998

8. Ems-Jade-Kanal

Der Kanal verbindet die Ems mit dem Jadebusen. Er beginnt bei Emden und endet bei Wilhelmshaven.

Aurich   Ems-Jade-Kanal

Verkehrsverein Aurich/Ostfriesland e.V.
Postfach 1905
26589 Aurich
Tel.: 04941/4464 u.4465
Fax: 04941/10655

Seit 1995 bietet der Verkehrsverein Fahrten mit dem Motorschiff auf dem Ems-Jade-Kanal an.

MS **STADT AURICH** (ab 1995)
ex MARIA CROON -1995, Mettlach-Nohn, Saar
ex FULDATAL -1988, Rehbein, Kassel
ex HORST -1980
ex CAROLINA
1937; Holland, Leiden
Umbau 1968 und 1983
Umbau 1989, Merzig/Mettlach
Umbau 1995, Schmidt, Oberwinter
L 28,30 m, B 4,60 m, T 1,30 m
185 PS
166 Fahrgäste

Gemeinde Großefehn   Ostfriesland

Verkehrs- und Heimatverein Großefehn e.V.
Touristik-Information
Kanalstr. Nord 82
26629 Großefehn
Tel.: 04943/9193-0 u. 04944/2033
Fax: 04943/919319

Die Gemeinde Großefehn liegt im Gebiet zwischen Aurich, Emden, Leer und Wilhelmshaven. 1972 wurde durch Gesetz die politische Einheit Großefehn aus bis dahin selbständigen Gemeinden gebildet.
Das Gebiet der Gemeinde wird von vielen Wasserläufen durchzogen. Sie sind das Fahrgebiet der beiden historischen Schiffe.
Es werden Fahrten für Einzelgäste, Gruppenfahrten, Kurzfahrten, Lampionfahrten und Tagesfahrten bis Emden angeboten (Zeitraum April bis Oktober).

Motor-Tjalk **GRETJE VON GROSSEFEHN**
1913; Johann Redenius, Ihlowerfehn
Umbau 1977, Gebr. Rüst, Emden; gebr. Motor neu eingebaut
L 16,66 m, B 3,54 m, T 0,77 m
37 kW
55 Fahrgäste

Außerdem steht während der Monate April bis Oktober für Charterfahrten die Segel-Tjalk FRAUKE VON GROSSEFEHN ab Westgroßefehn zur Verfügung (max. 50 Personen).

MS **STADT AURICH** auf dem Ems-Jade-Kanal; Foto: Reederei

Motor-Tjalk **GRETJE VON GROSSEFEHN** auf Kanalfahrt; Foto: Verkehrsverein Großefehn e.V.; 1998

Wiesmoor   Nordgeorgsfehnkanal

Fremdenverkehrs-GmbH Luftkurort Wiesmoor
Hauptstr. 199
Postfach 1150
26633 Wiesmoor
Tel.: 04944/91980
Fax: 04944/919899
Tel.: 04944/5422

Vom 1. Juni bis 30. September werden kleine
Fahrten (1 Std.) auf den Kanälen um Wiesmoor
angeboten. Über diese Fahrten hinaus werden
in der Saison von April bis Oktober große Fahrten (2,5 Std.) auf dem Nordgeorgsfehnkanal
bis zum Ems-Jade-Kanal mit Schleusenpassagen durchgeführt.
Grillfahrten, Charterfahrten und Sonderfahrten
(auf Anfrage) können ermöglicht werden.

MS **MOORNIXE**
1933; Königswinter
L 17,35 m, B 3,60 m, T 0,60 m
70 PS
75 Fahrgäste

MS **LÜTTJE NIXE**
ex AURICH -1995, Verkehrsverein Aurich
1930; Königswinter
L 14,30 m, B 3,06 m, T 0,79 m
25 kW
60 Fahrgäste

(Siehe Anhang An- und Verkäufe 1999)

MS **MOORNIXE** Foto: K. Kirsch, Berlin; 8/1997

MS **WAPPEN VON WIESMOOR** (ex WAPPEN VON EMMERTHAL); Foto: J. Heyen, Wiesmoor; 7/1999

9. Nord-Ostsee-Kanal

Der Nord-Ostsee-Kanal, in der internationalen Schiffahrt „Kiel-Canal" genannt, ist heute der meistbefahrene Seekanal der Welt. Am 20. Juni 1995 wurde das Bauwerk 100 Jahre alt. Die Grundsteinlegung fand am 3. Juni 1887 in Holtenau statt; am 1 Juli 1895 wurde der Kanalbetrieb aufgenommen. 1909-1914 wurde der Kanal vergrößert.

Die 100 km lange Fahrrinne von den Brunsbütteler Schleusen bis nach Kiel-Holtenau hat zwölf Ausweichen zum Überholen von Schiffen. Eine Passage dauert je nach Verkehrsdichte und Schiffsgröße zwischen fünf und acht Stunden.

Brunsbüttel

Hans Schramm GmbH & Co. KG
Am Südufer
25541 Brunsbüttel
Tel.: 04852/83010
Fax: 04852/830123

Mit einer Barkasse werden Sonderfahrten auf dem Nord-Ostsee-Kanal durchgeführt. Bei Fahrten auf der Elbe verringert sich die Fahrgastzahl. Charterfahrten sind vorzubestellen.

Rendsburg

Personenschiffahrt Rendsburg
Obereiderstr. 4
24768 Rendsburg
Tel.: 04331/24035

Mit dem Fahrgastschiff werden Fahrten auf dem Nord-Ostsee-Kanal und auf der Eider angeboten. Rundfahrten in Rendsburg, Charterfahrten, Fahrten zum Eider-Sperrwerk runden das Programm ab.

Barkasse **YVONNE**
1945; Albert Bonné, Hamburg
L 18,84 m, B 4,64 m T 1,84 m
115 PS
60 Fahrgäste (zugel. für 90 Pers.)

Personenschiffahrt Rendsburg:
MS **STADT RENDSBURG** (ab 1982)
ex CECILIE -19...   als Personenfähre
für Mondorfer Fährgesellschaft
1925; Bröhl, Mondorf
Umbau 1957, verl. und verbr., 1987 Innenausbau
L 19,60 m, B 4,90 m, T 1,10 m
171 PS
149 Fahrgäste

Seit zwei Jahren wird ein weiteres Schiff für Rundfahrten eingesetzt, z. Zt. noch unter seinem alten Namen WARSIN, Heimathafen Hamburg. Eine Umbenennung ist vorgesehen.

MS **WARSIN**
ex JUDITA -1991, Polen
1963; Polen
L 36,00 m, B 6,70 m, T 1,80 m
2x 280 PS
240 Fahrgäste

MS STADT **RENDSBURG** auf dem Nord-Ostsee-Kanlal; Foto: H.-J. Reinecke, Hamburg; 1994

Die Nummerierung
entspricht der Reihenfolge im Buch.

III
Fahrgastschiffe auf Seen

1. Bodensee Baden-Württemberg/Bayern

Der Bodensee, größter Trinkwasserspeicher Europas, wird von Deutschland, Österreich und der Schweiz begrenzt. Er hat eine Oberfläche von 540 km². Die breiteste Stelle zwischen Friedrichshafen und Arbon in der Schweiz beträgt etwa 14 km, hier ist er auch mit über 254 m am tiefsten. Er besteht aus Obersee, Überlinger See und Untersee mit den Inseln Lindau, Mainau und Reichenau.

Zu den Vereinigten Schiffahrtsunternehmen für den Bodensee und Rhein VSU gehören die Geschäftseinheit Bodensee-Schiffahrt der Österreichischen Bundesbahnen ÖBB (6 Schiffe), die Schweizerische Schiffahrtsgesellschaft Untersee und Rhein URh (6 Schiffe), die Schweizerische Bodenseeschiffahrtsgesellschaft AG SBS (fünf Schiffe) und die Bodensee-Schiffsbetriebe GmbH BSB (17 Schiffe). Sie arbeiten eng zusammen.

Insgesamt stehen so 19 000 Plätze zur Verfügung (siehe Anhang Informationen).

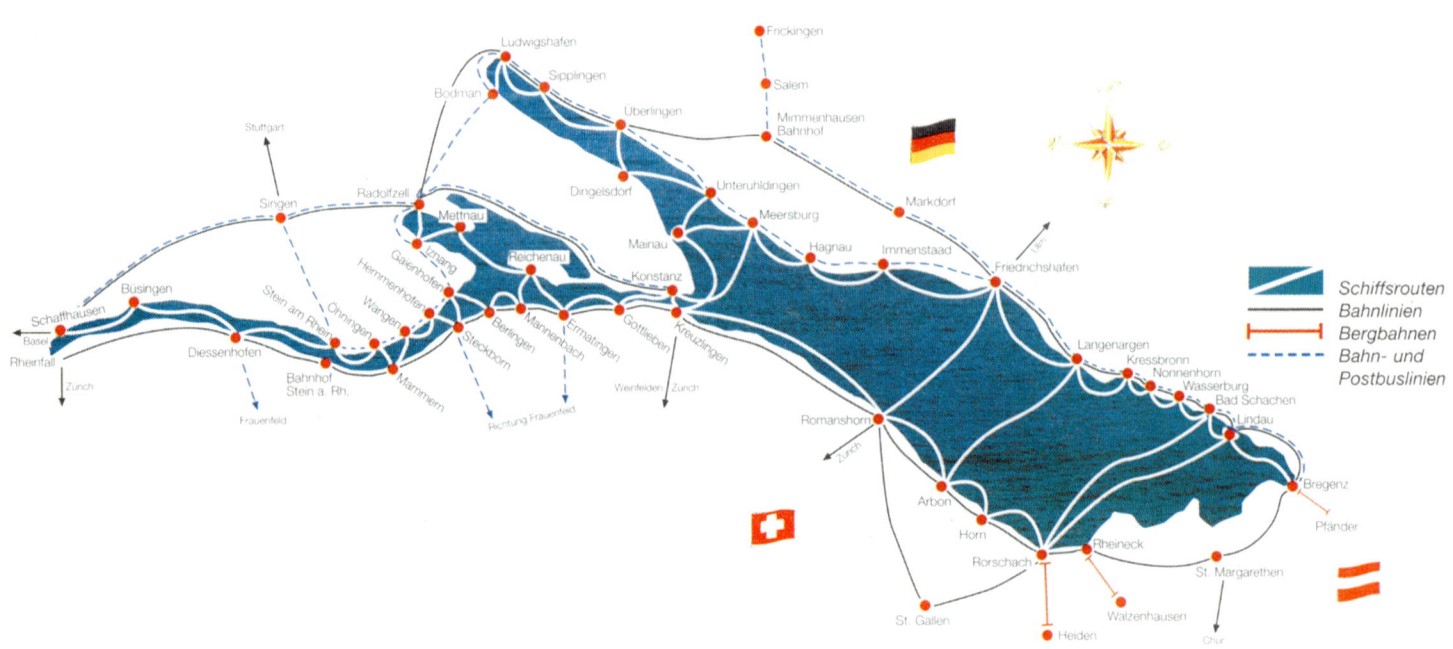

Einfahrt in den Hafen Lindau. Foto: Autor; 1995

Bodensee

**BSB Bodensee-Schiffsbetriebe GmbH,
Unternehmensgruppe Deutsche Bahn AG**

Konstanz
Hafenstr.6, 78462 Konstanz
Tel.: 07531/281398

Friedrichshafen
Seestr.23, 88045 Friedrichshafen
Tel.: 07541/21389

Lindau
Am Hafen, 88131 Lindau
Tel.: 08382/944416

**Die BSB bietet gemeinsam mit der ÖBB
folgende Liniendienste an:**

KONSTANZ – BREGENZ
über (Mainau), Meersburg, Friedrichshafen,
Lindau

BREGENZ – KONSTANZ
über Lindau, Friedrichshafen, Meersburg,
(Mainau)

BSB

KONSTANZ – ÜBERLINGEN
über Meersburg, Mainau

ÜBERLINGEN – KONSTANZ
über Mainau, Meersburg

MS **GRAF ZEPPELIN**
1989; ÖSWAG, Linz
L 56,25 m, B 12,20 m, T 1,65 m
2x 341 kW
700 Fahrgäste

MS **ALLGÄU**
1929; Deggendorf
L 60,50 m, B 12,20 m, T 1,70 m
2x 460 PS
1100 Fahrgäste

MS **MÜNCHEN**
1962; Bodan, Kressbronn
L 57,50 m, B 12,00 m, T 1,72 m
2x 365 PS
1000 Fahrgäste

MS **STUTTGART**
1960; Bodan, Kressbronn
L 57,80 m B 12,00 m, T 1,72 m
2x 385 PS
1000 Fahrgäste

MS **KONSTANZ**
1964; Bodan, Kressbronn
L 57,00 m, B 11,40 m, T 1,56 m
2x 365 PS
700 Fahrgäste

MS **BADEN**
1935; Bodan, Kressbronn
L 53,00 m, B 10,00 m, T 1,60 m
2x 400 PS
760 Fahrgäste

MS **ALLGÄU** läuft in Lindau ein. Foto: Autor; 1995

MS **BADEN** läuft in den Hafen Konstanz ein. Foto: H. Rasmussen, Kalundborg/DK; 1997

Bodensee

Die BSB bietet gemeinsam mit der Schiffahrts-gesellschaft URh folgende Liniendienste an:

KREUZLINGEN – SCHAFFHAUSEN
über Konstanz, Reichenau, Stein am Rhein

SCHAFFHAUSEN – KREUZLINGEN
über Stein am Rhein, Reichenau, Konstanz

KREUZLINGEN – RADOLFZELL
über Konstanz, Reichenau

RADOLFZELL – KREUZLINGEN
über Reichenau, Konstanz

MS **SCHWABEN**
1937; Bodan, Kressbronn
L 56,00 m, B 11,20 m, T 1,60 m; 2x 400 PS
900 Fahrgäste

MS **ÜBERLINGEN** ab 1965
ex DEUTSCHLAND -1965
ex LINDAU -1952
ex RHIN-ET-DANUBE -1948
ex DEUTSCHLAND -1945
1935/37; Deggendorf; 1992 überholt
L 56,30 m, B 11,38 m, T 1,58 m; 2x 400 PS
1000 Fahrgäste

MS **KARLSRUHE**
1937; Deggendorf
L 56,30 m, B 11,38 m, T 1,65 m; 2x 400 PS
900 Fahrgäste

MS **LINDAU** ab 1964
ex GRÜNTEN -1964
1958; Bodan, Kressbronn
L 43,00 m, B 9,10 m, T 1,46 m; 2x 310 PS
400 Fahrgäste

MS **SCHWABEN** im Hafen von Lindau; Foto: Autor; 1995

MS **KARLSRUHE** in Lindau; Foto: Autor; 1995

MS **LINDAU**; Foto: P. Gran, Korschenbroich; 4/1998

Bodensee

**Zusätzlich betreiben die SBS und die BSB
die Autofähre MF EUREGIA gemeinschaftlich:**

FRIEDRICHSHAFEN – ROMANSHORN
ROMANSHORN – FRIEDRICHSHAFEN

**Gemeinsam wird auch der Liniendienst
auf folgender Linie gestaltet:**

FRIEDRICHSHAFEN – LINDAU
über Langenargen, Arbon, Rorschach,
(Romanshorn)

LINDAU – FRIEDRICHSHAFEN
über Rorschach, Arbon, Langenargen,
(Romanshorn)

Die Vereinigten Schiffahrtsunternehmen
für den Bodensee und Rhein VSU bieten
außerdem Sonderfahrten an: Hochzeitsfahrten,
Ausflugsfahrten, Tanzfahrten.

(Siehe Anhang Informationen)

Liniendienst
BODMAN – ÜBERLINGEN
ÜBERLINGEN – BODMAN

Motorbootgesellschaft Bodman GmbH
76351 Bodman/Ludwigshafen
Tel.: 07773/5486
Fax: 07773/7370

MS **REICHENAU**
1961; Bodan, Kressbronn
L 34,60 m, B 7,30 m, T 1,11 m
350 PS
250 Fahrgäste

MS **FRIEDRICHSHAFEN**
1952; Bodan, Kressbronn
L 38,00 m, B 8,00 m, T 1,27 m
2x 230 PS
300 Fahrgäste

MS **KÖNIGIN KATHARINA**
1994; DBW, Genthin
L 52,30 m, B 9,98 m, T 1,25 m
2x 197 PS
300 Fahrgäste

MS **MAINAU**
1973; Lux, Mondorf
L 29,00 m, B 6,20 m, T 0,80 m
2x 138 kW
300 Fahrgäste

MS **UHLDINGEN**
1974; Lux, Mondorf
L 30,50 m, B 6,20 m, 0,80 m
2x 126 kW
300 Fahrgäste

MB **WASSERBURG** (10/84)
ex MILAN -1984
1957; Bodan, Kressbronn
L 25,15 m, B 5,40 m, T1,08 m
250 PS
125 Fahrgäste

Motorbootgesellschaft Bodman GmbH
MS **BODMAN** (ab 19. 7. 1960)
ex KELHEIM -1979 Schiffahrtsges. Kelheim
1958; Ruthof, Mainz
L 31,00 m, B 5,11 m, T 0,70 m
230 PS
249 Fahrgäste

MS **FRIEDRICHSHAFEN**
Foto: Sammlung Autor

MS **KÖNIGIN KATHARINA**
Foto: Sammlung Autor

UHLDINGEN
im Winterquatier
Foto: Sammlung Autor

Bodensee

Schiffsbetrieb Wiehrer
Marlen und Uwe Wiehrer
Bösenreutiner Steig 4a
88131 Lindau/Bodensee
Tel./Fax: 08382/78194

Mit dem MS DELPHIN werden ein- und mehr-
stündige Rundfahrten auf dem Bodensee
geboten. Das gepflegte Schiff kann auch für
Gesellschaftsfahrten und Hochzeiten gechartert
werden

Personenschiffahrt EWALD GIESS
Ewald Giess
Seehang 2
78465 Konstanz/Bodensee
Tel.: 07533/5261
Fu: 0161/1715162 MS SEEPERLE

Die Personenschiffahrt Ewald Giess bietet
neben der Linie Konstanz-Wallhausen-Überlin-
gen-Wallhausen (Mai-September) Sonderfahrten
auf dem Bodensee, dem Untersee und auf
dem Rhein an.

Personenschiffahrt WILFRIED GIESS
Wilfried Giess
Heinrich-von-Tettingen-Str. 4
76465 Konstanz
Tel.: 07533/2177

Das Unternehmen Wilfried Giess bietet Kurs-,
Rund- und Sonderfahrten auf dem Bodensee
von Konstanz aus an.

MS **DELPHIN** (ab 1995 für Wiehrer)
ex SEEHAASE (vor 1975 für Frau Unser in
Unteruhldingen),
1975 verkauft an Herrn Heidegger,
Überlingen/Bodensee
1986 nach Luzern an die St. Niklausen Schiffs-
gesellschaft verkauft. n.N. Delphin
1995 zurück auf den Bodensee
1928; Pillau
1954; Friedrichshafen, Umbau des Oberdecks
L 18,40 m, B 3,87 m, T 1,20 m; 180 PS
34 Fahrgäste
In der Saison 2000 soll ein weiteres Schiff
zum Einsatz kommen.

MS **SEEPERLE**
1979; Lux-Werft, Mondorf
L 17,70 m, B 5,07 m, T 1,10 m; 203 PS
100 Fahrgäste

MS **SEESTERN**
1996; Lux-Werft, Mondorf
L 27,20 m, B 5,80 m, T 1,10 m; 500 PS
200 Fahrgäste

MS **MILAN** (ab 1998) (Abb. S. 299)
1982; Lux-Werft, Mondorf, 1997 überholt
L 23,50 m, B 5,10 m, T 1,20 m; 275 PS
190 Fahrgäste
Das MS MILAN wurde 1998 vom Schiffsbetrieb
Heinz Keller, Mühlbachstr. 28, 88662 Überlingen
(Tel.: 07551/4135; Fu: 0171/5262624) gekauft.

MS WALLHAUSEN (1963; Bodan, Kressbronn)
wurde 1998 an den Sarnersee (Schweiz) verkauft
und fährt dort als **SEESTERN**.

Personenschiffahrt WILFRIED GIESS:
MS **MÖWE**
1962; Lux, Mondorf
L 19,50 m, B 5,10 m, T 1,10 m; 210 PS
100 Fahrgäste

MS **SEEPERLE**; Foto: K. Kirsch, Berlin; 9/1994

MS **MÖWE**; Foto: W. Giess, Konstanz

Bodensee

Überlinger Schiffsbetriebe
Zwei Unternehmen bieten Bodensee-Ausflugs-
fahrten an: Fahrten in den Obersee, zur Insel
Reichenau, zur Insel Mainau, nach Stein am
Rhein und nach Arenenberg.

Schiffsbetrieb Alfons Heidegger
Im Guggenbühl 3
88662 Überlingen
Tel.: 07551/66453 o. 0161/1715138

Schiffsbetrieb Hans Held
Constantin-Vanotti-Str.16
88662 Überlingen
Tel.: 07551/60853
Fu: 0171/5262611

Motorbootbetrieb Frey Meersburg/Bodensee
Frey
Droste-Hülshoff-Weg 26
88709 Meersburg
Tel.: 07532/6952

Das Motorschiff wird auf der Linie Meersburg-
Insel Mainau-Meersburg eingesetzt. Sonderfahrten sind nach Vereinbarung möglich.

**Schiffahrtsbetrieb Oskar Baumann
Allensbach/Bodensee**
Oskar Baumann, Schiffahrt und Boots-
vermietung
Brunnengasse 3
78476 Allensbach/Bodensee
Tel.: 07533/6361
Fax: 07533/998721

Die beiden Schiffe werden auf dem Gnadensee,
dem Zellersee, dem Untersee und auch auf
dem Bodensee eingesetzt. Charterfahrten sind
auf Bestellung möglich.

MS **BODENSEE**
1951; Schmidt, Oberwinter
L 25,00 m, B 5,25 m, T 1,10 m
160 PS
200 Fahrgäste

MS **FÖHN**
1965; Bodan, Kressbronn
L 20,00 m, B 5,00 m, T 1,10 m
180 PS
120 Fahrgäste

MS **GUNZO** ab 1997 (vorher Heinz Keller)
1977; Lux, Mondorf
L 24,00 m, B 5,62 m, T 1,20 m
275 PS
250 Fahrgäste

MS **FRITZ**
1979; Lux, Mondorf
L 15,50 m, B 4,18 m, T 0,68 m
104 kW
59 Fahrgäste

MS **ALET**
1984; Lux, Mondorf
L 22,50 m, B 5,10 m, T 0,90 m
155 kW
100 Fahrgäste

MS **GNADENSEE**
1992; Georg Placke-Werft, Aken/Elbe
L 14,00 m, B 3,70 m, T 0,80 m
121 kW
50 Fahrgäste

MS **FÖHN**; Foto: A. Heidegger, Überlingen; 8/1997

MS **MILAN**; Foto: H. Keller, Überlingen; 1997

2. Eibsee Bayern

Der Eibsee befindet sich am Nordfuß der Zugspitze in 972 m Höhe ü. M. und hat eine Fläche von etwa 1,6 km². Er ist über 30 m tief und gehört zu den schönsten Seen in Deutschland.

3. Königssee Bayern

Eingerahmt von steilen Felswänden liegt der tiefe Alpensee (188 m tief) in einer Höhe von 601 m ü. M. Er bedeckt eine Fläche von 5,2 km² und steht unter Naturschutz. Unterhalb des Watzmanns kann man mit dem Elektro-schiff die Halbinsel St. Bartolomä mit der Wallfahrtskirche erreichen. Durch die Königsseer Ache besteht Verbindung zur Salzach.

Eibsee

Eibsee-Hotel
Peter K. H. Rieppel
62491 Grainau-Eibsee
Tel.: 08821/8081
Fax: 08821/82585

Mit dem kleinen Fahrgastschiff, das zum Eibsee-Hotel gehört, werden Rundfahrten auf dem Eibsee durchgeführt.

MS **RESERL**
1950; Glas, Possenhofen
L 10,00 m, B 2,90 m, T 0,80 m
26 kW
35 Fahrgäste

Königssee

**Bayerische Seenschiffahrt GmbH /
Schiffahrt Königssee**
Seestraße 55
83471 Schönau a. Königssee
Tel.: 08652/9636-0
Fax: 08652/64721

Linienfahrten Königssee-St. Bartolomä-Salet von Mitte April bis Mitte Oktober werden angeboten. Abendfahrten und Sonderfahrten für Gruppen sind nach Vereinbarung möglich. Der Verkehr wird bei Vereisung des Sees ein-gestellt.

EMS **RAMSAU**
1992; Königssee
L 20,30 m, B 3,40 m, T 0,93 m
8,8 kW
95 Fahrgäste

EMS **HOHER GÖLL**
1989; Königssee
L 20,30 m, B 3,40 m, T 0,93 m
95 Fahrgäste

EMS **RAMSAU**, die jüngste Einheit der Flotte; Foto: Bayerische Seen Schiffahrt

EMS **HOHER GÖLL** auf der Abschiedsfahrt vor St Bartolomä; Foto: Bayerische Seen Schiffahrt

**Bayerische Seenschiffahrt GmbH /
Schiffahrt Königssee** (Fortsetzung)

Bayerische Seenschiffahrt GmbH heißt seit
dem 1. Januar 1997 die bisherige Staatliche
Seenschiffahrt.
Die Fahrgesellschaft betreibt ab Jahresbeginn
die Schiffahrt auf dem KÖNIGSSEE, TEGERN-
SEE, STARNBERGER SEE und AMMERSEE.

EMS **FUNTENSEE**
1984; Königssee
L 19,10 m, B 3,20 m, T 0,95 m
8,8 kW
93 Fahrgäste

EMS **BAD REICHENHALL**
1971; A. Rambeck, Starnberg
L 19,10 m, B 3,20 m, T 0,95 m
8,8 kW
93 Fahrgäste

EMS **ST. BARTOLOMÄ**
1965; A. Rambeck, Starnberg
L 19,00 m, B 3,20 m, T 0,95 m
8,8 kW
93 Fahrgäste

EMS **SCHÖNAU**
1960; A. Rambeck, Starnberg
L 19,00 m, B 3,20 m, T 0,97 m
8,8 kW
93 Fahrgäste

EMS **GRÜNSEE**
1958; A. Rambeck, Starnberg
L 14,50 m, B 3,06 m, T 0,86 m
5,9 kW
70 Fahrgäste

EMS **TAUERN**
1956; A. Rambeck, Starnberg
L 19,00 m, B 3,20 m, T 0,95 m
8,8 kW
93 Fahrgäste

EMS **JENNER**
1955; A. Rambeck, Starnberg
L 19,00 m, B 3,20 m, T 1,03 m
8,8 kW
93 Fahrgäste

EMS **SALZBURG**
1939; A. Rambeck, Starnberg
Umbau 1975; Königssee
L 18,75 m, B 3,20 m, T 1,00 m
8,8 kW
93 Fahrgäste

EMS **BERCHTESGADEN**
1937; A. Rambeck, Starnberg
Umbau 1974; Königssee
L 18,75 m, B 3,17 m, T 1,00 m
8,8 kW
93 Fahrgäste

EMS **OBERSALZBERG**
1936; A. Rambeck, Starnberg
Umbau 1975; Königssee
L 18,75 m, B 3,15 m, T 0,97 m
8,8 kW
93 Fahrgäste

EMS **STAUFEN**
1953; A. Rambeck, Starnberg
Umbau 1976, Königssee
L 18,75 m, B 3,15 m, T 0,97 m
8,8 kW
93 Fahrgäste

EMS **HOCHKALTER**
1929, A. Rambeck, Starnberg
Umbau 1979, Königssee
L 18,88 m, B 3,15 m, T 0,92 m
8,8 kW
93 Fahrgäste

EMS **KÖNIGSSEE** (Abb. S. 305)
1926; A. Rambeck, Starnberg
Umbau 1976; Königssee
L 18,75 m, B 3,20 m, T 0,99 m
8,8 kW
93 Fahrgäste

EMS **TAUERN** mit nach vorn
gelegten Steuerstand
Foto: Bayerische Seen-
schiffahrt

EMS **JENNER**
Foto: K. Kirsch, Berlin; 1995

EMS **STAUFEN** auf Kurs
Foto: K. Kirsch; Berlin; 1995

**Bayerische Seenschiffahrt GmbH /
Schiffahrt Königssee** (Fortsetzung)

EMS FALKENSTEIN

1922; Lürssen, Bremen-Vegesack
Umbau 1981; Königssee
L 18,89 m, B 3,20 m, T 0,98 m
8,8 kW 93 Fahrgäste

EMS OBERSEE

1922; Lürssen, Bremen-Vegesack
Umbau 1983; Königssee
L 18,50 m, B 3,15 m, T 0,75 m
8,8 kW
93 Fahrgäste

EMS UNTERSBERG

1920; Lürssen, Bremen-Vegesack
Umbau 1978; Königssee
L 18,95 m, B 3,20 m, T 1,00 m
8,8 kW
93 Fahrgäste

EMS WATZMANN

1920; Lürssen, Bremen-Vegesack
Umbau 1977; Königssee
L 18,50 m, B 3,15 m, T 0,95 m
8,8 kW
93 Fahrgäste

Die Motorboote werden alle von einem Gleich-
stromelektromotor angetrieben (seit 1909
Elektroantrieb auf dem See).

Das jüngste Schiff der Königssee-Flotte ist die
EMS **BISCHOFSWIESEN**. Es wurde am 7. Mai
1998 in Fahrt gebracht.
Mit der Inbetriebnahmde des ersten Fahrgastschiffes aus Stahl auf dem See kommt auch ein
speziell für elektrisch betriebene Fahrzeuge neu-
entwickeltes Antriebssystem zum Einsatz.
Zur Energieversorgung des Antriebes dienen Bat-
terien, deren Gleichstrom von einem Frequenz-
umrichter in Drehstrom umgewandelt wird.
Dadurch können Norm-Drehstrommotoren verwendet werden.
Die Regelung der Fahrtgeschwindigkeit erfolgt
leistungslos durch Elektronik.

EMS BISCHOFSWIESEN

1996; Lux-Werft, Mondorf,
Bau der Schiffsschale (Stahl),
22.10.1996 Transport per LKW an den Königssee,
1996/97 und 1997/98 in den Wintermonaten
erfolgte der Ausbau der Schiffes durch die Mitarbeiter der Schiffahrt Königssee auf der Schiffswerft Königssee.
L 21,00 m, B 3,70 m, T 0,90 m
10 kW
94 Fahrgäste

Ausgemustert wurden folgende Motorboote:

EMS GRÜNSTEIN (1953), 1992 a. D.,
inzwischen verschrottet

EMS SALET (1923), 1997 a. D.,
jetzt Arbeitsboot

EMS FISCHUNKEL (1919), 1991 a. D.,
inzwischen verschrottet

EMS FUNTENSEE (1919), 1984 a. D.,
inzwischen verschrottet

EMS HOHER GÖLL (1911), 1989 a. D.,
Deutsches Museum München (1992)

EMS **KÖNIGSSEE**
Foto: K. Kirsch,
Berlin; 1995

EMS **WATZMANN**
Foto: K. Kirsch,
Berlin; 1995

EMS **BISCHOFSWIESEN**
Foto: Bayerische Seen
Schiffahrt

4. Tegernsee Bayern

Nur etwas über 50 km liegt der Tegernsee von München entfernt. Mit einer Fläche von 6,9 km² gehört der See in 725 m ü. M. zu den kleinen, aber sehr bekannten Seen inmitten einer herrlichen Bergwelt. Zu ihren Füßen finden sich die beliebten Erholungsorte Tegernsee, Bad Wiessee und Rottach-Egern.

Bayerische Seenschiffahrt GmbH
Schiffahrt Tegernsee
Seestraße 70
83684 Tegernsee
Tel.: 08022/93312
Fax: 08022/3766

Durch die Schiffstaxis leistet die Bayerische Seenschiffahrt einen umweltfreundlichen Beitrag zum öffentlichen Nahverkehr. Übersetzverkehr (ca. alle 30 Minuten) zwischen Tegernsee, Bad Wiessee und Rottach-Egern, Uferrundfahrten und Dämmerfahrten im Lichterschein gehören zum Programm.

MS **GMUND**
1968; Hitzler, Regensburg
L 20,00 m, B 4,10 m, T 0,90 m
102 kW
150 Fahrgäste

MS **KREUTH**
1977; Hitzler, Regensburg
L 20,00 m, B 4,20 m, T 1,00 m
92 kW
150 Fahrgäste

MS **ROTTACH**
1960; Hitzler, Regensburg
L 20,00 m, B 4,10 m, T 0,90 m
106 kW
150 Fahrgäste

MS **TEGERNSEE**
1938; Scheel & Jöhnk, Hamburg
L 20,00 m, B 4,00 m, T 0,90 m
110 kW
164 Fahrgäste

MS **BAD WIESSEE**
1937; Lürssen, Bremen-Vegesack
L 23,50 m, B 3,90 m, T 1,00 m
70 kW
125 Fahrgäste

MS **BAYERN**
1923; Rambeck, Starnberg
L 18,50 m, B 3,50 m, T 0,80 m
57 kW
115 Fahrgäste

MS **HUBERTUS**
1931; Kellerer, Tegernsee
L 16,00 m, B 3,40 m, T 0,95 m
57 kW
84 Fahrgäste

MS **ROTTACH**; Foto: K. Kirsch, Berlin; 8/1995

MS **TEGERNSEE** auf dem Tegernsee; Foto: H. Kindt, Hamburg

5. Starnberger See Bayern

Seit 1651 gibt es Personenschiffahrt auf dem Starnberger See. Im Alpenvorland ist er durch die Eiszeit entstanden, bedeckt eine Fläche von 54 km² und ist bis zu 124 m tief. Ein Abfluß ist durch die Würm (Würmsee) zur Amper gegeben.

Der See und seine herrliche Umgebung sind Naherholungsgebiet für die Münchner Stadtregion.

Bayerische Seenschiffahrt
Schiffahrt Starnberger See
Dampfschiffstr. 5
82319 Starnberg
Tel.: 08151/12023 und 8061
Fax: 08151/15229

Es werden fahrplanmäßige Kurs- und Rundfahrten angeboten, in der Hochsaison Tanzrundfahrten jeden Samstagabend, Historische Rundfahrten von Mai bis Oktober jeden 1. Mittwoch im Monat.

MS **SEESHAUPT**
1954; Ruthof, Regensburg
(30.3.1955 Jungfernfahrt)
L 60,20 m, B 12,20 m, T 1,70 m
2x 510 PS
900 Fahrgäste

MS **BAYERN**
1936; Deggendorf (Umbau 1948)
L 48,00 m, B 10,40 m, T 1,60 m
2x 320 PS
600 Fahrgäste

MS **BERNRIED**
ex ZEUS -1955, Minden/Weser
1983; Lux, Mondorf
1994, neuer Motor
L 34,00 m, B 6,60 m, T 0,80 m
242 PS
300 Fahrgäste

MS **BERG**
1951; Hitzler, Regensburg
L 25,24 m, B 4,80 m, T 0,80 m
225 PS
160 Fahrgäste

MS **TUTZING** (1937, Deggendorf) wurde 1996 außer Dienst gestellt, verbleibt aber auf dem Starnberger See (Museum).

MS **BERNRIED**, neu in der Starnberger See-Flotte; Foto: K Hauke, Travemünde

6. Ammersee Bayern

Der Ammersee, 533 m ü. M. gelegen, ist mit 47,6 km² Fläche nach dem Chiemsee und dem Starnberger See der drittgrößte in Bayern. Er ist 16 km lang, bis zu 6 km breit und 80 m tief.
1876 wurde auf dem See erstmals Dampfschiffahrt betrieben.

7. Kochelsee Bayern

Südwestlich von Bad Tölz in etwa 600 m ü. M. liegt der Kochelsee mit einer Fläche von etwa 6 km². Mit dem Walchensee ist er durch eine Röhrenleitung verbunden.

Ammersee

Bayerische Seenschiffahrt GmbH

Schiffahrt Ammersee
Landsberger Str. 81, 82256 Inning/Stegen
Tel.: 08143/94021
Fax: 08143/94023

Eine Ammerseerundfahrt dauert etwa zweieinhalb Stunden.
Kurzrundfahrten, Sonderfahrten und auch Riverboat-Shuffles werden angeboten.
Die besondere Attraktion ist der Schaufelraddampfer DIESSEN, der 1908 gebaut und so modernisiert wurde, daß sein äußeres romantisches Erscheinungsbild erhalten blieb.

Kochelsee

Motorschiffahrt Kochelsee GdbR

Kirchenweg 1, 82431 Kochel am See
Tel.: 08851/416 und 08851/7241

Vom 15. Juni bis 15. September werden täglich Fahrten auf dem See angeboten. Von Kochel führt die Rundfahrt zum Seehotel „Grauer Bär", über Altjoch, Schlehdorf zurück nach Kochel. Fahrtdauer etwa 1 Std. 15 Minuten.
Außerhalb der Saison finden Fahrten nur bei schönem Wetter statt.

RMS **DIESSEN**
1908; Maffei, München als DS,
Dampfmaschine, Kohlefeuerung
1975; mot. Diesel MAN
L 38,80 m, B 10,15 m, T 1,25 m
230 PS
360 Fahrgäste

MS **UTTING**
1950; Deggendorf
L 35,42 m, B 7,46 m, T 1,45 m
345 PS
400 Fahrgäste

MS **HERRSCHING**
1957; Deggendorf
L 30,10 m, B 6,00 m, T 1,12 m
300 PS
240 Fahrgäste

MS **SCHONDORF**
1961; Deggendorf
L 24,60 m, B 5,60 m, T 0,92 m
225 PS
170 Fahrgäste

Motorschiffahrt Kochelsee GdbR:
MS **HERZOGSTAND**
1936; Scheel & Jöhnk, Hamburg
L 16,00 m, B 3,25 m, T 0,55 m; 77 kW
100 Fahrgäste (75 Sitzplätze, 25 Stehplätze)

Das Radmotorschiff **DIESSEN** zum Saisonausklang am Anleger; Foto: Autor; 1992

Das kleine Fahrgastschiff **HERZOGSTAND** ist abfahrbereit. Foto: Reederei; 1997

8. Schliersee Bayern

Der Schliersee liegt in Oberbayern östlich vom Tegernsee in einer Höhe von 777 m ü. M., bedeckt eine Fläche von etwa 2,2 km^2 und ist bis zu 40 m tief. Der Kneipp- und Luftkurort Schliersee liegt an seinem Nordufer.

9. Staffelsee Bayern

Der oberbayerische See im Alpenvorland liegt nordwestlich von Murnau in einer Höhe von 648 m ü. M. Er ist bis zu 38 m tief und hat eine Fläche von 7,7 km^2. Auf der Insel Wörth, eine von insgesamt sieben Inseln im See, befindet sich ein Bischofsschloß.

Schliersee

Motorschiffahrt Schliersee
Sepp Maier
Breitenbachstraße 18b
83727 Schliersee
Tel.: 08026/4626 und 2382

Rundfahrten auf dem idyllischen See werden angeboten. Außerdem kann das Schiff auch für Betriebsfeste, Hochzeitsfahrten und Partyfahrten gebucht werden.

MS **SCHLIERSEE**
1993; Molenaars Shepsverf, Zaandam/NL
L 19,20 m, B 4,16 m, T 1,15 m
135 PS
120 Fahrgäste

Staffelsee

Motorschiffahrtsgesellschaft Staffelsee
Familie Meyer
Im Hinterfeld 8
82418 Seehausen am Staffelsee
Tel/FAX 08841/5075

Rundfahrten auf dem See dauern ca. 1 Stunde und beginnen in Seehausen. Sonderfahrten und Fahrten in der Vor- und Nachsaison sind bei günstiger Witterung und Bedarf möglich.

MS **SEEHAUSEN** (Neubau)
Taufe am 17. Mai 1998
1996; Lux-Werft, Mondorf
L 18,80 m, B 5,30 m, T 0,90 m
115 PS
100 Fahrgäste (60 im Salon, 40 Oberdeck)

Das bis 1996 eingesetzte Schiff mit gleichem Namen ist nach längerer Aufliegezeit nun nach Holland verkauft worden (1959; Ulmer Schiffs- und Bootswerft, L 13,00 m, B 3,00 m, T 0,55 m, 37 kW, 57 Fahrgäste).

MS **SCHLIERSEE** startet zur Rundfahrt; Foto: Autor; 1997

Die neue **SEEHAUSEN** am Anleger; Foto: Meyer, Seehausen; 9/1998

10. Chiemsee Bayern

Das „bayerische Meer" wird der 84 km² große See im Voralpenland genannt. Er ist bis zu 73 m tief und 14 km lang. Im Süden reicht die Alpenkette fast bis an seine Ufer.

Das Prunkschloß Herrenchiemsee befindet sich auf der 240 ha großen Insel gleichen Namens (ganzjährig zu besichtigen).

Malerisch ist das Fischerdorf Frauenwörth auf der „Fraueninsel". 1845 begann mit einem Dampfboot die Schiffahrt, 1995 feierte die Chiemsee-Schiffahrt Ludwig Feßler ihr 150jähriges Bestehen.

Chiemsee-Schiffahrt Ludwig Feßler
Seestraße 108
Postfach 1162
83209 Prien am Chiemsee
Tel.: 08051/6090
Fax: 08051/62943

Von Prien/Stock und Gstadt gibt es ganzjährig Schiffsverbindung zu den Inseln. Im Sommer werden große Rundfahrten und Überfahrten zu den Inseln auch von Seebruck, Chieming, Übersee/Feldwies und Bernau/Felden angeboten. Abendliche Tanzfahrten und Sonderfahrten auf Bestellung ergänzen das umfangreiche Programm.

MS **EDELTRAUD**
1970; Hitzler, Regensburg
1975 Umbau, 1032 Fahrgäste
1983/84 Umbau, 1075 Fahrgäste
1986 Umbau, L 50,50 m
1986/87 Umbau, n. mot., 568 PS
1998/99 Umbau zum Restaurantschiff
L 50,50 m, B 9,05 m, T 1,30 m
568 PS
1075 Fahrgäste

MS **JOSEF**
1991; Hitzler, Regensburg
L 47,70 m, B 8,00 m, T 1,32 m
571 PS
790 Fahrgäste

MS **IRMINGARD**
1987; Hitzler, Regensburg
L 44,10 m, B 7,69 m, T 1,33 m
570 PS
755 Fahrgäste

RMS **LUDWIG FESSLER**
1926/27; Hitzler, Regensburg
1972/73 Umbau, 2x 240 PS
1991/92 Umbau, 2x 276 PS
L 53,00 m, B 11,60 m, T 1,20 m
2x 276 PS
685 Fahrgäste

MS **IRMINGARD** auf dem Chiemsee; Foto: D. Foerster, Halle; 1992

Das Radmotorschiff **LUDWIG FESSLER** – Star der Flotte; Foto: H.-J. Mannweiller, Berlin

Chiemsee-Schiffahrt Ludwig Feßler
(Fortsetzung)

MS BERTA
1981/82; Hitzler, Regensburg
1985 Umbau, verl.
1987 Umbau n. mot.
L 33,55 m, B 3,10 m, T 1,28 m
354 PS
495 Fahrgäste

MS BARBARA
1961; Hitzler, Regensburg
1975 Umbau
1988 Umbau, n. mot.
L 29,25 m, B 6,50 m, T 1,15 m
272 PS
395 Fahrgäste

MS RUDOLF
1973; Hitzler, Regensburg
1976/77 Umbau, verl.
1980 Umbau, n. mot.
1986/87 Umbau, Einstiegsbereich
L 32,00 m, B 6,25 m, T 1,00 m
329 PS
350 Fahrgäste

MS MAXIMILIAN
1937; Scheel & Jöhnk, Hamburg
1963 Umbau, Oberdeck
1978/79 Umbau, verl.
1979/80 Umbau
1994 Umbau, n. mot.
L 23,00 m, B 4,97 m, T 1,00 m
220 PS
300 Fahrgäste

MS GERTRAUD
1967; Neckarwerft, Neckarsulm
1988 Umbau, n. mot.
L 24,25 m, B 4,37 m, T 0,93 m
272 PS
175 Fahrgäste

MS MICHAEL
1993; Lux, Mondorf
L 26,80 m, B 5,58 m, T 1,09 m
242 PS
150 Fahrgäste

MS IRMINGARD F
ex IRMINGARD -1989
1925; Hitzler, Regensburg
1934 Umbau, n. mot.
1962 Umbau, n. mot.
L 17,30 m, B 3,45 m, T 0,86 m
76 PS
90 Fahrgäste

MS INGRID (ab 1978)
ex GSTADT -1978
1960; Balkheimer
1980 Umbau und Motor nach vorn verlegt
1983 Umbau, verl., n. mot.
L 16,62 m, B 3,42 m, T 0,71 m
76 PS
79 Fahrgäste

MS BIRGIT ab 74[*)]
ex RUDOLF
ex JONNY
1924; E. Meyer, Bergedorf
1967 Umbau, n. mot.
L 11,40 m, B 2,65 m, L 1,10 m
40 kW
55 Fahrgäste

[*)] Verwendung als Arbeitsschiff

MS **BARBARA** legt an; Foto: D. Foerster, Halle; 1992

MS **MAXIMILIAN** am Anleger; Foto: K. Kirsch, Berlin; 8/1992

Chiemsee

Schiffahrt Gstadt
Seeplatz 8
83257 Gstadt am Chiemsee
Tel.: 08054/7100 oder 7397
Fax: 08054/1269

Die Gesellschaft wurde 1993 gegründet, nachdem die Kooperation zwischen der Chiemsee-Schiffahrt Ludwig Feßler und den Vereinigten Schiffern Gstadt endete.
1994 wurde Schiffahrt Gstadt die Genehmigung zu Linienfahrten erteilt: Gstadt-Fraueninsel-Gstadt und Gstadt-Herreninsel-Gstadt.

MS **SIEGFRIED** (bis 1993 für Chiemsee-Schiffahrt Ludwig Feßler)
1957; Hitzler, Regensburg
Umbau 1988/89 neuer Motor
L 27,35 m, B 6,20 m, T 1,25m
277 PS
300 Fahrgäste

MS **GSTADT**
1977; Lux, Mondorf
L 28,30 m, B 6,20 m, T 1,10 m
265 PS
280 Fahrgäste
(ehemals Vereinigte Schiffer Gstadt)
Das Schiff liegt in Gstadt.

MS **GSTADT** in Fahrt – eine Aufnahme vom 28. Juni 1992 Foto: D. Foerster, Halle

11. Titisee Baden-Württemberg

Der Titisee ist ein kleiner eiszeitlicher Moränenstausee im südlichen Schwarzwald. Er liegt 848 m ü. M. und hat eine Fläche von knapp einem Quadratkilometer. Stellenweise ist er bis zu 40 m tief.
Personenschiffahrt wird vom Kurort Titisee-Neustadt aus betrieben.

Bootsverleih K. Winterhalder
Inh. Ingrid Schweizer
Seestraße 33
79822 Titisee-Neustadt
Tel.: 07651/8214
Fax: 07651/88099

Neben Elektromotorbooten, Tretbooten und Ruderbooten werden zwei Motorschiffe für Rundfahrten auf dem See eingesetzt.

MS **INGRID**
1972; Lux, Mondorf (als CAROLA II)
1977 Umbau (Sonnendeck)
L 21,00, B 4,50 m, T 0,85 m
27 kW /Elektroantrieb
120 Fahrgäste

MS **CAROLA**
1956; Lux, Mondorf
1977 Umbau (Sonnendeck)
L 21,00 m, B 4,50 m, T 0,85 m
14,7 kW /Elektroantrieb
120 Fahrgäste

Die andere Titisee-Rundfahrt
Rundfahrten Familie Drubba
Seestr. 37
79815 Titisee-Neustadt
Tel.: 07651/981200
Fax: 07651/88142

Bootsfahrten zum Hotel Alemannenhof und Rundfahrten
Anleger am Ende der Fußgängerzone Seestraße

ES **GÖTZ VON BERLICHINGEN**
1976; Neckar-Bootsbau, Neckarsteinach
L 16,00 m, B 4,00 m, T 0,90 m
Batteriebetrieb
80 Fahrgäste

ES **TITUS**
1980; Bodan-Werft, Kressbronn
L 16,00 m, B 4,00 m, T 0,90 m
Batteriebetrieb
80 Fahrgäste

MS **INGRID** am Anleger in Neustadt; Foto: K. Kirsch, Berlin; 8/1994

TITUS fährt umweltfreundlich mit Batteriebetrieb; Foto: Sammlung Autor

12. **Schwielochsee** Brandenburg

Der Schwielochsee in Ostbrandenburg gehört mit 11,2 km² zu den großen Seen des Gebietes. Über die Spree hat er Verbindung mit den Berliner Gewässern.

Fahrgastschiffahrt Schwielochsee
Manfred Wiedemann
Dorfstraße 11c
15913 Jessern
Tel./Fax: 035478/746

Die Reederei Wiedemann bietet Rund-, Halbtags- oder Charterfahrten an, ebenfalls Linienfahrten vom Schwielochsee auf der Spree abwärts bis Beeskow. Zustiegsmöglichkeiten gibt es in Goyatz, Jessern, Zaue, Niewisch, Glowe und Beeskow.

MS **SCHWIELOCHSEE** (ab 4/1996)
ex SEDDINSEE ab 1970; ab 1993 für Reederei Wiedemann auf dem Schwielochsee
ex WODAN -1970
1927; Ertel, Woltersdorf
L 26,08 m, B 3,72 m, T 1,04 m
104 PS
149 Fahrgäste

MS **GOYATZ** (ab 4/1990)
ex HANSE FRANKFURT -1985
ex BEESKOW -1990
1973; Moskau (Gleitboot Typ Sarja)
L 22,00 m, B 3,72 m, T 0,60 m
145 PS
48 Fahrgäste
Das Schiff ist seit 10/1998 nicht mehr im Dienst (Hausboot).

MS **FALKE** (ab 5/97 auf dem Schwielochsee)
-1991/92 für Wiedenhöft, Werbellinsee;
ex SCHMÖLDE -1991
ex TRUMPF -1970
1931; Wildau
L 22,24 m, B 3,64 m, T 0,93 m
67 PS
75 Fahrgäste

MS **SEDDINSEE**; seit 1998 **SCHWIELOCHSEE** der Reederei Wiedemann, hier noch für die WF Berlin am Anleger in Friedrichshagen; Foto: Sammlung Autor

13. Teupitzer See Brandenburg

Die kleine Stadt Teupitz liegt am gleichnamigen See, dessen Ufer bis ins Stadtzentrum reichen. Er gehört zu einer ganzen Seenkette, die sich über 15 km bis nach Prieros erstreckt.

Dahme-Schiffahrt Teupitz
Hans-Ulrich Kaubisch
Bahnhofstraße 50
15755 Teupitz
Tel./Fax: 033766/41555
Bord-Tel: 0172/3073975

Das Familienunternehmen bietet ab Teupitz und Prieros Fahrten an. Charterfahrten und auch Vereins- und Familienfahrten können vereinbart werden.

MS **SCHENKENLAND**
1993; Placke-Werft, Aken
L 24,00 m, B 4,60 m, T 0,80 m
145 PS
150 Fahrgäste

MS **LIBERTY** (ab 7/1994 für Kaubisch)
ex US 66 -1994 (US-Armee in Berlin-Wannsee)
1988; KuFra-Werft, Lübeck
1994 Rekonstruktion und Modernisierung,
Werft Malz
L 18,00 m, B 4,50 m, T 0,90 m
2 x 75 PS
75 Fahrgäste

MS **PARTY** (Charterboot)
1992; Jacko-Werft, Dolgenbrodt
L 16,80 m, B 3,50 m, T 0,25 m
200 PS
60 Fahrgäste

MS PARTY wurde im Frühjahr 1996 verkauft. Das Schiff fährt jetzt in Wasserburg am Inn für G. Held (siehe S. 22).

(Siehe Anhang An- und Verkäufe 1999)

MS **SCHENKENLAND** von der Placke-Werft, Aken; Foto: Lange/Kaubisch, Teupitz

MS **LIBERTY** am Anleger in Teupitz, Foto: Autor; 1996

14. Scharmützelsee Brandenburg

Das Erholungsgebiet Scharmützelsee südöstlich von Berlin gehört zur Saarower Hügellandschaft. Das „Märkische Meer", wie man den Scharmützelsee auch nennt, ist über die Storkower Gewässer direkt mit den Berliner Wasserstraßen verbunden; er hat eine Fläche von ca. 1 500 ha.

Scharmützelsee Schiffahrtsgesellschaft mbH
Lindenstraße
15526 Bad Saarow-Pieskow
Tel/Fax: 033631/2419

Die fünf Schiffe des Unternehmens starten vom Hafen Schwanenwiese in Bad Saarow-Pieskow zu Rund- und Kaffeefahrten, Schleusenfahrten, Tagesfahrten nach Prieros und Mondscheinfahrten. Reisegruppen sind jederzeit willkommen, Charterfahrten nach Vereinbarung.

MS **BAD SAAROW** (ab 10/1997)
ex LENNÉ -1997
1993; DBW, Werft Berlin-Köpenick
L 32,30 m, B 5,10 m, T 0,90 m
104 kW
140 Fahrgäste

MS **STORKOW** (ab 1992)
ex SCHARMÜTZELSEE -1992
ex MAX BEHNKE -1990
1977; Yachtwerft, Berlin-Köpenick (Typ III)
L 28,60 m, B 5,10 m, T 0,90 m
122 PS
124 Fahrgäste

MS **DIENSDORF** (ab 1990)
ex WALTER KRANEWITZ -1990
1979; Yachtwerft, Berlin-Köpenick (Typ III)
L 28,60 m, B 5,10 m, T 0,90 m
122 PS
124 Fahrgäste

MS **FÜRSTENWALDE**
1962; Yachtwerft, Berlin-Köpenick (Typ III)
L 28,60 m, B 5,10 m, T 0,90 m
122 PS
124 Fahrgäste

MS **LÖSCHEBRAND** (ab 1998)
ex BAD SAAROW -1997
ex RAHNSDORF -1972
ex LIBELLE -1965
ex ELBE -1928
1928; Berlin-Köpenick
L 24,45 m, B 3,90 m, T 1,16 m max.
104 PS
118 Fahrgäste

MS **DIENSDORF**; Foto: Autor; 1997

Hafen Schwanenwiese mit MS BAD SAAROW (jetzt **LÖSCHEBRAND**) und MS **FÜRSTENWALDE**
Foto: Autor; 1997

15. Netzener See Brandenburg

Der Netzener See liegt südlich von Brandenburg in der Nähe des Zister-
zienserklosters Lehnin.

16. Schermützelsee Brandenburg

Der Schermützelsee ist der größte See der über 20 Seen im Naturpark Märkische Schweiz etwa 60 km östlich von Berlin.
Buckow ist Ausgangspunkt der Fahrgastschiffahrt auf dem See.

Netzener See

Hotel-Restaurant „Seehof"
Geschäftsführer Ulrich Wenzel
14797 Netzen
Tel.: 03382/767-0
Fax: 03382/842

Das kleine Fahrgastschiff steht nicht nur den
Hotelgästen für Fahrten in die reizvolle Umgebung von Brandenburg und Potsdam zur
Verfügung, sondern ist auch für Familienfeiern
oder Jubiläen geeignet.

Schermützelsee

Schiffahrt „Seetours" Märkische Schweiz
Wolfgang Katerbau
Bertolt-Brecht-Str. 11
15377 Buckow
Tel.: 033433/232

Es werden Rundfahrten auf dem Schermützelsee, Mai bis Oktober, und Di-So stündlich
10-17 Uhr ab Strandbad Buckow angeboten.

MS **EMSTER**
1989, Aken/Elbe
Umbau 1990, Genthin
L 17,70 m, B 3,70 m, T 0,60 m
130 PS
58 Fahrgäste

Schiffahrt „Seetours" Märkische Schweiz
MS **SCHERRI** (ab 18.5.1992)
ex SATERLAND -1984
ex ROLAND -1980
ex GOTHMUND -ca. 1948
ex HARVESTEHUDE 1936
 ex RHEA 1911
ex DS REIHER -ca. 1911
1879; Reiherstiegwerft, Hamburg
(als Dampfschiff)
letzter Umbau 1990 Ertel, Woltersdorf,
Innenausbau ab Frühjahr 1991, Buckow
L 20,95 m, B 4,38 m, T 1,20 m
116 PS (ab 1965)
55 Fahrgäste

MS **SEEADLER** (ab 9/1992 in Buckow, vorher
Senftenberger See -91, dort ausgemustert)
1981/82, Schiffsreparaturwerft Eisenhüttenstadt
Rekonstruktion,
1992 umgebaut für Einsatz am Schermützelsee
in Buckow
L 9,18 m, B 2,57 m, T 0,60 m
14,7 kW
18 Fahrgäste

MS **SCHERRI** auf dem Schermützelsee; Foto: H. Kindt, Hamburg

17. **Steinhuder Meer** Niedersachsen

Das Steinhuder Meer, ein 30 km² großer See, liegt in Niedersachsen nordwestlich von Hannover. Er ist bis zu 3 m tief und hat den Meerbach als Abfluß zur Weser. Auf einer künstlichen Insel inmitten dieses Naturschutzgebietes befindet sich die Festung Wilhelmstein aus dem 18. Jahrhundert.

Steinhuder Motorboot Betriebsgesellschaft mbH
Alter Winkel 16
31515 Steinhude
Tel.: 05033/1721
Fax: 05033/3494

In der Saison gibt es Linienfahrten vom Nord- zum Südufer, zur Insel Wilhelmstein und Rundfahrten auf dem See.

MS **SCHAUMBURG-LIPPE**
1930; Rasche, Seelze
1992 Umbau der Aufbauten
L 16,00 m, B 3,10 m, T 0,68 m
55 PS
70 Fahrgäste

MS **WILLKOMMEN**
ex FREISCHÜTZ -1990, Eutin
1982; KuFra Lübeck
L 22,00 m, B 4,00 m, T 0,60 m
72 PS
100 Fahrgäste

MS **WILLKOMMEN**; Foto: Reederei; 1997

18. Arendsee Sachsen-Anhalt

Der Arendsee gehört zu den seltenen Einbruchseen. Er bedeckt eine Fläche von 554 ha mit einer durchschnittlichen Tiefe von 29,30 m. Viele Legenden ranken sich um diesen reizvollen See in der Altmark nördlich von Magdeburg.

Personenschiffahrt Arendsee

Arendsee-Information
Lindenstraße 19a
39619 Arendsee
Tel.: 039384/27164

An Bord des am 3. Oktober 1991 eingeweihten Schiffes im Stil eines Mississippi-Shuffle-Bootes können Fahrten auf dem Arendsee unternommen werden. Familien-, Vereinsfeiern und Mondscheinfahrten werden angeboten.
Das Schiff ist als offizielles Standesamt anerkannt.

MS **QUEEN ARENDSEE**

1991; Placke-Werft, Aken
L 26,00 m, B 5,50 m, T 0,75 m
2x 43 kW
120 Fahrgäste

Das kleine MS SEEADLER, das bis zum Einsatz des neuen Schiffes auf dem See war, liegt als Informationspunkt auf Land.

MS **QUEEN ARENDSEE**; Foto: Sammlung Autor; 5/1995

19. Ruppiner See Brandenburg

Der malerische Ruppiner See ist über die Havel-Oder-Wasserstraße, den Oranienburger Kanal und den Ruppiner Kanal von Berlin aus zu erreichen. Neuruppin, die Geburtsstadt von Theodor Fontane und Karl-Friedrich Schinkel, ist Ausgangspunkt der Fahrgastschiffahrt auf der Seenkette im nördlichen Brandenburg.

Fahrgastschiffahrt Neuruppin
Stadtwerke Neuruppin GmbH
Fahrgastschiffahrt
Seeufer 9
16816 Neuruppin
Tel/Fax: 03391/511100 o. 03391/45650

Die Fahrgastschiffahrt Neuruppin GmbH befährt mit Ihren Schiffen die Ruppiner Seenkette in nördlicher Richtung bis Boltenmühle und in südlicher Richtung bis Kremmen. Kaffeefahrten, Brunchfahrten, Geschäfts- und Familienfeiern, Tagungen und Konferenzen sind möglich.

MS **KRONPRINZ FRIEDRICH**
(3. Mai 1997 Indienststellung)
1996/97; DBW, Werft Berlin-Köpenick
L 34,70 m, B 5,10 m, T 0,90 m; 181 kW
92 Fahrgäste

MS **ALEXANDER GENTZ** (ab 5/1996)
ex EOSANDER -1996
1992; DBW, Werft Berlin-Köpenick
L 32,20 m, B 5,10 m, T 0,90 m; 104 kW
140 Fahrgäste

MS **THEODOR FONTANE**
ex ROLAND III -1957
ex BUSSARD -1965
ex ERNST (Eisbrecher) -1935
1911; Neustrelitz
1966/67; Umbau Werft Malz
L 36,77 m, B 5,31 m, T 1,08 m; 150 PS
250 Fahrgäste

MS **KARL FRIEDRICH SCHINKEL** (ab 4/1962)
ex BUCKAU (WF Magdeburg)
1938; Grieseler, Magdeburg
1965 Umbau zum Fahrgastschiff
L 20,73 m, B 4,24 m, T 1,40 m; 80 PS
80 Fahrgäste

MS **HERZ-AS**
1926; Kalkberge
L 12,90 m, B 3,09 m, T 0,92 m
37 Fahrgäste

MS **RUPPIN** (ab 1984)
ex INSEL VILM I
1974; Yachtwerft, Berlin-Köpenick
L 12,45 m, B 3,96 m, T 1,11 m; 140 PS
22 Fahrgäste

(Siehe Anhang An- und Verkäufe 1999)

MS **KRONPRINZ FRIEDRICH** (Stapellauf 10.04.1997), hier am Anleger in Neuruppin
Foto: Stadtwerke, Fahrgastschiffahrt; 1998

20. Klempowsee/Untersee Brandenburg

Die beiden Seen, zwischen ihnen liegt das Städtchen Wusterhausen an der Dosse, bilden mit dem Borker See eine Seenkette östlich von Kyritz.

Fahrgastschiffahrt
Peter Dentler GmbH u. Co. KG
An der Seemühle 5
16868 Wusterhausen/Dosse
Tel.: 033979/14302
Fax: 033979/14729
Fu: 0171/4740407

Die Fa. Dentler bietet Seenrundfahrten auf dem Klempow- und Untersee an, ebenso stehen ihre drei Schiffe zu Charterfahrten zur Verfügung. Die Saison beginnt um den 18. Mai und endet um den 20. September, die Seerundfahrten dauern 2 Stunden.

MS **SEEBÄR**
(nach umfangreichem Umbau ab 15.7.1971 für Fa. Dentler im Einsatz, auf Rumpf neu aufgebaut)
ex DS SEID BEREIT -1969
ex DS HERTHA -1949
1886; Aron & Gollnow, Stettin
1956 Umbau
1970/71 nochmaliger Umbau zum Motorschiff
L 22,82 m, B 4,80 m, T 1,20 m
2x 75 PS
263 Fahrgäste

MS **NEPTUN**
(ab 1956 Fa. Dentler, ab 1963 in Fahrt)
ex SONJA-BIRGID -1956
ex FRIEDRICH DER GROSSE -1945
1927/28; Fürstenberg/Havel
1964 Umbau
L 20,14 m, B 4,32 m, T 0,91 m
75 PS
176 Fahrgäste

MS **DON JUAN** (ab 1/1973 für P. Dentler)
1935/36; Engelbrecht/Berlin-Köpenick
(als Privatyacht)
L 17,50 m, B 3,50 m, T 1,35 m
75 PS
107 Fahrgäste

MS **BASSEWITZ**
ex HAVELLAND 1930
(3/1955 an Walter Dentler, liegt 1997 nicht fahrfertig bei Wusterhausen auf Land)

MS **DON JUAN** auf dem Klempowsee; Foto: Sammlung Autor

21. **Werbellinsee** Brandenburg

Der Werbellin ist über 10 km lang und mit 60 m Tiefe der zweittiefste See in Brandenburg. Er liegt im größten zusammenhängenden Wald- und Naturschutzgebiet Deutschlands, der Schorfheide. 1766 wurde er an das Kanalnetz angeschlossen (Werbellin- und Finowkanal). Seit 1990 ist die Schorfheide von der UNESCO als Biosphärenreservat anerkannt.

Reederei Wiedenhöft
Otfrid Wiedenhöft
Seerandstr. 23
16247 Joachimsthal/Werbellinsee
Tel.: 033361/474
Fax: 033361/71133
Fu: 0171/5426867

Das Familienunternehmen bietet ein Linienprogramm mit Vor- und Nachmittagsfahrten, Schleusenfahrten, Kanalfahrten bis Eichhorst und zurück, außerdem Chartermöglichkeiten für Feiern, Mondscheinfahrten und Advents- und Weihnachtsfeiern mit Programm.

MS **ALTWARP**
(ab 1952; pr. für Reederei Wiedenhöft ab 1978)
ex REICHSFORSTMEISTER GÖRING -1945
ex KARL CHRISTIAN BADE -1952
1935; Schröder, Marienwerder
L 28,22 m, B 4,95 m, T 1,17m
200 PS
180 Fahrgäste

MS **HAVELLAND**
(ab 1993 bei Wiedenhöft)
ex OBERSPREE
1925; Spandau (im Krieg als DS, 45 PS
1948 mot. /135 PS)
1958 Aken/Elbe, n. mot.
L 25,40 m, B 4,75 m, T 1,40 m
80 PS
100 Fahrgäste

MS **ADLER**
(ab 1991/92 Günther Wiedenhöft)
ex FRIEDRICHSHAGEN -1991
ex TEMPELHOF -1970
1929; Marienwerder
L 25,06 m, B 5,04 m, T 1,45 m
Das Schiff befindet sich 1997 nicht in Fahrt, der Umbau dauert noch an.
Das Schiff wird 1999 an einen privaten Eigner verkauft.

MS **ALTWARP** auf dem Werbellinsee; Foto: Sammlung Autor; 8/1993

22. Lübbesee Brandenburg

Der Lübbesee liegt in der Uckermark östlich von Templin.

23. Templiner See Brandenburg

Die fünf Seen – Templiner See, Bruchsee, Gleuensee, Fährsee, Zaarsee – bilden das Seenkreuz um Templin in der Uckermark.

Lübbesee

Bootsverleih „Am Lübbesee"
Michael Hindenberg
Lychener Str. 43
17268 Templin
Tel/Fax: 03987/7206
Tel. Bootsverleih: 03987/51548

Für Rundfahrten auf dem Lübbesee bietet Michael Hindenberg das kleine Fahrgastschiff mit Elektroantrieb und einer Kapazität von 48 Plätzen an.

MS **LÜBBESEE**
1996; Maritime Technik GmbH, Niederlehme
L 13,40 m, B 3,70 m, T 0,50 m
55 PS (Asynchronmotor mit Batterieantrieb)
48 Fahrgäste

Templiner See

Reederei Norbert Klapczynski
Dipl.-Ing. N. Klapczynski
Berliner Str. 2
17258 Templin
Tel/Fax: 03987/6622
Fu: 0171/3755367

Die Reederei bietet zweistündige Seerundfahrten an. Abfahrt und Ankunft ist am Eichwerder in Templin.

MS **UCKERMARK** (III) ab 1993
ex DÖRTE -1992 (Ostsee)
ex OLDENBURG -19...
1961; Oldenburg; Umbau 1992, Brückenhaus entfernt
L 18,30 m, B 4,20 m, T 1,20 m
84 PS
100 Fahrgäste

MS **LÜBBESEE**; Foto: M Hindenberg, Templin; 1998

MS **UCKERMARK**; Foto: U. Lillinger, Berlin; 1997

24. Rheinsberger Seen Brandenburg

Die Knobelsdorff-Stadt Rheinsberg mit ihrem Rokoko-Schloß liegt am Grienericksee. Erst Theodor Fontane entriß mit seinen Wanderbeschreibungen das Städtchen seiner Einsamkeit.

25. Großer Lychensee Brandenburg

Um Lychen gibt es 21 größere Seen. Die Seen Oberpfuhl, Zenssee, Wurlsee, Stadtsee, Großer Lychensee fließen durch die Woblitz ab – ein idyllisches, schiffbares Flüßchen, das bei Himmelpfort in den von der Havel gespeisten Stolpsee mündet.

Rheinsberger Seen

Reederei Eberhard Halbeck
Markt 11, 16831 Rheinsberg
Tel./Fax: 033931/38619
Tel.: 033931/2026 pr.

Die Reederei ist ein Familienunternehmen, das inzwischen mit drei Schiffen Fahrten von Rheinsberg aus über den Grienericksee, Rheinsberger See, Schlabornsee, Tietzowsee, Großen Prebelowsee, Zootzensee bis zum Großen Zechliner See anbietet.
Fahrten nach Röbel (Müritz), Mondscheinfahrten, Spontan-Touren gehören ebenfalls ins Programm.
Luxusyachten, Motorboote, Paddelboote, Ruderboote und Wassertreter stehen im Bootsverleih Halbeck zur Verfügung.

MS **RHEINSBERG**
1993; DBW, Werft Malz
L 31,30 m, B 5,00 m, T 1,50 m
157 kW
180 Fahrgäste

MS **REMUS** (-1992 WF, Rheinsberg)
1978; Yachtwerft, Berlin-Köpenick
L 28,60 m, B 5,10 m, T 0,90 m
89 kW
84 Fahrgäste

MS **RHINPERLE**
1996; DBW, Werft Malz
L 26,75 m, B 5,10 m, T 0,80 m
73 kW
161 Fahrgäste

Kutter (25 Fahrgäste)

Großer Lychensee

Reederei Knaak & Kreyß GbR
Zehdenicker Str. 14, 17279 Lychen
Tel./Fax: 039888/2864

Neben Seenrundfahrten werden Woblitz- und Havelrundfahrten bis Bredereiche oder Fürstenberg angeboten; die Saison beginnt im Mai und endet im Oktober. Der Anleger ist im Stadtsee.

MS **MÖWE**
1982, Yachtwerft Berlin-Köpenick
L 28,60 m, B 5,10 m, T 0,90 m (Typ III)
122 PS
124 Fahrgäste

MS **RHINPERLE** – Neubau 1996 von der Werft Malz (DBW); Foto: Autor

26. Mirower See Mecklenburg-Vorpommern

Die kleine mecklenburgische Stadt Mirow (Stadtrecht seit 1741) liegt inmitten der Mecklenburgischen Seenplatte am Mirowsee. Über die Müritz-Havel-Wasserstraße gibt es eine direkte Verbindung zur Müritz.

27. Breiter Luzin Mecklenburg-Vorpommern

Der Breite Luzin, nördlich von Feldberg, und der Carwitzer See, südlich, bilden mit weiteren kleineren Seen die Feldberger Seen.

Mirower See

Mirower Schiffahrtsgesellschaft
Rotdornstraße
17252 Mirow (Mecklenburg-Strelitz)
Tel./Fax: 039833/22270 o. 039833/22208
Fu: 0171/2725815 pr: 03991/664923

Auf 10 verschiedenen Routen zeigt die Schifffahrtsgesellschaft ihren Fahrgästen die herrliche Seenlandschaft:
Fahrten nach Rheinsberg (6 Std.),
Röbel (6 Std.), Waren (11 Std.),
zum Sumpfsee (2 Std.), zum Vilzsee (2 Std.)
und zum Zootzensee 1,5 Std.).
Die Hauptsaison geht von Mai bis August.

MS **FRITZ REUTER** (ab 2/64)
ex RHEIN -1964 (O. Kutzker, Grünheide)
1928/29; Wildau
Umbau 1937, verl. Wilke-Werft, Dolgenbrodt
Umbau 1954, n. Maschine, modern.
L 23,24 m, B 3,70 m, T 1,06 m
67 PS
50 Fahrgäste
Seit 1993 bei der Mirower Schiffahrtsgesellschaft.

MS **ESTRELLA** (ab 1991)
ex KuFra II -1990 (Lübeck)
1986; KuFra-Werft, Lübeck
Umbau 1991, KuFra-Werft
L 18,00 m, B 4,20 m, T 0,50 m
2x 50 PS
120 Fahrgäste
Seit 1995 bei der Mirower Schiffahrtsgesellschaft.

Breiter Luzin

Wasserski Luzin, Feldberg
Hans Berg
Strelitzer Straße 21, 17258 Feldberg
Tel.: 039831/20554

Rundfahrten auf dem Breiten Luzin.

MB **LUZIN**
1977; Hans Berg, Eigenbau
L 7,50 m, B 2,50 m, T 0,40 m
20 PS
15 Fahrgäste

MS **ESTRELLA** voll besetzt auf Müritzfahrt; Foto: A. Bober, Köln

28. Unteruckersee Brandenburg

Der Unteruckersee bei Prenzlau in der Uckermark ist etwa 1130 ha groß, 7,6 km lang, 2,4 km breit und liegt in einer landschaftlich wunderschönen Umgebung.

Reederei Siegmar Ulrich
Schanestraße 8
17291 Prenzlau
Tel./Fax: 03984/6356

Frühschoppenfahrten, Kurzfahrten für Kinder, Kaffeefahrten, Mondscheinfahrten, Sonder- und Charterfahrten werden von Ende April bis Ende Oktober angeboten. Anleger Uckerpromenade in Prenzlau.

MS **UCKERSCHWAN**
1987; Yachtwerft Berlin-Köpenick
16. 6. 1988 Jungfernfahrt auf dem Unteruckersee
L 32,10 m, B 5,10 m, T 0,90 m (Typ III verl. Var.)
122 PS
140 Fahrgäste

(Siehe Anhang An- und Verkäufe 1999)

MS **UCKERSCHWAN** Foto: S. Ullrich, Prenzlau

29. **Feldberger Seen** Mecklenburg-Vorpommern

Die Feldberger Seen sind bereits in der Eiszeit entstanden. Sie bilden zusammen eine Wasserfläche von ca. 1 290 ha und sind bis zu 60 m tief.

Fahrgastschiffahrt
Roswitha und Ernst Eberhardt
Strelitzer Str. 21a
17258 Feldberg
Tel./Fax: 039831/20275

Das Familienunternehmen bietet mit seinen beiden Schiffen Rundfahrten auf den Seen um Feldberg an.

MS **ROKADO** (ab 1990)
ex UCKERPERLE -1990
ex MÜRITZ -1967
1928; Franz Hinze, Fürstenberg
L 15,02 m, B 3,41 m, T 0,77 m
26 PS
62 Fahrgäste

MS **RECZOW** (ab 1987 in Feldberg)
1987;
L 10,10 m, B 3,10 m, T 0,72 m
45 PS
30 Fahrgäste

MS **ROKADO** auf Rundfahrtkurs; Foto: E. Eberhardt, Feldberg

30. Müritz Mecklenburg-Vorpommern

Die Mecklenburgische Seenplatte, 80 km nördlich von Berlin gelegen, ist die größte zusammenhängende Seenlandschaft in Deutschland. Die Müritz (slawisch: morcze = kleines Meer) ist mit 117 km² der größte dieser Seen. Die Müritz ist durch die Eldewasserstraße mit den Oberen Seen verbunden, hat also eine schiffbare Verbindung nach Hamburg im Norden und nach Berlin im Süden.

Ausgangspunkte der Fahrgastschiffahrt auf der Müritz sind Waren am Nordufer der Müritz (Binnenmüritz), Röbel am Westufer und Klink auf der Landenge zwischen Müritz und Kölpinsee an der B 192 (Sietow-Waren).

Waren

Warener Schiffahrtsgesellschaft mbH
Kietzstraße 14a
17192 Waren (Müritz)
Strandstraße 3
Tel.: 03991/125624 und 663034
Fax: 03991/125693

Über das ganze Jahr werden Kanal- und Müritzrundfahrten angeboten.
Charterfahrten, Abendfahrten mit Musik und Tanz, kombinierte Schiffs-Radtouren stehen ebenfalls auf dem Programm.

Müritzwind Personenschiffahrt GmbH
Strandstraße/Steinmole
17192 Waren (Müritz)
Tel.: 03991/666664
Fax: 03991/665879

Neben Rundfahrten auf der Müritz und den angrenzenden Seen werden Kanalfahrten, Schleusenfahrten und kombinierte Schiffs-Radtouren angeboten. Gastronomie an Bord.

MS **STADT WAREN** (MÜRITZ) ab 1991
ex KuFra I -1991 , Lübeck
1989; KuFra-Werft, Lübeck
L 22,00 m, B 5,10 m, T 0,70 m
180 PS
130 Fahrgäste

MS **ESPERANZA**
1991; Arab Contractec, Kairo
L 25,00 m, B 5,10 m, T 0,80 m
2x 98 PS
120 Fahrgäste

MS **UNKEL BRÄSIG** (ab 1991)
ex KuFra III, 1991, Lübeck
1991; KuFra-Werft, Lübeck, Umbau 199...
L 19,00 m, B 5,00 m, T 0,50 m
110 PS

MS **FONTANE**
1972; Karl-Grieseler-Werft, Alsleben/Mukrena
L 39,44 m, B 5,08 m, T 1,20 m
2x 104 PS
288 Fahrgäste; 40 Fahrräder

MS **R. WOSSIDLO**
1978; Karl-Grieseler-Werft, Alsleben/Mukrena
L 39,44 m, B 5,08 m, T 1,20 m
2x 104 PS
200 Fahrgäste

MS **UNKEL BRÄSIG** nach dem letzten Umbau; Foto: A. Bober, Köln

MS **FONTANE**; Foto: A. Bober, Köln

Röbel

Müritz-Tours Reederei GmbH & Co. KG
Am Hafen
17207 Röbel (Müritz)
Tel.: 039931/52797 und 51234
Fax: 039931/51239

Im Angebot sind Kaffeefahrten, Tanzfahrten,
Charterfahrten, Müritzrundfahrten, Tagesfahrten
auf den Mecklenburger Oberseen, Schleusen-
und Kanalfahrten, Naturkundefahrten (Müritz-
Nationalpark) und ein Übersetzverkehr Röbel-
Waren.

MS **MECKLENBURG**
ex ALTER STROM -1997
1967; Yachtwerft, Berlin-Köpenick
(Typ III, verl. Var.)
L 32,10 m, B 5,39 m, T 0,90 m
90 kW
164 Fahrgäste
Das Schiff kam 1997 im Tausch mit MS MECK-
LENBURG ex WARNOW aus Rostock.

MS **WEISSENFELS** (ab 1991 auf der Müritz)
1978; Yachtwerft, Berlin-Köpenick (Typ III)
L 28,60 m, B 5,10 m, T 0,90 m
90 kW
124 Fahrgäste

MS **STADT RÖBEL**
ex PRIBORN -1991
1982; Yachtwerft, Berlin-Köpenick (Typ III)
L 28,60 m, B 5,10 m, T 0,90 m
90 kW
124 Fahrgäste

MS **PREUSSEN** (ab 1997)
ex HEIDI -1996
ex BREITLING -1990
1981; Yachtwerft, Berlin-Köpenick (Typ III)
L 28,60 m, B 5,10 m, T 0,90 m
90 kW
124 Fahrgäste

MS **SONNENSCHEIN** (-1992 WF Magdeburg)
1927; Wiesbaden
1992 mod.
L 21,82m, B 3,91 m, T 1,15 m max.
105 kW (1992)
140 Fahrgäste (1992)

Müritz-Fahrgastschiffahrt GmbH
Am Hafen
17207 Röbel (Müritz) s.o.
Am Müritz-Hotel, 17192 Klink
Tel./Fax: 03991/141981

Rundfahrten, Charterfahrten und Kanalfahrten.

Müritz-Fahrgastschiffahrt GmbH:
MS **KLINK**
1994; DBW, Werft Berlin
L 25,00 m, B 5,10 m, T 0,80 m
155 kW
168 Fahrgäste

MS **WEISSENFELS** auf der Müritz; Foto: A. Jenak, Buddenhagen; 1998

Die formschöne **KLINK** im April 1997 in der Werft Berlin, DBW; Foto: Autor

31. **Zierker See** Mecklenburg-Vorpommern

Die Gewässer um Neustrelitz gehören zur Mecklenburger Seenplatte. Über die Anschlußgewässer der Müritz-Elde-Wasserstraße gelangt man zur Elbe, südlich gibt es Verbindung über die Rheinsberger und Ruppiner Gewässer bis in den Berliner Raum.

Santana Yachting
Inh. Ernst Schufmann
Fahrgastschiffahrt & Charterboote
Zierker Nebenstr. 19
17235 Neustrelitz
Tel.: 03981/205896
Fax: 03981/205015

Das Unternehmen bietet Rundfahrten auf den Gewässern um Neustrelitz an.

MS **ANTJE**
(ab 1992 für Santana Yachting)
ex ANTJE -1992, Dahme-Schiffahrt Teupitz
ex MÄRKISCHE SCHWEIZ -1991
ex DIENSDORF -1986
ex FÜRSTENWALDE -1982
1975; Moskau (Gleitboot Typ Sarja)
L 22,12 m, B 3,65 m, T 0,50 m
140 PS
82 Fahrgäste (durch Aufsetzen eines Oberdecks)

MS **HARRY**
1957; Yachtwerft, Berlin-Köpenick
L 20,50 m, B 4,46 m, T 0,84 m
140 PS
120 Fahrgäste

Der Neuaufbau des Schiffes ist noch nicht abge-schlossen, sein Einsatz ist für Mai 2000 geplant.

MS **ANTJE** (Gleitboot) wird per Kran zu Wasser gebracht; Foto: Schufmann, Neustrelitz

32. Tollensesee Mecklenburg-Vorpommern

Der Tollensesee mit der Kreisstadt Neubrandenburg an seinem Nordufer bedeckt eine Fläche von 17,4 km². Der See wird von der Tollense durchflossen. Sie mündet bei Demmin in die Peene.

Fahrgastschiff MUDDER SCHULTEN

Inh. A. Schröder
Kirschenallee 11
17033 Neubrandenburg
Tel.: 0395/3682195
Fax: 0395/3682154
Fu: 0161/4404905

Die Inhaberin bietet Rundfahrten auf dem See an. Angelaufen wird auch das Seehotel Heidehof in Klein Nemerow.
Ein besonderes Erlebnis ist die Fahrt durch einen 800 m langen Kanal in die Lieps inmitten eines Naturschutzgebietes.

MS MUDDER SCHULTEN

1979; Yachtwerft, Berlin-Köpenick (Typ III)
L 28,60 m, B 5,10 m, T 0,90 m
122 PS
124 Fahrgäste

Personenschiffahrt Behn

Behn
Richard-Wagner-Str. 15
17033 Neubrandenburg
Tel.: 0395/5665352
Fu: 0171/2174716

Ausflugsfahrten und Charterfahrten für Gruppen bis zu 25 Personen werden auf Voranmeldung ermöglicht.

MB DE LÜTT

Anfang der 70er Jahre; Rechlin (Typ Seestern)
L 9,50 m, B 2,50 m, T 0,40 m
30 PS
25 Fahrgäste

(Siehe Anhang An- und Verkäufe 1999)

MS **MUDDER SCHULTEN** auf dem Tollensesee; Foto: A. Schröder, Neubrandenburg; 1997

33. Malchower Seen Mecklenburg-Vorpommern

Der Malchower See ist ein schmaler See von 2 km² Fläche und bildet mit dem Petersdorfer See die Verbindung zum Plauer See. Über den Fleesensee, Kölpinsee und Reeck-Kanal ist er mit der Müritz verbunden.

Fahrgastschiff und Tschu-Tschu-Bahn GbR Malchow
Mike Pickran und Rolf Sundermeier
Kirchenstr. 3
17213 Malchow
Tel./Fax: 039932/81735

Von Mai bis September bietet das Unternehmen Seenrundfahrten vom Anleger Drehbrücke Malchow an.

MS **STADT MALCHOW** (MECKL.) ab 15.9.1995
ex BUSSARD -1995, Stern und Kreis Schiffahrt GmbH
1976; Yachtwerft, Berlin-Köpenick (Typ III)
L 28,60 m, B 5,10 m, T 0,90 m
90 kW
83 Fahrgäste

Malchower Fahrgastschiffahrtsgesellschaft mbH
Kirchenstraße 14
17213 Malchow
Tel./Fax: 039932/83256
Tel.: 039932/145698
Fu: 0171/2724605

Das Unternehmen bietet Fahrten in den Plauer See, Petersdorfer See, Malchower See, Fleesensee, Kölpinsee, Binnenmüritz und Große Müritz. Ein besonderes Erlebnis ist eine 8-Seenfahrt über Waren, Rechlin nach Mirow mit einer Schleusung.

MS **WARSTEINER** (ab 1996)
ex BASTEI (-1994 WF Dresden)
1978; Yachtwerft, Berlin-Köpenick (Typ III)
L 28,60 m, B 5,10 m, T 0,90 m
90 kW
124 Fahrgäste

MS BUSSARD, das erste Schiff der Serie von der Yachtwerft Berlin-Köpenick ist seit 15.9.1995 als
MS **STADT MALCHOW** in Fahrt; Foto: Sammlung Autor

34. Plauer See Mecklenburg-Vorpommern

Der Plauer See mit 39 km² Fläche gehört zu den „Oberen Seen" der Mecklenburger Seenplatte. Über die Eldewasserstraße sind sie miteinander verbunden. Ausgangspunkt für die Fahrgastschiffahrt, die schon eine sehr lange Tradition auf dem Plauer See hat, ist die Kleinstadt Plau am Ausfluß der Elde aus dem Plauer See.

Dr. Ernst Alban baute hier in seiner Fabrik an der Elde den ersten mecklenburgischen Schaufelraddampfer ALBAN für den Fracht- und Personenverkehr.

Zwei Schiffahrtsunternehmen bieten ihre Dienste auf dem Plauer See an.

Plauer Fahrgastschiffahrt GbR
Dietmar und Diana Salewski
Tuchmacherstr. 46
19395 Plau am See
Tel./Fax: 038735/42872
Fu: 0172/3939016

Folgende Fahrtrouten werden angeboten:
Rundfahrt Plauer See (1 Std.)
Zwei-Seen-Fahrt mit Kanaldurchfahrt (2 Std.)
Drei-Seen-Fahrt nach Malchow (2,5 Std.)
Sechs-Seen Fahrt zum Naturschutzgebiet
Damerower Werder (5,5 Std.)
Tagesfahrten nach Waren/Müritz
Charterfahrten und Lampionfahrten mit Musik
und Tanz

Personenschiffahrt W. Wichmann
Postfach 25
19395 Plau am See
Tel.: 038735/2693
Fu: 0172/7415185

In der Hauptsaison von Mai bis September bietet das Unternehmen Rundfahrten auf dem Plauer See, Drei-Seen-Fahrten (Plau-Lenz-Malchow-Lenz-Plau), Fahrten nach Waren und Röbel und Abendfahrten auf dem Plauer See.

MS **LORELEY** (ab 1996 für Salewski)
ex SPERBER -1996, (Stern und Kreis
Schiffahrt GmbH)
1979, Yachtwerft, Berlin-Köpenick
L 28,60 m, B 5,10 m, T 0,90 m
90 kW
154 Fahrgäste

Personenschiffahrt W. Wichmann:
MS **DR. ERNST ALBAN**
1986; Yachtwerft Berlin-Köpenick
L 32,10 m, B 5,10 m, T 0,90 m
90 kW
164 Fahrgäste

MS **WALKÜRE** (ab 1994 bei Wichmann)
ex GEBR. BOSSLER -1975
ex STUTTGART -1958
1957; Schmidt, Oberkassel
L 27,00 m, B 4,85 m, T 1,05 m
116 PS
400 Fahrgäste

MS **STADT PLAU**
1996, Placke-Werft, Aken/Elbe
L 15,30 m, B 4,50 m, T 0,80 m
50 Fahrgäste

MS **LORELEY**
Foto: K. Kirsch, Berlin;
10/1996

MS **DR. ERNST ALBAN**
(vorn) und **WALKÜRE**
am Anleger in Plau
Foto: Sammlung Autor

MS **STADT PLAU**
Foto: A. Jenak,
Buddenhagen; 8/1999

35. **Zwischenahner Meer** Niedersachsen

Das Zwischenahner Meer, an dessen Südufer das Moor- und Heilbad Bad Zwischenahn liegt, ist der drittgrößte See der Niedersächsischen Seen mit einer Fläche von 5,2 km² und einer Tiefe bis zu 9 m.

Reederei Herbert Ekkenga AG
Mozartstr. 3
26160 Bad Zwischenahn
Tel.: 04403/949597 und 3056
Fax: 04403/58594

Neben Linienfahrten von Bad Zwischenahn nach Dreibergen werden Rundfahrten mit den Restaurationsschiffen geboten. Neben Frühstücksfahrten, Brunchfahrten, Aalfahrten und Vesperfahrten können die Schiffe auch für besondere Anlässe gechartert werden, z.B. für Hochzeiten, Geburtstage, Empfänge oder Vereinsfeiern.

MS **AMMERLAND** (2)
1983; L. Voß, Ihlow
L 25,00 m, B 5,70 m, T 1,10 m
121 kW
200 Fahrgäste

MS **OLDENBURG** (2)
1979; Wartena, Holland
L 25,20 m, B 5,50 m, T 0,75 m
72 PS
130 Fahrgäste

MS **NIEDERSACHSEN**
1964; Lanke-Werft, Berlin
L 21,00 m, B 4,36 m, T 0,59 m
94 PS
70 Fahrgäste

MS **DEUTSCHLAND** (1929; Stauf, Königswinter) wurde 1996 an die Bremerhavener Beschäftigungsgesellschaft Unterweser (BBU) verkauft.

MS **AMMERLAND** auf dem Zwischenahner Meer; Foto: Reederei Ekkenga; 1983

36. Krakower See Mecklenburg-Vorpommern

Der Krakower See mit dem Kurort Krakow am See gehört zur Mecklenburgischen Seenplatte. Er bedeckt eine Fläche von 15,9 km2 und ist etwa 27m tief.

37. Kummerower See Mecklenburg-Vorpommern

Der Kummerower See nördlich von Malchin gehört zur Mecklenburgischen Seenplatte. Er wird von der Peene durchflossen, hat eine Fläche von 32,5 km² und ist bis zu 30 m tief. Über die Peene hat er Verbindung zur Ostsee.

Krakower See

Krakower Fahrgastschiffahrt
Herbert Burchard
18276 Gutow Nr. 7
Tel.: 03843/332346

Rundfahrten und Ausflugsfahrten auf den Gewässern um Krakow werden angeboten. Charterfahrten sind auf Bestellung möglich.

MS **FRAUENLOB** (ab 1965 in Krakow a/See)
1930; Engelbrecht, Berlin-Köpenick
Umbau 1992, n. Motor
L 18,10 m, B 3,76 m, T 1,21 m
60 PS
95 Fahrgäste

Kummerower See

Motel und Fahrgastschiffahrt Peter Schmidt
Am Hafen
17154 Neukalen
Tel.: 039956/20439
Fax: 039956/20433

Rundfahrten und Charterfahrten auf der Peene und dem Kummerower See werden in der Saison angeboten, auch Badefahrten zum Strand sind im Programm enthalten.

MS **KARL HEINZ** (ab 1994)
1978; Yachtwerft, Berlin-Köpenick
(als Marinebarkasse); ausgebaut zum FGS
mit Restauration
L 16,45m, B 4,00 m, T 1,20 m
180 PS
50 Fahrgäste

MS **FRAUENLOB** aufgeslippt; Foto: H. Burchard, Gutow; 5/1997

38. Dobbertiner See Mecklenburg-Vorpommern

Der Dobbertiner See ist Naturschutzgebiet und liegt im Nossentiner Naturpark in der Schwinzer Heide. Die Kleinstadt Dobbertin mit ihrem Benediktinerkloster am Nordufer gab ihm den Namen.

39. Schweriner See Mecklenburg-Vorpommern

Der Schweriner See gehört mit 63,4 km² Fläche zu den großen Seen der Mecklenburgischen Seenplatte. Die Stadt Schwerin liegt am Südwestufer des etwa 22km langen und 6 km breiten Sees. Der erste Dampfer für Personenbeförderung erschien 1852 auf dem bis zu 54 m tiefen Schweriner See, dem drittgrößten See in Deutschland.

Dobbertiner See

Fahrgastschiffahrt Dobbertin
Hans-Jürgen Müller
Heckenweg 2
18279 Langhagen
Tel./Fax.: 038456/60714 (abends)
Fu: 0172/3029315

Mit dem einzigen, auf einer naturgeschützten Wasserfläche zugelassenem Fahrgastschiff gibt es geruhsame Ausflüge auf dem Dobbertiner See mit Beobachtungen der Flora und Fauna des Naturparks.
Am „Gauden Hafen" unterhalb des Klosters befindet sich der Liegeplatz des Schiffes.

MS **CONDOR** (seit 1. August 1997
auf dem Dobbertiner See)
1978/79; Yachtwerft Berlin-Köpenick
1994 von Herrn Müller gekauft, umgebaut und neu mot. in Ribnitz
L 16,00 m, B 4,00 m, T 1,10 m
126 PS (ab 1996)
50 Fahrgäste (24 Salon, 10 Steuerhaus)

Schweriner See

Weiße Flotte Schwerin GmbH
Postfach 010224
19002 Schwerin
Tel.: 0385/5811596
Fax: 0385/5811595

Die Schiffe der Weißen Flotte Schwerin stehen für Linienfahrten, Rund- und Charterfahrten zur Verfügung. Die Saison geht von Mai bis Oktober.

Weiße Flotte Schwerin GmbH:
MS **SCHWERIN** (VI)
1979; Elbewerften, Boizenburg (Typ III)
1994 Mittelsektion, DBW, Werft Berlin-Köpenick
L 39,60 m (ex 28,60 m), B 5,10 m, T 0,90 m
122 PS
240 Fahrgäste

MS **BERLIN**
1980; Yachtwerft, Berlin-Köpenick (Typ III)
L 28,60 m, B 5,10 m, T 0,90 m
122 PS
124 Fahrgäste

MS **CONDOR** auf dem Dobbertiner See; Foto: M. G. Bölsche, Mestlin

MS **SCHWERIN** nach der Verlängerung durch eine 11 m lange Mittelsektion
Foto: Sammlung Autor; 1995

Weiße Flotte Schwerin GmbH

(Fortsetzung)

MS **VIDIN**

1978; Yachtwerft, Berlin-Köpenick (Typ III)

L 28,60 m, B 5,10 m, T 0,90 m

122 PS

124 Fahrgäste

MS **HAMBURG**

ex TALLINN II -1996

1986/87; Yachtwerft, Berlin-Köpenick

(Typ III, verl. Var.)

L 32,10 m, B 5,10 m, T 0,90 m

122 PS

164 Fahrgäste

MS **BOIZENBURG**

1977; Elbewerften Boizenburg/Roßlau (Typ III)

L 28,60 m, B 5,10 m, T 0,90 m

122 PS

114 Fahrgäste

MS **MECKLENBURG**

ex SOWJETFREUNDSCHAFT -1991

ex SCHWERIN (III) -1950

ex HINDENBURG -1946

1925; Schuldt, Stralsund

Umbauten 1964, 1967, 1974, 1977

L 21,60 m, B 4,42 m, T 1,35 m

75 PS (-1967 50 PS)

176 Fahrgäste

MS **ELFRIEDE**

1921; Berlin-Köpenick

1965, Umbau

1993, Rendsburg, Umbau und Mod.

L 19,98 m, B 3,78 m, T 1,31 m

100 kW (1921= 86 PS, 1965 = 90 PS)

45 Fahrgäste (1921 = 110; 1965 = 106)

MS **VAASA** (-1992)

ex SAALEFEE

ex FREIHEIT

ex FREIHEIT I

ex SCHARNHORST

ex KARO AS

ex JAGETEUFEL

1925; Berlin

Umbauten 1938, 1965

L 26,00 m, B 4,75 m, T 1,38 m

96 PS

Das Schiff wird z. Zt. als Lagerschiff genutzt,

weiterer Einsatz unklar.

MS **MÖWE** (1992 a. D.)

1925; Vierarm, Wildau;

Umbauten 1959 Schwerin; 1962 Grabow;

1966 Schwerin; 1972 Alsleben

L 18,58 m, B 3,62 m, T 1,02 m

96 PS

Das Schiff wurde seit 1992 als Büroschiff der

Reederei genutzt und ist 1998 nach Neustadt-

Glewe verkauft worden.

MS **ELFRIEDE** noch vor dem letzten Umbau; Foto: H. Kindt, Hamburg; 1992

MS **HAMBURG** am Anleger; Foto: K. Kirsch, Berlin; 1999

40. Schaalsee Mecklenburg-Vorpommern / Schleswig-Holstein

Der Schaalsee ist in der Eiszeit entstanden. Der See selbst ist eine Gletscherrinne, an seiner tiefsten Stelle 71,5 m tief. Im Naturpark Schaalsee mit zahlreichen Schutzgebieten findet sich noch eine andernorts bereits verdrängte Tier- und Pflanzenwelt.

41. Möllner Seen Schleswig-Holstein

Die Seenkette um Mölln, einer interessanten Stadt mit vielen Backsteinbauten im historischen Zentrum, bildet den Ausgangspunkt der Fahrgastschiffahrt Mölln. Befahren werden, neben Kanälen, der Schulsee, der Stadtsee und der Ziegelsee.

Schaalsee

SCHAALSEETOUR PERSONENSCHIFFAHRT
Klaus Kuntoff
Amtsstraße 15
19246 Zarrentin
Tel./Fax: 038851/25311

Herr Kuntoff fährt mit seinem Elektroboot vom 1. April bis zum 1. November. Auf Wunsch können Fahrten gebucht werden, wie Vereins- und Firmenausflüge, Informationsfahrten u.a.

EB **DUFFY** (Duffield Elektric Boats)
Import aus den USA, 1994;
(Produktion seit 1970)
L 6,40 m, B 2,80 m
2,2 kW (Batterieantrieb)
12-14 Fahrgäste

Das Boot ist überdacht und kann bei Bedarf vollständig mit durchsichtigen Verkleidungen geschlossen werden.

Möllner Seen

Fahrgastschiffahrt Mölln „Eulenspiegellinie"
Dieter Dressler
Wachtelschlag 20
23562 Lübeck
Tel./Fax: 0451/595512
Fu: 0171/5115039

Dieter Dressler bietet See- und Kanalrundfahrten ab Anleger „Heilig Geist" (Seeblick) und „Wassertorbrücke", außerdem Sonderfahrten zu den Güster-Prüßseen an. Fahrten auf dem Elbe-Lübeck-Kanal und der Elbe stehen im Programm.

MS **TILL** (ab 1994)
ex FRISIA (Grachtenboot in Amsterdam)
1952; Ilpendam, Holland
L 18,45 m, B 3,50 m, T 0,61 m
89 kW, Bugstrahlruder
60 Fahrgäste

MS **TILL** unterwegs; Foto: Sammlung Autor 1997

42. Ratzeburger See Schleswig-Holstein

Der See bedeckt eine Fläche von 14,1 km² und ist bis zu 24 m tief. Die Stadt Ratzeburg liegt auf einer Insel im Südteil des Sees. Der See ist über die Wakenitz mit Lübeck verbunden.

43. Plöner See Schleswig-Holstein

Die Stadt Plön liegt zwischen dem Großen und dem Kleinen Plöner See in der Holsteinischen Schweiz. Die Seen der Holsteinischen Schweiz gehören zur Holsteinischen Seenplatte. Hier ist der Große Plöner See mit 29 km² der größte der Seengruppe und bis zu 60 m tief.

Personenschiffahrt Ratzeburger See
Eigner: Lux-Werft und Schiffahrt GmbH
Schloßwiese 6, 23909 Ratzeburg
Tel.: 04541/7900
Fax: 04541/7911
Fu: 0161/1407911

Geboten werden ab Schloßwiese Rundfahrten (2 Std., 1 Std., 30 min., 30 min.), Linienfahrten nach Römnitz, Kalkhütte, Buchholz und Rothenhusen. Ab Rothenhusen sind Weiterfahrten nach Lübeck und zurück mit der PERSONENSCHIFFAHRT MAIWORM (siehe Traveschiffahrt) und der PERSONENSCHIFFAHRT QUANDT (siehe Traveschiffahrt) möglich. Die Fahrpläne der Unternehmen sind aufeinander abgestimmt. Saison: Mai bis September.

Plöner Motorschiffahrt
E. Glau-Koll+Hans-Peter Glau oHG
Strandweg, 24306 Plön-Fegetasche
Tel.: 04522/6766
Fax: 04522/6855

Die Plöner Motorschiffahrt feierte 1997 ihr 130jähriges Bestehen. Neben den großen Seerundfahrten mit modernen Motorschiffen werden die Bosau-Fahrten angeboten. Beide Fahrten können an der Prinzeninsel verbunden werden.

MS **MECKLENBURG**
1973; Lux, Mondorf
L 36,20 m, B 7,60 m, T 0,80 m
2x 240 PS
490 Fahrgäste

MS **HEINRICH DER LÖWE**
1973; Lux, Mondorf
L 34,50 m, B 6,80 m, T 0,70 m
240 PS
398 Fahrgäste

Plöner Motorschiffahrt
E. Glau-Koll+Hans-Peter Glau oHG:
MS **HOLSTEINISCHE SCHWEIZ**
1978; Lux, Mondorf
1997/98 Umbau in Plön-Fegetasche (Oberdeck)
L 32,50 m, B 7,10 m, T 1,10 m; 2x 208 PS
450 Fahrgäste (ab 1998)

MS **STADT PLÖN**
1973; Arp, Laboe
L 25,98 m, B 5,39 m, T 0,88 m; 240 PS
325 Fahrgäste

MS **ANTJE** (Bosau-Fahrt)
1954; Staak, Lübeck
L 20,38 m, B 4,24 m, T 0,96 m; 120 PS
150 Fahrgäste

MS **HEINRICH DER LÖWE**; Foto: H. Kindt, Hamburg; 7/1992

MS **HOLSTEINISCHE SCHWEIZ** nach dem Umbau 1998; Foto: Glau oHG, Plön-Fegetasche

44. **Eutiner See** Schleswig-Holstein

Die Stadt Eutin liegt am Südufer des gleichnamigen Sees im Naturpark Holsteinische Schweiz.

Touristik Reederei
Eutiner Seerundfahrt
Parkweg 12
23701 Eutin
Tel.: 04521/3344
Fax: 04521/3381
Fu: 0171/4118328

Von Mai bis Oktober werden vom Anleger in der Stadtbucht vor dem Haus des Kurgastes Rundfahrten auf dem Großen Eutiner See angeboten. Sonderfahrten, Geburtstags- und Hochzeitsfeiern, Abendfahrten zur Oper, Arbeitsessen sind rechtzeitig anzumelden.

MS **FREISCHÜTZ**
1991; KuFra-Werft, Lübeck
L 25,00 m, B 4,50 m, T 0,80 m
115 PS
120 Fahrgäste

MS **FREISCHÜTZ** legt an; Foto: Autor 9/1997

45. Diecksee, Langensee, Behlersee, Höftsee, Edebergsee Schleswig-Holstein

Die fünf Seen liegen westlich von Malente-Gremsmühlen.

Sie sind miteinander verbunden und unterschiedlich in ihrer Größe: der Dieksee ist mit 385,78 ha der größte, Behlersee mit Langensee haben eine Fläche von 329,84 ha, der Höftsee ist 20,43 ha groß, und der Edebergsee ist mit 8,78 ha der kleinste See der Kette. Wald- und hügelreich ist die umliegende Gegend.

46. Kellersee Schleswig-Holstein

Der Kellersee liegt östlich von Malente-Gremsmühlen und hat eine Fläche von 559,78 ha. Vor gut hundert Jahren wurde er zum Ursprungsort der Fremdenverkehrs in der Holsteinischen Schweiz.

5-Seen-Fahrt und Kellersee-Fahrt GmbH
Frahm und Zimmermann
Bahnhofstr. 41
23714 Malente-Gremsmühlen
Tel.: 04523/2201
Fax: 04523/5451

Etwa 12 km weit ist der geschlungene Wasserweg zwischen den Anlegestellen Malente-Gremsmühlen, Niederkleveez, Timmdorf und Plön-Fegetasche, den die Schiffe der Gesellschaft zurücklegen.
Die Kellerseefahrt gehört zu den besonderen Fahrten. Den romantischen Ukleisee, von der Anlegestelle Uklei-Fährhaus wenige Fußgängerminuten entfernt, sollte man nicht vergessen.

MS **DIECKSEE**
1983; Staack, Lübeck-Herrenwyk
L 26,70 m, B 5,10 m, T 1,16 m; 84 kW
250 Fahrgäste

MS **MALENTE**
1971; Staack, Lübeck-Herrenwyk
L 25,43 m, B 5,12 m, T 1,10 m; 84 kW
230 Fahrgäste

MS **GRÜNAU**
1976; Staack, Lübeck-Herrenwyk
L 25,27 m, B 5,12 m, T 1,10 m; 84 kW
230 Fahrgäste

MS **GREMSMÜHLEN**
1961; Staack, Lübeck-Herrenwyk
L 25,35 m, B 5,12 m, T 1,15 m; 84 kW
210 Fahrgäste

Diese Schiffe sind in der 5-Seen-Fahrt eingesetzt.

MS **LUISE** (ab 1976)
ex HOLM alias UKLEI -1976
1936; Scheel & Jöhnk, Hamburg
1957 Umbau
L 24,73 m, B 4,26 m, T 1,08 m; 84 kW
210 Fahrgäste
Das Schiff wird in der Kellerseefahrt eingesetzt.

MS **MALENTE**; Foto: Sammlung Autor

Die Nummerierung
entspricht der Reihenfolge im Buch.

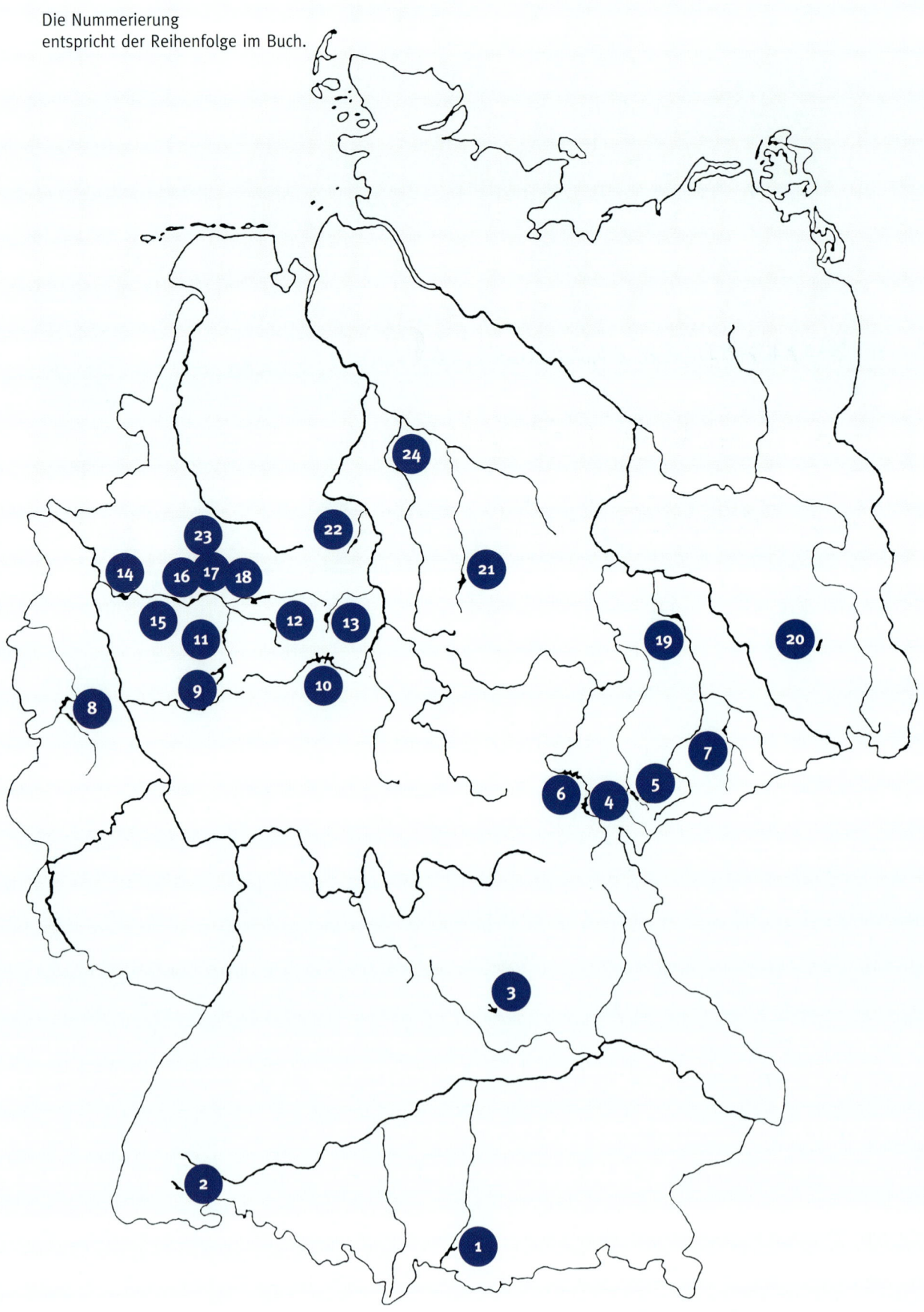

IV
Fahrgastschiffe auf Stauseen und künstlichen Seen

1. Forggensee Allgäu

Der Forggensee liegt am nördlichen Alpenrand im Allgäu. Er ist etwa 12 km lang und bis zu 3 km breit. Als Stausee (Aufstauung des Lech; 15,3 km^2) ist er nur ab Mitte Juni und bis Anfang Oktober schiffbar.

2. Schluchsee Schwarzwald

Der Schluchsee liegt im südlichen Schwarzwald. Er ist 7 km^2 groß. 1929 wurde er aufgestaut.

Forggensee

STÄDTISCHE FORGGENSEE-SCHIFFAHRT FÜSSEN

87829 Füssen
Tel.: 08362/921363 o. 903131
Fax: 08362/921364 o. 903200

Seit 1957 betreibt die Stadt Füssen auf dem Forggensee im Linien- und Ausflugsverkehr – kleine und große Rundfahrten – zwei moderne Fahrgastschiffe. Auch Sonderfahrten und Charterfahrten sind möglich.

MS ALLGÄU

1980; Lux-Werft, Mondorf
L 26,00 m, B 6,00 m, T 0,96 m
226 PS
250 Fahrgäste

MS STADT FÜSSEN

1985; Lux-Werft, Mondorf
L 22,98m, B 5,50 m, T 0,95 m
157 PS
130 Fahrgäste

Schluchsee

SEERUNDFAHRT G. ISELE

Untere Ringstr. 14
79859 Schluchsee
Tel.: 07656/449 o. 0161/3717237

Rundfahrten ab Ableger Schluchsee nach Bedarf, Sonderfahrten nach Vereinbarung werden von Herrn Isele durchgeführt.

MS ST. NIKOLAUS

1967/68, Lux-Werft, Mondorf
L 19,00 m, B 4,50 m, T 0,40 m
107 kW
60 Fahrgäste

MS **STADT FÜSSEN**; Foto: Sammlung Autor

3. Altmühlsee Fränkisches Seenland

Der Altmühlsee mit einer Fläche von ca. 450 ha wurde vor den Toren Gunzenhausens als Teil der größten wasserwirtschaftlichen Maßnahme in Deutschland errichtet. Rund um den See gibt es attraktive Freizeit- und Erholungsanlagen.

ZWECKVERBAND ALTMÜHLSEE
Marktplatz 25
Postfach 1552
91710 Gunzenhausen
Tel.: 09831/50871
Fax: 09831/50879

Mit dem Schiff werden Rundfahrten auf dem Altmühlsee angeboten. Außerdem gibt es Sonderfahrten und freitags romantische Abendfahrten.
Die Rundfahrt dauert etwa eine Stunde. Abfahrt ist im stadtnahen Seenzentrum Gunzenhausen-Schlungenhof.

MS **GUNZENHAUSEN** (ab 1994)
ex GMUNDEN -1993
1953; Bauwerft unbekannt
L 18,80 m, B 3,80 m, T 0,85 m
68 PS
100 Fahrgäste

MS **GUNZENHAUSEN** auf dem Altmühlsee; Foto: Sammlung Autor; 9/1995

4. Bleilochstausee Thüringen

Der Bleilochstausee ist der größte Stausee in Deutschland. Nach dem Stau der Saale (1932) wurde Saalburg zu einer Stadt am See. Der See ist 28 km lang, fast 3 km breit und bedeckt eine Fläche von 9,2 km². Eingebettet liegt er in den bewaldeten Höhenzügen des Thüringer Waldes.

FAHRGASTSCHIFFAHRT SAALBURG GmbH
Reinhard Köchel
Am Torbogen 1
07929 Saalburg
Tel.: 036647/22250 o. 22225

Rundfahrten, Charterfahrten, Kaffeefahrten, Mondscheinfahrten, Frühschoppenfahrten stehen im Programm der Fahrgastschiffahrt auf dem Bleilochstausee.

MS **GERA**
1976; Dresden-Laubegast
L 40,52 m, B 8,22 m, T 1,38 m
424 PS
312 Fahrgäste

MS **SAALBURG**
1978; Yachtwerft, Berlin-Köpenick (Typ III)
L 28,60 m, B 5,10 m, T 0,90 m
122 PS
144 Fahrgäste

MS **THÜRINGEN**
ex LOBENSTEIN -1989
ex J.W.STALIN -1958
ex GERA -1950
ex HINDENBURG -1945
1933; Dresden-Laubegast
Umbau 1996/97, Saalburg
L 26,94 m, B 4,50 m, T 0,90 m
200 PS
208 Fahrgäste

MS **HEINRICHSTEIN**
ex MORITZBURG
1961; Placke-Werft; Aken/Elbe
L 17,32 m, B 3,52 m, T 1,00 m
120 PS
66 Fahrgäste

MS **GERA** auf der
Bleilochtalsperre
Foto: R. Köchel,
Saalburg; 1995

MS **SAALBURG**
Foto: Sammlung Autor;
1996

MS **THÜRINGEN**
Foto: Sammlung Autor;
1996

5. Talsperre Pöhl Vogtland

1954 wurde die Talsperre Pöhl ihrer Bestimmung übergeben. Gründe für Ihre Errichtung waren der wachsende Brauchwasserbedarf, der Hochwasserschutz und die Niedrigwasseraufüllung der Elster. Der 7 km lange und 2 km breite See liegt inmitten eines Landschaftsschutzgebietes im Vogtland.

ZWECKVERBAND TALSPERRE PÖHL
Hauptstraße 51
08543 Möschwitz
Tel.: 037439/201
Fax: 037439/813

Einstündige Rundfahrten über das „Pöhler Meer", Sonderfahrten und Mondscheinfahrten für Gruppen stehen auf dem Programm der Personenschiffahrt.

MS **PÖHL**
1977; Yachtwerft, Berlin
L 28,60 m, B 5,10 m, T 1,25 m
122 PS
144 Fahrgäste

MS **PLAUEN**
1979; Yachtwerft, Berlin
L 28,60 m, B 5,10 m, T 1,25 m
122 PS
144 Fahrgäste

MS **PLAUEN** auf der Talsperre Pöhl; Foto: Autor; 1996

6. Hohenwarte-Stausee Thüringen

Der Hohenwarte-Stausee, das „Thüringer Meer", ist der zweitgrößte Stausee Deutschlands. Wälder, Buchten und steil aufragende Felshänge prägen den 27 km langen See. Sehenswürdigkeiten sind die Burg Ranis und die Saalfelder Feengrotten.

FAHRGASTSCHIFFAHRT HOHENWARTE GmbH
Sperrmauer
07338 Hohenwarte
Tel./Fax: 036733/21528

Von April bis Oktober werden täglich Rundfahrten (1 Std.), Kaffeefahrten (1,5 Std.) und Sonderfahrten auf dem Stausee angeboten.

MS **HOHENWARTE**
1980; Yachtwerft, Berlin-Köpenick (Typ III)
L 28,60 m, B 5,10 m, T 0,90 m
122 PS
144 Fahrgäste

MS **SAALETAL** (ab 1994)
ex RHEINPERLE -1993 Gilles, Vallendar
1927; Stumm, Königswinter
Umbau 1964; Schmidt, Oberkassel
L 25,80 m, B 5,80 m, T 1,30 m
170 PS
170 Fahrgäste

MS **SAALETAL** am Anleger; Foto: A. Bilz, Dresden; 1998

7. Talsperre Kriebstein

Die Talsperre Kriebstein wurde in den Jahren 1927 bis 1930 errichtet. Seitdem ist der 9 km lange Stausee, der bei Mittweida beginnt, mit der gotischen Burg Kriebstein ein Besuchermagnet.

FAHRGASTSCHIFFAHRT TALSPERRE KRIEBSTEIN
Zweckverband Kriebsteintalsperre
An der Talsperre 1
09648 Höfchen/Gemeinde Kriebstein
Tel.: 034327/93153/93154

Rundfahrten auf dem Stausee und auch
Sonderfahrten sind von Mai bis September
täglich, im April und oktober nur Sa, So,
feiertags möglich.
Zwei Fahrgastschiffe vom Typ III (Yachtwerft
Berlin) sind 1997 hier im Einsatz. Im Jahre 1979
waren es noch sieben Schiffe, die 600 000
Fahrgäste beförderten.

MS **KRIEBSTEIN**
1980; Yachtwerft Berlin (Typ III)
L 28,60 m, B 5,10 m, T 0,90 m
122 PS
124 Fahrgäste

MS **HAINICHEN**
1982; Yachtwerft Berlin (Typ III)
L 28,60 m, B 5,10 m, T 0,90 m
122 PS
124 Fahrgäste

MS **KRIEBSTEIN** unterwegs auf dem Stausee; Foto: A. Bilz, Dresden; 1998

8. Rurtalsperre Schwammenauel
Eifeler Seenplatte

Südlich von Aachen liegt malerisch inmitten eines großen Waldgebietes die Rurtalsperre Schwammenauel, die zusammen mit dem Obersee und dem Urftsee die bekannte Eifeler Seenplatte bildet. Mit 8 km^2 ist sie eine der größten Talsperren Deutschlands. Zusammen mit dem Obersee (Trinkwasservorstau) ist sie etwa 20 km lang.

RURSEE-SCHIFFAHRT GmbH (ab 1999)
Schwammenauel
52396 Heimbach
Tel.: 02446/479
Fax: 02446/1267

Die Schiffe stehen für Rundfahrten auf dem Rursee, Rundfahrten auf dem Obersee und an den Wochenenden für Rundfahrten zur Urftsee-Staumauer zur Verfügung.

MS **STELLA MARIS**
1979; Schmidt, Oberwinter
1990 mod.
L 37,50 m, B 6,50 m, T 1,20 m
250 PS
490 Fahrgäste

MS **AACHEN**
1975; Schmidt, Oberwinter
1983 mod.
L 37,40 m, B 6,10 m, T 1,20 m
220 PS
472 Fahrgäste

MS **EIFEL**
1954; Schmidt, Oberwinter
L 22,50 m, B 4,60 m, T 0,85 m
13 kW (E-Motor)
300 Fahrgäste

MS **ST. NIKOLAUS**
1960; Schmidt, Oberwinter
L 20,00 m, B 4,50 m, T 0,85 m
11　kW (E-Motor)
176 Fahrgäste

MS **AACHEN**; Foto: Sammlung Autor

MS **EIFEL**; Foto: Sammlung Autor

Biggesee Sauerland

Im Südsauerland liegt der Biggesee, Westfalens größte Talsperre. Der etwa 20 km lange See mit seinen vielen Nebenarmen und der Vogelinsel Gilberg ist von besonderer landschaftlicher Schönheit. Die Talsperre wurde von 1957 bis 1965 gebaut.

PERSONENSCHIFFAHRT BIGGESEE
Lux-Werft und Schiffahrt GmbH
Am Hafen 1
57462 Olpe-Sondern
Tel.: 02761/61011
Fax: 02761/61013

Angeboten werden Rundfahrten mit drei Fahrgastschiffen, sowohl planmäßig als auch als Sonderfahrten. Auf dem Obersee wird ein Grachtenboot eingesetzt.
Die Fahrgastschiffe sind behinderten- und seniorenfreundlich (Buglader).

MS **WESTFALEN**
1978, Lux-Werft, Mondorf;
Umbau 1990: 12 m länger, 4 m breiter
L 51,00 m, B 11,40 m, T 1,50 m
2x 260 PS, Schottel
730 Fahrgäste

MS **BIGGE**
1982 (Umbau 1993), Lux-Werft, Mondorf
L 44,00 m, B 8,00 m, T 1,50 m
2x 300 PS
650 Fahrgäste

MS **SAUERLAND**
1968, Lux-Werft, Mondorf
L 34,00 m, B 6,10 m, T 1,50 m
180 PS
400 Fahrgäste

MS **OLPE** (Grachtenboot)
1969; Lux-Werft, Mondorf
L 25,00 m, B 5,00 m, T 1,00 m
180 PS
100 Fahrgäste

(Siehe Anhang Informationen)

MS **WESTFALEN**; Foto: Autor; 1995

MS **BIGGE**; Foto: Autor; 1995

10. Edertalsperre Hessen

Die Edertalsperre mit einer Fläche von 12 km^2 dient zur Regulierung von Weser und Mittellandkanal. Sie liegt in einer landschaftlich reizvollen Gegend, südlich begrenzt vom Waldschutzgebiet Edersee.

PERSONENSCHIFFAHRT EDERSEE
GmbH & Co. Betriebs KG
Ederseerandstrasse 2
34513 Waldeck-West
Tel.: 05623/5415
Fax 05623/5149

Rundfahrten auf dem Edersee, Sonderfahrten und Linienfahrten gehören ebenso wie Charterfahrten zum Angebot der Personenschiffahrt.

MS **STERN VON WALDECK**
1993, Lux-Werft, Mondorf
L 40,00 m, B 8,20 m, T 1,10 m
2x 242 PS, Schottel SRP 110
540 Fahrgäste

MS **WAPPEN VON EDERTAL**
1994, Lux-Werft, Mondorf
L 38,00 m, B 7,60 m, T 1,10 m
242 PS, Schottel-Pump-Jet SPJ 22
450 Fahrgäste

MS **STERN VON WALDECK**; Foto: Sammlung Autor; 1993

MS **WAPPEN VON EDERTAL**; Foto: H.-J. Reinecke, Hamburg; 1996

11. Sorpesee Sauerland

Die Staumauer für den Sorpesee im Sauerland wurde 1928 bis 1935 gebaut. Die Länge des Sees beträgt etwa 8 km, landschaftlich sehr reizvoll zwischen waldigen Hügeln gelegen.

12. Hennesee Sauerland

Die Hennetalsperre entstand durch die Aufstauung der Henne vor der Mündung in die Ruhr. Bei Meschede bedeckt der See etwa eine Fläche von 2,1 km².

Sorpesee

PERSONENSCHIFFAHRT SORPESEE
Margarete Fromm
Hoolweg 4
59846 Sundern-Langscheid
Tel.: 02935/1210
Fax: 02935/79386

Das Schiff steht zu Rundfahrten, Kaffeefahrten und Betriebsfesten auf dem Stausee zur Verfügung. Rundfahrten gibt es zu jeder vollen Stunde.

MS **MÖWE**
1972, Lux-Werft, Mondorf
L 28,50 m, B 5,30 m, T 0,85 m
163 PS
330 Fahrgäste

Hennesee

PERSONENSCHIFFAHRT HENNESEE
Alexa Kreienbaum
Enkhauserstr. 14
59846 Sundern
Tel.: 02935/1596
Fax: 02935/4232

Angeboten werden Rundfahrten, Kaffeefahrten, Konferenzen und Feiern an Bord.

MS **HENNESEE** (ab 1978)
ex WESTFALEN (I)
1969, Lux-Werft, Mondorf
L 32,50 m, B 6,10 m, T 1,50 m
250 PS
400 Fahrgäste

MS **MÖWE**; Foto: Autor; 1995

MS **HENNESEE**; Foto: Autor; 1995

13. **Diemelsee** Sauerland

Die Diemeltalsperre liegt in der Nähe von Brilon. Sie entstand 1912 bis 1923 und sorgt für einen gleichmäßigen Wasserstand der Oberweser. Mit ihrem Fassungsvermögen gehört sie zu den kleineren Talsperren mit Personenschiffahrt.

PERSONENSCHIFFAHRT DIEMELSEE
Josef Köster
Helminghausen 92
34431 Marsberg
Tel.: 02991/6441

Herr Köster bietet mit seinem Schiff Rundfahrten und Sonderfahrten auf der Diemeltalsperre in den Sommermonaten (Juli bis Mitte September) an. Außerdem gibt es einen Elektro-, Tret- und Ruderbootverleih.

MS **ST. MUFFERT**
1966; Dortrecht/NL, Kemperwerft
1993, Oberdeck
L 12,25 m, B 4,45 m, T 0,80 m
60 PS
52 Fahrgäste

MS **ST. MUFFERT**; Foto: Autor; 1995

14. Baldeneysee Ruhrgebiet

Der Baldeneysee entstand durch Aufstauung der Ruhr südlich von Essen in den Jahren 1926 bis 1933. Er ist 2,4 km² groß und heute ein beliebtes Wandergebiet in den Ruhrhöhen.

ESSENER VERKEHRS-AKTIENGESELLSCHAFT
Die weiße Flotte Baldeney
Zweigertstrasse 34
45116 Essen
Tel.: 0201/026-1849

Schiffsrundfahrten auf dem Baldeneysee und der Ruhr, Sonderfahrten durch das Ruhrtal von Kettwig bis Mülheim stehen im Programm der weißen Flotte Baldeney.

MS **STADT ESSEN**
1987; Lux, Mondorf
L 38,00 m, B 5,20 m, T 1,40 m
150 PS
300 Fahrgäste

MS **BALDENEY**
1979; Lux, Mondorf
L 38,00 m, B 5,20 m, T 1,00 m
150 PS
300 Fahrgäste

MS **HEISINGEN**
1985; Lux, Mondorf
L 38,00 m, B 5,20 m, T 1,00 m
150 PS
300 Fahrgäste

MS **KETTWIG**
1976; Lux, Mondorf
L 27,80 m, B 5,20 m, T 1,00 m
150 PS
275 Fahrgäste

MS **STEELE**
1974; Lux, Mondorf
L 23,80 m, B 5,20 m, T 0,80 m
150 PS
150 Fahrgäste

Charterboot **ISENBERG** (Fährboot)
1956; Bausch, Köln
L 12,95 m, B 3,50 m, T 0,50 m
64 PS
20 Fahrgäste
Mietvoraussetzung: Selbstfahrer (Vorlage eines amtlichen Sportbootführerscheins), ansonsten kann ein Schiffsführer vermittelt werden. Preis nach Vereinbarung je nach Mietdauer.

MS **STADT ESSEN**; Foto: Sammlung; Autor

MS **KETTWIG**; Foto: Sammlung; Autor

15. Kemnader See Ruhrgebiet

Im September 1979 wurde der Kemnader See aufgestaut und nach einjährigem Probestau für den Wassersport freigegeben. Der See ist etwa 3 km lang und 430 m breit.

16. Harkortsee Ruhrgebiet

Der Harkortsee wurde im Jahre 1931 vom Ruhrverband Essen gestaut. Dieser See hat eine Länge von 3,5 km. Die breiteste Stelle beträgt 600 m.

Kemnader See

PERSONENSCHIFFAHRT KEMNADER SEE
Meyer
Rosenstrasse 8
58313 Herdecke
Tel.: 02330/4175

Schiffsrundfahrten im mittleren Ruhrtal bei Bochum, Witten und Hattingen werden durchgeführt. Ziel ist auch das Freizeitbad Heveney im Kemnader See.

MS **KEMNADE**
1984, Lux-Werft, Mondorf
L 28,50 m, B 5,80 m, T 1,20 m
150 PS
290 Fahrgäste

Hartkortsee

PERSONENSCHIFFAHRT HARKORTSEE
Meyer
Rosenstraße 8
58313 Herdecke
Tel. 02330/4175

Rundfahrten auf dem Harkortsee und Fahrten ruhraufwärts bis Anleger Ruhrbrücke können mit dem Fahrgastschiff unternommen werden.

MS **FRIEDRICH HARKORT**
1972, Lux-Werft, Mondorf
L 27,50 m, B 5,50 m, T 1,20 m
150 PS
250 Fahrgäste

MS **KEMNADE**; Foto: Sammlung; Autor

17. Hengsteysee Ruhrgebiet

Der Hengsteysee bei Hagen ist ca. 4 km lang und etwa 400 m breit. Hier befindet sich auch das Rheinisch-Westfälische Elektrizitätswerk AG, Essen, eines der großen Elektrizitäts-Versorgungs-Unternehmen Europas.

18. Möhnesee Sauerland

Mit 10,4 km² ist der Möhnesee die größte Wasserfläche in Nordrhein-Westfalen. Die Talsperre wurde von 1908 bis 1912 erbaut. Die 40 m hohe Staumauer aus Natursteinen ist 650 m lang.

Hengsteysee

Personenschiffahrt Hengsteysee
Jürgen Dörnbach
Am Zickenkamp 11
58131 Herdecke
Tel./Fax.: 02330/ 72981

Mit dem Fahrgastschiff werden in der Vorsaison ab Karfreitag Rundfahrten an den Wochenenden oder nach Absprache durchgeführt. Anlegestellen sind am Schiffswinkel, am Hengstey-Freibad, an der Insel Hohensyburg und an der Lenne-Mündung. Für besondere Anlässe kann das Schiff auch gechartert werden.
Die Saison dauert von Mai bis Oktober.

MS **FREIHERR VOM STEIN**
1996, Lux-Werft, Mondorf
L 25,00 m, B 6,10 m, T 0,80 m
150 PS
250 Fahrgäste

Möhnesee

PERSONENSCHIFFAHRT MÖHNESEE
Familie Riedel
In den Höfen 26a
59846 Sundern-Langscheid
Tel.: 02935/2109
Fax: 02935/7610

Rundfahrten auf dem Möhnesee, Besichtigung des Landschaftsinformationszentrums (LIZ), Andockmanöver Katamaran/Shuttle gehören zu den interessanten Angeboten der Personenschiffahrt.

MS **MÖHNESEE** (Katamaran)
1996, Lux-Werft, Mondorf
L 40,00 m, B 14,80 m, T 1,10 m
2x170 PS, 2x Schottel SRP 100
600 Fahrgäste

MS **KÖRBECKE** (Shuttle)
1996, Lux-Werft, Mondorf
L 20,00 m, B 4,80 m, T 0,70 m
65 PS, 1x Schottel SRP 50
100 Fahrgäste

Andockmanöver MS **KÖRBECKE** (Shuttle) an MS **MÖHNESEE**; Foto: Lux-Werft, Mondorf; 1996

19. **Muldestausee** Sachsen-Anhalt

Die Mulde wurde durch die vorhandenen Restlöcher des Braunkohlentagebaus Muldenstein in ihr neues Bett verlegt.

Die Flutung begann am 1. Mai 1975. Der Stausee erreichte seinen Normalwasserstand nach 9 Monaten und ist nun mit 6,3 km^2 die größte Wasserfläche der Region.

**FAHRGASTSCHIFFAHRT & BOOTSVERMIETUNG
AM MULDESTAUSEE/SCHLAITZ**
Wilfried Becker
Karl-Marx-Str. 7
06804 Muldenstein
Tel.: 03493/56434
Fax: 03493/69724

Von Schlaitz aus werden Rundfahrten auf dem Stausee durchgeführt. Sonderfahrten nach Vereinbarung sind möglich.

MS **MULDEPERLE** (ab 5/1984)
ex JOKETA -1982
ex FRANKFURT -1928
1930, Berlin-Stralau
Umbau 1968, Woltersdorf
Umbau 1975, Dresden-Laubegast
L 22,58 m, B 3,40 m, T 1,06 m
70 PS
99 Fahrgäste

MS **MULDEPERLE**; Foto: W. Becker, Muldenstein; 1995

20. **Senftenberger See** Niederlausitz

Aus den Restlöchern des Braunkohlentagebaus wurde Ende der 6oer Jahre eine „Bergbaufolgelandschaft" gestaltet. Heute präsentiert sich der See zwischen Senftenberg, Großkoschen und Niemtsch als beliebtes Erholungsgebiet mit 17 km Strand.

FAHRGASTSCHIFFAHRT SENFTENBERGER SEE
Reederei Rolf Bothen
Dresdener Straße 14d
01968 Großkoschen
Tel./Fax: 03573/81261

Das Schiff steht zu Rundfahrten, Linienfahrten und Charterfahrten (auch abends) zur Verfügung.

MS **SANTA BARBARA**
(ab 1991, ab 1993 R. Bothen)
ex SCHLAUBETAL -12/90
ex FREUNDSCHAFT -2/1990
1982; Yachtwerft Berlin
L 28,50 m, B 5,10 m, T 0,90 m
122 PS
100 Fahrgäste

MS **SANTA BARBARA**; Foto: Sammlung Autor

21. Oker-Talsperre Niedersachsen

Die Okertalsperre ist mit 47 Mill. m³ die bekannteste und größte Talsperre des Westharzes. Ab 1998 soll ein neues Konzept für die Personenschifffahrt wirksam werden.

22. Emmerstausee Nordrhein-Westfalen

Das Erholungszentrum Schieder liegt östlich von Detmold zwischen Teutoburger Land und Weser. Den Mittelpunkt des Gebietes bildet der ca. 90 ha große Emmerstausee, der zur Freizeit und Erholung und zum Hochwasserschutz angelegt wurde.

Oker-Talsperre

PERSONENSCHIFFAHRT OKERTALSPERRE/HARZ

Herr Römermann
Wiesenbergstraße 9
38707 Schulenberg/Harz
Tel.: 03529/290
Fax: 05329/294

Anleger Weißwasserbrücke:
Tel.: 05329/811
Fu: 0172/4119242

Rundfahrten auf dem Okerstausee im Harz bei Bad Harzburg werden in der Saison angeboten.

MS **DIE OBERHARZER**

1971; H. D. A. Schweers, Bardenfleth
Umbau 1991, Jöhnk-Werft, Hamburg
(10 m-Zwischenstück am Okersee eingesetzt)
L 26,00 m, B 4,00 m, T 1,00 m
23 kW
110 Fahrgäste

Emmerstausee

PERSONENSCHIFFAHRT EMMERSTAUSEE

32816 Schieder-Schwalenberg
Postfach 1212
Tel.: 05282/1869
Fax: 05282/1063
Fu: 0161/2516541

Im Angebot der Personenschiffahrt stehen Rundfahrten auf dem Emmerstausee. Linienfahrten und Sonderfahrten auf Anfrage und nach Vereinbarung sind möglich.

MS **LIPPERLAND**

1983; Schiffswerft Oberweser, Bodenwerder
L 30,00 m, B 6,10 m, T 0,60 m
240 PS, Schottel-Pump-Jet
340 Fahrgäste
Kopflandeschiff

MS **DIE OBERHARZER** auf dem Okerstausee im Harz; Foto: K. Hauke, Travemünde; 1998

MS **LIPPERLAND**; Foto: Sammlung Autor

23. **Aasee** Münster/Westfalen

Der Aasee in Münster entstand Anfang der 20er Jahre durch das Aufstauen der Aa, die den See durchfließt. Nach Verlegung und Umgestaltung des Zoos erfolgte eine Vergrößerung der Seefläche.

Heute bildet der Aasee mit dem Zoo, dem Planetarium und Naturkundemuseum, der Jugendherberge, dem Mühlenhof und zahlreichen gastronomischen Einrichtungen das grüne Paradies der Stadt Münster.

Schiffahrtslinie Professor Landois / Aasee
H. J. Kauer
Kardinalstr. 20a
48165 Münster
Tel./Fax: 02501/444258 pr.
Fu: 0161/5213229
Peter Münch
Fu: 0172/5372470

Das kleine Fahrgastschiff bietet bei einer Rundfahrt über den Aasee für bis zu 75 Personen einen beschaulichen Blick auf alle Sehenswürdigkeiten, die rund um Münsters Naherholungsgebiet liegen. Vier Haltepunkte werden bei der einstündigen Rundfahrt angesteuert (Goldene Brücke, Mühlenhof/Zoo, Torminbrücke).
Für Gruppenfahrten sollten Reservierungen vorgenommen werden. Im Winterhalbjahr gibt es keine Fahrten.

MS **PROFESSOR LANDOIS** (ab 1975)
1975; Reinhard Sabin, Hüde/Dümmersee
L 17,00 m, B 3,80 m, T 1,00 m
100 PS
75 Fahrgäste (50 Sitzplätze)

MS **PROFESSOR LANDOIS** auf dem Aasee in Münster; Foto: H.J. Kauer, Münster; 1998

24. Maschsee Hannover

Der Maschsee ist ein künstlich angelegter Binnensee. Er wurde von 1934 bis 1936 in die ehemalige Leinemasch hineingegraben, umfaßt 78 ha, ist 2,4 km lang sowie zwischen 180 m und 565 m breit.

ÜSTRA

Hannoversche Verkehrsbetriebe AG
Partner im GVH
Am Hohen Ufer 6
Postfach 2540
30025 Hannover
Tel.: 0511/1668-1
Fax: 0511/1668-666

Rundfahrten auf dem Maschsee werden in der Saison täglich durchgeführt. Außerdem stehen die Schiffe auch für besondere Anlässe zur Verfügung: Brunchfahrten, Abendfahrten und Partyfahrten.

EMS **DEUTSCHLAND**

1958; Bausch, Köln
L 18,25 m, B 3,90 m, T 1,00 m
20 PS (E-Motor)
100 Fahrgäste

EMS **NIEDERSACHSEN**

1960; Bausch, Köln
L 20,20 m, B 3,76 m, T 1,00 m
20 PS (E-Motor)
99 Fahrgäste

EMS **HANNOVER**

1964; Ruhrorter, Bremen
L 18,30 m, B 3,77 m, T 1,00 m
20 PS (E-Motor)
134 Fahrgäste

EMS **NIEDERSACHSEN** auf dem Maschsee in Hannover; Foto: Sammlung Autor; 1989

V
Fahrgastschiffe in Berlin

Die Berliner Gewässer mit Spree- und Havelwasserstraßen

Das wasserreiche Berlin gehört zur Märkischen Seenplatte. Etwa 7 Prozent der Gesamtfläche der deutschen Hauptstadt sind Wasserflächen. Insgesamt zwölf schiffbare Wasserstraßen mit einer Länge von 197 km durchfließen die Stadt.

Berlin liegt an der Spree, an der Dahme, die in Köpenick in die Spree fließt, und an der Havel im Westen.

Die Berliner Gewässer lassen sich in zwei große Bereiche gliedern: Wannsee und Tegeler See im Westen Berlins und die Seen um die Müggelberge im Osten Berlins. Beide sind über den Teltowkanal, den Landwehrkanal und die Spree sowie weitere kleine Kanäle verbunden.

Neben einer Reihe von Schleusen müssen auch viele Brücken passiert werden; 1750 gibt es davon im Stadtgebiet.

Vom Tegeler See besteht Verbindung mit den nördlichen Havelgewässern und dem Oder-Havel-Kanal, dem Wannsee und mit den Gewässern um Potsdam. Das Gebiet um die Müggelberge ist verbunden mit den östlichen Gewässern Brandenburgs bis zum Scharmützelsee und zur Oder. Der Große Müggelsee wird als größter Berliner See von der Spree durchflossen.

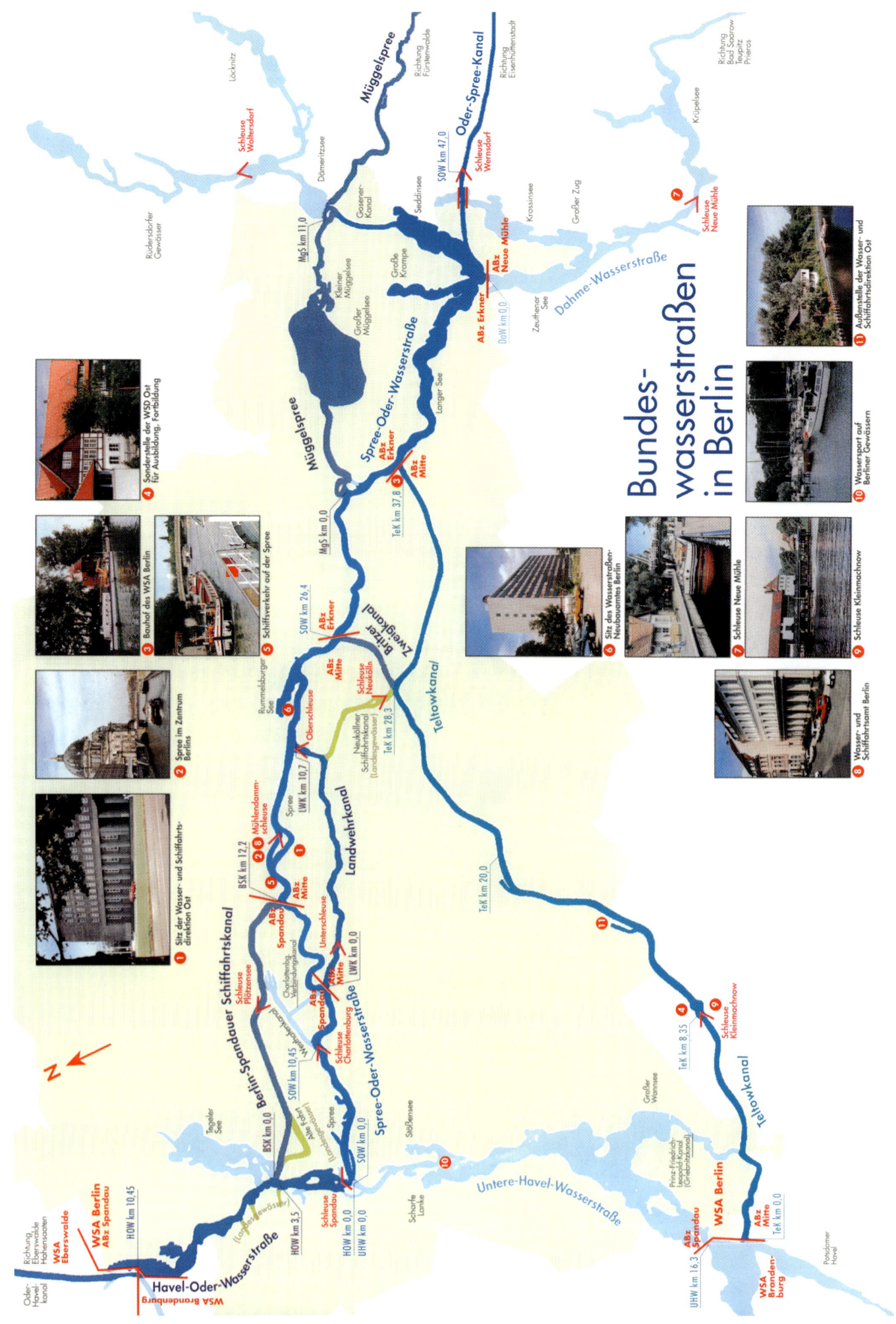

Bundes-
wasserstraßen
in Berlin

Müggelspree

Oder-Spree-Kanal

Schleuse Wolfersdorf

Schleuse Wernsdorf

SOW km 47,0

SOW km 11,0

MgS km 11,0

Gosener-Kanal

Dämeritzsee

Löcknitz

Rüdersdorfer Gewässer

Kleiner Müggelsee

Großer Müggelsee

Großer Müggelsee

Große Krampe

Langer See

Spree-Oder-Wasserstraße

ABz Neue Mühle

ABz Erkner

Seddinsee

DoW km 0,0

Zeuthener See

Krossinsee

Großer Zug

Dahme-Wasserstraße

Krüpelsee

Richtung Eisenhüttenstadt

Richtung Bad Saarow Teupitz Prieros

Schleuse Neue Mühle

Müggelspree

ABz Erkner

ABz Mitte

TeK km 37,8

MgS km 0,0

SOW km 26,4

ABz Erkner

Britzer Zweigkanal

ABz Mitte

Schleuse Neukölln

TeK km 28,3

Neuköllner Schiffahrtskanal (Landeangewässer)

Teltowkanal

Rummelsburger See

Oberschleuse

Spree

LWK km 10,7

Landwehrkanal

TeK km 20,0

Mühlendamm-schleuse

BSK km 12,2

ABz Mitte

ABz Spandau

Charlottenburg Verbindungskanal

Unterschleuse

LWK km 0,0

ABz Spandau

ABz Mitte

ABz Charlottenburg

Schleuse Plötzensee

Berlin-Spandauer Schiffahrtskanal

Schleuse Charlottenburg

SOW km 10,45

Westhafenkanal

Spree

SOW km 0,0

Landwehrkanal

Alte Fahrt

Spree-Oder-Wasserstraße

BSK km 0,0

Tegeler See

Großer Wannsee

Kleiner Wannsee

Schleuse Kleinmachnow

TeK km 8,35

Teltowkanal

Prinz-Friedrich-Leopold-Kanal (Griebnitzkanal)

Griebnitzsee

Potsdamer Havel

Untere-Havel-Wasserstraße

Scharfe Lanke

Stößensee

ABz Spandau

WSA Berlin

ABz Mitte

TeK km 0,0

UHW km 16,3

WSA Brandenburg

Schleuse Spandau

HOW km 0,0

HOW km 0,0

UHW km 0,0

SOW km 0,0

HOW 3,5

(Landeangewässer)

Havel-Oder-Wasserstraße

WSA Brandenburg

Oder-Havel-kanal

Richtung Eberswalde Hohensaaten

WSA Eberswalde

WSA Berlin ABz Spandau

HOW km 10,45

N

① Sitz der Wasser- und Schiffahrts-direktion Ost

② Spree im Zentrum Berlins

③ Bauhof des WSA Berlin

④ Sonderstelle der WSD Ost für Ausbildung. Fortbildung

⑤ Schiffsverkehr auf der Spree

⑥ Sitz des Wasserstraßen-Neubauamtes Berlin

⑦ Schleuse Neue Mühle

⑧ Wasser- und Schiffahrtsamt Berlin

⑨ Schleuse Kleinmachnow

⑩ Wassersport auf Berliner Gewässern

⑪ Außenstelle der Wasser- und Schiffahrtsdirektion Ost

1359 wurde Berlin Mitglied der Hanse.

1702 gründete ein Spandauer Schiffer den ersten Berliner Personen-schiffahrtsbetrieb. Berlin ohne Fahrgastschiffahrt wäre heute nicht denkbar. Ein Zehntel der deutschen Fahrgastschiffsflotte ist 1998 hier eingesetzt.

36 Schiffe (7 453 Plätze) gehören den 19 Reedereien des Reederver-bandes der Berliner Personenschiffahrt (siehe Anhang Info).

28 Schiffe (4 721 Plätze) fahren für die Stern und Kreis Schiffahrt GmbH. Ende 1998 wurde sie vollständig privatisiert (Hegemann-Gruppe, Bre-men/Berlin).

36 Schiffe von privaten Unternehmen der Personenschiffahrt, des Museumshafens und anderer Gesellschaften (5 030 Plätze) komplet-tieren die Flotte der Fahrgastschiffe in Berlin.

MS **HAVEL QUEEN** am Anleger in Tegel; Foto: Autor; 1995

Berlin

1. Stern und Kreis Schiffahrt GmbH Berlin

Puschkinallee 16/17, 12435 Berlin
Tel.: 030/536360-0
Fax: 030/53636099
http://www.STERN und KREIS.de

1998 begeht die Stern und Kreis Schiffahrt
GmbH Berlin ihr 110jähriges Jubiläum.
Zwei ihrer bekanntesten Schiffe, die
MOBY DICK und die HAVEL QUEEN,
sind seit 25 bzw. 10 Jahren im Einsatz.
Aus diesem Anlaß überraschte Berlins größte
Fahrgastreederei mit einem besonderen
Programm.
Neben den Erlebnisfahrten durch die
Innenstadt
- Brückenfahrten
- Cityfahrten
- Historische Stadtrundfahrten
- Kaffeefahrten
werden Fahrten auf der Havel
- Große Havelsee-Rundfahrt
- Kleine Havelrundfahrt
- Die 7-Seen-Rundfahrt
- Die Schlösser-Tour
- Großer Tagesausflug in die Stadt
  Brandenburg
- Oberhavelseen-Rundfahrt
auf der Spree
- Große Seenrundfahrt um die Müggelberge
- Der Löcknitzausflug
- Ausflug zur Woltersdorfer Schleuse
- Müggelsee-Rundfahrten
und dem Teltowkanal
- Das Schloß Cecilienhof
- Tagesausflug über Königs Wusterhausen
  bis nach Neue Mühle
- Rund um Berlin
angeboten.

Flußkreuzfahrten führen nach Stettin und
Bad Saarow.

MS **HAVEL QUEEN**
1988; DIW Spandau
L 66,98 m, B 8,99 m, T 1,35 m
2x 206 kW
500 Fahrgäste

MS **HAVELSTERN**
1969; Büsching/Rosemeyer, Uffeln/Vlotho
und Minden
L 63,00 m, B 8,20 m, T 1,25 m
2x 250 PS
500 Fahrgäste

MS **MARK BRANDENBURG**
ex WILHELM PIECK -1990
1976; Genthin
L 66,95 m, B 8,19 m, T 1,25 m
2x 225 PS
486 Fahrgäste

MS **SACHSEN**
ex HEINRICH MANN -1990
1962; Edgar André, Magdeburg
L 53,00 m, B 8,08 m, T 1,24 m
2x 225 PS
500 Fahrgäste

MS **THÜRINGEN** *)
ex FRIEDRICH WOLF -1990
1961; Edgar André, Magdeburg
L 52,87 m, B 8,07 m, T 1,26 m
2x 225 PS
500 Fahrgäste
*) Das Schiff wurde 4/99 nach Ueckermünde
an die Oder-Haff Seetours verkauft (siehe
unter Mescherin/Westoder).

MS **MOBY DICK**
1973; Büsching/Rosemeyer, Uffeln/Vlotho
Kasko in Holland
L 48,27 m, B 8,20 m, T 1,38 m
2x 210 PS
500 Fahrgäste

MS **MARK BRANDENBURG** auf dem Müggelsee; Foto: Autor; 1999

MS **SACHSEN** bringt neue Gäste zur Ausflugsgaststätte „Rübezahl" am Müggelsee; Foto: Autor; 1999

MS **MOBY DICK**; Foto: Autor; 1996

Die Sonderfahrten zu den unterschiedlichsten
Anlässen
- Tanz in den Mai
- Rosenball
- Mondscheinfahrt
- Gospel-Riverboat-Party
- Hafenfeste
- Schlemmerfahrten
- Wannsee in Flammen
- Kirche auf dem Strom
runden das Programm ab.

Von November bis März werden die
HAVEL-QUEEN und die MOBY DICK wieder
als Restaurantschiffe verankert.
Für die verschiedensten Veranstaltungen
können die Schiffe mit entsprechendem
Programm und Buffet auch gechartert werden.
Die Abfahrtstellen sind dem aktuellen Fahrplan
der Stern und Kreis Schiffahrt GmbH Berlin zu
entnehmen (Hotline 030/536360-0).

(Siehe Anhang Informationen)

MS **GROSSER KURFÜRST**
1966; DIW Spandau
L 51,08 m, B 8,20 m, T 1,42 m
2x 231 PS
500 Fahrgäste

MS **WAPPEN VON BERLIN**
1964; Berninghaus, Köln
1986 verl.
L 44,52 m, B 8,00 m, T 1,11 m
2x155 PS
500 Fahrgäste

MS **ERNST REUTER**
1957; Teltow, Berlin
L 36,68 m, B 7,95 m, T 1,26 m
2x 102 PS
500 Fahrgäste

MS **SPERBER**
1907; Klawitter, Danzig
1966, mot., Teltow, Berlin
L 38,60 m, B 5,63 m, T 1,40 m
208 PS
300 Fahrgäste

MS **CONDOR**
ex IRENE -1966
1954; Wiese, Spandau
Teltow, Berlin
L 27,58 m, B 5,71 m, T 1,15 m
150 PS
300 Fahrgäste

MS **NEPTUN** (Abb. S. 427)
ex BEROLINA -1970
ex TOURIST
ex SAATWINKEL
1908; Lahe, Saatwinkel
1971 verl. 4 m, Büsching/Rosemeyer, Minden
L 33,52 m, B 5,10 m, T 1,23 m
145 PS
260 Fahrgäste

MS **FRIEDRICHSHAIN**
1975; Grieseler, Mukrena
L 39,56 m, B 5,08 m, T 1,40 m
208 PS
256 Fahrgäste

MS **SPERBER** kurz vor dem Ablegen am Wannsee- auch der Herbst hat noch schöne Tage
Foto: Autor; 1996

MS **CONDOR** – Sonnenpätze sind immer gefragt; Foto: Autor; 1998

Stern und Kreis Schiffahrt GmbH Berlin
(Fortsetzung)

MS **LICHTENBERG**
1976; Grieseler, Mukrena
L 39,43 m, B 5,08 m, T 1,40 m
208 PS
256 Fahrgäste

MS **PANKOW**
1977; Grieseler, Mukrena
L 39,60 m, B 5,08 m, T 1,40 m
208 PS
256 Fahrgäste

MS **PRENZLAUER BERG**
1980; Grieseler, Mukrena
L 39,65 m, B 5,08 m, T 1,40 m
208 PS
256 Fahrgäste

MS **TREPTOW**
ex SCHARMÜTZELSEE
1969/70; Grieseler, Mukrena
L 32,70 m, B 5,01 m, T 1,17 m
208 PS
217 Fahrgäste

MS **TEMPELHOF**
ex MARS -1951
1926; als DS Tegelort
Umbau 1951, mot., Teltow, Berlin
Umbau 1970, Teltow, Berlin
L 29,54 m, B 4,87 m, T 1,27 m
87 kW
200 Fahrgäste

MS **LUNA** (Abb. S. 429)
1996; Anker, Lüneburg
1991, Lux Mondorf
L 37,00 m, B 6,00 m, T 0,95 m
291 PS
200 Fahrgäste

MS **MARLENE** (Abb. S. 428)
1992; Lübeck
L 24,00 m, B 5,20 m, T 1,35 m
178 PS
110 Fahrgäste

MS **BEROLINA** (Abb. S. 429)
1987; Yachtwerft, Berlin-Köpenick
L 32,10 m, B 5,10 m, T 1,11 m max.
122 PS
156 Fahrgäste

MS **MONBIJOU**
1987; Yachtwerft, Berlin-Köpenick
L 32,10 m, B 5,10 m, T 1,11 m max.
122 PS
156 Fahrgäste

MS **HABICHT**
1978; Yachtwerft, Berlin-Köpenick
L 28,47 m, B 5,10 m, T 1,25 m max
122 PS
155 Fahrgäste

MS **MILAN**
1980; Yachtwerft, Berlin-Köpenick
L 28,47 m, B 5,10 m, T 1,25 m max
122 PS
155 Fahrgäste

MS **WEIHE**
1981; Yachtwerft, Berlin-Köpenick
L 28,47 m, B 5,10 m, T 1,25 m max
122 PS
155Fahrgäste

DS **KAISER FRIEDRICH** (Abb. S. 429)
ex SIEGFRIED -1967
ex KAISER FRIEDRICH III -1929
1886; Oderwerft Stettin
Neuaufbau 1991/93, Dresden, Laubegast
und Stralau, Berlin
L 31,22 m, B 5,15 m, T 1,42 m
2x 65 PS, Dampfmaschine
150 Fahrgäste

MS **NEPTUN** nach
der Renovierung auf
Rundfahrt durch das
Stadtzentrum
Foto: Autor; 1998

MS **PANKOW** – Saison-
ausklang in Treptow
Foto: Autor; 1995

MS **TREPTOW** startet
in die neue Saison
Foto: Autor; 1997

Stern und Kreis Schiffahrt GmbH Berlin
(Fortsetzung)

Verkauft wurden folgende Schiffe:

MS MECKLENBURG
ex J. R. BECHER; 1961; E. André, Magdeburg,
wurde Ende 1997 an die Oder-Haff Seetours,
Reederei Peters GmbH in Ueckermünde verkauft.
Einsatz auf der Oder.

MS SACHSEN-ANHALT
ex BERTOLT BRECHT; 1962, E. André, Magdeburg, wurde im März 1998 an die Insel- und
Halligreederei S. Paulsen verkauft. Das Schiff
fährt als ADLER RIVER ab Gartz auf der Oder.

MS KRÜMEL wurde von der Reederei Grimm/Lin-
decke GbR, Berlin übernommen (1997).

MS STOLZENFELS wurde ebenfalls von der Reederei Grimm/Lindecke GbR übernommen (1998).

MS DOROTHEENSTADT
ex FRIEDENSWACHT -1990
ex NEPTUN (DS) -1957
ex FÜRST OTTO VON BISMARCK (DS) -1945
1904; Oderwerke, Stettin
Umbau 1960 mot., verl. 6 m, Aken/Elbe
L 36,60 m, B 5,60 m, T 1,75 m; 150 PS
150 Fahrgäste
Das Schiff wurde 1998 an die Künstleragentur
Naumann verkauft. Liegeplatz ist Berlin, Hafen
Treptow.

MS PREUSSEN
ex BELLEVUE -1995
ex ALBIN KÖBIS -1990
1974; Yachtwerft, Berlin wurde 1998 umgebaut
und fährt nicht mehr in Berliner Gewässern.
Das Schiff trägt jetzt den Namen VINETA.

Zum Verkauf steht:

MS KÖPENICK
1974; Grieseler, Mukrena
L 39,58 m, B 5,08 m, T 1, 55 m
208 PS
256 Fahrgäste
(Siehe Anhang An- und Verkäufe 1999)

MS **MARLENE** am Berliner Dom; Foto: Autor; 1998

MS **BEROLINA**
im Köpenicker Becken
Foto: Autor; 1995

MS **LUNA** in
Charlottenburg
Foto: Autor; 1998

Dampfer **KAISER FRIEDRICH**; Foto: Autor; 1997

Berlin

2. Reederverband
der Berliner Personenschifffahrt

Reederei Gerhard Becker
Hausboot im Kolk
Saatwinkler Damm
13627 Berlin
Tel.: 030/3447915
Fax: 030/3449104

Gerhard Becker bietet Charterfahrten auf der
Havel an. Vorbestellungen sind nötig.

City-Schiffahrt H. G. Gabriel, Berlin
(vormals Schiffs-Schillow)
Hebbelstraße 1
10585 Berlin
Tel.: 030/3457783
Fax: 030/3459933

Außer der Vermietung von Schiffen und Barkassen ab 18 Personen zu kulanten Konditionen in
gemütlicher Atmosphäre stehen im Programm
Sonderfahrten, Betriebs- und Vereinsfahrten,
individuelle Routenfahrten mit Start vom Haus-
steg Tegeler Weg.

Reederei Dieter Hadynski
Käthe-Niederkirchner-Str. 35
10407 Berlin
Tel./Fax: 030/4248406
Fu: 0177/301460
    0172/3245341

Dieter Hadynski begann 1997 mit seinem kleinen Fahrgastschiff mit historischen Brückenfahrten auf der Spree und dem Landwehrkanal.
Anleger: Reichstagsufer, Bhf. Friedrichstraße

MS **VENUS**
ex FALKE -1976
ex LIESCHEN (DS) -1957
1903; Oderwerke, Stettin (als Dampfschiff)
1957 mot., Wiese, Spandau
L 21,50 m, B 4,29m, T 1,20 m
120 PS
141 Fahrgäste

MS **CAPT. COOK**
1994; Placke-Werft, Aken/Elbe
L 25,50 m, B 5,10 m, T 1,00 m
140 PS
120 Fahrgäste

MS **CAPT. MORGAN**
ex KATTWIEK -1985
1953; Oelkers, Hamburg (für HADAG)
Umbau 1992, verl.
L 25,20 m, B 6,40 m, T 1,48 m
318 PS
158 Fahrgäste

Barkasse **LORD** (ab 1998 an Schillow)
ex J. OSTERMANN
1955; Hamburg
L 14,13 m, B 3,20 m, T 1,12 m
126 PS
27 Fahrgäste

Reederei Dieter Hadynski
MS **NOSTALGIE**
ex MOUSEL NOSTALGIE -1996, Remich/L.
ex RHEINGOLD
1928; Clausen, Oberwinter
L 22,60 m, B 4,03 m, T 0,70 m
121 kW
135 Fahrgäste

(Siehe Anhang An- und Verkäufe 1999)

MS **CAPT. COOK** von der Placke-Werft in Aken; Foto: Autor; 1995

MS **NOSTALGIE** – seit 1997 ein neues „Gesicht" auf Berlins Wasserstraßen; Foto: Autor; 1997

Berlin

**Havelländische Personenschiffahrts-
gesellschaft mbH (HAPEG)**
Solinger Straße 8
10555 Berlin
Tel.: 030/3933015
Fax: 030/3934495

Mit dem MS STECHLIN bietet die HAPEG auch
Tagesfahrten (50 Fahrgäste) ab Berlin an.
Daten zum Schiff und weitere Angaben:
Teil X, Deutsche Kabinenschiffe

Ketzin

Reederei Wilfried Herzog
An der Havel 14
14669 Ketzin
Tel.: 033233/82798
Fax: 033233/83085
Fu: 0171/4241615

Das Familienunternehmen bietet ab Ketzin,
Havelpromenade, Fahrten nach Brandenburg,
Spandau Werder, außerdem die Große Drei-
zehn-Seen-Rundfahrt, Kaffeefahrten und andere
Sonderfahrten.

MS **BELLEVUE**
-1992 Interhotel „Bellevue", Dresden
1986; Yachtwerft, Berlin-Köpenick
(Typ III, verl. Var.)
L 32,10 m, B 5,10 m, T 1,11 m max.
164 PS
130 Fahrgäste

MS **HARMONIE**
ex WAPPEN VON OLDENBURG -1990
ex TINA -1984
ex JOSEPHINE -1977
1926; Brink/Wiesen, Königswinter
L 27,00 m, B 5,00 m, T 1,16 m max.
200 Fahrgäste

MS **HOFFNUNG**
1914; Magdeburg
L 20,00 m, B 3,60 m, T 1,08 m max.
66 kW
70 Fahrgäste

MS **BELLEVUE** ist hergerichtet für die neue Saison; Foto: Sammlung Autor

MS **HARMONIE** wartet am Anleger in Berlin-Spandau; Foto: Autor; 1995

Berlin

Reederei Helga Krüger
Grünhofer Weg 33
13581 Berlin
Tel.: 030/3313659
Fu: 0172/3112679

Im Angebot stehen eine 7-Seen-Rundfahrt
und zwei kürzere Rundfahrten (Stölpchensee,
Kleiner Wannsee, Potsdam 2 Std. und Pfaueninsel 1,5 Std.).
Abfahrt ab Wannsee, Brücke D

MS **RHEINLAND** (ab 1983 für Helga Krüger)
1936; Winkler, Kalkberge
1969 Umbau
L 36,00 m, B 4,63 m, T 0,95 m
165 PS
250 Fahrgäste

Marina Lanke-Werft
Scharfe Lanke 109
13595 Berlin
Tel.: 030/3615066
Fax: 030/3626528

Auf Bestellung bietet das Unternehmen
Charterfahrten mit dem Salonschiff an.
Möglichkeiten für Buffet, Tanz und Tagungen
an Bord sind gegeben.

MS **HUGO REINICKE**
1994; Werft Niederlehme/Lanke-Werft, Berlin
L 19,96 m, B 4,90 m, T 0,90 m
58 PS
29 Fahrgäste

Reederei Siegfried Pfeifer
Rohrweihstraße 4
13505 Berlin
Tel./Fax: 030/4318716

Mit seinem Fahrgastschiff ist Herr Pfeifer auf
der Oberhavel unterwegs; Abfahrt vom Anleger
in Tegel, Greenwichpromenade.

MS **ANGELA**
1947; H. Liptow, Tegel (Eigenbau)
Umbau 1949, Liptow, Tegel, verl.
Umbau 1952, Liptow, Tegel, verbr.
L 25,52 m B 4,07 m, T 1,07 m
150 PS
100 Fahrgäste

MS **RHEINLAND** am
Anleger am Wannsee
Foto: Autor; 1996

MS **HUGO REINICKE**
auf Charterfahrt
Foto: Autor; 1996

Die kleine **ANGELA**
am Anleger in Tegel
Foto: Autor; 1996

Berlin

Reederei Simone Prause
Schlieperstr. 61
13507 Berlin
Tel.: 030/4346015
Fax: 030/43490249

1997 übernahm Frau Prause zwei Schiffe und bietet sie ab Tegel, Greenwichpromenade, zu Fahrten auf der Oberhavel bis Hennigsdorf und Heiligensee an. 1998 kam ein weiteres Schiff dazu.

MS **ASTOR**
(vormals Reederei Bethke, Berlin)
ex HEIMAT -1987
1948; Walter, Plaue/Havel
1987/1989 verl., DIW, Spandau
L 47,60 m, B 7,40 m, T 1,27 m
360 PS
500 Fahrgäste

MS **DEUTSCHLAND**
(vormals Reederei K.-H. Winkler, Berlin)
1942; Winkler, Kalkberge (als Dampfschiff)
1962 mot., Spandau
1997 Umbau, Malz
(zusätzl. Schornsteinattrappe aufsetzbar)
L 36,85 m, B 7,00 m, T 1,50 m
340 PS
250 Fahrgäste

MS **HAVELPERLE**
1992; DBW GmbH, Werft Malz
L 35,60 m, B 5,10 m, T 0,85 m
190 kW
200 Fahrgäste

MS **DEUTSCHLAND** an der Schloßbrücke in Charlottenburg; Foto: Autor; 1997

MS **HAVELPERLE** am Anleger in Tegel; Foto: Autor; 1998

Berlin

Reederei Riedel GmbH
Planufer 78
10967 Berlin
Tel.: 030/6913782 und 030/6934646
Fax: 030/6942191

Seit über 25 Jahren unternimmt die Reederei Riedel Ausflugsfahrten auf den Berliner Gewässern. Neun Schiffe sind ständig im Einsatz.
In Halle an der Saale betreibt die Reederei eine Niederlassung mit weiteren 5 Schiffen.
Seit Mitte 1996 hat die Reederei Riedel eine neue Geschäftsleitung (Klaus Freise, Stefan Freise).

Angebote (tägl.):
Cityrundfahrten mit Stadterklärung durch das historische Berlin, Tagesfahrten Richtung Wannsee und Rundfahrten auf der Unterhavel, Tagesfahrten in Richtung Müggelsee, Neuvenedig und Umgebung, Nachtfahrten und andere Sonderfahrten, Schiffsvermietungen.

Hauptabfahrtsstellen:
Kottbusser Brücke,
Hansabrücke,
Märkisches Ufer/Jannowitzbrücke.

MS **ELFE** (ab 1975)
1937; Berlin-Köpenick
Umbau 1997, Spandau u. Eigenumbau
L 25,70 m, B 4,27 m, T 0,80 m
116 PS
180 Fahrgäste

MS **AMOR** *)
ex NIEDERBARNIM -1958
ex ILTIS -1940
1907; Wiemann, Brandenburg als DS
1958 mot., Berlin
L 32,03 m, B 5,88 m, T 1,05 m
250 PS
250 Fahrgäste

MS **RHEINPFALZ**
ex DOROTHEE
1909; Sachsenberg Roßlau/Elbe (als DS)
1955 mot., Fiebig, Berlin
L 32,37 m, B 5,38 m, T 1,51 m
116 PS
250 Fahrgäste

MS **RIXDORF**
ex SPREEKIEKER -1987
ex GRUGA -1983
1962; Ruhrorter Schiffswerft
L 30,07 m, B 5,24 m, T 1,23 m
180 PS
250 Fahrgäste

MS **SPREEATHEN**
ex DOCKENHUDEN -1965
1949; Renck, Hamburg
Umbau 1965, Wiese, Berlin
Umbau 1969, verl.
L 31,60 m, B 5,72 m, T 1,11 m
150 PS
250 Fahrgäste

MS **KEHRWIEDER** (Abb. S. 441)
ex KEHRWIEDER II -1980
ex REIHERSTIEG -1958
ex NEUHOF (DS) -1939
1902; Brandenburg/Hamburg
Umbau 1958, DIW, Spandau
L 41,50 m, B 6,50 m, T 1,35 m
2x 175 PS
290 Fahrgäste

MS **REINPFALZ** nach dem Passieren der Mühlendammschleuse
Foto: Autor; 6/1999

MS **RIXDORF** an der Museumsinsel im Zentrum Berlins
Foto: Autor; 1998

MS **SPREE-ATHEN** ex DOKKENHUDEN auf der Spree in Treptow
Foto: Autor; 1998

Berlin

Reederei Riedel GmbH (Fortsetung)

Reederei Elke Schlenther
Treuenbriezener Straße 19
13439 Berlin
Tel.: 030/3451722
Tel./Fax: 030/4162732

Mit dem Fahrgastschiff werden sonntags Zehn-Seen-Rundfahrten durch die Mark Brandenburg angeboten (von Wannsee nach Werder über Potsdam und Caputh), außerdem Rundfahrten um die Müggelberge vom Tegeler Weg durch die historische Altstadt.

MS **SCHÖNEBERG**
ex HELENA -1987
1963; Büsching/Rosemeyer, Uffeln/Vlotho
Umbau 1988, Spandau
L 40,07 m, B 5,77 m, T 1,00 m; 125 PS
290 Fahrgäste

MS **BRIGITTE** (ab 1975 für Riedel)
1953; Franke, Spandau
Umbau 1965, verl.
L 32,07 m, B 4,96 m, T 1,26 m; 120 PS
250 Fahrgäste
(Siehe Anhang Info)

MS **SPREE-LADY** (ab 6/1990 für Riedel)
ex FÜRST BISMARCK -1989 für Bärbel Türke
und André Budras
ex GRÄFIN LAURETTA -1986 für Urmetzer
und Zimmermann, Köln/Traben-Trarbach,
Einsatz Rhein und Mosel
ex GOETHE -1970 für Henneberger,
Miltenberg/Main
1965/66; Lux-Werft, Mondorf
Umbau 1974, Lux-Werft, Mondorf,
verl. um 5,30 m
Umbau 1989/90, Werft Parey/Elbe,
Aufbauten umgebaut
L 29,60 m, B 5,60 m, T 1,10 m; 220 PS
195 Fahrgäste
Das Schiff war von 1993 bis 1998 in Halle auf der Saale im Einsatz, seit 1998 wieder in Berlin.

MS **SPREE-NIXE****)
ex MOZART -1966
ex REX -1963
1912, Knarr & Sohn, Spandau

*) MS AMOR steht 1998 zum Verkauf.
**) Das Schiff wurde 1997 außer Dienst gestellt (Umbau vorgesehen).

MS **KREUZ-AS**
1929; Wiemann, Brandenburg
Umbau 1957/58
Umbau 1982, Haren/Ems
L 39,80 m, B 5.65 m, T 1,50 m; 148 PS
200 Fahrgäste

MS **KEHRWIEDER**
im Sommer 1997
Foto: Autor; 1997

MS **SCHÖNEBERG**
im Landwehrkanal
Foto: Autor; 1996

MS **KREUZ-AS**
auf der Spree an
der Museumsinsel
Foto: Autor; 1998

Berlin

Reederei Horst Schmidt
Brunsbütteler Damm 249
13581 Berlin
Tel./Fax: 030/3665145

Von Spandau bietet die Reederei Fahrten zur
Pfaueninsel, nach Werder und Potsdam an.
Hausbrücke ist das Lindenufer in Spandau.

MS **HEITERKEIT** (ab 1975 für Horst Schmidt)
ex KARL-WILHELM (bis 1958 Dampfschiff) -1964
1909; Gebr. Maaß, Neustrelitz
Umbau 1958, mot., Spandau, Umbau 1980
L 29,60 m, B 4,60 m, T 1,10 m
180 PS
197 Fahrgäste

Reederei Rudolf Stengert
Küsterstraße 59
13599 Berlin
Tel./Fax: 030/3342159

Von Wannsee aus werden Sieben-Seen-Rund-
fahrten auf der Unterhavel und Kurzrundfahrten
zum kleinen Wannsee angeboten.

MS **ALEXANDER** (ab 1960 für Rudolf Stengert)
1913; Gebr. Maaß, Neustrelitz (als Dampfschiff)
Umbau 1960, mot., Spandau
Umbau 1979, Schmidt, Hoopte, verl.
L 32,50 m, B 4,78 m, T 0,90 m
187 PS
170 Fahrgäste

Reederei Günter Taube
Treskowstraße 24
13581 Berlin
Tel.: 030/4344483

Mit der Barkasse fährt Günter Taube vom Tegeler Hafen aus. Charterfahrten sind nach Vereinbarung möglich.

MB **TARZAN**
ex JAN -1997, Spreefahrt H. Duggen,
1990-1994 für R. Meike, Oder-Havel-Schiffahrt,
Niederfinow
1956; Holtz, Hamburg
L 13,98 m, B 3,78 m, T 1,25 m
120 PS
53 Fahrgäste

Die Barkasse **PAULE** wurde mit Ende der Saison
1997 innerhalb Berlins verkauft.

MS **HEITERKEIT**
in Potsdam
Foto: Autor; 6/1999

MS **ALEXANDER** am
Anleger in Wannsee
Foto: Autor; 1996

Die Barkasse **TARZAN**
im Sommer 1998 an
ihrem Liegeplatz im
Tegeler Hafen
Foto: Autor; 1998

Berlin

Reederei Martina und Frank Triebler
Reederei Werner Triebler
Johannstraße 24
13581 Berlin
Tel./Fax 030/3315414

Mit der HAVELLAND (M. und F. Triebler) werden von Tegel aus Rundfahrten zum Wannsee über Pfaueninsel und Spandau angeboten.
Die BÄR VON BERLIN (W. Triebler) unternimmt historische Stadtrundfahrten bis zum Nikolai-viertel (Abfahrt Tegel).

Reederei Hartmut Triebler
Bratringweg 29
13583 Berlin
Tel.: 030/3711671
Fax: 030/3728831

Von Spandau, Lindenufer, werden Rundfahrten nach Potsdam, Werder und Paretz, nach Tegel über Charlottenburg und auch zur Pfaueninsel angeboten.
Von Wannsee aus gibt es Fahrten nach Werder und Ketzin.

MS **HAVELLAND** (ab 1993 Triebler)
ex SCHLOSS KARLSBERG -1992
ex STADT MERZIG 1985
1985; Schmidt, Oberwinter
L 37,00 m, B 5,70 m, T 1,00 m
230 PS
250 Fahrgäste

MS **BÄR VON BERLIN**
ex ERNA -1961
ex FEENLOB (I) 1935
1935; Groningen/NL
Umbau 1963/64 verl., 1966/67 verl. und Einbau der Maschine des Schleppers ELSE
L 37,44 m, B 5,00 m, T 1,10 m
320 PS
200 Fahrgäste

MS **BEROLINA**
ex BRANDENBURGER TOR -1977
1972/75; Eigenbau der Brüder Hartmut und Werner Triebler aus dem Kasko des Rhein-See-schiffs CORMORAN II
ex ULMBRÜDER 3 (1950); H. C. Stülcken Sohn, Hamburg
1978 nach Brand nochmals aufgebaut.
L 45,00, B 8,20 m T 1,00 m
470 PS
400 Fahrgäste

MS **ROLAND VON BERLIN** (ab 1965)
ex RUDOLF -1964
ex DEUTSCHLAND (DS) -1946, F. & C. Stein, Brandenburg
1897; Oderwerke Stettin
Umbau 1964 mot./verl. 1965; 1966, 1972 mod.
L 34,09 m, B 4,94 m, T 1,10 m
230 PS
200 Fahrgäste

MS **HAVELLAND**
Foto: Autor 1995

MS **BÄR VON BERLIN**
im Nikolaiviertel vor der
Mühlendammschleuse
Foto: Autor; 6/1999

MS **BEROLINA**
an der Langen Brücke
in Potsdam
Foto: Autor; 1997

Berlin

Reederei Wilfried Vogt
Steinadlerpfad 13/15
13505 Berlin
Tel./Fax: 030/4310565

Angeboten werden Oberhavelrundfahrten ab Tegel bis zur Sandhauser Bucht und bis zum Niederneuendorfer See.

Reederei Bruno Winkler
Mierendorffstr. 16
10589 Berlin
Tel.: 030/3499595
Fax: 030/3490011

Neben Citytouren durch das historische Berlin, über Spree und Landwehrkanal, werden Fahrten rund um die Müggelberge, Havelsee-Rundfahrten, Erlebnisfahrten nach Brandenburg/ Havel, Zehn-Seen-Fahrten rund um Potsdam und Ausflugsfahrten zum Schloß Cecilienhof angeboten. Außerdem stehen interessante Sonderfahrten im Programm der Reederei Winkler.

MS **FEENGROTTE**
1959/61; Wiese, Spandau
Umbau 1968, 1983
L 35,40 m, B 5,30 m T 1,10 m
150 PS
250 Fahrgäste

Reederei Bruno Winkler:
MS **SPREEKRONE**
1994; Lux, Mondorf
L 44,80 m, B 8,18 m, T 1,05 m
250 PS, SPJ 22
250 Fahrgäste

MS **CHARLOTTENBURG**
1997; Lux, Mondorf
L 43,00 m, B 6,85 m T 1,25 m
242 PS
250 Fahrgäste

MS **HANSEATIC**
1971; Schmidt, Oberkassel
Umbau 1981, Schmidt, Oberwinter
L 60,00 m, B 8,20 m, T 1,30 m
2x 230 PS
600 Fahrgäste

MS **FEENGROTTE** legt in Tegel an; Foto: Autor; 1997

MS **SPREEKRONE** im Spreebogen am Reichstag; Foto: Autor; 7/1995

MS **CHARLOTTENBURG** noch im Schmuck der Jungfernfahrt im Landwehrkanal; Foto: Autor; 1995

Berlin

3. Private Unternehmen der Personenschiffahrt

Berliner Wassersport und Service GmbH
Wendenschloßstr 350-354
 12557 Berlin
Tel.: 030/6513415
Fax: 030/6519422

Das Unternehmen stellt die Schiffe für Aus-
flugs- und Veranstaltungsfahrten mit geho-
nem Niveau zur Verfügung.

BWTS Berliner Wassertaxi-Stadtrundfahrten
Norbert Siebach
Wendenschloßstr. 30d
12559 Berlin
Tel.: 030/65880203
Fax: 030/65880204

Mit Amsterdamer Grachtenbooten werden
halbstündlich und über das gesamte Jahr ab
Zeughaus, Unter den Linden, Fahrten durch
das historische Stadtzentrum durchgeführt.
Sonderfahrten sind möglich.

MS **BABELSBERG**
ex YACHT
1992; Yachtwerft, Berlin-Köpenick
L 32,10 m, B 5,10 m, T 0,90 m; 120 PS
154 Fahrgäste

MS **CASINO**
1980; Yachtwerft, Berlin-Köpenick
1980/1992 umgebaut
L 14,55 m, B 3,97 m, T 1,08 m; 140 PS
12 Fahrgäste

Verkauft wurden folgende Schiffe:

MY **CLOWN** wurde im April 1998 an die Wertheimer Personenschiffahrt A. Mahl verkauft.

MS **GELTOW** (1991; Werft Berlin GmbH) wurde
im Juni 1998 an den Dampfschiffahrtsbetrieb
Lothar Bischoff, Nauen, verkauft. Neuer Name:
PEGASUS.

MS **GEORG FRIEDRICH HÄNDEL** (ex STORKOW;
1991; Werft Berlin GmbH) wurde im Mai 1998
an die Fahrgastschiffahrt Roland Kaiser, Tangermünde, verkauft. Neuer Name: ELBKAISER.

MB **KONINGIN WILHELMINA**
vermutl. 1964; Zaandam/NL
L 17,45 m, B 4,05 m, T 1,20 m; 132 PS
75 Fahrgäste

MB **PRINS BERNHARD**
vermutl. 1961; Zaandam/NL
L 17,45 m, B 4,05 m, T 1,20 m; 132 PS
75 Fahrgäste

MS **ORANJE NASSAU**
1968; Zaandam/NL
L 17,45 m, B 4,05 m, T 1,20 m; 132 PS
75 Fahrgäste

MS **BABELSBERG** am Anleger in Wendenschloß; Foto: Autor; 1996

PRINS BERNAHRD auf Rundkurs; Foto: Autor 1998

Berlin

Reederei Bethke
Schloßstraße 25
13507 Berlin
Tel.: 030/43490868
Fax: 030/43490866
Fu: 0161/2311799

Die Reederei Bethke bietet ab Tegel, Green-
wichpromenade, Oberhavelrundfahrten bis
Hennigsdorf, Fahrten durch die Wustermark
bis Paretz, Rundfahrten durch die Stolper
Heide, Tagesausflüge zum Schiffshebewerk
Niederfinow und zusätzlich Sonderfahrten an.
Außerdem werden Schiffsvermietungen
für alle Anlässe angeboten.

MS **BERLIN**
ex SEUTE DEERN -1988
ex TEGEL -1976
ex REICHENAU -1962
1928; Bodanwerft, Kressbronn
Umbauten 1970, 1971, 1977/78: jeweils
verl./verbr. n. mot.
Umbau 1988, DIW, Berlin-Spandau, verl./verbr.,
n. mot.
Umbau 1998, DIW, Umbau
L 50,68 m, B 9,00 m, T 1,40 m; 2x 220 PS
600 Fahrgäste

Thomas Unger übernahm als Pächter folgende
Schiffe der Reederei:

MS **REINICKENDORF**
ex SEEHAUPT -1972
ex RHEINGOLD -1959
ex DS TIRPITZ -1945
ex DS WERNER -1922
1914; Gebr. Wiemann, Brandenburg
Umbau 1959; mot.
L 36,00 m, B 5,60 m, T 1,30 m; 220 PS
200 Fahrgäste

MS **BADEN-BADEN** (ab 1992 für Bethke)
ex BUSSARD -1970
1930; Lahe, Berlin/Saatwinkel
L 26,14 m, B 4,23 m, T 1,35 m; 150 PS
160 Fahrgäste

MS **FÜRSTENBERG** (ab 1991 für Bethke)
ex LIMBERG
1939; Stauff, Königswinter
L 20,00 m, B 4,40 m, T 1,20 m; 120 PS
100 Fahrgäste

Markus Bethke übernahm 1998 die **SCHARN-
HORST** und gab ihr den neuen Namen VIKTORIA.
Ab Tegel werden Rundfahrten angeboten.
MS **VIKTORIA**
ex SCHARNHORST -1998
1935; Ernst, Berlin-Köpenick
L 26,00 m, B 4,80 m, T 1,20 m; 100 PS
160 Fahrgäste

(Siehe Anhang An- und Verkäufe 1999)

MS **BERLIN** läuft den
Anleger in Tegel an
Foto: Autor; 5/1998

MS **REINICKENDORF** –
gut besetzt
Foto: C. Nestler Berlin

MS **BADEN-BADEN**
am Anleger in Tegel
Foto: Autor; 1995

Berlin

Peter Behrenz, Berlin
Suarezstraße 35
14057 Berlin
Tel.: 030/32703477
Fax: 030/3241590
Fu: 0171/2033680

Mit der Barkasse werden Charterfahrten durch die City angeboten. Das Schiff trägt die Aufschrift: Historischer Hafen Berlin. Hier beginnen auch die Fahrten.

MB **LIBELLE** (ab 1996 für Herrn Behrenz)
1926; Jastram, Hamburg
L 13,84 m, B 3,82 m, T 1,10 m
135 PS (ab 1998)
25-30 Fahrgäste

Reederei Wolfgang Burchardi
Gatower Straße 94
13595 Berlin
Aalemannufer/Fähre Tegelort
Tel.: 030/6316695
Fu: 0172/3417893

Das Unternehmen bietet Yachtcharter mit Besatzung auf den Havelgewässern an.

MS **ODIN III**
1993; Berlin-Spandau (Kasko),
Armin Burchardi (Innenausbau)
L 16,00 m, B 4,40 m, T 1,30 m
160 PS
40 Fahrgäste

MS **SCHARNHORST** – nach vielen Jahren unter diesem Namen fährt das Schiff nun als VIKTORIA
Foto: Autor; 1997

MB **LBELLE** vor dem Start in die neue Saison; Foto: Autor; 1998

Berlin

Spreefahrt, Elke und Horst Duggen
Holsteiner Ufer 42
10557 Berlin
Tel.: 030/3944954
Fax: 030/3946102

Das Unternehmen bietet ab Holsteiner Ufer/
Moabiter Brücke (ab 1999) Brückenrundfahrten,
Fahrten zum Müggelsee, Hafenrundfahrten und
Fahrten durch die historische Innenstadt an.
Charterfahrten sind auf Bestellung möglich.

MS **FROHSINN**
(ab 1960; seit 1983 für H. Duggen)
ex HERZ-AS -1960
1927; Bergmann & Westphal, Stralau
1953/54 Umbau, verl. und n. mot.
L 25,00 m, B 5,30 m, T 1,00 m
66 PS
120 Fahrgäste

MB **SPREEKIEKER**
ex CORREKT -1988
1961; H. Garbers, Hamburg
L 15,43 m, B 3,50 m, T 1,40 m
180 PS
50 Fahrgäste

MB **ALK**
1954; Bauwerft nicht zu ermitteln
L 16,09 m, B 3,24 m, T 1,00 m
45 kW
12 Fahrgäste

MB **METEOR**
1950; Buschmann, Wilhelmsburg
L 21,05 m, B 5,10 m, T 1,50 m
180 PS
80 Fahrgäste
Die Barkasse steht zum Verkauf.

Reiner Eiermann, Berlin
Treskowstraße 4a
13507 Berlin
Fu: 0177 / 4011843

Die Barkasse HERTHA wird von Herrn Eiermann
ab 1998 zu Charterfahrten ab Berlin-Tegel
eingesetzt.

(Siehe Anhang Informationen)

MB **HERTHA**   (ab 3/1998 für R. Eiermann)
Spreefahrt H. Duggen, Berlin, 1994-1998
Wolfgang Heckmann, Rostock, 5/1991-5/1993
ex HERTHA QUANDT, Quandt-Linie, Lübeck,
12/1977-1991
ex TIGER, Hamburg, 1976-1977
ex CARL, Hamburg, 3/1956-11/1976
ex ELLEN, Hamburg, 1922-1956
1921/22; Elmshorn, Thormählen
Umbau 1956, Hamburg, verl.
Umbau 1957, n. Mot.
Umbau 1968, Heckaufbau
Umbau 1992, n. Mot.
Umbau 3/1998, n. Mot.
L 16,24 m, B 3,40 m, T 1,35 m
150 kW
48 Fahrgäste (ab 10/1998)

MS **FROHSINN**
auf Brückenfahrt
Foto: Autor; 1996

Das Sonnendeck
ist gefragt –
MB **SPEEKIEKER**
auf Rundfahrt
Foto: Autor; 1998

Die Barkasse **HERTHA**
im Tegeler Hafen
Foto: Autor; 1998

Berlin

Grand Hotel Esplanade

GRAND HOTEL ESPLANADE GmbH & Co.
Betriebs KG
Lützowufer 15, 10785 Berlin
Tel.: 030/25478-0
Fax: 030/2651171

Das Schiff steht den Hotelgästen am Anleger
vor dem Hotel zu Rundfahrten zur Verfügung:
Stadtrundfahrten, Müggelseefahrten, Ausflüge
zur Pfaueninsel und Fahrten in die Berliner
Umgebung.

MS **ESPLANADE** (Restaurantschiff)
1992; DBW, Werft Berlin
L 40,06 m, B 6,60 m, T 0,95 m
2x 90 kW
120 Fahrgäste

Maritime Tagesfahrten auf der MY FRANZISKA

André Eichblatt & Partner GbR
Nennhauser Damm 107, 13591 Berlin
Tel./Fax: 030/36400830
Fu: 0172/3928700

Mit der modernen Motoryacht werden Tages-
fahrten (5 Stunden: Spandau, Kladow, Großer
Wannsee, Kleiner Wannsee, Pohlesee, Stölp-
chensee, Griebnitzsee, Glienicker Lake, Tiefer
See, Potsdam und retour; 7 Stunden: Spandau,
Kladow, Pfaueninsel, Glienicker Brücke, Pots-
dam, Werder, Phöben, Sacrow-Paretzer-Kanal,
Spandau) angeboten. Die Abfahrtszeit kann
vom Charterer festgelegt werden.
Abfahrtsorte: Spandau, Freybrücke-Heerstr.,
Kladow, Glienicker Brücke.

MY **FRANZISKA** (ab 1994)
ex FROSCH (priv. Eigner)
1991; Pedro-Boat B. V., Zuidbroek, Holland
L 11,70 m, B 3,80 m, T 1,10 m
150 PS
20 Fahrgäste

Bootsvermietung Fangrot – Charterfahrten mit Skipper

Thorsten Fangrot
Adickestraße 33b, 13599 Berlin
Tel.: 030/3343580
Tel./Fax.: 030/3026468
Fu: 0171/6226108

Mit dem liebevoll restaurierten Schiff werden
Charterfahrten durch das historische und neue
Berlin angeboten. Fahrten in die Umgebung
und zu Festlichkeiten sind auf Anfrage möglich,
– auch für Veranstaltungen des Histor. Hafens.

MS **HEIDELBERG** (ab 1996 für T. Fangrot)
ex ROBINSON (1970-1995 für Herrn Haberkern),
1950-1970 als Fahrgastschiff HEIDELBERG
für Reederei Erich Lahe
1924; Engelbrecht, Berlin-Köpenick (als Yacht
für Mühlenbesitzer Kampffmeyer)
1950, Umbau zum Fahrgastschiff; Werft Lahe,
Saatwinkel
L 17,50 m , B 3,70 m, T 1,00 m
130 PS
25 Fahrgäste

MS **ESPLANADE**
am Anleger vor dem
Grand Hotel
Foto: Autor; 1997

Yacht **FRANZISKA**
in Potsdam
Foto: Autor; 1998

MS **HEIDELBERG**
auf dem Müggelsee
Foto: Autor; 1999

Kablow-Ziegelei/Zeuthen

Personenschiffahrt Rolf Fußwinkel
Waldsiedlung 33
15758 Kablow-Ziegelei
Tel.: 033752/09170
Fax: 033752/09169
Fu: 0171/6002094

Pannonia-Seehotel Zeuthen
Fontaneallee 27/28
15738 Zeuthen
Tel.: 033762/89-0
Fax: 033762/89408

In Zusammenarbeit mit dem Pannonia-Seehotel
in Zeuthen bietet die Schiffahrt Rolf Fußwinkel
Charterfahrten auf den Berliner Gewässern an.
Familien-Brunch mit Seenrundfahrten gibt es
an den Sonn- und Feiertagen.

MS **OLYMPIA**
1993; DBW, Tangermünde
L 26,00 m, B 5,12 m, T 0,95 m
145 PS
60 Fahrgäste

MS **PANNONIA**
ex KIEWITT -1996 (WF Potsdam)
1977; Genthin
L 26,43 m, B 4,04 m, T 1,43 m
140 PS
32 Fahrgäste

Berlin

Reederei Karl Heinz Grasnick
Haushoferstr. 4
12487 Berlin
Tel.: 030/6315490 und 9219491

Fahrten ab Anleger Friedrichshagen – Rundfahrt
um die Müggelberge und ins Löcknitztal.
Vermietung nach Vereinbarung möglich.

MS **ARCONA**
ex CÄCILIE (DS) -1928
ex HOFFNUNG (DS) -1917
1905; Gebr. Maaß, Neustrelitz
Umbau 1969, mot.
L 25,44 m, B 4,68 m, T 1,65 m
150 PS
109 Fahrgäste

MS **OLYMPIA** – Liege-
platz am Pannonia-Hotel
Zeuthen
Foto: Autor; 1996

MS **PANNONIA**
der Schiffahrt
Rolf Fußwinkel
Foto: Autor; 1996

MS **ARCONA** am
Anleger in Schmöckwitz
Foto: Autor; 1995

Berlin

Reederei Grimm/Lindecke GbR
Weissenseer Weg 92
10369 Berlin
Tel.:030/9727733 o. 9082689
Tel./Fax.: 030/9245083
Fu: 0161/1308944
Liegeplatz: Hafen Hennigsdorf, Hafenstraße
16761 Hennigsdorf

Ab Hennigsdorf werden Ausflugsfahrten zum
Tegeler See und zum Wannsee angeboten. In
den Wintermonaten liegt die PELIKAN als Gaststätte im Niederneuendorfer See.

MS **PELIKAN** (ab 1997 bei J. Grimm)
ex MARIENDDRF -1969
1906; Oderwerke Stettin
Umbau 1958, mot.; Werft Havelberg
1969, Umbau zum Salonschiff, Werft Genthin,
n. N. PELIKAN
L 32,53 m, B 6,05 m, T 1,58 m
180 PS
40 Fahrgäste

Folgende Schiffe zählen ab 1998 zur Flotte:

MS **STOLZENFELS**
ex ALEXANDER FUTRAN -1991
ex STOLZENFELS -1965
ex KELCH -1939
1936; Riedel, Fürstenberg/Havel
(als Gasmotorschiff, n. 1945 mot.)
L 30,36 m, B 4,92 m, T 1,27 m
150 PS
180 Fahrgäste (1991)
Von 1953 bis 1956 war das Schiff in
Stralsund/Ostsee eingesetzt.

MS **KRÜMEL** (Schwesterschiff FLAX, 1962; Fähre)
1962; Aken/Elbe
Umbau 1970, verl.; Umrüstung zur Fähre
(Magnetfestmacher)
L 21,90 m, B 3,62 m, T 1,26 m
69 PS
77 Fahrgäste (1991)

Personenschiffahrt D. Kalata, Berlin
Dieter Kalata
Weserstraße 18
10247 Berlin
Tel.: 030/2928381
Fu: 0177/2068913

Die Barkasse PAULE (vormals G. Taube, Berlin)
wird vom Eigner 1998 für Gesellschaftsfahrten,
Familienfahrten, Mondschein- und Tagesfahrten, Vereinsfahrten auf den Berliner Gewässern
angeboten.

MB **PAULE**
1955; Wesseling
L 17,46 m, B 4,16 m, T 1,45 m
136 PS
35 Fahrgäste (max. 50)

(Siehe Anhang Informationen)

Immer noch ein schönes Schiff — MS **PELIKAN** auf dem Tegeler See; Foto: Autor; 1998

Barkasse **PAULE** mit Gästen auf dem Müggelsee; Foto: Autor; 1999

Berlin

Reederei Hans-Joachim und Michael Kutzker
Waldpromenade 10
15537 Grünheide
Tel.: 03362/6251
Fu: 0172/3683420

Angebot:
Linie 1: Alt-Buchhorst über Woltersdorf und
Erkner nach Friedrichshagen und zurück
Linie 2: Grünheide, Woltersdorf, Erkner,
Müggelsee
Auch für Charterfahrten stehen die Schiffe
der Reederei Kutzker zur Verfügung.

**River Line Berlin, Schiffahrts-
gesellschaft mbH & Co. KG**
Unter den Linden 35
10117 Berlin (Geschäftsführer J. Dickhut)
Tel.: 030/2027-4054
Fax: 030/2027-4055

Das Veranstaltungsschiff wurde gebaut für Konferenzen, Tagungen, Bälle und andere Großver-
anstaltungen in der Region Berlin und Brandenburg.

Reederei Stannigel
Pölitzer Straße 17
12621 Berlin
Tel./Fax: 030/5662339

Mit dem kleinen Fahrgastschiff, das vielen
Berlinern gut bekannt ist, steht die Familie
Stannigel für Charterfahrten auf den Berliner
Gewässern und den märkischen Seen zur
Verfügung. Betriebsfeste, Familienfeiern und
Gruppenfahrten sind nach Vorabsprache
möglich.

MS **ELBE** (Hans-Joachim Kutzker)
(Abb. Einband Rückseite)
1926; Ertel, Woltersdorf
L 23,82 m, B 3,78 m, T 0,99 m
150 PS
99 Fahrgäste

MS **RHEIN**
(Michael Kutzker; Einsatz ab 10.6.1995)
ex UNDINE -1990(?) Museumsschiff in Alsleben,
ex MÜGGELTURM -1975
ex ZUKUNFT -1953
1928; Bergmann & Westphal, Stralau
1993-95 Neuaufbau d. Kutzker
L 30,08 m, B 5,06 m, T 1,35 m
200 PS
170 Fahrgäste

MS **LA PALOMA**
1997; DIW, Berlin-Spandau
L 82,00 m, B 11,40 m, T 1,90 m
2x 317 kW
800 Fahrgäste

Reederei Stannigel:
MS **BUMMI**
1962; Yachtwerft Berlin-Köpenick
L 20,54 m, B 4,46 m, T 0,95m
104 PS
56 Fahrgäste
Das Schiff gehört zu einer Serie von vier Schiffen, die zwischen 1957 und 1962 zur Beförde-
rung von Personen im Linienverkehr und auch
für Tagesfahrten auf Binnengewässern von der
Yachtwerft Köpenick gebaut wurden. Alle vier
Schiffe existieren noch.

MS **FRITZ REUTER** (z. Zt. im Umbau in Berlin)
MS **BRUMMEL** (siehe Anhang An- und Verkäufe
1999)
MS **HARRY** (siehe Santana Yachting, Neustrelitz)

Die ersten Sonnen-
strahlen locken...
MS **RHEIN** auf der
Löcknitz
Foto: Autor; 1996

MS **LA PALOMA** in
Spandau am Anleger
Foto: Autor; 1997

MS **BUMMI** in voller
Fahrt
Foto: Stannigel, Berlin

Berlin

Unternehmen „Van Loon"
Restaurantschiff „Van Loon" Im Urbanhafen
Carl-Herz-Ufer
10961 Berlin
Karsten Sahner
Tel.: 030/63979350 o. 030/6926293
Fu: 0171/5441276

Ab Urbanhafen wird die Berliner Brückentour
angeboten (3 Std.).
6 Std. dauert die Große Müggelseetour.
Das Schiff kann auch gechartert werden.

MB **JOSEPHINE** (Barkasse)
ex NORDSEE III -1994 Kapitän Prüsse GmbH,
Hamburg
ex BP 1
1954; Buschmann, Hamburg
1954, Umbau in Berlin zum Restaurantschiff
L 23,05 m, B 5,05 m, T 1,70 m
280 PS (Solarenergie für Bordelektrik)
60 Fahrgäste

(Siehe Anhang Neubauten 1999)

Wirtshaus Schildhorn
Straße am Schildhorn 4a
Havelchaussee
14193 Berlin
Tel.: 030/3053111
Fax: 030/3052081

Das Schiff fährt ausschließlich im Charterverkehr.

MS **SCHILDHORN** (ab 14.5.1992)
ex FRIEDRICHSTADT (Hotel Metropol Berlin)
1982; Yachtwerft, Berlin
L 28,60 m, B 5,10 m, T 0,90 m
90 kW
40 Fahrgäste

Die **Märkische Schiffahrtslinie, Heidmann,**
Königs Wusterhausen bei Berlin,
stellte 1998 ihren Dienst ein.

Das MS **PINNAU** ist am 5.1.1998 verkauft worden. Neuer Eigner ist die Stichting de Croosboot,
Rotterdam/NL. Das Schiff heißt jetzt REIGER.

Historischer Hafen Berlin
Berlin-Brandenburgische Schiffahrts-
gesellschaft e.V.
Bamberger Straße 58
10777 Berlin
Tel.: 030/2138041
Fax: 030/2138042

Die Schiffe des Historischen Hafens Berlin
stehen zu bestimmten Veranstaltungen (Hafenfeste, Regatten und Charter) für Rundfahrten
zur Verfügung.

MS **HEINRICH ZILLE** (ab 9/1993 Museumsschiff;
Eigner: Spree-Cöllnische Schiffahrtsgesellschaft
mbH (SCSG)
ex PANKE -1956
ex BAURAT HOBRECHT -1946
1896; Oderwerke, Stettin
Umbau 1959, mot. und verl., Aken/Elbe
Umbau 1973
L 38,30 m, B 6,15 m, T 1,75 m; 218 PS
276 Fahrgäste

MS **EINTRACHT** (Eigner: Berlin-Brandenburgische
Schiffahrtsges. e. V.)
1906; Fürstenberg/Havel
L 15,10 m, B 3,20 m, T 1,10 m; 24 PS
65 Fahrgäste

MS **SCHILDHORN** beim Werftaufenthalt in Wendenschloß; Foto: Autor, 1999

Das Museumsschiff **HEINRICH ZILLE** auf dem Müggelsee; Foto: Autor; 1996

Berlin

Historischer Hafen Berlin (Fortsetzung)

Deutsches Technikmuseum Berlin
Trebbiner Srtr. 9
10963 Berlin
Tel.: 030/25484-0
Fax: 030/25484-175

Der Schlepper VOLLDAMPF steht für Charterfahrten zur Verfügung

MS **GISELA** (Eigner: Alfred Wunsch, Berlin;
Tel.: 030/2012379)
1934; Engelbrecht, Berlin-Köpenick
L 11,50 m, B 3,51 m, T 0,99 m
54 PS
30 Fahrgäste

DS **ANDREAS** (Eigner: Berlin-Brandenburgische
Schiffahrtsges. e. V.)
1944/1947; Gebr. Wiemann, Brandenburg
L 35,18 m, B 6,93 m, T 1,30 m
305 PS (Dreizyl.-Expansionsdampfmaschine)
Schlepper

MS **VOLLDAMPF** (ab 1986 DTM, Berlin)
ex ELSE-OTTO (DS) -1974
1896, Nüscke, Berlin
1974, Umbau, mot.
L 17,98 m, B 4,28 m, T 1,40 m
96 PS
25 Fahrgäste

MS **GISELA** auf dem Müggelsee; Foto: Autor; 1999

Dampfschlepper **ANDREAS** auf dem Müggelsee während der Lastensegler-Regatta 1996
Foto: Autor; 1996

Motorschlepper **VOLLDAMPF** an seinem Anleger im Landwehrkanal; Foto: Autor; 1997

Berlin

Deutsche Binnenreederei Berlin GmbH
Knoll maritim Touristik Agentur
Allee der Kosmonauten 52
12681 Berlin
Tel./Fax: 030/5441253

Ein Dampfschlepper und eine Motorbarkasse
stehen für Charterfahrten zur Verfügung.

**Fahrgastschiffe, die in Berlin als Fähren
im Einsatz sind:**

DS **SEIMA**
(Eigner: Deutsche Binnenreederei GmbH)
ex ERWIN -1928
ex MARTHA-FRIEDA -...
ex FREIHEIT -1947
1908; Gebrüder Wiemann, Brandenburg
L 19,92m, B 4,48 m, T 1,80 m
110 PS (Zweizylinder-Kolbendampfmaschine)
20 Fahrgäste

MB **BERLIN**
(Eigner: Deutsche Binnenreederei GmbH)
1980; Königstein
L 12,28 m, B 3,13 m, T 0,80 m
10 Personen

MS **LICHTERFELDE**
(Stern und Kreis Schiffahrt GmbH)
ex LUBECA 6/1900,
ex OBERBÜRGERMEISTER ZELLE -1945 (Wrack)
1896; Oderwerke, Stettin
1959, Neuaufbau, Teltow-Werft
L 36,36 m, B 8,00 m, T 1,75 m
2x 102 PS
400 Fahrgäste
Fähre zwischen Wannsee und Kladow

MS **KOHLHASE**
(Stern und Kreis Schiffahrt GmbH)
1954; Teltow-Werft
Umbau 1965/66, verl. um 6 m
L 24,22 m, B 4,81 m, T 1,30 m
118 kW
230 Fahrgäste
Fähre zwischen Wannsee und Kladow

Dampfschlepper **SEIMA**
beim Anlegemanöver
Foto: Autor; 1998

MS **KOHLHASE**
am Anleger in Wannsee
Foto: Autor; 1995

Berlin

**Fahrgastschiffe, die in Berlin als Fähren
im Einsatz sind:** (Fortsetzung)

MS **URANUS** (Reederei Gerhard Becker)
ex MINCHEN
1949; Claußen, Oberwinter
L 16,00 m, B 4,30 m, T 0,70 m
150 PS
75 Fahrgäste
Fähre zwischen Werder und Geltow

MS **FLAX** (Stern und Kreis Schiffahrt GmbH)
1962; Aken/Elbe
L 21,90 m, B 3,62 m, T 1,26 m
69 PS
77 Fahrgäste
Fähre zwischen Grünau und Marienlust

(Siehe Anhang An- und Verkäufe 1999)

Senzig   Dahme/Krüppelsee

Kremserfahrten auf dem Wasser
Heinz Wunsch
Werftstraße 74
15754 Senzig
Tel.: 03375/901463

Nach Absprache führt Herr Wunsch mit seinem
kleinen Motorboot Kremserfahrten ab Senzig,
Bindow, Neue Mühle und Kablow durch.

Das Schiff, das keinen Namen trägt,
aber alle in der Umgebung kennen,
hat folgende technische Daten:
1963; Exquisitwerft, Wildau
L 9,25 m, B 2,25 m, T 0,71 m
12,5 PS
28 Fahrgäste

MS **URANUS** vor der Ausfahrt aus dem Kolk; Foto: Autor; 1996

Herr Wunsch mit seinen Gästen unterwegs; Foto: R. Fußwinkel, Kablow

VI
Fahrgastschiffe in Hamburg

Die Freie und Hansestadt Hamburg ist noch immer das Tor zur Welt. 120 km vor der Mündung der Elbe in die Nordsee und an der zu einem See (Außen- und Binnenalster) aufgestauten Alster angelegt, wurde Hamburg zur zweitgrößten deutschen Stadt mit dem größten deutschen Seehafen und zu einem der wichtigsten deutschen Verkehrszentren.

Als offizieller Gründungstag des Hamburger Hafens gilt der 7. Mai 1189. Mit seinen knapp 80 km², davon etwa 16 km² der Freihafen, befindet er sich auf dem Elbinselgebiet zwischen Norder- und Süderelbe. Schiffe können jederzeit ein- und auslaufen, da es ein offener Gezeitenhafen ist.

Hamburg bietet vor allem auf dem Wasser vielfältige Ausflugsmöglichkeiten

Die Alsterschiffahrt feierte 1999 ihr 140jähriges Bestehen. Mit 16 Schiffen bietet die Alster-Touristik eine bunte Palette von Programmfahrten an. Alster-Rundfahrten, Fleetfahrten, Kanalfahrten, Vierlande-Fahrten nach Bergedorf, Teichfahrten zeigen Hamburg vom Wasser aus.

Von den St. Pauli-Landungsbrücken starten die Ausflugsschiffe zu Hafenrundfahrten und Fahrten auf der Elbe.

Die HADAG Seetouristik und Fährdienst AG beging 1998 ihr 110jähriges Jubiläum. 1999 werden 19 Schiffe angeboten.

Mit modernen Schiffen fahren auch die Rainer Abicht Elbreederei GmbH und das Unternehmen von Kapitän Heinrich Prüsse. Zum Hafengeburtstag 1999 setzten beide Reeder ihre Mississippi-Radschiffe als neueste Attraktion im Hamburger Hafen ein.

Neben den großen Barkassen-Unternehmen, wie Barkassen-Meyer GmbH, Barkassen-Centrale Günter Ehlers, Max Jens und Harald Glitscher, gibt es eine große Anzahl kleinerer Barkassenunternehmen, die Fahrten anbieten. Es sind mit Sicherheit mehr, als in diesem Buch aufgelistet. Zuverlässige Zahlen gibt es nicht.

Die großen und modernen Schiffe und die Barkassen stehen in einem harten Wettbewerb um die Gunst der Fahrgäste, der Hamburger und der Touristen. Auch wenn prognostiziert wird, daß es in Hamburg in zehn Jahren keine herkömmlichen Barkassen mehr gäbe, muß aber gleichzeitig festgestellt werden, daß nur die Barkassen den historischen Hafen, wie die Speicherstadt, das Rathaus und die Schleusen anfahren können.

Zusammen mit den Hamburger Museumsschiffen steht den „Sehfahrern" eine Flotte von über 150 Schiffen zur Verfügung, um Hamburg und seine reizvolle Umgebung vom Wasser aus zu erleben.

Alster

Die Alster ist ein rechter, weit verzweigter Nebenfluß der Elbe.
Die Quelle liegt im Norden Hamburgs.
1200 wurde die Alster zu zwei seeartigen Becken (Außen- und Binnenalster) mit einer Fläche von rund 184 ha aufgestaut.

Hamburg/Vorsetzen – Die Barkassen warten auf Fahrgäste; Foto: Autor; 1999

Hamburg

ATG Alster-Touristik GmbH
Anleger Jungfernstieg
20354 Hamburg
Tel.: 040/357424-0
Fax: 040/353265

Die Alsterschiffahrt kann auf eine 100jährige
Geschichte zurückblicken. Mit den Alster-
dampfern 1859 hatte es klein angefangen.
Seit 1977 gibt es die ATG Alster-Touristik
GmbH.
Die weiße Alsterflotte verfügte 1999 über
16 Fahrgastschiffe, die auf der Alster,
in Fleeten, Kanälen und im Hafen unterwegs
waren.

MS **BREDENBEK**
1938; A. Pahl, Hamburg
Umbau 1977 und 1990, mod.
L 20,55 m, B 5,06 m, T 1,62 m
84 kW
130 Fahrgäste

MS **EILBEK**
1951; J. Oelkers, Hamburg
Umbau 1981, mod.
L 22,20 m, B 4,94 m, T 1,47 m
74 kW
130 Fahrgäste

MS **GOLDBEK**
1951; J. Oelkers, Hamburg
Umbau 1961, 1971, 1978, 1988 mod.
L 22,22 m, B 496 m, T 1,49 m
87 kW
130 Fahrgäste

MS **AMMERSBEK**
(zwischenzeitlich als HAMBURG)
1947; A. Pahl, Hamburg
1988 mod.
L 20,53 m, B 5,13 m, T 1,55 m
74 kW
130 Fahrgäste

MS **ISEBEK**
1935; J. Oelkers, Hamburg
1961 und 1980 mod.
L 21,16 m, B 4,69 m, T 1,55 m
94 kW
130 Fahrgäste

MS **OSTERBEK**
1936; A. Pahl, Hamburg
1966 und 1989 mod.
L 20,56 m, B 4,89 m, T 1,50 m
84 kW
130 Fahrgäste

MS **QUARTEERSLÜÜD**
1994; E. Menzer, Hamburg-Bergedorf
L 25,60 m, B 5,20 m, T 1,30 m
150 kW
130 Fahrgäste

Anleger Jungfernstieg; Foto: Sammlung Autor

MS **ISEBEK** am Anleger; Foto: Autor; 1997

Hamburg

ATG Alster-Touristik GmbH (Fortsetzung)

MS **RODENBEK**
1956; J. Oelkers, Hamburg
1977 und 1982 mod.
L 22,22 m, B 5,07 m, T 1,53 m
84 kW
130 Fahrgäste

MS **SASELBEK**
1937; A. Pahl, Hamburg
1980 mod.
L 20,26 m, B 5,15 m, T 1,46 m
87 kW
130 Fahrgäste

MS **SCHLEUSENWÄRTER S.C.**
1990; E. Menzer, Hamburg-Bergedorf
L 24,72 m, B 5,22 m, T 1,24 m
94 kW
130 Fahrgäste

MS **SEEBEK**
1959; Werft von Neelandia / NL
1961/62, 1969, 1970, 1990 mod.
L 21,85 m, B 5,12 m, T 1,51 m
74 kW
130 Fahrgäste

MS **SIELBEK**
1949; A. Pahl, Hamburg
1978 mod.
L 20,52 m, B 5,11 m, T 1,58 m
77 kW
130 Fahrgäste

MS **SUSEBEK**
1937; A. Pahl, Hamburg
1977 und 1981 mod.
L 20,51 m, B 5,17 m, T 1,62 m
79 kW
130 Fahrgäste

DES **ALSTERKIEKER**
1998; E. Menzer, Hamburg-Bergedorf
L 25,56 m, B 5,20 m, T 1,25 m
150 kW Dieselelektrischer Antrieb
(Gebr. Rademacher, Hamburg)
112 Fahrgäste

MS **ALSTER CABRIO I**
1995; E. Menzer, Hamburg-Bergedorf
L 21,93 m, B 4,27 m, T 0,99 m
94 kW
120 Fahrgäste

MS **ALSTER CABRIO II**
1996; E. Menzer, Hamburg-Bergedorf
L 21,93 m, B 4,27 m, T 0,99 m
94 kW
120 Fahrgäste

Verkauft wurden folgende Schiffe:

M S **ALSTERSCHIPPER** (1977)
seit 1997 als TREENESCHIPPER für G. Schröder,
Friedrichstadt.

MS **EILENAU** (1958)
seit 1994 als BLECKEDE für G. Schröder,
Friedrichstadt, in Boizenburg eingesetzt.

MS **TARPENBEK** (1935/1959)
verkauft an Gaswerke Hamburg, Konferenzschiff.

MS **FLEETENKIEKER** (1976/1989)
seit 4/1998 als FLEETENKIEKER für G. Schröder,
Friedrichstadt.

(Siehe Anhang Neubauten 1999)

MS **ALSTER CABRIO II** auf Rundfahrtkurs; Foto: H.-J. Gersdorf, Hamburg; 1995

Hamburg

Verein Alsterdampfschiffahrt e.V.
Büro Hamburg
Bansenstr. 11
21075 Hamburg
Tel./Fax: 040/7922599

Mit den beiden Traditionsschiffen, der Motorbarkasse AUE und dem Dampfschiff ST. GEORG,
werden Fahrten auf der Alster und ihren
Kanälen angeboten. Auch für festliche Anlässe
stehen die Schiffe bereit.

HADAG Seetouristik und Fährdienst AG
St. Pauli Fischmarkt 28
20359 Hamburg
Tel.: 040/311707-0
Fax: 040/311707-10

Die Hafen-Rundfahrt-Schiffe starten von den St.
Pauli-Landungsbrücken, Brücke 2.
Fahrten auf der Niederelbe bis in Alte Land
nach Lühe, Fahrten nach Lauenburg und Boi-
zenburg, nach Glückstadt und auch Fahrten auf
dem Nord-Ostsee-Kanal werden angeboten.
Linienverkehr zwischen Cranz und Blankenese
gibt es stündlich das ganze Jahr über.
Für besondere Charterfahrten steht die
WARSTEINER QUEEN zur Verfügung.

DS **ST. GEORG**
(ab 1994 wieder auf der Alster)
ex PLANET -1977 in Fahrt, dann Lagerschiff
ex DEUTSCHLAND -1968
ex ST. GEORG -1950
ex GALATEA -1936
ex FALKE -1911
1876; Reiherstiegwerft, Steinwerder
1911, Umbau zum Glattdecker
1952, Modernisierung
1961, 4 m verlängert
1993, Umbau Dresden-Laubegast,
wieder DS und ursprüngliche Länge
L 20,98 m, B 4,20 m, T 1,20 m
75 PS
84 Fahrgäste

Barkasse **AUE** (ab 1949)
ab 1990 beim Verein Alsterdampfschifffahrt e.V.
ex VERTRAUEN -1949
ex KLAUS -1935
1926, Oelkers, Hamburg, als offene Barkasse
1934, Umbau: feste Aufbauten
1960, mod.
L 15,95 m, B 4,12 m, T 1,40 m
75 PS
115 Fahrgäste

MS **WARSTEINER QUEEN** *)
1995; St. Barbara, Belgien und Hoogendoorn/NL
L 52,00 m, B 11,40 m, T 1,20 m
2x 235 kW
300 Fahrgäste, 250 innen

MS **MAX BRAUER** (Abb. S. 483)
1980; HDW Hamburg
L 52,70 m, B 9,50 m, T 1,40 m
2x 369 kW
550 Fahrgäste

MS **HANS ALBERS**
1968; Scheel & Jöhnk, Hamburg
L 30,34 m, B 6,31 m, T 1,16 m
2x 220 kW
300 Fahrgäste
(Siehe Anhang An- und Verkäufe 1999)

*) Das Schiff ist langfristig vom Eigner A. Allard,
Dieblich, gechartert.

DS **ST. GEORG** an seinem Liegeplatz; Foto: Autor; 1998

MS **WARSTEINER QUEEN**; Foto: J. Saupe, Osterode; 5/1999

HADAG Seetouristik und Fährdienst AG
(Fortsetzung)

MS **JAN MOLSEN**
1968; Mützelfeldt, Cuxhaven
L 30,34 m, B 6,31 m, T 1,14 m
2x 220 kW
300 Fahrgäste

MS **FINKENWERDER**
1989; Grube, Hamburg
L 25,40 m, B 6,45 m, T 1,50 m
585 kW
150 Fahrgäste

MS **ALTONA**
1989; Grube, Hamburg
L 25,31 m, B 6,45 m, T 1,50 m
585 kW
170 Fahrgäste

MS **BLANKENESE**
1990; Grube, Hamburg
L 26,34 m, B 6,45 m, T 1,50 m
585 kW
210 Fahrgäste

MS **NEUENFELDE**
1991; Grube, Hamburg
L 26,34 m, B 6,44 m, T 1,50 m
585 kW
210 Fahrgäste

MS **FALKENSTEIN**
1992; Grube, Hamburg
L 27,24 m, B 6,45 m, T 1,50 m
550 kW
210 Fahrgäste

MS **WOLFGANG BORCHERT**
1993; Grube, Hamburg
L 27,67 m, B 6,45 m, T 1,50 m
550 kW
210 Fahrgäste

MS **KIRCHDORF** (Typ IIIc)
1962; J. J. Sietas, Hamburg
L 30,02 m, B 8,14 m, T 3,54 m
275 kW
489 Fahrgäste

MS **TONNDORF** (Typ IIIc)
1960; J. J. Sietas, Hamburg
L 30,01 m, B 8,16 m, T 3,53 m
372 kW
489 Fahrgäste

EMS **NIENDORF** (Typ IIIc)
1959; Oelkers, Hamburg
L 30,18 m, B 8,15 m, T 3,50 m
279 kW
489 Fahrgäste

EMS **ALTENWERDER** (Typ II)
ex STEINKIRCHEN -1979
1955; Pohl & Jozwiak, Hamburg
L 26,98 m, B 7,84 m, T 3,00 m
279 kW
392 Fahrgäste

EMS **SCHULAU** (Typ II) (Abb. S. 484)
1956; Norderwerft, Hamburg
L 26,95 m, B 7,86 m, T 3,10 m
279 kW
392 Fahrgäste

MS **NIENSTETTEN**
ex PLISCH UND PLUM -1973
1963; Staak, Lübeck
L 25,50 m, B 5,63 m, T 1,65 m
2x 110 kW
120 Fahrgäste

MS **NEUWERK**
1973; Buschmann, Hamburg
L 17,90 m, B 5,40 m, T 1,50 m
238 kW
102 Fahrgäste

MS **SCHARHÖRN**
1972; Scheel & Jöhnk, Hamburg
L 18,00 m, B 5,40 m, T 1,49 m
238 kW
102 Fahrgäste

MS **MAX BRAUER** im
Nord-Ostsee-Kanal
Foto: D. Foerster,
Halle; 1994

MS **BLANKENESE**
Foto: D. Foerster,
Halle; 1996

EMS **KIRCHDORF** (Typ III)
im neuen Outfit
Foto: J- Saupe,
Osterode; 6/1998

HADAG Seetouristik und Fährdienst AG
(Fortsetzung)

MS **CRANZ**
1970; Pahl, Hamburg
L 19,50 m, B 4,10 m, T 1,40 m
220 kW
80 Fahrgäste

MS **ST. PAULI**
1997; Grube, Hamburg
L 29,97 m, B 8,11 m, T 1,70 m
283 kW
250 Fahrgäste

MS **ALTENWERDER**
1997; Grube, Hamburg
L 29,97 m, B 8,11 m , T 1,70 m
283 kW
250 Fahrgäste

(Siehe Anhang Neubauten 1999)

Folgende Schiffe wurden verkauft:

EMS **BERGEDORF** – ab 1. 9. 1997 Museumsschiff
in Oevelgönne, Bj. 1955

EMS **ST. PAULI** (1953) und
MS **PÖSELDORF** (1960) wurden 1997
nach Lissabon / Portugal verkauft.

MB **FROMME HELENE** (1960)
wurde 1995 verkauft nach Cuxhaven,
dort als BIBER im Einsatz.

MB **LOTSE IV** wurde 1995 verkauft.

EMS **ALTENWERDER** (1953)
steht nach Einsatz des neuen Schiffes mit
gleichem Namen (12/1997) zum Verkauf.

EMS **SCHULAU**, ein vertrauter Anblick im Hamburger Hafen; Foto: J. Saupe, Osterode; 6/1998

MS **ST. PAULI** legt ab; Foto: Autor, September 1997

MS **ALTENWERDER** löst die Vorgängerin gleichen Namens ab; Foto: J. Saupe, Osterode; 1999

Hamburg

Rainer Abicht Elbreederei GmbH
Bei den St. Pauli Landungsbrücken, Brücke 1
20359 Hamburg
Tel.: 040/313959 u. 313607
Fax: 040/315211

Die Reederei bietet mit 12 Barkassen Hafenrundfahrten mit und ohne Rahmenprogramm,
auch durch die Speicherstadt, an. Diese Fahrten werden ganzjährig durchgeführt. Ausflugsfahrten, Party- und Discofahrten auf der Ober-
und Unterelbe werden mit großen und modernen Fahrgastschiffen angeboten.

Hafenrundfahrten:
St. Pauli Landungsbrücken, Brücke 1

MS **HAMBURG**
1996; DBW GmbH, Tangermünde
L 55,50 m, B 11,40 m, T 1,58 m
2x 314 kW/Schottel 90 kW
500 Fahrgäste (408 im Salon)

MS **HANSEATIC** (ab 1995)
ex STADT EMMERICH (I) -1994, Hell, Emmerich
ex WARSTEINER -1993, Allard, Kobern-Gondorf
1992; DBW GmbH, Tangermünde
L 50,00 m, B 9,50 m, T 1,20 m
2x 300 kW
220 Fahrgäste

MS **HAMMONIA**
1993; DBW GmbH, Tangermünde
42,80 m, B 8,80 m, T 1,60 m
2x250 kW
140 Fahrgäste (130 im Salon)

MS **IRENE ABICHT** (Rundfahrtbarkasse)
1993; DBW GmbH, Tangermünde
L 20,00 m, B 6,50 m, T 1,10 m
200 kW
136 Fahrgäste

Neubau für 1999
(7.5.1999 gepl. Indienststellung zum Hafengeburtstag) Das Spielbankschiff für den Hamburger
Hafen wurde bei den Deutschen Binnenwerften
(DBW GmbH, Werft Tangermünde) bestellt.
L 56,00 m, B 11,60 m, T 1,70 m,
384 kW
600 Fahrgäste
(Siehe Anhang Neubauten 1999)

MB **ALSTERUFER**
1931; Bonné, Hamburg
L 17,88 m, B 4,02 m, T 1,40 m
240 PS
107 Fahrgäste

MB **ALSTERTAL**
1927; Menzer, Hamburg
L 17,89 m, B 4,62 m, T 1,21 m
120 PS
89 Fahrgäste

MS **HAMBURG** aus der Vogelperspektive; Foto: J. Saupe; 1998

MS **HAMMONIA** am Anleger Brücke 1; Foto: Autor, September 1997

Rainer Abicht Elbreederei GmbH
(Fortsetzung)

MB **OTTO ABICHT**
1917; Breuning, Hamburg
L 18,65 m, B 4,29 m, T 1,29 m
100 PS
97 Fahrgäste

MB **JESSICA ABICHT**
1958; Bonné, Hamburg
L 19,38 m, B 5,06 m, T 1,42 m
185 PS
116 Fahrgäste

MB **KURT ABICHT**
1943; Bonné, Hamburg
L 18,40 m, B 4,50 m, T 1,60 m
185 PS
105 Fahrgäste

MB **WALTER-RAINER**
1939; Menzer, Hamburg
L 17,44 m, B 4,04 m, T 1,33 m
105 PS
89 Fahrgäste

MB **ERICA**
1920; Wohldorf, Hamburg
L 17,16 m, B 3,54 m, T 1,38 m
120 PS
76 Fahrgäste

MB **TRAUTE**
1924; Menzer, Hamburg
L 15,30 m, B 3,28 m, T 1,22 m
60 PS
60 Fahrgäste

MB **THOMAS**
1928; Schüler, Moorrege
L 15,35 m, B 3,10 m, T 0,80 m
100 PS
51 Fahrgäste

MB **KÄTHE**
1921; Schüler, Moorrege
L 14,50 m, B 3,43 m, T 1,16 m
160 PS
55 Fahrgäste

MB **WITWE BOLTE** (ab 1987 für HADAG)
1963; Garbers, Hamburg
L 18,10 m, B 4,20 m, T 1,35 m
150 PS
93 Fahrgäste

MB **ONKEL FRITZ** (ab 1987 für HADAG)
1963; Garbers, Hamburg
L 18,10 m, B 4,20 m, T 1,35 m
150 PS
93 Fahrgäste

Die Barkasse **OTTO ABICHT** voll besetzt auf Hafenrundfahrt; Foto: Autor; 1997

Kapitän Heinrich Prüsse GmbH
„AA" Barkassenexkursionen
Vermietung von Barkassen und
Fahrgastschiffen
Postfach 304127
20324 Hamburg
St. Pauli Landungsbrücken, Brücke 3
Tel.: 040/313130 u. 313140
Fax: 040/315588

Vier moderne Fahrgastschiffe stehen für Ausflüge, Empfänge, Tagungen, Familienfeste und
Geschäftsessen zur Verfügung.
Einsatzgebiet ist neben dem Hamburger Hafen
die Elbe und auch der Nord-Ostsee-Kanal.
Für Hafenrundfahrten und Fahrten durch die
historische Speicherstadt stehen 10 Barkassen
bereit.

MS **WARSTEINER SOLAR**
Salonschiff, ab 7/93 in Hamburg
1989; Lobit, Holland
L 40,15 m, B 8,55 m, T 1,11 m
2x 302 kW
299 Fahrgäste

MS **HANSA**
1969; Lindtoels
L 40,29 m, B 8,54 m, T 2,20 m
471 kW
230 Fahrgäste

MS **RIVERBOAT**
ex SCHULAU
1936; D.W. Kremer, Elmshorn
1982, n. Mot.
L 24,42 m, B 5,70 m, T 1,46 m
134 kW
237 Fahrgäste

MS **WARSTEINER SOLAR**; Foto: J. Saupe Osterode; 5/1999

MS **HANSA** an den Landungsbrücken; Foto: D. Foerster, Halle; 10/1995

MS **RIVERBOAT** auf Hafenrundfahrt; Foto: J. Lorenz, Mainz Kastel; 1998

Kapitän Heinrich Prüsse GmbH
(Fortsetzung)

MS **MISSISSIPPI QUEEN**
-1998 Heymen, Arnhem/NL
1987; De Hoop, Lobith/NL
L 62,14 m, B 11,45 m, T 1,90 m
2x 520 PS
500 Fahrgäste
Das Schiff ist im November 1998 übernommen
worden und wird im Hafen und auf der Elbe
bis Cuxhaven eingesetzt.

MB **GEBR. WRIEDE I**
1963; G. Wolkau, Hamburg
L 18,00 m, B 5,18 m, T 1,30 m
230 PS
108 Fahrgäste

MB **GEBR. WRIEDE II**
1939; Wulf, Hamburg
L 18,06 m, B 3,98 m, T 1,36 m
230 PS
90 Fahrgäste

MB **GEBR. WRIEDE III**
1958; A. Bonné, Hamburg
L 18,00 m, B 4,61 m, T 1,45 m
130 kW
103 Fahrgäste

MB **NORDSEE I**
1939; A. Bonné, Hamburg
L 18,08 m, B 3,97 m, T 1,23 m
100 PS
91 Fahrgäste

MB **NORDSEE II**
1929; Blohm & Co., Hamburg
L 17,93 m, B 4,94 m, T 1,29 m
138 kW
71 Fahrgäste

MB **NORDSEE IV**
1930; Blohm & Co., Hamburg
L 18,00 m, B 4,67 m, T 1,32 m
230 PS
89 Fahrgäste

MB **NORDSEE V**
ex HDW 3
1960; Howaldtswerke, Hamburg
L 18,51 m, B 4,41 m, T 1,15 m
190 PS
68 Fahrgäste

MB **NORDSEE VI**
ex BP 2
1963; Th. Buschmann, Wilhelmsburg
L 32,22 m, B 5,25 m, T 1,65 m
286 PS
160 Fahrgäste

MB **NORDSEE VIII**
1965; Botje, Ensing & Co., Holland
L 18,25 m, B 5,69 m, T 1,90 m
179 PS
98 Fahrgäste

MB **RUTH**
1920; v. Heyden, Hamburg
L 18,30, B 4,88 m, T 1,23 m
230 PS
124 Fahrgäste

MB **NORDSEE III** (ex BP 1) wurde nach Berlin
verkauft (1994) und fährt hier als JOSEPHINE.
(Daten unter Abschnitt V Berlin)

MB **NORDSEE VII** (ex CARMEN) wurde nach
Scharnebeck verkauft (2/1994) und fährt nun
für P. Helle als UHU II.
(Daten unter Abschnitt II/7)

MS **MISSISSIPPI QUEEN** — das neue Schiff in der Flotte; Foto: J. Saupe Osterode; 1998

Barkasse **GEBR.WRIEDE II** auf Rundfahrt durch den Hafen; Foto: Autor; 1997

Barkassen-Meyer GmbH
Ruth Junker/Bernhard Hähnsen
Bei den St. Pauli Landungsbrücken
Brücke 2+6
20359 Hamburg
Tel.: 040/311572 u. 314250
Fax: 040/3193029

Neben den großen Hafenrundfahrten und Fleet-
fahrten durch die Speicherstadt werden auch
exklusive Gesellschaftsfahrten, Musik- und
Kleinkunstveranstaltungen, Empfänge und
Konferenzen auf den großen und modernen
Schiffen der Reederei angeboten. Fahrten zum
Schiffshebewerk Scharnebeck und Fahrten auf
der Dove-Elbe sind ebenfalls im Programm.

MS **COMMODORE**
1982; Oelkers & Eichler, Hamburg
L 35,00 m, B 8,26 m, T 1,20 m
2x 151 kW
350 Fahrgäste

MS **HAMBURGER DEERN**
1989; Oelkers, Hamburg
L 35,00 m, B 8,20 m, T 1,20 m
320 PS
210 Fahrgäste

MB **SEUTE DEERN**
1912; Elmshorn
L 18,00 m, B 4,20 m, T 1,40 m
180 PS
91 Fahrgäste

MB **GERDA II**
1938; Grube, Hamburg
L 16,08 m, B 4,20 m, T 1,90 m
180 PS
73 Fahrgäste

MB **GERDA III**
1939; Menzer-Werft, Geesthacht
L 18,00 m, B 4,20 m, T 1,40 m
89 Fahrgäste

MB **LÜTTE DEERN**
ex CLARA -1994
1930; Poew & Ridder, Hamburg
L 15,27 m, B 3,75 m, T 1,43 m
124 kW
49 Fahrgäste

MS **COMMODORE** an den St. Pauli Landungsbrücken; Foto: J. Saupe, Osterode; 1998

MS **HAMBURGER DEERN** im Hamburger Hafen; Foto: J. Saupe, Osterode; 1996

Wiese Hafen- und Partyfahrten
St. Pauli Landungsbrücken
Fu: 0172/4383790
Wiese, Birkenweg 17
21447 Handorf
(Winsener Marsch)
Tel./Fax: 04133/7753

Das Katamaran-Fahrgastschiff steht neben
Hafenrundfahrten vor allem zur Gestaltung
besonderer Höhepunkte zur Verfügung, wie
Hochzeiten, Jubiläen, Konferenzen, Präsentationen und anderer Festlichkeiten.

Barkassenvermietung Max Jens
Henry Mohr
Hohe Brücke (Max-Jens-Burg) 20459 Hamburg
Tel.: 040/366681
Fax: 040/366734

Mit den Barkassen werden Hafen- und
Fleetrundfahrten angeboten. Für besondere
Anlässe können sie gechartert werden.

MS CONCORDIA
1996; Schiffsservice Oberwinter GmbH, Remagen
1998 Umbau in Eigenregie: Oberdeck, Radarmast
und neue farbige Gestaltung
L 31,00 m, B 8,20 m, T 1,40 m
2x 250 PS
250 Fahrgäste
(160 unterer Salon, 60 Sonnendeckplätze

MB CREMON I
ex HUSUM
1938; Pahl, Hamburg
L 19,37 m, B 4,55 m, T 1,63 m
185 PS
80 Fahrgäste

MB CREMON II
ex STAUEREI GERD BUSS II
1935; Stülcken, Hamburg
L 20,10 m, B 4,70 m, T 1,38 m
185 PS
100 Fahrgäste

MB CREMON III
ex STAUEREI GERD BUSS III
1949; Stülcken, Hamburg
L 20,13 m, B 4,86 m, T 1,35 m
185 PS
100 Fahrgäste

MB CREMON IV
ex STAUEREI GERD BUSS IV
1930; Blohm & Voss, Hamburg
L 19,92 m, B 4,87 m, T 1,37 m
138 kW
60 Fahrgäste

MS **CONCORDIA** nach dem Umbau 1998; Foto: H.-J. Reinecke Hamburg

Barkassenvermietung Max Jens
(Fortsetzung)

MB **CREMON VI**
ex STAUEREI GERD BUSS VI
1929; Schüler-Werft, Moorreger Deich, Moorrege
L 19,46 m, B 4,86 m, T 1,36 m
162 kW
80 Fahrgäste

MB **CREMON IX**
ex EMMY REHR
1956; Albert Bonné, Wilhelmsburg, Hamburg
L 20,40 m, B 5,24 m, T 1,34 m
147 kW
80 Fahrgäste

MB **MARTA**
1966; Oelkers, Hamburg
L 21,21 m, B 5,45 m, T 1,73 m
225 PS
100 Fahrgäste

MB **KARL MAX III** *)
1962; Franke-Werft, Berlin-Spandau
L 22,02 m, B 5,01 m, T 1,66 m
168 kW
87 Fahrgäste
*) Die Barkasse wurde 1998 verkauft.

Elbe- und Hafentouristik Harald Glitscher GmbH
Elversweg 94
21037 Hamburg
Tel.: 040/7374343
Fax: 040/7374077

Mit den Barkassen werden Hafenrundfahrten, Fleetfahrten, Fahrten zur Oberelbe und Unterelbe angeboten. Abendfahrten, Bergedorffahrten und Sonderfahrten können gebucht werden.

MB **ANDREA G.**
1910; Breuning, Hamburg
L 15,70 m, B 3,20 m, T 1,20 m
90 PS
59 Fahrgäste

MB **CHRISTA GLITSCHER**
1940; R. G. Gührs
L 18,30 m, B 4,40 m, T 1,30 m
186 PS
102 Fahrgäste

MB **CLAUDIA GLITSCHER**
1939; Menzer, Bergedorf
L 17,90 m, B 4,43 m, T 1,65 m
150 PS
96 Fahrgäste

Die Barkasse **ANDREA G.** vor dem Ablegen; Foto: K. Kirsch, Berlin; 5/1996

Elbe- und Hafentouristik Harald Glitscher GmbH
(Fortsetzung)

Barkassenunternehmen Jan Butendeich
Landungsbrücken, Brücke 7
20359 Hamburg
Chapeaurougeweg 29, 20535 Hamburg
Tel.: 040/2192282 u.040/314267 (Br. 7)
Fu: 0172/24204006

Mit zwei Barkassen werden Hafenrundfahrten,
Fleet- und Kanalfahrten angeboten. Zu besonderen Anlässen können sie auch gechartert
werden.

Barkassenunternehmen Rieck
G. Rieck
Binsenweg 17
21629 Neu Wulmstorf
Tel./Fax: 040/7000455
Fu: 0172/7602365

Die Barkasse steht zu Hafenrundfahrten, Fleet-
und Kanalfahrten zur Verfügung. Sie kann für
besondere Anlässe gechartert werden.
Liegeplatz: St. Pauli Landungsbrücken,
Brücke 7
Tel.: 040/314267

Ludwig Alm Barkassenvermietung
Willibald Breuer
Landungsbrücken, Brücke 3
20359 Hamburg
Tel.: 040/315949 u. 04121/88674

Die Barkassen stehen zu Hafenrundfahrten,
Fleet- und Kanalfahrten zur Verfügung. Sie können für besondere Anlässe gechartert werden.

MB **URSULA GLITSCHER**
1921; Bonné, Hamburg
1939, n. Mot.
L 17,40 m, B 4,21 m, T 1,34 m
186 PS
100 Fahrgäste

MB **HEDI**
1961; Argo-Werft, Wildervenk/NL
L 18,00 m, B 5,00 m, T 1,30 m
145 PS
119 Fahrgäste

Barkassenunternehmen Jan Butendeich:
MB **ERICH**
1924; Menzer-Werft, Hamburg-Bergedorf
L 16,50 m, B 3,60 m, T 1,30 m
135 PS
71 Fahrgäste

MB **IRMA II**
1959; „Het Noorden" N. V., Groningen/NL
L 18,00 m, B 4,00 m, T 1,30 m
163 PS
99 Fahrgäste

Barkassenunternehmen Rieck:
MB **SABINE**
1913; Hamburg, als Dampfbarkasse,
Ende der 20er Jahre motorisiert
L 17,49 m, B 4,50 m, T 1,35 m
85 PS
83 Fahrgäste

Ludwig Alm Barkassenvermietung:
MB **PETER**
1939; Bonné, Hamburg
L 18,36 m, B 4,52 m, T 1,48 m
230 PS
109 Fahrgäste

MB **PETER II**
1936; Wulf
L 17,39 m, B 3,99 m, T 1,35 m
145 PS
115 Fahrgäste

Barkasse **SABINE** am Anleger; Foto: G. Rieck, Hamburg

Barkassenvermietung Ralf Glitscher
Landungsbrücken, Brücke 6-7
20359 Hamburg
Tel.: 040/2273423
Fu: 0172/4505795

Die Barkasse steht für Hafenrundfahrten, Fleet-
und Kanalfahrten zur Verfügung. Sie kann für
besondere Anlässe auch gechartert werden.

Barkassenvermietung Heinz-Günter Schoppe
St. Pauli-Landungsbrücken,
Brücke 7 (direkt am alten Elbtunnel)
Tel.: 040/312288 u.
            314267 (Schoppe) ab 19.00 Uhr
Heinz-Günter Schoppe
Am Schafwedel 10
21435 Stelle
Tel.: 04174/2405
Fax: 04174/5248
Fu: 0172/5402726

Außer für Hafenrundfahrten stehen die beiden
Barkassen auch zu Ausflugsfahrten auf der
Ober- und Unterelbe zur Verfügung.

Barkassenvermietung Jürgen Hynitzsch
Landungsbrücken
20359 Hamburg
Tel.: 040/7119071
Fu: 0172/4014835

Mit der Barkasse werden Hafenrundfahrten,
Fleet- und Kanalfahrten angeboten. Sie kann
für besondere Anlässe auch gechartert werden.

Barkassenvermietung Waltraut Kramer
Ebertallee 10
22607 Hamburg
Tel.: 040/898901
Fu: 0172/4018329

Mit der Barkasse werden Hafenrundfahrten,
Fleet- und Kanalfahrten angeboten. Auch für
Charterfahrten steht sie zur Verfügung.

MB **ANGELIKA** (ab 1984 für Ralf Glitscher)
ex LODDING II
1934; Blohm & Co., Hamburg
Umbau 1984, um 2 m verkürzt
L 18,50 m, B 5,45 m, T 1,55 m
200 PS
106 Fahrgäste

MB **ST. PAULI**
1959; Jastram, Hamburg
L 18,08 m, B 4,66 m, T 1,31 m
186 PS
90 Fahrgäste

MB **BUBI II**
1922; Blohm & Voss, Hamburg
L 18,24 m, B 4,53 m, T 1,44 m
185 PS
100 Fahrgäste

Von Brücke 4-5, St. Pauli Landungsbrücken in
Hamburg wird noch die Barkasse HILDEGARD
(Eigner: Heinz-Günter Schoppe) eingesetzt. Die
Daten zum Schiff sind unter ABC-Barkassenbe-
trieb ersichtlich.

Barkassenvermietung Jürgen Hynitzsch:
MB **HEIKE** (ab 1982 für Jürgen Hynitzsch)
ex STAUEREI GERD BUSS V -9/1968
1923; Uetersen
L 16,50 m, B 4,00 m, T 1,10 m
150 PS
76 Fahrgäste

Barkassenvermietung Waltraut Kramer:
MB **NINA**
1961; Holland
L 17,50 m, B 5,00 m, T 1,60 m
170 PS
93 Fahrgäste

Barkasse **ST. PAULI** am Anleger; Foto: H.-G. Schoppe, Stelle; 1995

Barkassenvermietung Gerhard Glitscher
Dorotheenstr. 78
22301 Hamburg
Tel.: 040/275152

Mit der Barkasse werden Hafenrundfahrten,
Fleet- und Kanalfahrten angeboten. Sie kann
für besondere Anlässe gechartert werden.

Barkassenvermietung Hermann Hansen
Van-der-Smissen-Str. 4
22767 Hamburg
Tel.: 040/381516
Fax: 040/3892336

Mit zwei Barkassen können Hafenrundfahrten,
Fleet- und Kanalfahrten gemacht werden. Auch
Charterfahrten sind nach Absprache möglich.

Barkassen-Centrale Überseebrücke
Günter Ehlers
Vorsetzen-Ponton-Anlage
20459 Hamburg
Tel.: 040/373168
Fax: 040/384746

Das Unternehmen bietet neben Hafenrundfahrten, Fleet- und Partyfahrten auch Schlepptrans-
porte und Güterbeförderung auf der Ober- und
Unterelbe an.
Eine besondere Attraktion sind Hafenrundfahrten zu Unterrichtszwecken für Schulklassen, die
ab 1998 im Angebot stehen. Die Erklärungen
und auch die Fahrstrecke können individuell
der Unterrichtsthematik angepaßt werden.
Ansprechpartner ist Klaus Ehlers,
Tel. 040/373168.

MB **MONIKA**
ex UWE -1963
1947; Sielaff, Büsum
Umbau 1997, neuer Motor
L 18,33 m, B 3,94 m, T 1,44 m
150 PS
85 Fahrgäste

MS **HANSEN SIEN**
1960; Theodor Buschmann, Hamburg
L 17,42 m, B 4,44 m, T 1,32 m
230 PS
80 Fahrgäste

MB **TANJA**
1937; Heinrich Grube, Hamburg
L 18,04 m, B 3,20 m, T 1,34 m
180 PS
100 Fahrgäste

MB **OTTO**
1963; Oelkers, Hamburg
L 15,80 m, B 4,03 m, T 1,47 m
252 PS
58 Fahrgäste

MB **HEIN**
1912; Tormählen, Elmshorn
L 15,22 m, B 3,97 m, T 1,38 m
145 PS
54 Fahrgäste

MB **KLAUS**
1922; Schüler, Moorrege
L 15,08 m, B 3,05 m, T 1,25 m
75 PS
48 Fahrgäste

MB **HANS HERMANN**
1921; Jastram, Bergedorf
L 15,44 m, B 3,80 m, T 1,34 m
132 PS
55 Fahrgäste

Barkasse **HEIN** am Anleger; Foto: Autor; 1999

**Barkassen-Centrale Überseebrücke
Günter Ehlers** (Fortsetzung)

MB **PIEP**
1925; Schüler, Moorrege
L 12,00 m, B 2,97 m, T 1,01 m
z.Z. kein Motor
30 Fahrgäste

MB **BIRGIT**
1926; Bartram, Hamburg
L 15,63 m, B 2,97 m, T 0,98 m; 90 PS
60 Fahrgäste

MB **ST. PAULI**
1924; Jastram, Bergedorf
L 14,58 m, B 3,56 m, T 1,26 m; 125 PS
60 Fahrgäste

MB **TRAVE**
1941; Scheel & Jöhnk, Hamburg
L 14,34 m, B 3,63 m, T 1,54 m; 226 PS
59 Fahrgäste

MB **EDWIN**
1925; Oelkers, Hamburg
L 15,79 m, B 4,26 m, T 1,30 m; 133 PS
82 Fahrgäste

MB **EDWIN II**
1939; Wulf, Hamburg
L 15,43 m, B 3,92 m, T 1,12 m; 133 PS
60 Fahrgäste

MB **UWE**
1914; Schüler, Uetersen
L 15,08 m, B 3,66 m, T 1,44 m; 120 PS
60 Fahrgäste

MB **ELLI**
1923; Bartram, Hamburg
L 14,65 m, B 3,10 m, T 1,18 m; 90 PS
41 Fahrgäste

MB **JAN**
1928; Schüler, Uetersen
L 16,50 m, B 3,87 m, T 1,41 m; 90 PS
64 Fahrgäste

(Siehe Anhang Neubauten 1999)

Barkasse **EDWIN** in Schulau; Foto: Autor; 1999

Barkasse **UWE** wird klar gemacht; Foto: Autor; 1999

ABC-Barkassenbetrieb
Landungsbrücken, Brücke 4-5
20359 Hamburg
Tel.: 040/310288

Die Barkassen des Gemeinschaftsunternehmens
stehen für Hafenrundfahrten, Elbefahrten, Fleet-
und Kanalfahrten zur Verfügung. Sie können
auch für besondere Anlässe gechartert werden.

Manfred Hagenah

MB **HORST**
1909; Harburg
L 16,70 m, B 3,60 m, T 1,12 m
150 PS
73 Fahrgäste

Heinz-Günter Schoppe
21435 Stelle
(Brücke 7 in Hamburg)

MB **HILDEGARD**
1950; Bonné, Hamburg
L 16,50 m, B 4,10 m, T 1,30 m
168 PS
80 Fahrgäste

Ralf Henning
Zum Jägerfeld 18
22529 Hamburg
Tel.: 040/7606965

MB **ANITA**
ex MARION -1969
ex EGERLAND
1938; Grube, Hamburg
Umbau 1997, neues Heck
L 18,00 m, B 3,25 m, T 1,59 m
150 PS
79 Fahrgäste

Dieter Henning
Groten Heesen 17
21033 Hamburg
Tel.: 040/7302951

MB **ZUKUNFT** (ab 1.1.1977 für D. Henning)
1909; Pohl & Jozwiak, Hamburg
Umbau 1973; Garbers, Hamburg, verl.
und verbr.
L 16,91 m, B 3,69 m, T 1,16 m
150 PS
79 Fahrgäste

Margit Stünkel
Reesestr. 3
22083 Hamburg
Tel.: 040/295577

MB **ALEX**
1921; C. Breuning & Söhne, Wilhelmsburg
L 17,50 m, B 3,20 m, T 0,95 m
145 PS
69 Fahrgäste

Barkasse **HILDEGARD**; Foto: K. Kirsch, Berlin; 5/1996

Barkasse **ALEX**; Foto: Autor; 1997

Hanseschiff H. Paetow
Personenschiffahrt Harald Paetow
Am Sandtorkai 79
20457 Hamburg
Tel.: 040/364773
Fax: 040/367281
Fu: 0172/4000644

Das Schiff mit dem exklusiven Ambiente steht
neben den klassischen Hafenrundfahrten auch
für Unter- und Oberelbefahrten zur Verfügung.
An Bord können Konferenzen und Seminare
stattfinden. Familienfeiern und andere Festlichkeiten werden ausgerichtet.

MS **HAFEN HAMBURG**
1989; Gebr. Akerboom, Leiden/NL
L 20,50 m, B 5,90 m, T 1,80 m
340 PS
60 Fahrgäste
Das Schiff steht 1998 zum Verkauf.

(Siehe Anhang An- und Verkäufe 1999)

Kühne & Nagel (AG & Co.)
Zentralkontor, Herrengraben 1
20459 Hamburg
Postfach 111253
20412 Hamburg
Tel.: 040/37606-0
Fax: 040/37606-100
Telex: 2162541 knh d

Zu besonderen Anlässen und auf Einladung
wird das Motorschiff zu Rundfahrten im Hamburger Hafen und auch auf der Elbe ab Hafen-
tor, bei den St. Pauli-Landungsbrücken, eingesetzt.

MS **NAKU**
1970; Schulte & Müller OHG, Haren/Ems
L 16,84 m, B 4,40 m, T 1,00 m
2x 115 PS
30 Fahrgäste

Barkassenbetrieb Bülow
Karl Bülow
Hafen- und Elbefahrten, Hamburg
Tel.: 040/7684140
Fu: 0171/7267256

Mit zwei Barkassen werden Hafen- und Elbefahrten durchgeführt. Sie können für besondere
Anlässe auch gechartert werden.

MB **BUENOS AIRES** (ab 1994 für K. Bülow)
1964; Franke-Werft, Berlin-Spandau
für Hamburg-Süd
L 20,84 m, B 5,35 m, T 1,62 m
220 PS
84 Fahrgäste

MB **HANSA**
1954; Grube, Hamburg
L 17,40 m, B 3,72 m, T 1,30 m
188 PS
70 Fahrgäste

MS **HAFEN HAMBURG**
Foto: Hanseschiff
H. Paetow, Hamburg

MS **NAKU**, im Hinter-
grund die HAMBURGER
DEERN
Foto: H.-J- Gersdorf,
Hamburg; 1994

Barkasse **BUENOS AIRES**
im Hamburger Hafen
Foto: K. Kirsch, Berlin;
5/1996

Barkassen-Lück
Kajen-Hohe Brücke, Ponton Nr. 3
20459 Hamburg
Tel.: 040/6425051
Fu: 0172/6196417

Mit der Barkasse werden Hafenrundfahrten,
Fleetfahrten und Kanalfahrten angeboten. Sie
steht auch für Abendfahrten, Familienfeiern,
Vereinsausflüge und Gästefahrten zur Verfügung.

MB **HAI**
1959; Hamburg-Bergedorf
L 18,00 m, B 3,88 m, T 1,30 m
185 PS
63 Fahrgäste

Barkassenvermietung Neuy
Hans-Joachim Neuy
Landungsbrücken, Brücke 3
20359 Hamburg
Tel.: 040/315723

Die Barkasse steht für Hafen-, Fleet- und Kanalfahrten zur Verfügung, kann zu besonderen
Anlässen auch gechartert werden.

MB **MAGDALENE I**
1923; Blohm & Voss, Hamburg
L 18,30 m, B 4,55 m, T 1,35 m
128 PS
99 Fahrgäste

Barkassenvermietung Landsch
Robert Landsch
Landungsbrücken, Brücke 3
20359 Hamburg
Tel.: 040/314280
Fax: 041/9376652

Die Barkasse steht für Hafen-, Fleet- und Kanalfahrten zur Verfügung, kann zu besonderen
Anlässen auch gechartert werden.

MB **RANDOLF I**
1943; Albert Bonné, Hamburg
L 18,00 m, B 4,40 m, T 1,60 m
260 PS
104 Fahrgäste (112 auf Binnenwasserstraßen)

Barkassenvermietung Weiß
Silvia Weiß
Landungsbrücken, Brücke 3-4
20359 Hamburg
Venusberg 14, 20459 Hamburg
Tel.: 040/371863

Die Barkasse steht für Hafen-, Fleet- und
Kanalfahrten zur Verfügung und kann auch
gechartert werden.

MB **TIGER**
1943; Heinrich Grube, Hamburg
L 22,00 m, B 4,50 m, T 1,20 m
170 PS
83 Fahrgäste

Barkasse **MAGDALENE I**; Foto: Neuy, Hamburg; 4/1987

Barkasse **TIGER** am Anleger; Foto: K. Kirsch Berlin; 5/1996

Barkassenvermietung Hans Strandt

St. Pauli Landungsbrücken
20359 Hamburg
Brücke 2-4
über F. Nolte, Korachstr. 25, Tel.: 040/7389788

Mit der Barkasse werden Hafenrundfahrten
angeboten. Auch Fleet- und Kanalfahrten
werden durchgeführt. Für Charterfahrten
steht die Barkasse ebenfalls zur Verfügung.

MB WERNER I
1922; Abraham & Blohm, Hamburg
L 18,46 m, B 4,35 m, T 1,30 m
127 PS
129 Fahrgäste (für Hafenfahrten),
Unterelbefahrten: 103 Fahrgäste

Barkassenfahrten Walter Köhlmann

Elbchaussee 279
22605 Hamburg
Tel.: 040/824055

Mit der ehemaligen Direktionsbarkasse
führt Walter Köhlmann Charterfahrten für
die Siemens AG im Hafengebiet durch.

MB OLGA
ex IRMGARD
1954; Stülcken-Werft, Hamburg
Gesellenstück der Lehrlinge des Jahres 1954
Umbau 1984, neuer Motor
L 14,50 m, B 3,21 m, T 1,10 m
120 PS
30 Fahrgäste

Barkassenvermietung John Karstens

Behnkenkammer 5
22041 Hamburg (Wandsbek)
Tel.: 040/311418
Fu: 0171/7834167

Mit der Barkasse werden Hafenrundfahrten,
Fleet- und Kanalfahrten und auch Elbrundfahrten angeboten. Zu besonderen Anlässen kann
sie auch gechartert werden.

MB ADVOCARD (ab 1989)
ex MAGDALENE II -1989
ex ELSE
1923; Heidtmann, Hamburg
L 15,50 m, B 3,70 m, T 1,20 m
128 PS
57 Fahrgäste

Barkassenvermietung Wolfgang Flemming

Landungsbrücken
20459 Hamburg-Vorsetzen
Tel.: 040/363575

Mit den Barkassen werden Fahrten im Hafen,
Fleet- und Kanalfahrten und auch Elbefahrten
angeboten. Liegeplatz: Vorsetzen.

MB SÖNKE (ab 1974 für W. Flemming)
1933; Pahl, Finkenwerder
L 15,00 m, B 3,60 m, T 1,50 m
165 PS
53 Fahrgäste

MB AGNES
1953; C. Jastram, Hamburg
L 16,40 m, B 3,20 m, T 1,25 m
75 PS
37 Fahrgäste

Die Barkassen **AGNES** und **SÖNKE** am Liegeplatz Vorsetzen; Foto: Autor; 1999

Containertransport-Hafenschiffahrt

Karl H. Meyrose
Industriestr. 119-123
21107 Hamburg
Tel.: 040/3020040
Fax: 040/30200470

Zwei Barkassen stehen für Hafenrundfahrten
zur Verfügung. Zu besonderen Anlässen können sie auch gechartert werden.

MB KARIN (ab 20.8.1974 für K.H. Meyrose)
ex BERND -1974 für Fa. Alfred Munte, Hamburg
1961; Menzer, Geesthacht
L 21,40 m, B 4,93 m, T 1,68 m
170 PS
65 Fahrgäste

MB KARL HEINZ
1964; G. Wolkau, Hamburg
L 14,87 m, B 4,25 m, T 1,59 m
185 PS
39 Fahrgäste

Barkassenbetrieb Dieter Spahrbier

Sottorfallee 18
22529 Hamburg
Tel./Fax: 040/5601726
Fu: 017/1903875

Die Barkasse wird für Charterfahrten im
Hamburger Hafen angeboten.

MS SILVIA (ab 1958; ab 1992 für D. Spahrbier)
ex FREDDY -28.4.1958 Kpt. Walter Müller, vorher
Peter Müller
1948; Jensen, Hamburg-Steinwärder (auf vorh.
Rumpf aufgebaut)
1960, Umbau, n. mot.
L 15,48 m, B 3,04 m, T 1,50 m
108 PS
40 Fahrgäste

Das Feuerschiff

City Sporthafen Hamburg, Vorsetzen
20459 Hamburg
W. Hoffmann
Tel.: 040/362553
Fax: 050/362555

Mit der Barkasse werden Hafenrundfahrten und
Fahrten auf der Unterelbe bis Glückstadt angeboten. Wegen der besonderen Ausstattung ist
das Schiff auch für Trauungen auf der Elbe sehr
gefragt.

MS GERTJE (ab 15.1.1998)
ex HAFENINSPEKTOR I
1965; Francke-Werft, Berlin
Umbau 1998, Eigenleistung der Creativ-Tisch-
lerei; Yacht- und Bootsausbau, Elsfleth
L 18,24 m, B 4,31 m, T 1,51 m
225 PS
19 Fahrgäste

Bergedorfer Schiffahrtslinie

Heiko Buhr
Moorfleeter Deich 356, 22113 Hamburg
Tel.: 040/73748266
Fax: 040/73748267
Fu: 0171/8044869

Mit der Barkasse werden Fahrten auf der Dove,
Elbe, Vierlandenfahrten und Marschlandenfahr-
ten angeboten.

MB LÜTT ELV (ab 7/1998 für H. Buhr)
ex CARL MAX III -1998 M. Jens, Hamburg
1962; Franke-Werft, Berlin-Spandau
L 22,02 m, B 5,01 m, T 1,66 m
168 kW
87 Fahrgäste

MS **GERTJE** am Anleger; Foto: Autor; 1999

DS **SCHAARHÖRN** vor dem norwegischen Kreuzfahrtschiff SPLENDOR OF THE SEAS 1996 im Hamburger Hafen; Foto: J. Saupe, Osterode; 1996

Hamburger Museumsschiffe

Freunde des Dampfschiffs „Schaarhörn" e . V.
Hollandweg 54
25241 Pinneberg
Tel.: 04191/68768

DS **SCHAARHÖRN** (Abb. S. 517)
(ab 1990 Förderverein DS „Schaarhörn")
ex SCHARHÖRN -1990, ex SCHAARHÖRN
1908; Janssen & Schmilinsky, Hamburg
L 37,97 m, B 6,80, T 3,50 m
2 Dreifachexpansionsmaschinen je 412 PS

Nach fünfjähriger Restaurierung erfolgte am
25. Mai 1995 die „2. Jungfernfahrt"

Förderkreis „Claus D",
Museumshafen Oevelgönne e.V.
Oevelgönne 42
22605 Hamburg

DS **CLAUS D** (1984 an Förderverein)
ex MOORFLEET -1956
ex SCHULAU -1933; Heymann, Hamburg
1913; Janssen & Schmilinsky, Hamburg
L 17,76 m, B 5,25 m, T 2,36 m
Zweifachexpansionsmaschine 220 PS

Förderkreis „Tiger",
Museumshafen Oevelgönne e.V.
Oevelgönne 42
22605 Hamburg

DS **TIGER** (1978 an Museumshafen Oevelgönne)
1910; Janssen & Schmilinsky, Hamburg
L 15,98 m, B 4,82 m, T 2,05 m
Zweifachexpansionsmaschine mit Auspuff
240 PS
75 Fahrgäste

Museum für Hamburgische Geschichte
Holstenwall 24, 20355 Hamburg
Tel. 040/3504-2360

DS **OTTO LAUFFER** (seit 1968 Museum
für Hamburgische Geschichte)
ex WASSERSCHUTZPOLIZEI 6
ex HAFENPOLIZEI VI -1937
1928; H. C. Stülcken Sohn, Hamburg
(bis 1968 im Dienst)
L 17,00 m, B 3,80 m, T 1,65 m
Zweifachexpansionsmaschinen mit Auspuff
147 PS
30 Fahrgäste

K. A. Vollborn
Müggenkampstr. 31a
20257 Hamburg
Tel.: 040/400440

DS **WOLTMAN**
(ab 1985 Förderverein Dampfer Woltman)
1904; Gebr. Sachsenberg, Roßlau/Elbe
für Finanzdeputation Hamburg, bis 1975 beim
Niedersächs. Hafenamt Cuxhaven
Restaurierung 1993/94
Wiederinfahrtsetzung 29. Jan. 1994
L 20,00 m, B 5,10 m, T 2,40 m
Zweifachexpansionsmaschine mit Oberflächen-
kondensation 245 PS
50 Fahrgäste

Dampfschlepper **OTTO LAUFFER** beim Ablegemanöver; Foto: H. Trost, Wiedensahl; 6/1993

Dampfschlepper **WOLTMAN** während der Restaurierung 1993; Foto: H. Trost, Wiedensahl

VII
Fahrgastschiffe
an der Nordseeküste

Emden
Ems

Reederei Aktiengesellschaft „EMS"
Emden-Außenhafen, Postfach 1154
26691 Emden
Tel.: 04921/890722
Fax: 04921/890742

Mit den Motorbooten geht es auf große Hafen-
rundfahrt durch den Seehafen Emden und auf
Kanalfahrten über die Kanäle Ostfrieslands.
Abfahrt ab Anleger Delfttreppen (vor dem
Rathaus).

Barkasse **RATSDELFT**
1975; Werftunion GmbH & Co. Arminiuswerft,
Bodenwerder
L 30,96 m, B 4,96 m, T 0,97 m
72 kW
90 Fahrgäste

Der Neubau MB RATSDELFT wurde im Juni 1975
als Ersatz für die 1975 verkaufte alte MB RATS-
DELFT in Dienst gestellt.

Barkasse **SCHREYERSHOEK**
1960; Schiffswerft Hinrich Braue, Bardenfleth
L 16,14 m, B 3,84 m, T 0,95 m; 34 kW
50 Fahrgäste

Krummhörn-Greetsiel
Ostfriesland

Bauer/Schadel GmbH
Personenschiffahrt
Herrenhof I, Nr. 2
26736 Krummhörn-Greetsiel
Tel.: 04923/7158

Mit dem kleinen Fahrgastschiff werden in der
Saison Fahrten ab Hafen Greetsiel angeboten.
Sie führen zur Scheeschleuse, und auch ins
Vogelschutzgebiet sind Ausflüge möglich.
Neben planmäßigen Fahrten (2 Std.) kann das
Schiff auch gechartert werden.

MS **GRETCHEN** (ab 1989 in Greetsiel)
ex HOL-ÜBER -1988, Schnaas, Niederheimbach
ex EDEGRA
ex PELIKAN
ex ST. NIKOLAUS
ex ROLAND
1924; Schmidt, Oberkassel
L 19,50 m, B 3,96 m, T 0,96 m
84 PS
118 Fahrgäste

Varel-Dangast
Jadebusen

Kapitän Anton Tapken
Bordumer Str. 4
26316 Varel-Dangast
Tel.: 04451/7963

Kapitän Anton Tapken unternimmt mit seinem
Schiff Ausflugsfahrten im Jadebusen ab Dangast, Eckwarderhörne und Wilhelmshaven. Ziel
sind bei diesen Fahrten auch die Seehunds-
bänke und der Marinehafen.

MS **ETTA VON DANGAST**
(ab 1981 für Kapt. Tapken)
ex HARLE SAND -1981, Warrings
ex LANGEOOG I -1968, Inselgemeinde Langeoog
ex Schlepper ZUKUNFT -1956, Hamburg
ex Schlepper SCHWALBE 1941-1948, Hamburg
ex Dampfschlepper ROALD JARL, 1935 in Trond-
heim/NL beheimatet
1935; Werft unbekannt
Umbau 1956, Jadewerft, Wilhelmshaven, Umbau
zum Fahrgastschiff LANGEOOG I
L 29,00 m, B 5,50 m, T 1,10 m
235 PS
145 Fahrgäste

Barkasse **SCHREYERSHOEK** auf Kanalfahrt; Foto: Reederei; 1998

MS **ETTA VON DANGAST** im Hafen Hooksiel im Herbst 1997; Foto: Kapitän A. Tapken, Varel-Dangast

Bremen

Weser

Schreiber-Reederei

Schlachte 2
28195 Bremen
Tel.: 0421/321229
Fax: 0421/326136

Die Schreiber-Reederei ist seit Mitte der zwanziger Jahre eng mit der Hansestadt Bremen verknüpft. Das einstige Liniennetz ist geschrumpft. Rundfahrten durch die bremischen Häfen stellen heute das zentrale Tätigkeitsfeld der Reederei dar.
Ab Martinianleger fahren die Schiffe zur Rundfahrt, auch nach Brake und Achim, nach Bremerhaven und Nordenham. Außerdem gibt es Abend- und Tanzfahrten, ebenso auch Charterfahrten zu allen Anlässen.

MS HANSEAT
1987/88; Roland-Werft, Bremen
L 41,50 m, B 8,60 m, T 1,35 m
2x 324 PS
400 Fahrgäste

MS OCEANA
1937; Atlas Werke AG, Bremen
Umbau 1983
Umbau 1990, neu motorisiert, seit 1990 wieder in Fahrt
L 55,20 m, B 9,80 m, T 2,12 m
2x 600 PS
700 Fahrgäste

MS DEUTSCHLAND (-1990)
1934; Atlas Werke AG, Bremen
1944 in der Jade gesunken, 1946 gehoben und wieder in Fahrt gebracht, 10/1990 nach Rostock. Das Schiff liegt 1999 als Hotelschiff in Greifswald und steht zum Verkauf.

„Hal över" e. V. (Gesellschaft für Innovative Stadttouristik mbH)

Sielpfad 3
28203 Bremen
Tel.: 0421/74859
Fax: 0421/703596

Mit zwei Schiffen werden Rundfahrten angeboten. Außerdem werden Gesellschaftsfahrten, Charterfahrten, aber auch Kulturveranstaltungen und Tanzabende angeboten.
Der Verein wurde 1984 gegründet und hat rund 800 Mitglieder.

MS DAS SCHIFF
1991; Navimatra/NL
L 28,70 m, B 6,00 m, T 1,00 m
2x 200 PS
141 Fahrgäste

MS PUNKE
ex WEINHEX -1993
1991; keine Werftangabe
L 16,77 m, B 3,68 m, T 1,00 m
55 kW
48 Fahrgäste

Der Verein betreibt noch die Sielwallfähre **OSTERTOR** (1972).

MS **HANSEAT** in
großer Gesellschaft,
im Hintergrund liegen
die BREMEN und die
COLUMBUS C.
Foto:
Schreiber-Reederei

MS **OCEANA** in
Bremerhaven
Foto: J. Saupe,
Osterode; 1996

DAS SCHIFF am
Anleger
Foto: Hal över e.V.,
Bremen

Bremerhaven
Weser

HARUFA Bremerhaven GmbH
Harald Hissenkämper
H.-H.-Meier-Str.
27580 Bremerhaven
Tel.: 04743/5412 o. 0471/415850
Fax: 0471/4192922

Vom Neuen Hafen gibt es täglich etwa einstündige Rundfahrten durch die Überseehäfen Bremerhavens: die Kaiserhäfen I, II und III, den Verbindungshafen, das Wendebecken und den Ost- und Nordhafen.

Margit Geerdes Fischereihafen-Rundfahrt
Stuhmer Str. 3
27580 Bremerhaven
Tel.: 0471/805822 pr.
     0471/305843 Hafen
Fax: 0471/804626
Fu: 0171/4444848

Mit ihrer Barkasse werden Rundfahrten durch den Bremerhavener Fischereihafen durchgeführt. Sie kam erst im Frühjahr 1997 vom Zwischenahner Meer nach Bremerhaven.

BBU-Touristik (Bremerhavener Beschäftigungsgesellschaft Unterweser mbH) Abt. Tourismus,
Gaußstr. 54-56
27580 Bremerhaven
Tel.: 0471/85652
Fax: 0471/87426
Zentralverwaltung
Klußmannstr. 5
27580 Bremerhaven
Tel.: 0471/93158-0
Kartenreservierungen: 0471/9820817

Das Schiff, das bis zuletzt auf dem Zwischenahner Meer eingesetzt war, wird für Fahrten auf der Geeste zwischen Bremerhaven (Morgenstern-Museum) und Bederkesa genutzt. Charter für Clubs, Gruppen oder Familien ist möglich.

MB **HEIN MÜCK**
1984; Aurich, 1991 verl.
L 22,00 m, B 3,90 m, T 1,20 m
250 PS
108 Fahrgäste

MB **JAN BRASS** (ab 1997)
ex DORSCH -1997, Ekkenga
ex DREIBERGEN
1968; Schless, Wesel
Umbau 1982
L 15,00 m, B 4,00 m, T 0,60 m
120 PS
60 Fahrgäste

(Siehe Anhang Neubauten 1999)

Margit Geerdes Fischereihafen-Rundfahrt:
MS **DORSCH** (ab 3/1997)
ex BAD ZWISCHENAHN -1996, Reederei Ekkenga
1966; Schless, Wesel
L 19,20 m, B 4,25 m, T 0,95 m
95 PS
90 Fahrgäste

MS **DEUTSCHLAND** (ab 7/1998)
ex BEDERKESA -1995, Reederei Ekkenga, Bederkesa
ex DEUTSCHLAND -1987 Rursee, Schwammenaul, davor Urftsee bei Düren
1929; Stauff, Königswinter
L 19,20 m, B 3,55m, T 0,70 m
60 PS
100 Fahrgäste
Das Schiff wird zur Zeit renoviert und erhält 1999 einen neuen Dieselmotor.
Die vorher von der BBU eingesetzte Barkasse GEESTEKIEKER wurde kurzfristig an das Berufsbildungszentrum (BBZ) Wittenberge/Elbe verkauft.

Barkasse **JAN BRAAS**
Foto: K. Kirsch, Berlin;
8/1997

Barkasse **DORSCH**
zur Rundfahrt bereit
Foto: H. Buchmann,
Wernigerode

MS **DEUTSCHLAND**
Foto: W. Scheer,
Schiffdorf

Cuxhaven
Elbemündung

Fluß- und Hafen-Touristik GmbH
Carstensen
Am Altenwalder Bahnhof 21a
27478 Cuxhaven
Tel./Fax: 04723/3292

In der Saison werden täglich Hafenrundfahrten
ab Fährhafen und ab „Alte Liebe" angeboten.
Gesellschaftsfahrten nach Vereinbarung führen
bis nach Otterndorf, über die Oste bis Bremer-
vörde oder nach Brunsbüttel. Beide Schiffe
können auch gechartert werden.

MS **OTTER** (ab 1989 Fahrgastschiff)
ex Schlepper STADTDEICH I -19...
1923; Bartram-Werft, Hamburg
Umbau 1989, Oste-Werft, Geversdorf
L 18,90 m, B 4,52 m, T 1,27 m
145 kW
86 Fahrgäste

MB **BIBER** (ab 1996)
ex FROMME HELENE -1994, HADAG
ex JOLLENFÜHRER 6 (3) -1962, HADAG
1960; Garbers, Hamburg
Umbau 1995; Cuxhaven, Zone 2, n. N. BIBER
L 16,00 m, B 4,40 m, T 1,25 m
154 PS
67 Fahrgäste

Die Barkasse HANNELORE ist nach Hamburg
verkauft worden und wird für private Zwecke
genutzt (1997).

MS **OTTER**; Foto: Reederei Carstensen, Cuxhaven

Barkasse **BIBER** in Cuxhaven; Foto: Reederei Carstensen, Cuxhaven

VIII
Fahrgastschiffe an der Ostseeküste

Flensburg

Este Reederei GmbH
siehe unter Buxtehude/Este

Seit August 1996 setzt die Reederei ihr Fahrgastschiff MS FORELLE wieder ab Flensburg auf
der Flensburger Förde ein. Daten zum Schiff:
unter Este Reederei GmbH, Buxtehude
(Siehe Anhang Info)

Kiel

Seehafen Kiel GmbH & Co. KG
Tourist Information Kiel e.V.
Andreas-Gayk-Str. 31
24103 Kiel
Tel.: 0431/67910-0
Fax: 0431/67910-99

Die Barkasse wird für Hafenrundfahrten verchartert bzw. vom Eigentümer für Gästefahrten
genutzt. Sie ist zugelassen für Fahrten im
gesamten Kieler Hafengebiet sowie auf dem
Nord-Ostsee-Kanal.

Förderverein Museumsschiff MS STADT KIEL
Kontaktadresse A. H. Opitz
Kolberg 4 b
24113 Molfsee
Tel.: 04347/4595
Tourist Information Kiel e.V.,
Tel.: 0431/67910-0

Die MS STADT KIEL ist ein historisches Schiff,
das vom Förderverein erhalten wird und seit
60 Jahren die Kieler Förde befährt. Als tech-
nisches Kulturdenkmal steht es nach wie vor
für Gesellschaftensfahrten zur Verfügung.

MB **SPROTT**
1967; Menzer-Werft, Hamburg
L 17,00 m, B 4,00 m, T 1,40 m
223 PS
26 Fahrgäste

MS **STADT KIEL** (1983 als Kulturdenkmal
anerkannt, ab 1990 fahr. Museumsschiff)
1934, Friedrich Krupp AG, Germaniawerft, Kiel
1943 nach Bombentreffer gesunken
5/1943 gehoben
9/43 Überholung in Svenborg, verl.
1954 Umbau Krögerwerft, Rendsburg,
n. Maschine
L 28,13 m, B 7,36 m, T 2,65 m
520 PS
85 Fahrgäste (Seefahrten 80 Fahrgäste)

MS **STADT KIEL** am Anleger; Foto: Sammlung Autor; 1995

Wismar (und Poel)

Clermont-Reederei Fahrgastschiffahrt

Haus 7
23999 Gollwitz/Poel
Tel.: 038425/20689
Fu: 0172/4286519
Fax: 038425/20690

Die Clermont-Reederei bietet täglich Schiffsfahrten von Kirchdorf (Poel) nach Wismar und
zurück, Fahrzeit jeweils eine Stunde, sowie
Abendfahrten in See jeden Mittwoch und
Samstag von Timmendorf und Kirchdorf aus.
Charterfahrten können am Hafen in Kirchdorf
oder bei der Reederei angemeldet werden.
Hafenrundfahrten und Fahrten in die Wismar-
bucht mit den vorgelagerten Inseln Walfisch
und Poel werden sachkundig erläutert.

MS MECKLENBURG (Neubau, Zone 2 BinSchUO)
1997; Oderwerft, Eisenhüttenstadt,
Stapellauf 24.4.1997
L 26,00 m, B 6,50 m, T 1,30 m
2x147 kW
230 Fahrgäste

MS HANSESTADT WISMAR
(Indienststellung 1. 6. 1992)
1992; KuFra-Werft, Lübeck
L 24,80 m, B 5,40 m, T 0,90 m
2x135 PS
170 Fahrgäste

MS INSEL POEL (ab 1.6.1995 bei Clermont)
ex KuFra IV -1991
1989; KuFra-Werft, Lübeck
Umbau 1992; KuFra-Werft, Lübeck,
Sonnendeck aufgesetzt
L 18,00 m, B 4,30 m, T 0,60 m
2x36 PS
100 Fahrgäste (40 Sonnendeck)

Rerik   Salzhaff

Haffrundfahrten & Bootsfahrschule
Bobsin-Steußloff GbR

Grüner Weg 8
18236 Kröpelin
Tel.: 038292/78744
Fax: 038292/79100
Fu: 0172/9004724
Dünenstr. 10
18230 Rerik, Kurverwaltung (Information)
Tel.: 038296/78294
Fax: 038296/78513

Ab Rerik werden Fahrten auf dem Salzhaff
entlang der Halbinsel Wustrow angeboten.
Charterfahrten sind zu jeder Gelegenheit
möglich: Geburtstag, Jubiläum, Silberhochzeit,
Hochzeit oder ohne besonderen Anlaß.
Mittwochs und freitags stehen in der Hauptsaison (Juli, August) Lampionfahrten mit Tanz
im Programm.

MS OSTSEEBAD RERIK (ab Frühjahr 1998)
ex ST. APOLLINARIS -1998 Fähre Linz-Kripp
Remagen/Rhein
1985; Schmidt, Oberwinter
1998, Umbau auf der Schiffswerft Georg Placke
GmbH, Aken Verlängerung und Modernisierung
L 25,79 m, B 5,01 m, T 0,70 m (Heck 1,25 m)
200 PS
168 Fahrgäste (84 Salon, 84 Freideck)

MS **MECKLENBURG** im Hafen von Wismar; Foto: Autor; 1997

MS **OSTSEEBAD RERIK**; Foto: Bobsin-Steußloff GbR

Rostock

Fahrgastschiffahrt Dieter Schütt
Wossidlostr. 8
18147 Rostock
Tel./Fax: 0381/21200

Neben dem Einsatz auf der "Strandlinie" zwischen dem Rostocker Stadthafen und Warnemünde fahren die Schiffe der Fahrgastschiffahrt Dieter Schütt zu Hafenrundfahrten und Fahrten auf der Warnow.

MS **RECKNITZ**
1982; Yachtwerft, Berlin-Köpenick (Typ III)
L 28,50 m, B 5,10 m, T 0,90 m
122 PS
142 Fahrgäste

Barkasse **DIETER**
ex S 106, Wrack
1946; Bootswerft Burmester, Bremen
L 11,00 m, B 3,80 m, T 0,90 m
50 PS
65 Fahrgäste

Rostocker Personenschiffahrt „Rostocker 7"
Olaf Schütt
Wossidlostr. 5
18147 Rostock
Tel./Fax: 0381/699962
Fu: 0171/4240354

Fahrtgebiet: Untere Warnow.
Mit dem Schiff werden Fahrten auf der Linie Rostock-Warnemünde-Rostock und Hafenrundfahrten angeboten.

MS **ROSTOCKER 7** (Indienststellung 28.5.1993)
1993; DBW GmbH, Werft Berlin
L 19,99 m, B 5,10 m, T 1,20 m
130 PS
140 Fahrgäste (61 Salonplätze)

Personenschiffahrt GbR Dieter und Olaf Schütt
Wossidlostr.8
18147 Rostock
Tel./Fax: 0381/6863172
Fu: 0172/4053861

Dieter Schütt und Neffe Olaf Schütt setzen in Rostock zu Hafenrundfahrten und auf der Warnow noch ein weiteres Schiff gemeinsam ein.

MS **KASPER OHM** (ab 20.4.1996)
ex PILLNITZ -1996 Sächsische Dampfschiffahrts GmbH & Co., Dresden
1977; Yachtwerft, Berlin-Köpenick
L 28,50 m, B 5,10 m, T 0,90 m
120 PS
84 Fahrgäste

MS **HANSESTADT ROSTOCK**
(Taufe am 25.11.1998 in Rostock)
1998; Lux-Werft, Mondorf
L 29,20 m, B 7,40 m, T 1,20 m
300 PS
230 Fahrgäste (105 im Salon)

Kleine Hafenrundfahrt
mit Barkasse **DIETER**
Foto: H.-J Reinecke,
Hamburg; 8/1990

MS **ROSTOCKER 7**
in voller Fahrt
Foto: H. Kramer,
Rostock; 1994

Der Stolz der
Personenschiffahrt
Schütt – die neue
HANSESTADT ROSTOCK
Foto: W. Kramer,
Rostock; 1/1999

Rostock

Fahrgastschiffahrt Wolfgang Heckmann
Hinrichsdorf 1b
18146 Rostock
Tel./Fax: 0381/669980
Fu: 0171/4136872

Mit den beiden Fahrgastschiffen wird die Linie
Rostock-Warnemünde-Rostock bedient. Außer-
dem werden Hafenrundfahrten angeboten. Für
Tages- und auch für Abendfahrten können die
Schiffe gechartert werden. Fahrtroute und
Fahrtdauer dürfen dabei vom Charterer festge-
legt werden.

MS **SEESTERN** (Seebrückenfahrgastschiff,
Typ Rostock)
1961; Yachtwerft Berlin-Köpenick
L 24,00 m, B 5,18 m, T 1,44 m
160 PS
93 Fahrgäste

MS **ROSTOCKER GREIF** (ab 5/1998)
ex ALTER STROM -1997, W. Heckmann
ex MECKLENBURG -1997, Müritz
ex WARNOW -1991, WF Stralsund
1980; Yachtwerft Berlin-Köpenick (Typ III)
1998 Umbau und Modernisierung, neuer Farbanstrich und Umbenennung in ROSTOCKER GREIF
L 28,60 m, B 5,10 m, T 0,90 m
90 kW
124 Fahrgäste
Das Schiff wurde 1997 im Tausch mit dem MS
ALTER STROM (1987; Yachtwerft Berlin-Köpenick,
Typ III) von Röbel/Müritz übernommen.

MS **SEESTERN** auf Rundfahrt; Foto: H.- J. Reinecke, Hamburg

MS **ROSTOCKER GREIF** in Warnemünde; Foto: W. Kramer, Rostock; 4/1998

Warnemünde

Fahrgastschiffahrtsunternehmen "Käpp'n Brass"
Rainer Möller
Alexandrinenstr. 45
18119 Warnemünde
Tel.: 0381/51946000
Fax: 0381/51868

Warnemündes traditionsreiches Fahrgast-schiffahrtsunternehmen "Käpp'n Brass" besteht seit über 40 Jahren. Mit drei neuen Schiffen von den DBW, Werft Berlin bietet es seinen Fahrgästen Warnowrundfahrten, Hafenrund-fahrten, Charterfahrten zu allen Anlässen, Abendfahrten mit Tanz, Gruppen- und Sonder-fahrten nach Absprache und mit Rabatt und Spezialarrangements nach Wünschen der Kunden.

Fahrgastschiffahrt Reinhard Kammel
Warnow-Personenschiffahrt
Reinhard Kammel
Seeschwalbenweg 22
18107 Elmenhorst
Tel./Fax: 0381/7686552
Fu: 0170/3420225

Mit dem neuen Schiff bietet das Familienunter-nehmen Hafenrundfahrten und Warnowrund-fahrten an. Anleger ist am Alten Strom in Warnemünde. Auch Ausflugsfahrten und Charterfahrten stehen im Programm.

MS **KÄPP'N BRASS** (ab 1995, Zone 2, BinSchUO)
1995; DBW GmbH; Werft Berlin,
Ablieferung 15.5.1995
L 26,10 m, B 6,40 m, T 1,30 m
250 kW
214 Fahrgäste (96 Salonplätze)

MS **MIN HERZING** (ab 1995, Zone 2, BinSchUO)
1995; DBW GmbH, Werft Berlin,
Ablieferung 10.4.1995
L 26,10 m, B 6,40 m, T 1,30 m
250 kW
214 Fahrgäste (96 Salonplätze)

MS MIN HERZING und MS KÄPP'N BRASS sind Schwesterschiffe. Der erste Neubau MS KÄPP'N BRASS (1992) wurde 1995 an die Zingster Bodden-Reederei Oswald verkauft.

MS **OSTSEEBAD WARNEMÜNDE**
(ab 1996, Zone 2, BinSchUO)
1996; DBW GmbH, Werft Berlin,
Ablieferung 30.5.1996
L 28,60 m, B 6,50 m, T 1,30 m
250 kW
272 Fahrgäste (130 Salonplätze)

MS **MARKGRAFENHEIDE**
1997; Scheepswerf Tinnemans & Zn. B. V.,
Maasbracht, NL
L 23,40 m, B 5,40 m, T 1,00 m
186 PS
140 Fahrgäste (80 Salonplätze)

(Siehe Anhang Neubauten 1999)

MS **KÄPP'N BRASS**
läuft aus
Foto: R. Möller,
Warnemünde; 1995

MS **OSTSEEBAD
WARNEMÜNDE**
Foto: R. Klarner,
Warnemünde; 1999

MS **MARKGRAFENHEIDE**
auf der Warnow
Foto: W. Kramer,
Rostock; 5/1997

Ribnitz-Damgarten   Saaler Bodden

Sea-Tours GmbH
Ewald Bendin
Hanseatic-Center
Am Strande 3a
18055 Rostock

(Siehe Anhang An- und Verkäufe 1999
und unter OSTEN/ELBE, Teil I/3)

Wustrow   Saaler Bodden

Fahrgastbetrieb Kruse und Voß GmbH
Hafenstr. 7
18347 Wustrow
Tel./Fax: 038220/588
Tel.: 038220/80310
Fu: 0172/3896090

Der Saaler Bodden ist das Einsatzgebiet der
beiden Schiffe. Ab Wustrow, Ahrenshoop und
Born werden Boddenrundfahrten in den Nationalpark Vorpommersche Boddenlandschaft
angeboten.
Gruppen- und Gesellschaftsfahrten sind auf
Vorbestellung möglich.

MS **BODDENKIEKER**
ex SCHWABSTEDT -1990, Schröder, Friedrichstadt
1964; Oberkassel
L 24,44 m, B 4,60 m, T 1,08 m
150 PS
189 Fahrgäste
Rundfahrten bis zu den Bülten des Nationalparks ab/an Wustrow.

MS **BÜLTENKIEKER**
ex FEGETASCHE -1993, Plöner See
1995; Ambacht, Niederlande
L 24,17 m, B 4,88 m, T 1,06 m
150 PS
144 Fahrgäste
Fahrten durch die Bülten des Nationalparks/
Altenhagen, Born und Bodstedt mit Fahrrad-
transport.

Born   Darss

Fahrgastschiffahrt MS „Heidi"
Wolfgang Rasche
Auf dem Ende 8
18375 Born/Darß
Tel.: 038234/210

Mit dem neuen Fahrgastschiff werden Boddenrundfahrten auf den Gewässern des Nationalparks Vorpommersche Boddenlandschaft unternommen. Heimathafen ist Born.

MS **HEIDI** (ab 1997, Zone 2, BinSchUO)
1997; DBW GmbH, Werft Berlin,
Stapellauf 18.3.1997
L 26,25 m, B 5,10 m, T 0,80 m
187 kW
179 Fahrgäste (95 Salonplätze,
8 Steuerhausplätze)

(Siehe Anhang Neubauten 1999)

MS **BÜLTENKIEKER** unterwegs; Foto: G. Dame, Wismar; 9/1997

MS **HEIDI** nach erfolgtem Stapellauf; Foto: Autor 1997

Born   Darss

Poschke Fahrgastschiffahrtsgesellschaft mbH
Pumpeneck 5
18375 Born
Tel.: 038234/239
Fax: 038234/30139
Fu: 0171/3556690 und 0171/4100426

Mit den modernen Fahrgastschiffen bietet das
Unternehmen Rundfahrten und Tagesausflüge
ab Prerow und Zingst an. Spezielle Leistungen
sind Boddenrundfahrten, Charter- und Gesellschaftsfahrten, Kranichbeobachtungsfahrten,
Hiddenseefahrten und andere Sonderfahrten.

MS **LIKEDEELER**
1997; Scheepswerf Tinnemans & Zn. B. V.,
Maasbracht, NL
L 26,65 m, B 5,40 m, T 1,00 m
186 PS
180 Fahrgäste (2 Salons 72/22 Plätze)

MS STÖRTEBEKER wird das neue Schiff heißen,
das auf der gleichen Werft für die Poschke mbH
im Bau ist.
(Siehe Anhang Neubauten 1999)

Zingst   Darss

Reederei Gebr. Oswald
Lindenstr. 12
18374 Zingst
Tel.: 038232/627
Fax: 038232/781
Fu: 0161/6304615

Die Reederei besteht seit dem Juni 1991. Mit
dem neuen Schiff werden Fahrten im Nationalpark Vorpommersche Boddenlandschaft angeboten. Ab Zingst führt die Route durch den
Barther Bodden, den Grabower Bodden, durch
die Fahrrinne zwischen Insel Bock und Hafen
von Barhöft bis nach Hiddensee (Kloster). Die
Rückfahrt zum Ausgangshafen Zingst erfolgt
auf der gleichen Route, nach einem Spaziergang auf der Insel Hiddensee.
Charterfahrten sind nach Absprache möglich.

MS **SUNDEVIT** (ab 1995)
ex KÄPP'N BRASS -1995, Möller, Rostock
1992; DBW GmbH, Werft Berlin
Umbau 1995, DBW GmbH, Werft Malz, verl. (7 m)
L 31,95 m, B 6,20 m, T 1,20 m max.
250 kW
270 Fahrgäste (160 Salonplätze)

MS **LIKEDEELER** läuft aus; Foto: Reederei Poschke, Born; 1996

MS **SUNDEVIT**; Foto: G. Dame, Wismar; 9/1997

Barth

Grabow

Bodden-Fahrgastschiffahrt

Karl-Heinz Evers
Hafenstr. 10
18356 Barth
Tel.: 038293/7110
Fu:　0171/3874067

Das Unternehmen bietet mit dem Schiff Linienfahrten Barth-Zingst-Barth an. Außerdem steht
es für Boddenrundfahrten und auch für Charterfahrten nach Absprache zur Verfügung.
1998 soll auch Hiddensee angelaufen werden.

Hanse-Reederei GmbH

Uwe Melzer
Am Hafen
17109 Demmin
Tel./Fax: 03998/201092
Barth-Information
Markt 3
18356 Barth
Tel./Fax: 038323/81442
Boltenhagen
Tel.: 038326/83049
Fax: 038326/84722

Mit dem Fahrgastschiff werden Fahrten durch
den Nationalpark Vorpommersche Boddenlandschaft und den Strelasund angeboten.
Die Fahrten beginnen in Barth, hier liegt das
Schiff zwischenzeitlich als Gaststättenschiff
mit Barbetrieb.
Auch Fahrten nach Zingst und Stralsund sind
möglich.

MS **BRAVOUR**

(ab 1995 für K.-H. Evers, im Einsatz ab 1997)
ex RIBNITZ-DAMGARTEN -1990, WF Stralsund,
-1994 aufgelegt
1988; MSSZ, Moskau-Nagatino
Umbau 1994, Reparaturwerft Stralsund, sollte
Gaststättenschiff werden, nicht realisiert
Umbau 1997, neue Maschine
L 36,13 m, B 6,86 m, T 1,40 m
2x 150 PS
140 Fahrgäste (vorher 179 Fahrgäste)

MS **STADT BARTH** (ab 1998)

ex INSEL USEDOM -1998, Hanse-Reederei GmbH
ex INSEL USEDOM -1993, Peene-Reederei,
Wolgast (Kernbach)
ex SACROW -1992, WF Potsdam
ex SPUTNIK -1991, WF Wittenberg
1964; Yachtwerft Berlin-Köpenick
Umbau 1990/91 für den Bedarf von
Mehrtagesfahrten
Umbau 1993, Stettin
L 35,70 m, B 5,80 m, T 1,15 m
2x 150 PS
180 Fahrgäste

Mit Saisonbeginn 1998 wird auf der neuen Route
ab Wittower Fähre ein weiteres Schiff zu Rügen-
fahrten angeboten. Es war zuletzt auf dem Nord-
Ostsee-Kanal und auf der Eider im Einsatz:

MS **PHÖNIX** -1997 bereedert von Ostsee-

Reederei Deckmann, Nissen & Co., Flensburg;
Eigner: Hanse-Reederei
ex PHÖNIX -1995 Hansa Tours GmbH, Flensburg
ex SUNDEVIT -1994 Hansa-Linien,
Charter Ray Oswald, Zingst
ex PHÖNIX II -1991 Hansa-Linien
ex SCHILKSEE -1982, KVAG, Kiel
1959; Krögerwerft GmbH, Flensburg
L 33,32 m, B 6,22 m, T 1,66 m
200 PS
250 Fahrgäste (165 Salonplätze)

MS **BRAVOUR** am Anleger in Barth; Foto: G. Dame, Wismar; 1997

MS **STADT BARTH** – hier noch als INSEL USEDOM; Foto: Sammlung Autor

Stralsund   Strelasund

Weiße Flotte GmbH Stralsund
Fährstraße 16
Postfach 1123
18439 Stralsund
Tel.: 03831/2681-0
Fax: 03831/268129
Büro Flensburg
Norderhofenden 19-20
24937 Flensburg
Tel.: 0461/864-0
Fax: 0461/86444 u. 86470

Außer im Liniendienst Stralsund-Hiddensee und
Stralsund-Altefähr werden die Schiffe auch für
Ausflugsfahrten auf den Boddengewässern ein-
gesetzt.

Sund- und Boddenreederei
H. J. Jauernig
Rudolf-Breitscheid-Str. 43
18439 Stralsund
Tel./Fax: 03831/292606
Fu: 0171/8510786

Mit den Schiffen werden Rundfahrten auf Sund
und Bodden angeboten. Hafenrundfahrten
(1,5 Std.) sind eine beliebte Attraktion.
Für besondere Anlässe kann das Schiff auch
gechartert werden.

MS **ALTEFÄHR**
1996; DBW GmbH, Berlin-Köpenick
L 21,50 m, B 5,50 m, T 1,07 m
187 kW
151 Fahrgäste (63 Innenplätze)

MS **FRITZ REUTER** (ab 1991 in Stralsund)
ex ADOLPH SCHÖNFELDER -1991, HADAG
1981; HDW, Hamburg
L 52,70 m, B 9,50 m, T 1,39 m
463 kW
550 Fahrgäste
(Siehe Anhang An- und Verkäufe 1999)

MS **DER STRALSUNDER**
(ab 1994 Sund- und Boddenreederei)
ex TRITON II -1993, Triton-Reederei, Ralswiek
ex CHRISTINE -1992, Willi Stengel, Dranske
ex DER STRALSUNDER -1990, WF Stralsund
1957; Volkswerft, Stralsund
1959 Übernahme durch WF Stralsund
wiederholt umgebaut und modernisiert
L 25,40 m, B 5,40 m, T 1,30 m
80 PS
100 Fahrgäste

MS **BREEGE**
ex ILSE -1956, Reederei Hahn, Rostock, ab 1957
WF Stralsund
1913; Zeller, Rostock
Umbau 1996, neue Inneneinrichtung
L 21,42 m, B 4,63 m, T 1,32 m
80 PS
80 Fahrgäste (nach Umbau)

MS **ALTEFÄHR** auf Rundkurs; Foto: A. Jenak, Buddenhagen; 8/1998

DER STRALSUNDER am Anleger in Stralsund; Foto: H.-J. Jauernig, Stralsund; 1995

Vitte

Hiddensee

Reederei Hiddensee GmbH
Achtern Diek 4
18565 Vitte
Büro Stralsund
Fährstr. 16
18439 Stralsund
Tel.: 03831/268116
        038300/210

Neben dem Linienverkehr Wiek-Hiddensee-
Stralsund-Hiddensee-Wiek werden Ausflugsfahrten in die Vorpommersche Boddenlandschaft angeboten.
Für den Schnellverkehr Stralsund-Hiddensee
stehen Wassertaxis für max. 20 Personen zur
Verfügung; sie können auch für Ausflugsfahrten
gebucht werden.
Fahrplan während der Eisperiode nur Hidden-
see-Schaprode-Hiddensee

MS **INSEL HIDDENSEE** (Salonschiff)
1995; DBW GmbH, Werft Berlin
L 40,25 m, B 7,58 m, T 1,25 m
2x 347 kW
400 Fahrgäste (172 und 106 innen)

MS **HANSESTADT STRALSUND** (Salonschiff)
1996; Oderwerft, Eisenhüttenstadt
L 40,27 m, B 7,58 m, T 1,25 m
2x 347 kW
400 Fahrgäste (172 und 106 innen)

MS **GELLEN**
1993; DBW GmbH, Werft Berlin
L 31,56 m, B 7,60 m, T 1,30 m
2x 347 kW
300 Fahrgäste (152 und 40 innen)

MS **SCHAPRODE**
1993, DBW GmbH, Werft Berlin
L 31,56 m, B 7,60 m, T 1,30 m
2x 347 kW
300 Fahrgäste (152 und 40 innen)
MS GELLEN ist ein typgleiches Schwesterschiff
des MS SCHAPRODE

(Siehe Anhang Informationen)

MS **OSTSEE**
ex SUND CLIPPER -1990
ex BALTIC CLIPPER -1984
ex SUNDBUS HENRIK II -1976
1964; Lindsols Skibs O. G., Risor, Norwegen
L 37,62 m, B 7,50 m, T 2,00 m
2x 270 kW
350 Fahrgäste (158 innen)
Das Schiff wurde von der Reederei Hiddensee
GmbH gechartert.
Eigner ist die MS OSTSEE Schiffahrtsges.
mbH & Co. KG, Vitte.
Das Schiff ist am 19. Mai 1998 nach Amsterdam
verkauft worden, die Übergabe war am 29. Mai
1998. Neuer Name des Schiffes ist STORTEMELK.

MS **HANSESTADT STRALSUND**; Foto: Oderwerft Eisenhüttenstadt GmbH

Vitte   Hiddensee

Reederei Hiddensee GmbH
Hiddenseer Taxiring

Die beiden Wassertaxen sind von der Reederei
Hiddensee GmbH gechartert. Eigner ist die FRS
Chartering GmbH & Co. KG, Vitte.
Ein drittes Wassertaxi wird auf der gleichen
Route eingesetzt.

MS **STÖRTEBEKER** (Wassertaxi)
1993; FBM Cowes Shipyard, GB
L 16,56 m, B 3,30 m, T 0,56 m
2x 225 kW
20 Fahrgäste
Neuendorf: Tel.: 038300/344
            Fu: 0171/7457710

MS **PIRAT** (Wassertaxi)
1993; FBM Cowes Shipyard, GB
L 16,56 m, B 3,30 m, T 0,56 m
2x 225 kW
20 Fahrgäste
Vitte: Tel.: 038300/210
           Fu: 0171/7457713

Wassertaxi Kronemann
Hiddensee, Vitte
Tel.: 038300/461
Fu: 0171/6428021

Neben dem Schnellverkehr zwischen Hiddensee
und Stralsund werden Ausflugsfahrten in die
Vorpommersche Boddenlandschaft angeboten.

MS **ANNA MARIA II** (Wassertaxi)
1992; Botnia Marin, Malax, Finnland
L 9,90 m, B 3,15 m, T 0,85 m
230 PS
16 Fahrgäste
Die ANNA MARIA II ist im Juli 1999 verkauft
worden, ein neues Schiff ist in Fahrt.
(Siehe Fahrgastschiff-Neubauten 1999 im Anhang
des Buches.)

Breege   Rügen

Personenschiffahrt Karin Kipp
Dorfstraße 101
18556 Breege/Rügen
Tel.: 038391/12306
Fax: 038391/12307
Fu: 0172/6066650

Mit dem Schiff werden Fahrten von Breege zur
Insel Hiddensee durchgeführt. In den Monaten
während der Störtebeker-Festspiele werden
Fahrten von Breege nach Ralswiek angeboten.
Außerdem steht das Schiff für Boddenrund-
fahrten, Kaffeefahrten und Tanzfahrten zur
Verfügung.
In den letzten Jahren wurde das Schiff grundle-
gend erneuert, wobei vor allem die technische
und nautische Ausrüstung erneuert wurde.

MS **WAPPEN VON BREEGE** (ab 5/1996)
ex ALTWARP -1996
ex DOROTA -1991
1966; Stocznia „Wisla", Gdansk-Stogi
Umbau 1992, Kiel-Friedrichsort, Friedrichswerft,
neue Maschinen, Aufbauten nach achtern verl.
Umbau 1997, mod., neue E-Anlage, Ruderanlage,
UKW, Radar
L 36,50 m, B 6,80 m, T 1,60 m
2x 220 kW
240 Fahrgäste

MS **WAPPEN VON BREEGE** am Anleger in Breege; Foto: Reederei Kipp, Breege

Sassnitz   Rügen

Triton Reederei
Hotel „Jasmund"
Granitzer Str. 7-8
18546 Sassnitz
Herr Fenske/Herr Brandel
Tel.: 038392/50755

Mit zwei Schiffen werden in der Saison Fahrten
ab Breege durchgeführt. Während der Störtebeker-Festspiele in Ralswiek werden Fahrten zwischen Breege u. Ralswiek angeboten.
Außerdem gibt es Ausflugsfahrten, auch für
Reisegruppen. Beide Schiffe können gechartert
werden und stehen für besondere Anlässe zur
Verfügung.

MS **TRITON I** (ab 1993)
ex SABINE -1993, Willi Stengel,
(Kuhle und Dranske)
ex GELLEN -1991, WF Stralsund
ex SPERBER 4 -1968, Torpedofangboot
der DDR-Volksmarine
1958; Yachtwerft, Berlin-Köpenick
als Torpedofangboot F-4,B 64, D-28 bis 1968,
15.7.1968 a. D.
Umbau zum FGS, Volkswerft Stralsund
Einsatz ab 2.5.1971 bei WF Stralsund
L 29,96 m, B 4,84 m, T 1,67 m
270 PS
120 Fahrgäste

MS **HAFFTOURIST** (ab 1997, für 1998 +1999
in Charter)
ex STADT DEMMIN -1997
ex HAFFTOURIST -1993, (in Peenemünde
1991-1992)
ex SPERBER 2 -1968, Torpedofangboot
1958; Yachtwerft, Berlin-Köpenick
Umbau zum FGS, 1970, Boots- u. Rep. Werft,
Greifswald
L 36,00 m, B 5,00 m, T 1,70 m
270 PS
120 Fahrgäste

Putbus   Rügen

Fahrgastreederei Lenz & Co. KG
Alleestraße 9
18581 Putbus
Tel.: 038301/61896 u. 038301/61259 pr.
Fax: 038301/61874
Fu: 0161/4408558

Mit den beiden Fahrgastschiffen werden Fahr-
ten rund um und zur Insel Vilm angeboten:
Rundfahrten täglich von März bis Oktober,
Abendfahrten mit Musik, Fahrten für Busgrup-
pen (außerhalb des Fahrplans).
Öffentliche Führungen durch das Naturschutz-
gebiet Insel Vilm nach Voranmeldung bei der
Reederei sind von Mai bis September möglich.

MS **SEBASTIAN** (ab 1991)
ex HARLE-JET -1991, Warrings
1984; Westerende/Aurich
L 21,40 m, B 6,20 m, T 0,80 m
2x 156 PS
135 Fahrgäste

Barkasse **JULCHEN** (ab 1995/96)
ex JOLLENFÜHRER 6 (4) -1976, ab 1976 JULCHEN
für HADAG
1966; Garbers, Hamburg
Umbau 1995/96, Stralsund, n. Mot.
L 16,30 m, B 4,20 m, T 1,30 m
145 PS
50 Fahrgäste

MS **STADT DEMMIN**, seit 1997 wieder HAFFTOURIST; Foto: D. Foerster, Halle; 5/1994

Barkasse **JULCHEN**; Foto: G. Dame, Wismar; 1997

Ueckermünde   Stettiner Haff

Fahrgastschiffahrt Roland Thurow
Ueckerstraße 100
17373 Ueckermünde
Tel.: 039771/23408
Fax: 039771/25947
Fu: 0171/4074106

Neben Haffrundfahrten (täglich 3 Fahrten)
werden samstags Tanzfahrten angeboten. Auch
Charterfahrten für Vereine, Firmen und private
Gruppen können nach Vereinbarung durch-
geführt werden.
Für Einkaufsfahrten nach Polen wurde das
Schiff 1998 umgebaut.

Fahrgastschiffahrt Peter Dose
Altes Bollwerk 7
17373 Ueckermünde
Fu: 0171/3574870

Mit der Barkasse werden Fahrten zwischen
Ueckermünde und Eggesin auf der Uecker und
Randow angeboten. Fahrten zum Ueckermün-
der Strand stehen ebenfalls im Programm.

ODERHAFF SEETOURS Reederei Peters GmbH
Altes Bollwerk 1a
17373 Ueckermünde
Tel.: 039771/22426
Fu: 0172/9703355
Fu: 0172/9711977

Mit den zwei Katamaranen werden Fahrten von
Ueckermünde über das Oderhaff nach Polen
angeboten. Seit Mitte 1998 werden sie als Binnenschiffe geführt.

MS **VICTORIA** (ab 1994 in Ueckermünde)
ex VICTORIA -1993, Duisburg
ex PIRAT 1971, pr. Eigner in Otterndorf
ex DS VICTORIA -1939, Hansen, Kiel
ex DS HERZOG FRIEDRICH -1938
Von 1939-1944 diente es milit. Zwecken
1944 gesunken
1949 gehoben und als MS wieder in Fahrt
1958 Meßhulk der Bundesmarine
1971 Außerdienststellung
1901; Jansen & Schmilinsky, Hamburg
Umbau 1949, 90% neu zu bauen nach Hebung,
mot.
Umbau 1978, völlig umgebaut und modern.,
n. Name
Umbau 1989, Mot. überholt
Umbau 1998, Oderwerft GmbH, Eisenhütten-
stadt/Oder verl. um 10 m, mod. und n. mot.
L 39,98 m, B 5,85 m, T 1,50 m
470 PS
230 Fahrgäste (140 Salonplätze)

MB **CREMON VIII** (ab 1.10.1998 für P. Dose)
5/1995 bis 5/1998 für B. Steußloff ab Rerik im
Salzhaff im Einsatz, bis 1995 in Hamburg
1925; Hugo Peters, Wewelsfleet
L 16,50 m, B 5,00 m, T 1,30 m
180 PS
70 Fahrgäste

ODERHAFF SEETOURS Reederei Peters GmbH:
MS **UTE**
ex ACHTIAR -1995, Schwarzes Meer
(Überführung 4120 sm)
1984; Wisla-Werft, Gdansk/Polen
L 34,09, B 11,50 m, T 2,50 m
838 kW
300 Fahrgäste

MS **LIIVI LAHT**
1986; Wisla-Werft, Gdansk/Polen
L 33,00 m, B 11,50 m, T 2,70 m
838 kW
300 Fahrgäste
(Siehe Anhang Informationen)

Länge läuft – die verlängerte **VICTORIA** bei der Probefahrt auf der Oder
Foto: Oderwerft Eisenhüttenstadt GmbH; 1998

Katamaran **LIIVI LAHT** am Anleger; Foto: A. Jenak, Buddenhagen; 4/1999

Altwarp   Stettiner Haff

Insel- und Halligreederei Sven Paulsen
Seestr. 47
17375 Altwarp
Tel.: 039773/20268 o. 20266
Fax: 039773/20267
Seebrücke, Seebad Heringsdorf
Tel.: 038378/32583
Fax: 038378/32584

Die Insel- und Halligenreederei Paulsen wurde
vor 50 Jahren auf Nordstrand gegründet und
betreibt 1998 14 komfortable Schiffe. Sie
tragen alle „Adler" im Namen und fahren im
Linien- und Tagesausflugsverkehr ab Nordstrand, ab Sylt und an der Ostseeküste.
Ab Nordstrand fährt der Gründer der Reederei,
Kurt Paulsen, selbst als Kapitän auf seinen
Schiffen.
Folgende Schiffe werden auf dem Stettiner Haff
eingesetzt und verkehren ab Altwarp zur Insel
Usedom, nach Swinemünde und Stettin. Es
sind Seeschiffe, die hier als Binnenschiffe eingesetzt sind:

MS **ADLER PRINCESS** (ab 1995)
ex STAD ZIERIKZEE -1995, Rederij den Breejen,
Zierikzee/NL
1989; Grave/Maas
L 39,90 m, B 8,65 m, T 1,60 m
2x 218 kW
480 Fahrgäste

MS **ADLER II**
1970; Husumer Schiffswerft, Husum
L 25,49 m, B 6,10 m, T 1,05 m
190 kW
195 Fahrgäste

(Siehe Anhang Informationen)

MS **ADLER X** (ab 1993)
ex STELLA POLARIS -1992 , Karlsborg Marina/S
ex POSEIDON -1993
ex PALUCCA -1985
1977; Husumer Schiffswerft, Husum
L 31,80 m, B 6,50 m, T 1,60 m
520 PS
268 Fahrgäste

Für die gleiche Reederei werden 1998 auf der
Westoder ab Gartz zwei Fahrgastschiffe eingesetzt.
Das MS **ADLER RIVER** (ex SACHSEN-ANHALT,
ex BERTOLT BRECHT; Länderklasse, vorher
Dichterklasse) fährt von Gartz nach Gryfino
(Polen), das MS **ADLER STEAMER**,
(ex FRITZE BOLLMANN ex AKTIVIST) von Gartz
nach Stettin (Polen).

Weitere Angaben zu den Schiffen im Teil I/6
unter Gartz.
(Siehe Anhang An- und Verkäufe 1999 und
Informationen)

MS **ADLER PRINCESS**; Foto: Reederei Paulsen

IX
Interieurs

Das Interieur eines Binnenfahrgastschiffes ist für den Fahrgast ein wichtiges Moment für die Wahl des Schiffes. Er möchte sich auf der Ausflugsfahrt wohl fühlen und die vorbeigleitende Landschaft genießen.
Die folgenden Beispiele zeigen, wie sich die Ausstattung der Fahrgastschiffe am Vorbild der Hochseekreuzfahrtschiffe orientiert.

MS **HAVEL QUEEN**, Blick in den vorderen Salon; Foto: D. Schubert, Berlin

MS **SPREEKRONE**, Blick in den Salon nach achtern; Foto: D. Schubert, Berlin

MS **DEICHGRAF**, Blick in den Salon; Foto: Dörgeloh-Lines, Sammlung D. Schubert, Berlin

MS **ALEXANDER GENTZ**, Großer Salon; Foto: D. Schubert, Berlin

MS **LUNA,** Blick in die Nelson-Bar; Foto: D. Schubert, Berlin

MS **OLYMPIA,** Blick in den Salon; Foto: D. Schubert, Berlin

MS **HAVELPERLE**, Blick in den Salon; Foto: D. Schubert, Berlin

MS **LIBERTY**, Blick in den Salon nach achtern; Foto: D. Schubert, Berlin

MS **KLABAUTERMANN**, rustikale Bar im Unterdeck; Foto: D. Schubert, Berlin

MS **WAPPEN VON WETTIN,** Blick in den Salon nach achtern
Foto: Reederei Zametschik; Sammlung D. Schubert, Berlin

RD **KRIPPEN**, Achter-Salon; Foto: D. Schubert, Berlin

RD **DRESDEN**, unterer Salon; Foto: Sächsische Dampfschiffahrt; Sammlung D. Schubert, Berlin

MS **REGINA DANUBIA**, Blick von der Galerie in den Salon
Foto: Reederei Wurm+Köck Passau Sammlung D. Schubert, Berlin

MS **LA PALOMA**, Blick in den Salon; Foto: River Line Schiffahrtsgesellschaft mbH & Co. KG
Sammlung D. Schubert, Berlin

X
Deutsche Kabinenschiffe

Deutschland ist ein vielseitiges und sehenswertes Kreuzfahrtgebiet. Fahrten auf der Donau, dem Rhein, der Mosel und dem Neckar haben eine lange Tradition. Durch die Fertigstellung des Main-Donau-Kanals erweiterte sich das Fahrtgebiet. Verstärkt haben sich auch die Angebote für Fahrten auf der Elbe, der Gewässern um Berlin und auf den Mecklenburger Seen, auf der Oder bis zur Ostsee.
Die deutschen Kabinenschiffe, einige fahren inzwischen unter anderer Flagge, sollen hier vorgestellt werden.

Peter Deilmann-Reederei
Am Hafensteig 17-19
23730 Neustadt in Holstein
Tel.: 04561/6106-0
Fax: 04561/8207
Telex : 261225

Seit 15 Jahren bietet die Reederei Flußkreuzfahrten unter deutscher Flagge. 1999 sind sechs Vier- und Fünf-Sterne-Schiffe auf der Donau, dem Rhein mit seinen Nebenflüssen, dem Rhein-Main-Donau-Kanal, der Elbe, der Oder, der Havel und Moldau, der Rhone und Saone im Einsatz - schwimmende Hotels mit deutscher Gastlichkeit.
Flußkreuzfahrten auf das Feinste anzubieten, bestimmt das Konzept der Peter Deilmann-Reederei.

Die Schiffe:
MS MOZART
MS DONAUPRINZESSIN
MS PRINZESSIN VON PREUSSEN
MS DRESDEN
MS KÖNIGSTEIN
MS PRINCESSE DE PROVENCE

Die Reederei Peter Deilmann hat bei den Deutsche Binnenwerften GmbH, Werft Tangermünde, ein Flußkreuzfahrtschiff der Luxusklasse in Auftrag gegeben
(L 82,00 m, B 9,50, T 1,05 m min., 3x 350 kW, 80 Passagiere in 42 Kabinen). Kiellegung ist März 1999, Ablieferung soll im März 2000 sein. Vorgesehenes Einsatzgebiet: Elbe, Wasserstraßen zur Oder und die Oder.
Name: KATHARINA VON BORA

MS MOZART
Das 5-Sterne-Schiff ist auf der Donau zwischen Passau, Wien, Budapest und dem Schwarzen Meer im Einsatz.
MS MOZART (seit 8/1993 für Peter Deilmann-Reederei)
1987-1993 Flaggschiff der DDSG, Wien, Österreich
1986/87; Werft Deggendorf
L 120,60 m, B 22,86 m, T 1,50 m
2x 1610 PS
100 Kabinen, davon 2 Suiten (40 m²) außen
(200 Passagiere)
95 Zwei-Bett-Kabinen/außen (20 m²)
3 Drei-Bett-Kabinen/innen

Ausstattung:
Sonnendeck mit Liegestühlen,
Restaurant (216 Plätze), Lounge (188 Plätze), Bar (27 Plätze), Café (22 Plätze), Konferenzraum, Boutique, Bibliothek, Promenaden, Innenschwimmbad, Fitneßbereich mit Sauna, Solarium/Massage, Whirlpool,
Poolbar, Friseur, Ambulanz mit Dialyse

MS DONAUPRINZESSIN
Mit diesem 4-Sterne-Schiff stieg Peter Deilmann 1983 in das Flußkreuzfahrtengeschäft ein und warb auf der Donau für einen gehobenen Standard.
1983; Flensburger Schiffbau-Gesellschaft mbH, Flensburg
Ablieferung: 30.12.1983 HH: Passau
L 111,00 m, B 15,40 m, T 1,65 m
2x 998 PS
95 Kabinen (200 Passagiere) in luxuriöser

Ausstattung:
77 Zwei-Bett-Kabinen außen
 6 Drei-Bett-Kabinen außen
 4 Ein-Bett-Kabinen außen
 8 Drei-Bett-Kabinen innen
Ausstattung:
Sonnendeck mit Swimmingpool (25 m²) und Liegestühlen, Restaurant (216 Plätze), Salon und Bar (60 Plätze), Lounge und Bar (182 Plätze), Bibliothek, Boutique, Friseur, Ambulanz, Promenaden.

Kabinenschiff MS **MOZART** in Passau; Foto: Autor; 1997

Kabinenschiff MS **DONAUPRINZESSIN**; Foto: J. Saupe, Osterode; 1998

Peter Deilmann-Reederei
(Fortsetzung)

MS **PRINZESSIN VON PREUSSEN**

Das Schiff war speziell für den Einsatz auf der Elbe gebaut worden und bis zu seiner Überführung auf dem Seeponton 4 von Hamburg nach Amsterdam auf der Elbe im Einsatz.
Als erstes Deilmann-Schiff wurde es in der Saison 1994 auf dem Rhein eingesetzt und ist heute auf Rhein, MDK und Donau zu Hause.
Getauft wurde das 4-Sterne-Schiff am 27.3.1991 in Hamburg von den Zwillingsschwestern Gisa und Hedda Deilmann.

1991; Rusador Ltd., Hull, North Humberside, England
Transport mit Schwerlastschiff „Super Servant" nach Hbg.
HH: Meißen/Elbe
L 110,00, B 11,00 m, T 0,96 m
4x 340 PS
70 Kabinen (144 Passagiere)
65 Zwei-Bett-Kabinen außen
 4 Drei-Bett-Kabinen außen

Ausstattung:
Sonnendeck mit Liegestühlen
Restaurant (144 Plätze),
Lounge und Bar (120 Plätze),
Bar (20 Plätze),
Friseur, Boutique

MS **DRESDEN**

Das Schiff wurde 1994 von der Dresdner Kreuzfahrtengesellschaft mbH gekauft, und die Peter Deilmann-Reederei setzt es statt der PRINZESSIN VON PREUßEN auf der Elbe ein.
Mit dem 5-Sterne-Schiff werden Fahrten zwischen Dresden und Hamburg angeboten.
(ab 1994 P. Deilmann-Reederei)
1991-1993 für Dresdner Kreuzfahrten GmbH, Dresden

1991; Deggendorfer Werft und Eisenbau GmbH, Deggendorf
L 97,80 m, B 11,10 m, T 0,97 m
3x 510 PS (Schottel Purnp-Jet)
52 Kabinen (2 Suiten) für 110 Passagiere
19 Zwei-Bett-Kabinen außen (12 m^2)
 2 Zwei-Bett-Suiten (24 m^2)
 1 Zwei-Bett-Kabine außen für Behinderte

Ausstattung:
Sonnendeck mit Liegestühlen
Restaurant (110 Plätze),
Lounge und Bar (72 Plätze),
Boutique, Friseur und Sauna

Kabinenschiff MS **PRINZESSIN VON PREUSSEN**; Foto: A. Bober, Köln

Kabinenschiff MS **DRESDEN** auf der Elbe; Foto: A. Bilz, Dresden; 5/1999

Peter Deilmann-Reederei
(Fortsetzung)

MS KÖNIGSTEIN

Die KÖNIGSTEIN ist das jüngste Schiff der
Deilmann-Flotte. Eingesetzt wird sie auf Elbe,
Havel und Oder zwischen Potsdam und Prag
sowie zwischen Potsdam und Stralsund, Rügen,
Hiddensee und Usedom.

(ab 2/1998 für P. Deilmann-Reederei)
1992-1997 Partenreederei „MS KÖNIGSTEIN",
Potsdam; Jens v. d. Heide, Hamburg
1992; Arminius Werke GmbH, Bodenwerder
Bau-Nr. 10518
Stapellauf: 6.5.1992
Umbau (neuer Bug, verl., neue Innenausstattung
1998; HDW, Nobiskrug, Rendsburg
L 68,50 m, B 8,20 m, T 0,90 m
2x 214 kW (Schottel Pump-Jet)
30 Kabinen (74 Passagiere) ca.11 m²
22 Zwei-Bett-Kabinen außen
 8 Drei-Bett-Kabinen außen

Ausstattung:
Sonnendeck mit Liegestühlen,
Restaurant (75 Plätze),
Lounge und Bar (36 Plätze),
Bibliothek, Boutique,

MS PRINCESSE DE PROVENCE

Seit März 1992 ist das Schiff auf der Rhone und
Saone in Südfrankreich unterwegs. Alle Reisen
beginnen und enden in Lyon. Landausflüge
führen die Passagiere nach Tournus, Chalon-Sur-
Saone, Macon, nach Trevoux, Tournon, Avignon
und nach Arles. Die Reederei bietet eine kombinierte Bahn- und Busreise nach Lyon und
zurück.

1992; Ruscador Ltd., Hull, North Humberside,
England
L 110,00 m, B 11,20 m, T 1,00 m
4x 340 PS
71 Kabinen (148 Passagiere) ca.11 m²
65 Zwei-Bett-Kabinen außen
 6 Drei-Bett-Kabinen außen

Ausstattung:
Sonnendeck mit Liegestühlen, Schachbrett
Restaurant (148 Plätze),
Lounge und Bar (120 Plätze),
Bar (20 Plätze),
Friseur, Boutique

Kabinenschiff MS **KÖNIGSTEIN** in Potsdam; Foto: Autor; 1998

Köln-Düsseldorfer Deutsche Rheinschiffahrt AG
KD Deutsche Flußkreuzfahrten GmbH, Köln

Frankenwerft 15, 50667 Köln
Tel.: 0221 /2088-02
Fax: 0221/2088-229
Tx: 8881326

Das Gründungsjahr mit der neuen Firmenbezeichnung ist 1996. Danach gehören zur Köln-Düsseldorfer Deutsche Rheinschiffahrt GmbH, die als Gesellschafter fungiert, die
KD Deutsche Flußkreuzfahrten GmbH, Köln
mit den Kabinenschiffen
MS THEODOR FONTANE
MS CLARA SCHUMANN
unter deutscher Flagge, die
West KD Schiffs-Invest AG, Basel
mit den Kabinenschiffen
MS BRITANNIA
MS AUSTRIA
MS ITALIA
MS DEUTSCHLAND
unter Schweizer Flagge und die
KD Triton AC, Basel
mit den Kabinenschiffen
MS HELVETIA
MS WILHELM TELL
MS HEINRICH HEINE
unter Schweizer Flagge.

1.
KD Deutsche Flußkreuzfahrten GmbH, Köln
Die beiden Kabinenschiffe CLARA SCHUMANN und THEODOR FONTANE. wurden 1991 speziell für das Kreuzfahrten-Programm auf der Elbe gebaut.
Während die CLARA SCHUMANN weiter zwischen Lauenburg und Usti/Tschechische Republik auf der Elbe unterwegs ist, wurde das Schwesterschiff THEODOR FONTANE 1995 per Dockschiff „Condock III" nach Rotterdam gebracht, fuhr über Rhein, Main, MDK und Donau nach Wien, um den Dienst zwischen Passau und Wien aufzunehmen.
Die 3-Sterne-Schiffe fahren für die KD unter deutscher Flagge.

MS CLARA SCHUMANN

1990/91; De Biesbosch, Dordrecht/Holland;
Taufe 11.5.1991 Dresden
L 94,80m, B 11,00 m, T 1,00 m
3x 400 kW (Schottel Pump-Jet)
62 Kabinen (128 Passagiere) außen
(alle mit Du/WC, Klimaanlage, TV)

Ausstattung:
Sonnendeck und überdachtes Freideck,
Restaurant (Mahlzeiten in einer Sitzung),
Aussichtssalon mit Bar, Boutique, Sauna,
Treppenlift

MS THEODOR FONTANE

1991; De Biesbosch, Dordrecht/Holland
L 94,80 m, B 11,00 m, T 1,00 m
3x 400 kW (Schottel Pump-Jet)
60 Kabinen (120 Passagiere) außen
(alle mit Du/WC, Klimaanlage, TV)

Ausstattung:
Sonnendeck und überdachtes Freideck,
Restaurant (Mahlzeiten in einer Sitzung),
Aussichtssalon mit Bar, Boutique, Sauna,
Treppenlift

Kabinenschiff MS **CLARA SCHUMANN** in Dresden; Foto: Autor; 1998

2.

West KD Schiffs-Invest AG, Basel/Schweiz

Die Kabinenschiffe MS DEUTSCHLAND und
MS BRITANNIA, ebenfalls das Kabinenschiff
MS ITALIA sind nach wie vor auf dem Rhein
und seinen Nebenflüssen im Einsatz.
Das Kabinenschiff MS AUSTRIA wechselt 1999
zur Donau und unternimmt Kreuzfahrten
zwischen Passau und Budapest und bis nach
Konstanza am Schwarzen Meer.
Die Schiffe fahren unter Schweizer Flagge.

MS **DEUTSCHLAND**

1971; Christof Ruthof, Mainz-Kastel
L 110,00 m, B 11,60 m, T 1,46 m
4x 480 PS (1920 PS)
92 Kabinen (184 Passagiere), Außenkabinen
(1971: 104 Kab. für 236 Passagiere)

Ausstattung:
Sonnendeck,
Restaurant (Mahlzeiten in einer Sitzung)
Außenschwimmbad, Aussichtssalon, Bordshop,
alle Kabinen mit Du/WC, TV, Telefon und
Klimaanlage

MS **BRITANNIA**

1969; Christof Ruthof, Mainz-Kastel
L 110,00 m, B 11 ,60 m, T 1 ,45 m
4x 480 PS (1920 PS)
92 Kabinen (184 Passagiere), Außenkabinen
(1971: 104 Kab. für 236 Passagiere)

Ausstattung:
Sonnendeck,
Restaurant (Mahlzeiten in einer Sitzung)
Außenschwimmbad, Aussichtssalon, Bordshop,
alle Kabinen mit Du/WC, TV, Telefon und
Klimaanlage

MS **ITALIA**   (ab 1976 für KD)

ex HOLLAND EMERALD -1976 für Holland-River-
Line, Rotterdam
1971; Scheepswer Ven Bodewes; Millingen/NL
L 104,00 m, B 11,60 m, T 1,40 m
2x 700 PS Klöckner-Humboldt-Deutz Diesel
92 Kabinen (184 Passagiere)/Außenkabinen
(1971: 96 Kab. für 205 Passagiere)

Ausstattung:
Sonnendeck und überdachtes Freideck, Treppen-
lift, Restaurant, Bar, Aussichtssalon, Lesezimmer,
Veranda, Sauna, Solarium, alle Kabinen mit
Du/WC, TV, Klimaanlage

MS **AUSTRIA** (ab 1976 für KD)

ex HOLLAND PEARL -1976 für Holland-River-Line,
Rotterdam
1971; Scheepswerven Bodewes; Millingen/NL
104,00 m, B 11,60 m, T 1 ,40 m
2x 700 PS Klöckner-Humboldt-Deutz Diesel
92 Kabinen (184 Passagiere) / Außenkabinen
(1971: 96 Kab. für 205 Passagiere)

Ausstattung: wie MS ITALIA

Kabinenschiff MS **BRITANNIA** im Juli 1998 vor Rüdesheim; Foto: Autor; 1998

3. KD Triton AG, Basel

Während die beiden Kabinenschiffe
MS WILHELM TELL und MS HEINRICH HEINE
auf der Donau im Einsatz sind, wird das
MS HELVETIA auf dem Rhein zwischen Basel
und Amsterdam angeboten.
Alle drei Schiffe fahren unter Schweizer Flagge.

MS **HELVETIA** (ab 1994 Triton AG)
1961; Christof Ruthof, Mainz-Kastel
L 93,50 m, B 11,60 m, T 1,42 m
4x 425 PS Klöckner-Humboldt-Deutz Diesel,
2 Voith-Schneider-Prop.
72 Kabinen (145 Passagiere), Außenkabinen

Ausstattung:
Sonnendeck u. überdachtes Freideck, Restaurant, Bar, Aussichtssalon, Lesezimmer, Sauna, Solarium, Whirlpool, alle Kabinen mit Du/WC, TV, Telefon, Klimaanlage

MS **WILHELM TELL**
1987; B. V. Scheepswerfen Machinenfabriek
„De Merwede" V. H. Vliet & Co., Hardinxveld-
Giessendam/NL
L 94,90 m, B 10,50 m, T 1,20 m
2x 585 kW (1560 PS/1170 kW)
47 Kabinen (98 Passagiere), Außenkabinen

Ausstattung:
Sonnendeck u. überdachtes Freideck, Bordshop, Restaurant, Bar, Aussichtssalon, Lesezimmer, alle Kabinen Du/WC, TV, Klimaanlage, Telefon

MS **HEINRICH HEINE** (ab Mai 1994)
ex URSULA III -1994
1991; Scheepswerf A. Baars Azn. V. V.,
Sliedrecht/NL
L 106,60 m, B 11,11 m, T 1,30 m
1530 kW
52 Kabinen (108 Passagiere), Außenkabinen
  1 De Luxe-Außenkabine

Ausstattung:
Sonnendeck u. überdachtes Freideck, Restaurant, Bar, Aussichtssalon, Lesezimmer, beheiztes Innenschwimmbad, Sauna, Solarium, Fahrstuhl zum Oberdeck, alle Kabinen mit Du/WC, TV, Telefon, Klimaanlage

Verbleib ehemaliger KD-Kabinenschiffe:

MS **NEDERLAND**
1964; Ewald Berninghaus, Köln-Deutz
L 101,60 m, B 11,60 m, T 1,40 m
4x 425 PS Klöckner-Humboldt-Deutz Diesel
224 Fahrgäste in 100 Außenkabinen
(n. Umbau weniger Kabinen)
1988 als RHINE PRINCESS auf dem Rhein
1989-1990 als GLOBUS auf Rhein und Mosel
(GDG Cruises); 1991-1994 als ELBRESIDENZ
(Hotelschiff in Dresden);
1994/95 Umbau Hitzler-Werft, Lauenburg und
Hamburg
1995 per Schwerlastschiff nach Rangun/Burma
1995/96 Innenausstattung im nostalgischen
Kolonialstil;
ab 1996 als ROAD TO MANDALAY auf dem
Ayeyarwady River in Burma im Einsatz
(Orient-Express Cruises)
max. 126 Fahrgäste; Flagge: Burma

MS **EUROPA**
1960; Christof Ruthof, Mainz-Kastel
L 88,60 m, B 11,60 m, T 1,52 m
4x 425 PS Klöckner-Humboldt-Deutz Diesel
205 Fahrgäste in 69 Außenkabinen

1998 verkauft nach Holland und nach Renovierung als VICTORIA CRUZIANA für Bonaventura Cruises BV, Gravendeel /NL im Einsatz
L 88,48 m, B 11,56 m, T 1,40 m
2x 850 PS
128 Fahrgäste
Reg. Nr. 23.23472; Flagge: Niederlande

MS **FRANCE**
1966; Christof Ruthof, Mainz-Kastel
L 104,30 m, B 11,60 m, T 1,43 m
4x 425 PS Klöckner-Humboldt-Deutz Diesel
228 Fahrgäste in 100 Außenkabinen

1998 verkauft nach Holland und nach Renovierung auf der Werft de Biesbosch als AVANTI für Bonninga NV, Vuren/NL im Einsatz
(180 Fahrgäste); Flagge: Niederlande

Kabinenschiff MS **WILHELM TELL** auf der Donau zu Tal; Foto: Autor; 21.05.1998

Sea Cloud Cruises GmbH
Charterer: Hanseatic Tours Reisedienst GmbH
Nagelsweg 55
20097 Hamburg
Tel.: 040/2391101
Fax: 040/2369450

Am Mittwoch, dem 29. Mai 1996, taufte Frau
Hannelore Kohl in Köln das neue Kreuzfahrtschiff, das in Glanz und Ambiente des Orient-
express der legendären Viermastbark
SEA CLOUD eine würdige Flußschwester ist.

MS RIVER CLOUD

Das Schiff wurde am 28. Mai 1996 von der
Scheepswerf „Grave" b. v. an die Auftraggeber
übergeben. Modernste Technik vereint sich bei
diesem Neubau mit dem luxuriösen Stil der
30er Jahre – poliertes Messing, Edelhölzer,
vergoldete Armaturen in den Marmorbädern
der Zwei-Bett-Kabinen, das Interieur farblich
auf einander abgestimmt, Luxus für höchste
Ansprüche.
Auf dem Rhein, dem Main, der Mosel und vor
allem auf der Donau wird das Schiff eingesetzt.
Eine Reise von Rotterdam bis an das Schwarze
Meer auf dem 5-Sterne-Schiff könnte eine
besondere Attraktion sein.
Das Schiff fährt unter Schweizer Flagge mit
Heimathafen Basel.

1996; Scheepswerf en machinefabriek Grave b.
v., Grave, Niederlande
L 110,00 m, B 11,40 m, T 1,35 m
2x 1020 kW
49 Kabinen (98 Fahrgäste)
39 Standardkabinen 12 m²
 4 Standardkabinen 13 m²
 6 Suiten 19 m²

Ausstattung:
Restaurant (eine Sitzung), Lounge,
Friseursalon, Boutique, Bibliothek, Sauna,
Sonnendeck mit Sonnensegel und Liegestühlen,
alle Kabinen sind Außenkabinen mit Bad/Du
und WC, TV, Radio, Fön, Telefon und Minibar.
Das Gangbord ermöglicht den Passagieren einen
240 m langen „Spaziergang" um das Schiff.

Kabinenschiff MS **RIVER CLOUD** an der Donaulände in Linz; Foto: O. Steindl, Linz/A

Delphin See- und Flußtouristik GmbH, Offenbach

Blumenstraße 20
Postfach 100407
63004 Offenbach/Main
Tel.: 069/83074310
Fax: 069/83074320

Schiffseigner ist die CONTI Flußschiffahrts-GmbH & Co. DELPHIN QUEEN KG, Putzbrunn. Bereederer ist die MTC-Marine Trade Consulting GmbH, Hamburg.

MS DELPHIN QUEEN

Seit Anfang Juli 1998 ist das neue Kabinenschiff auf der Donau im Einsatz. Gebaut wurde das interessante Schiff in der Deggendorfer Werft und Eisenbau GmbH (OWE). Bereits beim Stapellauf am 4. Mai 1998 sorgte das Schiff für Schlagzeilen, als wegen des zu geringen Wasserstandes der Donau ein „Stapellaufbecken" geschaffen werden mußte.
Am 3. Juli erfolgte die Taufe durch die Gattin des deutschen Bundespräsidenten, Frau Christiane Herzog. Der erste Kreuzfahrt-Katamaran wird überwiegend für Fahrten bis zum Schwarzen Meer, aber auch zwischen Passau und Budapest eingesetzt.
Das Schiff fährt unter maltesischer Flagge mit Heimathafen Valetta.

1998; Deggendorfer Werft und Eisenbau GmbH (DWE)
L 113,40 m, B 17,40 m, T 1,50 m
2x 790 kW, Bugstrahlruder 150 kW
78 Kabinen (202 Passagiere)

Ausstattung:
Restaurant (eine Sitzung),
3 Bars (Salonbar, Bellevue-Bar, Sonnendeck-Bar), Musiksalon (170 Sitzplätze),
Sauna, Massage, Friseur, Whirlpool, Lift, Wäscherei.
Alle Kabinen Außenkabinen mit Bad/Du und WC, TV, Telefon, Safe und Minibar.
Die großflächigen Panoramafenster in der Bellevue-Bar bieten die beste Aussicht auf die Donaulandschaft.

Kabinenschiff MS **DELPHIN QUEEN** am Anleger in Linz; Foto: O. Steindl, Linz/A; 7/1998

Hapag-Lloyd Seetouristik GmbH
Ballindamm 25
20095 Hamburg
Tel.: 040/3001-4600
Fax: 040/3001-4601

MS **EUROSTAR**

Der geringe Tiefgang und ein absenkbarer Fahr-
stand ermöglichen der erst 1998 in Dienst
gestellten EUROSTAR das Passieren flacher
Gewässer und niedriger Brücken. Auf Flüssen
und Kanälen kann das Schiff über Elbe und
Moldau von Potsdam bis Prag fahren. Fahrten
von Berlin nach Stralsund, von Stralsund nach
Stettin, Fahrten durch Holland und Flandern, von
Essen nach Potsdam runden das Programm ab.
Heimathafen des Schiffes der Conti Reederei ist
Hamburg.

1998; Scheepswerf Peters, Kampen/NL
(Bau-Nr. 461)
24.06.1998 Taufe in Dresden durch
Frau Emmerich
L 81,00 m, B 9,50 m, T 1,00 m
2x 280 PS, 1x 295 PS,
2 SRP, Schottel-Doppelschr. mittig
82 Passagiere in 41 Kabinen

Ausstattung:
Das Schiff ist vollklimatisiert, die Außenkabinen
verfügen über Dusche/WC, Fön, Fernseher,
Telefon und Minibar. Die Mahlzeiten werden
in einer Sitzung eingenommen.

Bordsprache: Deutsch

Kabinenschiff **EUROSTAR** am 19. September 1998 in Potsdam; Foto: Autor

AQUATEL REEDEREI GmbH
Schaarplatz 18
55430 Oberwesel/Rhein
Tel.: 06744/227
Fax: 06744/1520
Fu: 0171/3164711 und 0171/3118203

Die beiden Kabinenschiffe der Aquatel Ree-
derei, MS DER KLEINE PRINZ und MS RÜGEN,
haben bereits ein interessantes Stück Kreuz-
fahrtgeschichte geschrieben. Namen, Eigner
und Fahrtgebiet wechselten häufig.
Heute fährt das Kabinenschiff DER KLEINE
PRINZ auf der Donau zwischen Passau und
Wien (7-Tage-Reisen), die RÜGEN ist zwischen
Berlin und der Ostsee – Stralsund, Hiddensee,
Rügen (7-Tage-Reisen) im Einsatz.
Die 3-Sterne-Schiffe werden von verschiedenen
Reiseunternehmen angeboten.

MS **DER KLEINE PRINZ** (ab 22.01.1997)
ex LE PETIT PRINCE, 11/1995-1997
ex CONCORDIA, Deutsches Behinderten-
schiff e.V., Würzburg 4/1992-11/1995
ex KATJA, Main-Personen-Schiffahrt, R. Popp,
Miltenberg, 1991

1990/91; Erlenburger Werft, Aschaffenburg
1997/1998 Umbau und Renovierung
L 93,30 m, B 11,20 m, T 1,40 m
2x 750 kW
44 Kabinen (96 Passagiere) außen (16 m²)

Ausstattung:
Sonnendeck mit Liegestühlen, Restaurant, Bar,
Kabinen mit Du/WC, Klimaanlage, TV, Telefon

MS **RÜGEN** (ab 5/1998)
ex VICTORIA, 1/1991-1/1998 Hotelschiff in
Berlin/Treptow, Hafen
1986-1990 Kreuzfahrten auf dem Rhein/Globus-
reisen und Intercruise, Dieren/Holland
ex ST. ALBAN 1983-1985, Compass Tours
Incoming GmbH (CTI)
ex SPREE BERLIN, 1979-1983, Hotelschiffe Berlin
GmbH & Co. KG, Berlin

1979; Deutsche Industriewerke Spandau (DIW),
Bau-Nr. 384
1983 Umbau, Verlängerung und Ummotori-
sierung
1998 Umbau, Holland, Reaktivierung zum
Kreuzfahrer (Werkendam)
L 82,75 m (1979: 80,00 m), B 9,50 m, T 1,25 m
2x 350 PS (Schottel)
41 Kabinen (100 Passagiere) außen

Ausstattung:
Sonnendeck mit Liegestühlen, Restaurant, Bar,
Kabinen mit Du/WC, TV, Telefon

Kabinenschiff MS **RÜGEN** in Berlin, Hafen Tegel; Foto: Autor; 1998

Liberté-Reisen
Karl Hofstätter
Postfach 1228
69140 Neckargemünd
Tel.: 06223/71515
Fax: 06223/71557
Fu: 0172/6215115

Seit vielen Jahren ist das Kabinenschiff LIBERTÉ
auf den Wasserstraßen Europas unterwegs.
Nach dem Umbau im vergangenen Jahr hat sich
die Platzkapazität erweitert.
Zu den Reisen durch die Landschaften des
Elsaß und Lothringens, durch das Rhonetal bis
zum Mittelmeer, von der Champagne in die
Picardie, durch Holland und Belgien, durch das
Altmühltal über Passau bis Wien, zu den Fahrten nach Paris kommen in diesem Jahr 1999
erstmals Fahrten durch Brandenburg und Mecklenburg mit Besuchen in Berlin und Schwerin.

MS **LIBERTÉ** (seit 1983 für Karl Hofstätter)
1935; Alphen/NL, gebaut als Frachtschiff
ANNA-ILONA in den 70er Jahren umgebaut
zur Privatyacht ANDRONA (-1982)
seit 1983 Jahr für Jahr umgebaut u. Komfort
erweitert
1997/98, neue Aufbauten haben das Raum-
angebot verdoppelt
L 34,00 m, B 5,00 m, T 1,20 m
490 PS (ab 1999)
12 Passagiere (6 Zwei-Bett-Kabinen)

Ausstattung:
2 Salons /Oberdecksalon mit Panoramaaussicht,
2 Sonnendecks mit Sonnendach, Sauna,
Whirlpool, Fahrräder an Bord,
alle Kabinen mit Du/WC

Havelländische
Personenschiffahrts-Gesellschaft mbH
HAPEG
Laubacher Straße 16
14147 Berlin
Gesellschafter Norbert Pietschmann
Tel.: 030/3933015
Fax: 030/3934495
Postfach 210569
10505 Berlin
Die STECHLIN gehört der 1990 gegründeten
HAPEG. Das Kabinenschiff entstand 1991/92
aus einem holländischen Frachtschiff und
begab sich am 1. Mai 1992 auf seine Jungfern-
fahrt als Fahrgastschiff.
Mit einer Höchstgeschwindigkeit von 10 Kilo-
metern pro Stunde ist es auf den märkischen
Gewässern mit Kurs Waren, Schwerin, Havel-
berg unterwegs; Fahrten führen auch nach
Hamburg und Stettin.

MS **STECHLIN** (ab 1992)
ex TRABANT (Lastkahn in Amsterdam)
1930; Milow (als Frachtschiff)
1991/92; Amsterdam Umbau zum Kabinenschiff
L 42,55 m, B 5,12 m, T 1,20 m
200 PS
22 Fahrgäste (in 8 Zweibettkabinen und
  2 Dreibettkabinen)
50 Fahrgäste bei Tagesfahrten

Ausstattung:
Decksalon mit Sonnendeck,
Küche mit Bistro im Unterdeck,
Kabinen mit Waschbecken, z.T. auch mit
WC/Dusche, C-Netz-Telefon an Bord

Kabinenschiff MS **LIBERTÉ**; Foto: K. Hofstätter, Neckargmünd; 1998

Kabinenschiff MS **STECHLIN** am Lindenufer in Spandau; Foto: Autor; 1999

Alfred Anders Personenschiffahrt

Pölitzer Weg 21a

23843 Bad Oldesloe

Tel.: 04531/8090, 04531/809-138

Fax: 04531/809222

Alten- und Pflegeheime „Forsthaus"

Bad Oldesloe

Mit der HOPPETOSSE steht das Erlebnis Fluß-
schiffahrt auch Behinderten offen, Einrichtung
und Bauweise sind konsequent behindertengerecht. Das Schiff ist ideal für Tagesausflüge,
Kurz- und längere Reisen durch ganz Deutschland. Die bordeigene Küche, ebenfalls behindertengerecht, ist auf spezielle Diäten vorbereitet. Der Tagesrhythmus wird von den Fahrgästen selbst bestimmt.

Hinter diesem Schiffsreisekonzept steht die
jahrzehntelange Erfahrung aus der Behinderten-
betreuung, aus Förderwerkstätten und Beschäf-
tigungsterapie.

Aquarius e.V.

Dorfstraße 67

16949 Mansfeld

Tel.: 033981/80702

Fax: 033981/84828

Internet: tel.de/03398180702

Die ARCHIMEDES ist ein ehemaliger Lasten-
segler, der 1920 zum Transportieren von Flachs
gebaut wurde. 1987 und 1988 wurde das Schiff
für seine neue Bestimmung umgebaut.

Im wöchentlichen Pendelverkehr befördert das
Schiff fahrradbegeisterte Naturfreunde durch
die mecklenburgische Fluß- und Seenlandschaft. Die Tour beginnt jeweils in Zehdenick in
Brandenburg oder in Malchow in Mecklenburg.

MS **HOPPETOSSE** (ab 1991)

ex ST. CHRISTOPHORUS

1984; Moskau, Nagatino

Mützelfeldt, Cuxhaven, Umbau zum Kabinenschiff

1999; Lübeck, Modernisierung

L 39,50 m, B 6,50 m, T 1,30 m

35 Plätze für Nichtrollstuhlfahrer

10 Plätze für Rollstuhlfahrer

Kabinen mit Platz für 10 Rollstuhlfahrer und

5 Nichtrollstuhlfahrer

Ausstattung:

WC/Duschen behindertengerecht, Salon mit Bar,
Sonnendeck mit Lift, TV, Video, Radio, HiFi im
Salon, Zentralheizung, Notrufeinrichtungen in
allen Kabinen

MS **ARCHIMEDES**

ex ALRICKS

ex AMBULANT -1987

1920; Staatskanal, Holland

1987/88 Schmidt-Werft, Düsseldorf Umbau
zum Kabinenschiff

L 25,00 m, B 5,07 m, T 0,65 m

90 PS

max. 12 Fahrgäste (18 Kojen)

Ausstattung:

Küche mit Speiseraum, Sonnendeck, WC,
Fahrräder zum Ausleihen

Kabinenschiff MS **HOPPETOSSE**; Foto: Sammlung Autor

**AVENTURA charter-tours - HAPANAUT
Yachtschule**
Kapitän H. J. Pawils
Stresemann-Ufer, Anlegebrücke 7
55116 Mainz
Tel.: 06131/235485
Fax: 06131/228130
Fu: 0171/2205485

Die AVENTURA fuhr in Familienbesitz bis Herbst
1992 als Frachter auf Nord- und Ostsee. 1992
erwarb Kapitän Pawils das Schiff, überführte es
nach Mainz und ließ es zum Personenschiff
umbauen, das auch als Ausbildungsschiff für
Sportschiffer genutzt wurde. Die Reiseroute auf
dem Rhein gehört zu den schönsten und interessantesten Strecken des Rheins. Fahrräder
können an Bord genommen werden.

Yacht- und Schiffsvermietung Breuer
Dr. Manfred Breuer
Tel.: 030/54378629
Fax: 030/5441253
Tel.: 030/2923453, 030/6513415
Fu: 0171/3211279, 0161/2309342

Im Prospekt wird die WASSERMANN als
Deutschlands kleinstes und individuellstes
Kabinenschiff vorgestellt.
Das Schiff wurde 1996/97 aus einem Tankschiff
zum Fahrgastschiff umgebaut und ist auf allen
mitteleuropäischen Wasserstraßen bis in die
Haff- und Boddenlandschaft einsetzbar. Haupt-
einsatzgebiet sind die Gewässer um Berlin und
die Mecklenburger und Brandenburger Fluß-
und Seenlandschaft. Liegeplatz des Schiffes ist
das Schiffahrts Center Berlin in der Rummelsburger Bucht.

MS **AVENTURA** (ab 1993)
ex AVENTURA (Frachtschiff bis Oktober 1992)
1939; Brandt-Werft, Oldenburg
1992, Umbau zum Personenschiff
anfangs auch Nutzung als Yachtschule und
Schulschiff für die Ausbildung von Sportschiffern
L 38,60 m, B 6,50 m, T 1,80 m
300 PS
max. 75 Fahrgäste für Tagesausflüge
12 Fahrgäste in 6 Kabinen bei Mehrtagesfahrten

Ausstattung:
In allen Kabinen fließend warmes/kaltes Wasser,
zwei geräumige Bäder mit Dusche,
Konferenzraum für Seminare bis 30 Personen

MS **WASSERMANN** (ab 1997)
ex WASSERMANN (Trinkwassertanker, Standort
Magdeburg -1995)
ex SEMENGA (Shell-Tanker in Hamburg
bis Kriegsende)
1936; Hamburg
nach dem Krieg Umbau zum Trinkwassertank-
schiff
1996/97; Oderwerft, Eisenhüttenstadt Umbau
zum Kabinenschiff für gehobene Ansprüche
L 19,65 m, B 4,25 m, T 1,50 m
80 PS
 7 Personen in Kabinen bei Mehrtagesfahrten
15 Personen bei Tagesausflügen

Ausstattung:
Sonnendeck, alle Kabinen mit WC, Wasch-
gelegenheit, Heizung, gemütlicher Salon im
Ruderstand, moderne Küche (Halbpension)

Kabinenschiff MS **AVENTURA**; Foto: J. Lorenz, Mainz Kastel; 1998

Kabinenschiff MS **WASSERMANN** bei der Lastensegler-Regatta auf dem Müggelsee; Foto: Autor; 1999

Anhang

Werften

Am heutigen Bestand der Binnenfahrgastschiffsflotte in Deutschland sind eine Reihe von deutschen Werften maßgeblich beteiligt.

Zweifellos gehören dazu die Lux-Werft und Schifffahrt GmbH in Niederkassel-Mondorf/Rhein und die Deutsche Binnenwerften GmbH.

Die Lux-Werft, die im Oktober 1998 ihr 50jähriges Jubiläum begehen konnte, hat im gleichen Jahr acht Fahrgastschiffsneubauten an die Auftraggeber abgeliefert. Der Neubau 157 wurde im Herbst 1999 abgeliefert.

Die Deutsche Binnenwerften GmbH (DBW) ist ein Verbund von sechs Werften in den neuen Bundesländern. Das Unternehmen ist am 1. 5. 1990 aus dem VEB Schiffsreparaturwerften, der 1964 gegründet worden war, hervorgegangen. Die Hauptverwaltung hat ihren Sitz in Berlin.

Die sechs Werften – die Werft Berlin GmbH an der Dahme, seit 1993 als 6. Werft zum Verbund gekommen, die Werft in Berlin-Stralau, die Werft Malz am Oder-Havel-Kanal, die Werft Genthin am Elbe-Havel-Kanal, die Werft Tangermünde an der Elbe und die Werft Dresden-Laubegast an der Elbe – haben in den letzten sieben Jahren (Stand 1999) 93 Neubauten, davon 52 Fahrgastschiffe, hergestellt.

Auf der Werft in Berlin (damals VEB Yachtwerft) wurde die größte Serie eines Binnenfahrgastschiffes (Typ III) auf Kiel gelegt. Von 1957 bis 1988 lieferte die Werft 58 Schiffe, die heute alle noch in Fahrt sind.

In Tangermünde entstanden u. a. Ausflugsschiffe für den Hamburger Hafen. Die Werft Dresden-Laubegast, die 1998 ihr 100jähriges Bestehen feiern konnte, hat 1993 und 1994 die acht Raddampfer der Sächsischen Dampfschiffahrt GmbH & Co. Conti Elbschiffahrts KG komplett saniert und stilecht rekonstruiert. *)

Die Schiffswerft Georg Placke GmbH in Aken an der Elbe hat in den vergangenen Jahren eine Reihe von interessanten Fahrgastschiffen für deutsche Auftraggeber gebaut.

Seit 100 Jahren besteht auch die Meidericher Schiffswerft GmbH & Co. KG in Duisburg. Das mittelständische Familienunternehmen hat 1998 den Neubau 424 übergeben. Seit Beginn der 80er Jahre wurden zehn Fahrgastschiffe abgeliefert, auch für Auftraggeber aus dem Ausland.

Einen festen Kundenstamm für Fahrgastschiffe mit geringem Tiefgang aus Aluminium hat inzwischen auch die KuFra-Werft in Lübeck.

Auf der Schiffswerft Heinrich Grube in Oortkaten baute man das Typschiff einer neuen Hafenfähre für den Hamburger Hafen. Bis zum Jahr 2000 sollen vier Schiffe im Einsatz sein. *)

Kleinere Fahrgastschiffe entstanden auf der Schiffswerft Feltz in Finkenwerder und auf der Schiffswerft Ernst Menzer in Geesthacht.

Auf der Oderwerft GmbH in Eisenhüttenstadt an der Oder wurden einige Fahrgastschiffe gebaut, die auf den Boddengewässern im Einsatz sind.

Die Deggendorfer Werft und Eisenbau GmbH (DWE) in Deggendorf an der Donau baute mit der DELPHIN QUEEN den ersten Kreuzfahrt-Katamaran für die Donau.

Das neue Kabinenschiff für die Peter Deilmann Reederei GmbH & Co. baut die Werft Tangermünde der DBW.

Einige renomierte Unternehmen, die Fahrgastschiffe bauten, sind inzwischen nicht mehr vorhanden.

In Oberwinter am Rhein bestand seit über 50 Jahren eine Binnenschiffswerft. Als Familienunternehmen wurde sie am 1. Oktober 1927 von Wilhelm Schmidt in Oberkassel gegründet, 1977 wurde die Werft nach Oberwinter verlegt und firmierte als Schiffswerft Schmidt. Ab 1994, nunmehr als Schiffs Service Oberwinter GmbH, gab es noch einige spektakuläre Schiffsneubauten, wie die RPR EINS ENTERPRISE. 1998 mußte Konkurs angemeldet werden.

Auch die Schiffswerft und Maschinenfabrik Theodor Hitzler GmbH & Co. KG in Regensburg besteht nicht mehr. 1994 lieferte die Werft noch den Neubau RENATE II für die Reederei Schweiger in Kelheim.

*) siehe Anhang Informationen

Neubauten 1999

Auf der Schiffswerft Georg Placke GmbH in Aken/Elbe entstand ein Neubau für die Magdeburger Verkehrsbetriebe AG.

MS **SACHSEN-ANHALT**
1999; Georg Placke GmbH, Aken/Elbe
(Bau-Nr.1245)
L 34,10 m, B 6,70 m, T 0,83 m
2x 160 kW (Volvo Penta-Diesel)
220 Fahrgäste
Einsatz als Fähr- und Fahrgastschiff auf Elbe und im Kanalgebiet, speziell für BuGa 1999 in Magdeburg und Expo 2000 in Hannover.

Auf der gleichen Werft entsteht ein etwas schmalerer Nachbau für Frau Schlößin in Altenhof am Werbellinsee.

MS **SCHORFHEIDE** (Indienststellung Mai 1999)
1999; Georg Placke GmbH, Aken/Elbe
(Bau-Nr.1266)
L 34,10 m, B 5,10 m, T 0,90 m
2x160 kW (Volvo Penta-Diesel)
200 Fahrgäste
Eigner: Petra Schlößin, Werbellinsee-Reederei
Bergstr. 19
16244 Altenhof
Restaurant „Werbellow"
Tel.: 033363/4217
Fax: 033363/4256
Einsatz auf dem Finowkanal und dem Werbellinsee.

Ende Januar 1999 wurde die dritte Hafenfähre des neuen Typs von der Grube-Werft in Oortkaten an die Hamburger Hadag, Seetouristik und Fährdienst AG auf den Namen **HAFENCITY** getauft.
Die Daten des Neubaus:
L 29,97 m, B 8,06 m, T 1,50 m
2x 283 kW, Bugstrahlruder 50 kW
250 Fahrgäste
Ein viertes Schiff dieses Typs soll im Dezember 1999 geliefert werden.

Für die Loreley-Linie Weinand in Kamp-Bornhofen am Rhein wird zur neuen Saison 1999 ein neues Fahrgastschiff von der Lux-Werft geliefert.

Die Daten der **EURO STAR**:
L 50,00 m, B 11,20 m, T 1,25m
2x 650 PS
600 Fahrgäste
Die SANCTA MARIA I steht zum Verkauf.
(siehe Abb. S. 2)

MS **SACHSEN-ANHALT**
Foto: B. Schmidt,
Magdeburg

MS **SCHORFHEIDE**
Foto: Schlößin,
Altenhof

MS **EURO STAR**
Foto: Lux-Werft,
Mondorf

Die Hafenrundfahrt-Flotte in Bremerhaven wird verstärkt. Auf der holländischen Werft Tinnemanns & Zn, Maasbracht wurde für Kapitän H. Hissenkämper ein neues Personenfährschiff gebaut, das im März 1999 in Fahrt kam (Weserfahrten/Charterfahrten).

MS **LALE ANDERSEN**

L 25,70 m, B 6,60 m, T 1,20 m
184 kW
200 Fahrgäste
Taufe am 23. März, dem Geburtstag
Lale Andersens

Für die Boizenburger Fahrgastschiffahrt/Elbe-Eldefahrten-Fährbetrieb Günther Schröder (auch Friedrichstädter Grachten- und Treeneschiffahrt, Friedrichstadt) baute die Feltz-Werft, Finkenwerder ein neues Fahrgastschiff, das ab 1999 auf der Elbe fährt:

MS **WAPPEN VON BOIZENBURG**

L 28,00 m, B 6,00 m, T 0,80 m
270 PS, Bugstrahlruder
300 Fahrgäste

Aus dem ehemaligen Taucherschiff WODAN (1908) entstand auf der Schiffswerft Georg Placke GmbH in Aken/Elbe für die Saale-Unstrut-Schiffahrtsgesellschaft mbH das Fahrgastschiff

UNSTRUTNIXE

L 20,00 m, B 4,00 m, T 0,85 m
110 PS
74 Fahrgäste
Ab Ostern 1999 wird es auf Saale und Unstrut im Einsatz sein.

Am 6. Mai 1999 wurde der Mississippi-Raddampfer LOUISIANA STAR der Rainer Abicht Elbreederei GmbH an den St. Pauli Landungsbrücken in Hamburg getauft.
Der Auftrag zu diesem Neubau wurde am 24. Juli 1998 an die Deutsche Binnenwerften GmbH erteilt. Am 16. April 1999 erfolgte der Stapellauf in der Werft Tangermünde.

MS **LOUISIANA STAR**

L 56,00 m, B 11,60 m, T 1,70 m
2x 348 kW
500 Fahrgäste
Das Schiff wird sowohl für den Rundfahrtenverkehr im Hamburger Hafen als auch für Sonderfahrten, Konferenzen, Ausstellungen und Abendfahrten eingesetzt.

MS **LALE ANDERSEN** Foto: Hissenkämper, Bremerhaven

MS **WAPPEN VON BOIZENBURG** Foto: Schröder, Friedrichstadt

MS **LOUSIANA STAR** Foto: J. Saupe, Osterode

Als weiteres Schiff für die Reederei Wolfgang Rasche ist das Fahrgastschiff AHRENSHOOP von der Deutschen Binnenwerften GmbH Werft Berlin am 28. April 1999 getauft worden und vom Stapel gelaufen.

Das Schiff wurde für geschützte Gewässer entworfen und soll vorwiegend für Boddenrundfahrten auf den Gewässern des Nationalparks Vorpommersche Boddenlandschaft und Fahrten zur Insel Hiddensee eingesetzt werden.

MS **AHRENSHOOP**

L 24,20 m, B 5,30 m, T 0,90 m
168 kW
120 Fahrgäste (75 im Salon)

Für die KuFra Schiffslinien GmbH in Lübeck ist am 4. April 1999 der Neubau KuFra STAR vom Stapel gelaufen. Das Schiff ersetzt das 1997 an den Rhein verkaufte Schiff gleichen Namens.

MS **KuFra STAR**

L 24,75 m, B 5,80 m, T 0,70 m
2x 118 kW
180 Fahrgäste

Am 5. Juni 1999 wurde in Groß Lindow am Friedrich-Wilhelm-Kanal (Oder-Spree-Seengebiet) das Fahrgastschiff FRIEDRICH WILHELM getauft. Die Hechtschute ist ein Baukahn in Kaffenform mit Stahlboden und für den Transport von 55 Personen geeignet. Der Antrieb erfolgt über einen Elektromotor mit Batterieantrieb (30 kW).

MS **FRIEDRICH WILHELM**

1974; Oderwerft, Eisenhüttenstadt (Kasko)
1999, Fa. Kulle, Eisenhüttenstadt (Ausbau),
Fa. Kuhlke, Erkner (Antrieb)
L 20,13 m, B 4,00 m, T 0,70 m

Informationen:
Fremdenverkehrs-, Kur- und Förderverein
„Friedrich-Wilhelm-Kanal" e. V.
Ernst-Thälmann-Straße 5
15295 Groß Lindow
Tel./Fax.: 033609/37380

Für die Fahrgastschiffahrt Reinhard Kammel, Warnow, Personenschiffahrt, wurde das kleine Fahrgastschiff **SCHNATERMANN** für Ausflugsfahrten in Dienst gestellt.

1998/99; Werdt Havelberg (Kasko), Aufbau in Rostock/Warnemünde
L 11.00 m, B 4,00 m, T 0,25 m
130 PS /Diesel- und Elektroantrieb),
Bugstrahlruder, 50 Fahrgäste

Von der Fahrgastschiffahrt Poschke GmbH in Born wurde das neue Fahrgastschiff **STÖRTEBEKER** im Frühjahr 1999 in Dienst gestellt. Von Zingst aus gehen Fahrten an den Vogelschutzinseln Kirr und Oie vorbei durch den Barther Bodden bis nach Barth und zurück nach Zingst.

1999; Abma's Jachtwerft „De Domp" B.V., Sneek/NL
L 21,00 m, B 5,10 m, T 1,00 m
285 PS, 140 Fahrgäste

Für die Familie Kronemann (Wasser-Taxi, Insel Hiddensee) ist im August 1999 ein neues Schiff in Fahrt gekommen.

Die **ANNA MARIA** wurde von der AlStar Yachtwerft in Eisenhüttenstadt gebaut.
L 11,96 m, B 3,80 m, T 1,00 m
2x 305 PS (24 kn), 20 Fahrgäste

MS **AHRENSHOOP**
Foto: Autor

MS **KuFra STAR**
Foto: J. Saupe,
Osterode

MS **STÖRTEBEKER**
Foto: Poschke, Born

Eine besondere Attraktion entsteht in Carolinensiel in der Werkstatt der Reederei Albrecht. Der
Neubau wird einem historischen Raddampfer
nachempfunden, der zwischen 1854 und 1958
auf der Harle im Einsatz war.
Nach den Plänen von Reeder Dietrich Albrecht
wird das Binnenfahrgastschiff, das ab April 2000
auf der Route vom Museumshafen Carolinensiel
zum Außenhafen Harlesiel als **CONCORDIA 2**
fahren soll, in den Wintermonaten 1999/2000
gebaut werden.
L 15,00 m, B 6,00 m ü.a. (4,20 m a.Sp.),
T 0,80 m
Schaufelräder über Ölhydraulik angetrieben
100 Fahrgäste (50 im Salon)

Reederei Albrecht
Am Yachthafen 47
26409 Wittmund-Carolinensiel
Tel.: 04464/1306

Für das Unternehmen Restaurantschiff VAN
LOON, Urbanhafen, Berlin (Karsten Sahner) ist
auf der Schiffswerft Georg Placke GmbH in
Aken/Elbe der Kasko für eine Barkasse fertiggestellt worden. Der Ausbau des Schiffes erfolgt
in Berlin.

MB **PHILIPPA**
L 25,85 m, B 7,00 m, T 1,20 m
146 PS
75–85 Fahrgäste

Die neue Barkasse **ANITA EHLERS** der Hamburger Barkassen-Centrale Günter Ehlers soll am
5. Mai 2000 in Dienst gestellt werden.
Bootswerft Feltz, Finkenwerder/Flint-Werft,
Steinwerder
L 19,95 m, B 6,00 m, T 1,10 m
162 kW
136 Fahrgäste

Auf der Peterswerft Wewelsfleth wird ein Fahr-
gastschiff für die Personenschiffahrt Brunsbüttel
(Thorge Brandt) gebaut.
Ablieferung soll Mai 2000 sein.

L 42,40 m, B 9,00 m, T 1,50 m
2x 279 kW
300 Fahrgäste

Die ATG Alster-Touristik GmbH, Hamburg, hat
bei der Kopf AG in Sulz-Bergfelden einen für
100 Personen zugelassenen Solarkatamaran
zur Lieferung im Mai 2000 bestellt.

L 25,34 m, B 5,27 m, T 0,85 m
2 E-Motore je 8 kW

An- und Verkäufe 1999

Das ehemalige Fahrgastschiff WAPPEN VON EMMERTHAL der OWD in Hameln/Weser wurde im September 1998 verkauft.
Für die Heyen Schiffahrt Wiesmoor wird es als **WAPPEN VON WIESMOOR** ab Saisonbeginn 1999 zu Schiffsfahrten durch Ostfriesland (Marcardsmoor-Aurich) eingesetzt.
Informationen:
Fremdenverkehrs-GmbH Luftkurort Wiesmoor
Postfach 1150
26639 Wiesmoor
Tel.: 04944/91980
Fax: 04944/919899

Ende der Saison 1999 stehen die WAPPEN VON WIESMOOR und die LÜTTJE NIXE zum Verkauf.

Das Fahrgastschiff **HANS ALBERS** (1958) der HADAG, Hamburg ist im April 1999 nach Terneuzen/Holland verkauft worden. Neuer Eigner ist Alexander de Vries, Reederei Demik.

Das Fahrgastschiff RITTER HUNDT (ex TRAIANUS, ex MARKSBURG) des Fahrgastschiffsbetriebes Klaus Itzstein aus Nierstein ist nach kurzzeitiger Pacht Anfang 1999 nun an Herrn Manfred Petersen in Neuhaus/Elbe verkauft worden.
Als **WEISSER SCHWAN** wird es zu Fahrten im Naturpark Elbetal, auf der Elbe und dem Elbe-Seitenkanal zwischen Artlenburg und Scharnebeck eingesetzt.
Informationen:
Elbtal-Schiffahrt
Manfred Petersen
An der Krainke 13
19273 Neuhaus
Tel.: 038847/49816
Tel./Fax: 038841/20349
Fu.   0171/4823152

MS **ASTOR** der Ückeritzer Personenschiffahrt (noch ohne Namen); Foto: A. Jenak, 5/1999

Das Fahrgastschiff ASTOR (ex WANDSBEK) der Fahrgastschiffahrt A. Becker in Datteln wurde im März 1999 nach Ückeritz/Usedom verkauft.
Mit diesem Schiff startete die neue Ückeritzer Personenschiffahrt als **ASTOR** am 1. Mai 1999 in die Saison und bietet Linien- und Charterfahrten auf dem Peenestrom und dem Achterwasser an.
Ückeritzer Personenschiffahrt
Hartmut Wolf
Waldstraße 26
17459 Ückeritz
Tel./Fax.: 038375/20329
Fu: 0171/6514769

Das Fahrgastschiff **MOCAMBO** der Familie Landsmann, Oste-Schiffahrtsbetrieb in Osten, ist bereits im Mai 1998 nach Ribnitz-Damgarten an der Ostsee verkauft worden.
Neuer Betreiber ist die Sea-Tour GmbH mit Sitz Rostock unter gleichem Namen.
Neben den täglichen 2-Stunden-Fahrten werden Gruppenfahrten, Familienfahrten, Mondscheinfahrten auf dem Saaler Bodden angeboten
Sea-Tour GmbH Ewald Bendin
Hanseatic-Center, Am Strande 3a
18055 Rostock
Tel./Fax: 0381/4904321
Fu: 0177/5650901

Die Gutenberg-Schiffahrt GmbH i. G. c/o (Geschäftsführer Klaus Richter) in Mainz übernahm Anfang Juni 1999 das renovierte Fahrgastschiff **KARLSBERG** der Mainz-Wiesbadener-Personenschiffahrt (H.-J. Franz) und setzt es ab Mainz für Charter- und Rundfahrten auf Rhein und Main ein (Abfahrt Mainz Fischtor).
Ab 28. November 1999 steht das Galerie-Salonschiff **GUTENBERG** (ex PRINCESSE MARIE-ASTRID, Entente de la Moselle Luxembourgeoise, Grevenmacher, Luxembourg) mit Heimathafen Mainz zur Verfügung.

Informationen und Reservierungen:
GUTENBERG SCHIFFAHRT
Am Römertor 12
55116 Mainz
Tel.: 06131/572719
Fax: 06131/572709
Für die Reederei in Luxembourg entsteht 1999 auf der Lux-Werft in Mondorf ein größerer Neubau, der im Herbst übergeben werden soll.

Das Fahrgastschiff **TAMARA** der ehemaligen Mainz-Wiesbadener-Personenschiffahrt wird als Fähre ab Wiesbaden von Familie Franz eingesetzt.

Nach dem Umbau auf der Schiffswerft Bolle GmbH Derben ist seit Juni 1999 bei der Havel Dampfschiffahrt GmbH Potsdam das Fahrgastschiff MS **FRIDERICUS REX** auf den Gewässern um Potsdam im Einsatz. Zuvor verkehrte das Schiff bis 1998 als REGENSBURG auf der Donau.
1927/28; Berlin
1998/99, Umbau, Derben
L 29,97 m, B 4,79 m, T 1,35 m
131 PS
80 Fahrgäste

Das Fahrgastschiff RHENUS (ex STADT EMMERICH, ex WESERBERGLAND) der Fa. H. Hell jun. Schiffahrts GmbH aus Emmerich ist am 17. August 1999 an eine Tochtergesellschaft der WF Stralsund verkauft worden und wird ab Oktober 1999 nach Umbauarbeiten auf der Stralwerft, Stralsund auf der Oder eingesetzt.
Das Schiff heißt jetzt **ODERLAND**, Heimathafen ist Hohensaaten.

MS **GUTENBERG** ist seit November 1999 ab Mainz auf Rhein und Main im Einsatz; Foto: Autor

FRIDERICUS REX in Potsdam; Foto: Autor, 6/1999

MS RHENUS, hier noch auf Rheinfahrt, trägt nun den Namen **ODERLAND**, Heimathafen Hohensaaten;
Foto: Sammlung Autor; 1999

Das Fahrgastschiff **VIKTORIA** (ex SCHARNHORST, 1935), das M. Bethke 1998 übernommen hatte, wurde an den Berliner Reeder Dieter Hadynski verkauft., der es in der Saison 1999 gemeinsam mit der NOSTALGIE für Rundfahrten durch das historische Berlin einsetzt.

Das Grachtenboot **SEEROSE** der Personenschiffahrt Günther Schröder in Friedrichstadt ist im Mai 1999 an die „Germania" Schiffahrtsgesellschaft mbH in Leer verkauft worden. Ein neues Schiff mit dem Namen SEEROSE soll 2000 in Fahrt kommen.

Das Grachtenboot **KORALLE** (ex SEEROSE, G. Schröder, Friedrichstadt) setzt die „Germania" Schiffahrtsgesellschaft mbH von Mai bis Oktober zu Fahrten durch den Leeraner Handels- und Industriehafen ein (Anleger: Uferpromenade beim Restaurant „Schöne Aussichten"). Ab. 1. Oktober 1999 verstärkt die **GERMANIA** (ex HAFEN HAMBURG) die Flotte der Familie Brinkmann in Leer.

Das Fahrgastschiff **KÖPENICK** (1974; Mukrena) der Stern und Kreis Schiffahrt GmbH Berlin ist verkauft worden und befindet sich zu Umbauten auf der Werft in Malz (9/1999).

Das Fahrgastschiff MS SANSSOUCI (1962; E. André, Magdeburg, L 53,00 m, B 8,08 m, T 1,26 m; 2x 225 PS, 550 Fahrgäste), ehemals WF Potsdam GmbH, lag nach seiner Außerdienststellung 1994 als Restaurant- und Partyschiff in Berlin an der Oberbaumbrücke (Kreuzberg). Nach drei Jahren Liegezeit (9/1999) wird das Schiff reaktiviert und zunächst auf der Werft Malz überholt. Für die Insel- und Halligreederei Sven Paulsen wird es als **ADLER QUEEN** auf der Oder ab Gartz eingesetzt.

Das Fahrgastschiff **BRUMMEL** (1962/63) der Fahrgastschiffahrt Neumann, Eberswalde ist im August 1999 verkauft worden. Neuer Eigner ist die Familie Haak in Bleckede/Elbe, seit Generationen in der Schiffahrt tätig. Nach ersten Fahrten auf der Elbe soll das Schiff in der neuen Saison 2000 vorwiegend für 3-Tage-Fahrten auf der Elde bis zur Müritz mit Übernachtungen an Land genutzt werden.
Adolf Haak
21352 Bleckede
Tel.: 05882/1810

Das Großmotorschiff **LORELEY** (Bj. 1963, 2000 Fahrgäste) der KD ist im Herbst 1999 nach Rotterdam/Holland verkauft worden. Auch die **DÜSSELDORF** (Bj. 1938/39) ist 1999 verkauft worden und soll als Clubschiff in Köln verankert werden.

Das kleine Fahrgastschiff **FLAX** der Stern und Kreis Schiffahrt GmbH Berlin, zuletzt als Fähre auf dem Langen See im Einsatz, ist im September 1999 verkauft worden. Es wird vom neuen Eigner für private Zwecke umgebaut. (1962; Aken/Elbe, L 21,90 m, B 3,62 m, T 1,26 m; 69 PS, 11 Fahrgäste)

Die Personenschiffahrt Behn auf dem Tollensesee hat das Motorboot **DE LÜTT** am April 1999 nach Passau an den Bund Jugend und Natur verkauft.

Der Raddampfer **KRIPPEN** (1882), der von 1997 bis 1999 an die KD verchartert war, ist im Dezember 1999 von der Sächsischen Dampfschiffahrts GmbH & Co. Conti Elbschiffahrts KG gekauft worden. Familie Junghans, die bisherigen Eigner, stellten das Schiff Ende Oktober zum Verkauf. Nach Überholung auf der Werft in Laubegast wird die KRIPPEN wahrscheinlich Anfang Juli 2000 ihren Dienst auf der Elbe aufnehmen.

Die **ADLER-VINETA** (ex FRITZ REUTER -1998,
ex ADOLPH SCHÖNFELDER -1991; 1981; HDW,
L 52,70 m, B 9,50 m, T 1,39 m; 1630 PS,
400 Fahrgäste) gehört seit 3/1999 zur Flotte der
Adler-Reederei Paulsen. Sie wird an den See-
brücken der Außenküste der Insel Usedom eingesetzt. Sie kann auch als Binnenschiff genutzt
werden.

Die Fahrgastschiffahrt Sigmar Ullrich in Prenzlau
stellt Ende der Saison 1999 ihre Tätigkeit ein.
Das MS **UCKERSCHWAN** (1987, Typ III, verl. Var.)
steht zum Verkauf.

Die Barkasse **FORELLE** der Anker-Reederei
in Lüneburg steht 10/1999 zum Verkauf.

Die MS **LIBERTY** der Reederei Kaubisch
in Teupitz steht 1999 zum Verkauf.

Die 9 Schiffe der Weißen Flotte Potsdam GmbH
wurden Ende 1999 von der Havel Dampfschiff-
fahrt GmbH, Potsdam übernommen.

Das Fahrgastschiff WAPPEN VON KOBLENZ
(ex WAPPEN VON KÖNIGSWINTER,
ex KEIJZERSTAD), zuletzt für Personenschiffahrt
Schüller OHG, Rhein-Mosel-Future im Einsatz,
fährt nun unter neuem Namen **SMARAGD II** für
die Smaragd BV, Westewagenstraat 60,
NL-3011 AT Rotterdam (Eigner Luc Vos)
unter holländischer Flagge.

Von den Stadtwerken Neuruppin GmbH,
Fahrgastschiffahrt, sind drei Schiffe aus der
Flotte verkauft worden:
Bereits im November 1998 stand das MS **THEO-
DOR FONTANE** nach einem Werftaufenthalt zum
Verkauf.
Das MS **KARL FRIEDRICH SCHINKEL** wird seit
1.5.1999 als Jugendforschungsschiff auf den Rup-
piner Gewässern genutzt.
Die Motoryacht **RUPPIN** ist seit 3/1999 in Privat-
besitz.

Informationen

Nach dem Geschäftsbericht 1998/99 des Bundesvorstandes der Deutschen Binnenschiffahrt e.V. gab es am 1.1.1999 870 Tagesausflugsschiffe mit einer Personenkapazität von 221661 und 16 Fahrgastkabinenschiffe mit einer Bettenkapazität von 1893 in der deutschen Binnenflotte.

1999 gehören zum Reederverband der Berliner Personenschiffahrt e.V. 19 Reedereien mit 41 Fahrgastschiffen und einer Kapazität von 7453 Plätzen.
Folgende Unternehmen mit Ihren Schiffen wurden Mitglied im Verband:
Yachthafen Frank Ringel
Dorfstraße 38, 14476 Töplitz
MS WERDER
(siehe unter Havel/Töplitz)

Rainer Eiermann
Bernstorffstraße 11 ,13507 Berlin
Barkasse HERTHA
(siehe unter Berlin, Private Unternehmen der Personenschiffahrt)

Dieter Kalata
Weserstraße 18, 14669 Berlin
PAULE
(siehe unter Berlin, Historischer Hafen)

Die Bodensee-Schiffsbetriebe (BSB) haben ihre beiden Motorschiffe BADEN und SCHWABEN mit großem finanziellen Aufwand im Winterhalbjahr 1999 saniert. MS BADEN hat am 12.4.1999 die BSB-Werft in Friedrichshafen verlassen und steht seit dem 24.4.1999 wieder im Kursverkehr. MS SCHWABEN wurde auf der Werft der Schweizerischen Schiffahrtsgesellschaft (SBS) in Romanshorn modernisiert und ist seit 27.4.1999 wieder im Einsatz.

Die beiden noch verbliebenen dieselelektrischen Radschiffe der ehemaligen Weißen Flotte Dresden MS D. PÖPPELMANN (ex KARL MARX) und MS J.F. BÖTTGER (ex FRIEDRICH ENGELS) sollen als Jugendhotelschiffe im ehemaligen Winterhafen in Dresen-Neustadt eingesetzt werden. Aus der MS PÖPPELMANN wurde eine Jugendherberge mit 100 Schlafplätzen. Die J.F. BÖTTGER gehört dem CVJM, der Christlichen Vereinigung junger Menschen. Sie will das Schiff als Herberge (70 Betten), Tagungs- und Fortbildungsschiff nutzen.

Die Stern und Kreis Schiffahrt GmbH Berlin, seit 1999 privatisiert, setzt 1999 auf den Berliner Gewässern 24 Fahrgastschiffe mit einer Kapazität von 7374 Plätzen ein.
Die Hegemann-Gruppe übernahm mit Wirkung vom 1.1.1999 den Anteil, der noch von der landeseigenen Teltowkanal AG gehalten wurde.
Auf einer Pressefahrt am 7. Juli 1999 stellte die Stern und Kreis Schiffahrt GmbH als Unternehmen der Hegemann-Gruppe den neuen Farbanstrich ihrer Schiffe, Flaggen und Wimpel sowie das neue Logo vor. Der bewährte Name Stern und Kreis Schiffahrt wird weitergeführt.

Die Erprobung des Spreebusverkehrs in der Berliner Innenstadt zwischen den Bezirken Mitte und Tiergarten (Stationen Nikolaiviertel und Haus der Kulturen der Welt über Station Friedrichstraße) lief vorerst bis zum 5 September 1999.

Die Schiffswerft Heinrich Grube in Ooortkaten hat am 1. Juli 1999 beim Amtsgericht Hamburg das Insolvenzverfahren beantragt.
Nach neuesten Informationen wird der Betrieb unter der Bezeichnung SSB Spezialschiffbau Oortkaten GmbH weiterarbeiten.

Mit dem Verkauf seines Fahrgastschiffes HAFEN HAMBURG im Oktober 1999 erlosch auch die Personenschiffahrt Harald Paetow in Hamburg.

Das Fahrgastschiff RÜMM HART I (ex SUNSHINE - 1985, ex ANDREAS GAYK, zwischenzeitlich als STADTRAT STEINGRÄBER; Charterschiff in Heiligenhafen) ist ab März 1999 als Binnenschiff registriert und wird von der Dream Line Seetouristik GmbH mit Heimathafen Ueckermünde auf dem Oderhaff eingesetzt (1970; Husum, L 39,06 m, B 8,50 m, T 2,11 m; 765 kW, 425 Fahrgäste).
Informationen:
Dream Line Touristik GmbH
17373 Ueckermünde
Tel.: 039771/24411 und 26612
Fax: 039711/26076

Die Insel- und Halligreederei Paulsen betrieb 1999 24 Schiffe am Linien- und Tagesausflugsverkehr ab Nordstrand, ab Sylt und an der Ostseeküste. Neben den im Text (Altwarp, Stettiner Haff) aufgeführten Schiffen waren folgende Schiffe 1999 als Binnenschiffe im Einsatz:
Fährschiffe
ADLER-POLONIA (ex PELLWORM II, 1986)
ADLER-POMERANIA (ex PELLWORM I, 1979)
ADLER-GERMANIA (ex THOR VIGING,
                                          ex INSEL FÖHR, 1968)
Die ADLER I ist als Fähre auf dem NOK zwischen Kiel-Holtenau und Kiel-Wiek im Einsatz.
Die ADLER III (1975; Husumer Schiffswerft, L 30,50 m, B 6,20 m, T 1,46 m; 400 PS, 250 Fahrgäste) fuhr 1999 in Charter der Personenschiffahrt Karin Kipp aus Breege zwischen Hiddensee und Breege.

Das Fahrgastschiff BLECKEDER LÖWE der Fahrgastschiffahrt Haak in Bleckede übernahm im April 1999 eine Fahrt von Bleckede nach Bad Schandau. Die 25 Fahrgäste übernachteten unterwegs in Hotels und genossen tagsüber den Service an Bord. Am 6. September wurde das Schiff in Bleckede Opfer einer Brandstiftung. Auf der Werft in Haren/ Ems wurde es wieder aufgebaut und soll ab März 2000 zum Einsatz kommen.
Die WAPPEN VON BOIZENBURG (G. Schröder, Friedrichstadt) konnte für 1999 gemietet werden.

Die beiden Boddenkreuzer der Reederei Hiddensee GmbH/Weiße Flotte Stralsund GELLEN (1993, DBW) und SCHAPRODE (1993, DBW) sind auf der Volkswerft Stralsund GmbH umgebaut worden. An der Einfügung einer 8-m-Sektion und der Modernisierung der Lüftungs- und Maschinenanlage sowie der Stromerzeugung und Innenausstattung sind neben den Volkswerft auch kleine und mittelständische Unternehmen aus der Region beteiligt.

Das Fahrgastschiff KÖNIG LUDWIG der Berchinger Personenschiffahrt steht 1999 zum Verkauf. Ein kleineres Schiff soll dafür zum Einsatz kommen.

Das seit dem Frühjahr 1997 ab Mühlberg/Elbe eingesetzte Fahrgastschiff MAINTAL kehrte bereits nach Ende der Saison 1999 auf den Main zurück. Die Schweinfurter Personenschiffahrt ist Eigner des Schiffes.

Die ADLER II der Reederei Paulsen (ab 4/1999 Charter durch den Hamburger Kaufmann Jörn-Hinrich Laue als Fährschiff FÄHRMANN zwischen Blankenese und Cranz am ALten Land) ist im September 1999 vom Eigner zurückgezogen worden.

Im Jahr 2001 sollen von der Katamaran-Reederei Bodensee zwischen Konstanz und Friedrichshafen zwei Katamarane (200 Fahrgäste) eingesetzt werden, die die 22 km lange Strecke in 43 Minuten zurücklegen. Die Entscheidung des wasserrechtlichen Genehmigungsverfahrens wird um die Jahreswende 1999/2000 erwartet.

Das Fahrgastschiff BRIGITTE (1953) der Reederei Riedel GmbH in Berlin wurde in den Wintermonaten 1999/2000 auf der Schiffswerft Georg Placke GmbH, Aken/Elbe umgebaut. Das Schiff wurde am Heck um 6 m gekürzt, dann um 14 m verlängert. Die neue Länge beträgt nun 40,00 m. Der Maschinenraum wurde nach achtern verlegt, eine Antriebsanlage von Schottel installiert. Die Gastronomie wurde erneuert, neue Fenster eingebaut und das Steuerhaus absenkbar hergerichtet (Einsatz auf dem Landwehrkanal).

Das Fahrgastschiff NICOLE B (ex SEEBAD TEMPLIN) der Arno Harms Personenschiffahrt in Hannover erhielt 1999 eine neue Innenausstattung und eine neue Maschine (Mercedes, 200 PS).

Laut Aussage der Este Reederei GmbH Buxtehude wird wegen erheblicher Schwierigkeiten mit den Behörden der Betrieb eingestellt. Die gesamte Flotte (SEEWOLF, 1963; FORELLE, 1934; DELPHIN 1923) steht Ende der Saison 1999 zum Verkauf.

Das Grachtenboot OLPE (1969) der Personenschiffahrt Biggesee (Lux-Werft und Schiffahrt GmbH) steht Ende des Saison 1999 zum Verkauf. Es war auf dem Obersee im Einsatz.

Die Fahrgastschiffahrt MS „Cordula" in Coswig/ Anhalt ist 1998 erloschen.
Das Schiff MS CORDULA steht nach Überholung auf der Werft Georg Placke GmbH in Aken/Elbe 1999 zum Verkauf.

Die Deutsche Binnenwerften GmbH (DBW) stehen vor dem Konkurs.
Am 3. Dezember 1999 mußte der Insolvenzantrag gestellt werden. Am 1. Februar 2000 wird das Insolvenzverfahren eröffnet.
Nach neuesten Informationen wird die Arbeit auf fünf Werften fortgesetzt; die Werft Berlin (ehemals Yachtwerft) baut keine Fahrgastschiffe mehr.

Zum Schluß

Der 1. April 1990 sollte für die Fahrgastschiffahrt Deutschlands zum bedeutsamsten Tag werden. Nach jahrzehntelanger Unterbrechung durften erstmals wieder Personenschiffe alle Wasserstraßen West- und Ostdeutschlands befahren. Viele neue Schiffahrtsunternehmen entstanden, moderne Schiffe wurden gebaut, interessante Fahrtgebiete wurden erschlossen. Prospekte locken die Fahrgäste:
Wenn einer eine Reise macht, dann erwartet ihn bei einem Schiffsausflug das reinste Vergnügen. Ob vom Sonnendeck oder einem der gemütlichen Salons aus – schon die tolle Aussicht auf die herrliche Landschaft ist ein Erlebnis. Kinderfreundliche und großzügige Decks bieten jede Menge Abwechslung, selbst bei schlechtem Wetter ist für gute Laune gesorgt. Für das leibliche Wohl der Gäste sorgt das großartige Speisenangebot der Bordküche.
Willkommen an Bord!
So oder so ähnlich kann man es lesen. Also, nichts wie an Bord, sollte man meinen.
Aber die Fahrgastzahlen sind rückläufig, auch wenn das Wetter gut ist. Die Ursachen sind hinreichend bekannt:

Seit 1990 sind die Fahrpreise kontinuierlich nach oben geklettert. Das läßt sich beim Vergleich der Fahrpläne der Folgejahre eindeutig nachweisen.
Viele Fahrgäste, vor allem Familien mit Kindern, können sich eine Fahrkarte und dazu Speisen und Getränke an Bord nicht mehr leisten.
Für die Schiffahrtsunternehmen kommt seit dem 1. Juli 1998 noch die Nachrüstungspflicht mit Sammelrettungsmitteln dazu, die zusätzlich Kosten verursacht und oftmals Sonnendeckplätze auf den Schiffen minimiert. Das sollte aber nicht mit einer weiteren Anhebung der Fahrpreise ausgeglichen werden.
Hier ist politischer Weitblick gefragt, der die Binnenschiffahrt in Deutschland, auch die Fahrgastschiffahrt, richtig einordnet.
Fahrgastschiffe sind etwas Besonderes.
Sie sind Inseln der Entspannung. Man fährt nicht mehr nur, um transportiert zu werden, sondern des Vergnügens wegen und um dabei Schönes zu erleben, Wissenswertes zu erfahren und Kraft zu schöpfen.
Dieses Potential gilt es zu nutzen.

Register

Ziffern = Seitenzahlen
Ziffern in Klammern = Abbildungen
* = Kabinenschiff

Literatur- und Quellenverzeichnis

BAYERNS WEISS-BLAUE DONAUFLOTTE,
Walter Zeitler/Georg Steiner
Neue Presse Verlags-GmbH, Passau, 1994

BINNENSCHIFFAHRT ZWISCHEN ELBE UND ODER,
OSTSEE UND DER SÄCHSISCHEN SCHWEIZ,
Dr. Günther Meyer, Elbe & Spree-Verlag,
Hamburg-Berlin, 1994, W. Fuchs, Hamburg

BINNENSCHIFFAHRT ZWISCHEN ELBE UND ODER,
Armin Gewiese/Rolf Schönknecht
Busse Seewald, DSV-Verlag, 1996

DIE DRESDNER RADDAMPFERFLOTTE,
Frank Müller/Wolfgang Quinger DSV-Verlag, 1995

DIE GESCHICHTE DER SCHIFFAHRT AUF BODENSEE,
UNTERSEE UND RHEIN,
E. Liechti, J. Meister, J. Gwerder
Verlag Meier, Schaffhausen, 1981

DIE LAUENBURGER DAMPFSCHIFFE
UND IHRE NACHFOLGER,
Heinz Trost, F. Wagner, Wesselburen/Hamburg, 1975

DIE PERSONENSCHIFFAHRT AUF DEM RHEIN,
Eduard Bündgen, EK-Verlag Freiburg, 1987

DIE SCHIFFAHRT AM CHIEMSEE,
Arno Berleb, Chiemsee-Schiffahrt, Ludwig Feßler, 1995

DIE SCHIFFE DER KÖLN-DÜSSELDORFER EINST UND JETZT,
Hans Rindt/Günter Dexheimer, Selbstverlag, 1987

FLENSBURGER FÖRDESCHIFFE,
Gert Uwe Detlefsen, Koehlers Verlagsgesellschaft mbH, 1977

GRÜNE, BLAUE, SCHWARZE, WEISSE DAMPFER –
DIE GESCHICHTE DER KIELER FÖRDESCHIFFAHRT,
Bruno Bock, Koehlers Verlagsgesellschaft mbH, 1978

HAMBURGER HAFENSCHIFFE,
Christine Reinke-Kunze
Koehlers Verlagsgesellschaft mbH, 1989

HISTORISCHES VOM STROM (BAND 1-15),
Verlag Krüpfganz, Duisburg,

HUNDERT JAHRE HADAG-SCHIFFE 1888-1988,
Arnold Kludas, Koehlers Verlagsgesellschaft mbH, 1988

LEINEN LOS AN TRAVE UND WAKENITZ,
Jürgen Blunck, Schmidt-Römhild, Lübeck, 1994

LEINEN LOS! DIE GESCHICHTE DER SCHREIBER-REEDEREI,
Wilhelm Esmann/Andreas Mausolf

MIT DAMPF UND SCHAUFELRAD AUF DER OBERELBE,
Frank Müller/Wolfgang Quinger
Transpress-Verlag, Berlin, 1988

MS SPREE FAHRGASTSCHIFFAHRT ZWISCHEN ELBE
UND ODER,
Manfred Breuer, Transpress-Verlag, Berlin, 1985

PASSAGIERSCHIFFAHRT AN DEUTSCHLANDS KÜSTEN,
Gert Uwe Detlefsen/Gerhard Fiebiger, Verlag GUD, 1994

PERSONENSCHIFFAHRT IN DEUTSCHEN GEWÄSSERN,
Günter Benja, Verlag Gerhard Stalling, 1975

PERSONENSCHIFFAHRT AUF SPREE UND HAVEL,
Kurt Groggert, Nicolay, Berlin, 1988

PERSONENSCHIFFAHRT AUF DER OBERELBE,
G. Niemz/R. Wachs, Hinstorff Verlag, Rostock, 1981

SCHIFFBAU ZWISCHEN ELBE UND ODER,
Dietrich Strobel/Günter Dame
Koehlers Verlagsgesellschaft mbH, 1993

SCHWERINER PERSONENSCHIFFAHRT,
Jürgen Richter/Kurt Harland, Schwerin, 1982

SEGLER UND DAMPFER AUF HAVEL UND SPREE,
Hans-Joachim Rook, Brandenburg. Verlagshaus, 1993

VOM KUTTER ZUM CONTAINERSCHIFF,
Dietrich Strobel, Verlag Technik, Berlin, 1981

„WEISSE FLOTTE" VEB FAHRGASTSCHIFFAHRT – SITZ STRAL-
SUND, CHRONIK EINER DEUTSCHEN REEDEREI 1957-1990,
Claus Rothe, Elbe-Spree-Verlag, Hamburg/Berlin 1994

ZWISCHEN HAMBURG UND STADE,
F. Wagner, Wesselburen, 1970

LAUENBURGER HEFTE ZUR BINNENSCHIFFAHRTSGESCHICHTE
Weiße Flotte Dresden, Heinz Trost 6/1989

STERN- UND KREISSCHIFFAHRT, 100 JAHRE: 1888-1988,
H. Trost 5/1988

KURSBUCH DER PERSONENSCHIFFAHRT,
Jaeger-Verlag GmbH, Darmstadt, 1988, 1989, 1990,
1992, 1993

SCHIFFSLISTE (Verzeichnis der deutschen Reedereien und
ihrer Seeschiffe), Eckardt & Messtorff, Hamburg, 1997-1999

JUBILÄUMSPROSPEKTE verschiedener Reedereien

FAHRPLÄNE verschiedener Reedereien (1972-1999)

ZEITSCHRIFT SCHIFFAHRT INTERNATIONAL

DAMPFERZEITUNG LUZERN, ab 1992

ZEITSCHRIFT BINNENSCHIFFAHRT

ZEITSCHRIFT SCHIFFAHRT UND TECHNIK